The Social Neuroscience of Empathy

共感の社会神経科学

ジャン・デセティ
ウィリアム・アイクス [編著]

岡田 顕宏 [訳]

勁草書房

THE SOCIAL NEUROSCIENCE OF EMPATHY edited
by Jean Decety and William Ickes
Copyright © 2009 by Massachusetts Institute of Technology
Japanese translation published by arrangement with The
MIT Press through The English Agency (Japan) Ltd.

イントロダクション：他者の心を理解する人の心を理解する

　哲学や臨床心理学・発達心理学の研究者達が数十年の歳月をかけて涵養してきた共感の研究は，突如としていたるところで見られるようになった。共感研究は，一夜にして，多くの専門領域にひろがる活気溢れるフィールドに花を咲かせ，臨床心理学と発達心理学の垣根を乗り越え，パーソナリティ心理学，社会心理学，主流である認知心理学，そして認知感情神経科学という土壌にしっかりと根付いたのだ。

　共感の研究が最近になって爆発的にひろがっていった理由を説明するためには，その成長のルーツまで遡らなければならないだろう。そのルーツというのは，やや難解ではあるが，これまで言及されてきたものと比べるとずっと深いものだ。それは，進化生物学および進化心理学における共感能力の研究である。本書の第13章で，スー・カーター，ジェームズ・ハリス，スティーブン・ポージェスが論じているように，人間やその祖先達の共感能力というのは，何百万年にもわたる進化の歴史を通して発達してきたのである。その発達のプロセスはまだ解明されつつあるところである。時間を遡って，このような発達のプロセスを直接観察することは不可能ではあるものの，系統発生的なスペクトラムを通して観察可能な神経解剖学的な連続性や差異のなかに，そのような発達の証拠を見ることができる。

　共感能力の進化の歴史の膨大な長さを考えると，「共感（empathy）」という用語の歴史が，たった百年にも満たないということは皮肉かもしれない（Iceks, 2003 を見よ）。共感というのは，むしろ新しい構成概念であるのだが，その用語が導入されたまさにその時から，異なる複数の著述家がそれぞれ異なる使い方をするという複雑な構成概念になってしまっているのだ。

　したがって，本書のように，複数の分野にまたがった書籍の場合には，共感の概念や，これまで共感に対して与えられてきた数多くの意味に関する批判的な検討から始めるのが適切であろう。そこで，第1章では，ダニエル・バトソ

ンが，いずれも「共感」とよばれているが概念的には区別されるべき8つの現象について検討し，この重要な構成概念に関するもっと理論的に一貫した説明が必要であることを主張している。

　本書の第2部では，無意識的な模倣に基づく情動感染（第2章と第3章），自分自身の思考や感情を他者に投影すること（第4章），他者の思考と感情を推定する能力（第5章），向社会的行動につながる複雑な感情−推論プロセス（第6章），現代の教育者達が早急に推進すべき社会的発達の基本的な側面（第7章）といった，様々な形の共感を提示することによって，第1部でバトソンが示した多種多様な共感について鮮やかに説明していく。

　本書の第3部では，共感に関する様々な臨床的視点が提示される。ロジャーズ派のクライエント中心療法の視点における共感の役割に関するレビュー（第8章）にはじまり，心理療法において共感がどのように達成されるのかに関する対話的な視点（第9章）が続く。そして，共感的共鳴の概念が神経科学的な視点から探求され（第10章），道徳および社会的慣習に関する研究と共感とが結びつけられる（第11章）。そして，苦痛を感じている他者に対する人々の反応において共感の果たす役割について検討される（第12章）。

　本書の最終部である第4部では，共感の進化的歴史と共感の神経解剖学的な変遷を検討することによって，共感に関する最も深く最も古い起源について探求する。第13章では，情動的状態や内蔵的状態が，我々の感じ方や反応の仕方にどのように作用するのか，そして，それが我々の共感能力にどのような影響を及ぼすのか，という問題に焦点をあてた進化論的な見解が提起される。第14章では，特にミラー・ニューロン・システムに焦点をあて，それが対人的理解のための神経学的・行動学的基盤となっていることが主張される。第15章では，認知感情神経科学の分野における最近の研究によって，共感と個人的苦悩という2つの現象が，それぞれの根底にある神経学的基盤の違いによって明確に区別可能になってきたことを示す。最後に，第16章では，脳損傷後に観察される様々な共感行動の障害について示し，相互作用しながらも分離可能な脳内ネットワークが共感に関与しているということを提案する。

　社会神経科学という新しい学問領域は非常に刺激的である。なぜならば，それは，より伝統的な複数のアプローチを統合し，そうしたアプローチに基づいて構築されているだけでなく，そのようなアプローチに対する挑戦でもあるからだ。たとえば，社会心理学の理論は，共感の基盤となる情報処理メカニズム

を調査して，その神経学的なメカニズムを特定するための，重要なガイドラインを提供する。社会神経科学もまた，互いに競合するような複数の社会心理学的な理論についてその曖昧さを解消することができる。たとえば，共感の分野でいえば，個人的苦悩と共感的配慮といった2つの現象の違いを神経学的レベルで確認するために，このようなアプローチが用いられてきたのだ。最後に，社会神経科学のアプローチは，たとえば，脳内には領域特定的な「心の理論」モジュールが存在する，という既存の信念に対する挑戦にもつながっている。「心の理論」説とは別の説明（Decety & Lamm, 2007; Stone & Gerrans, 2007）では，次のように主張されている，(a) 基本的な計算処理というものが社会的機能を遂行するために進化してきたこと，(b) 進化によって，複雑さを増していく複数の層が構築されており，そこには，非表象的なメカニズムから，表象的およびメタ表象的なメカニズムまでが存在し，それだけで十分に人間の社会的認知を完全に理解することができる。

　本書は共感研究に対する最終結論などではないし，そんなものはあり得ないだろう。しかしながら，共感に関する現在の最先端の知識の中でも代表的なものを読者に提供しようとしていることには間違いない。その知識とは，生物学，発達心理学，認知感情神経科学および神経心理学，社会心理学，認知心理学，そして，より応用的な分野である臨床心理学や健康心理学から引き出されたものである。

　こうした諸領域の中でも最新のものである社会神経科学という新生の研究分野に特徴的なのは，様々な領域間の橋渡しや，様々なレベルの分析の間の橋渡しをするという方法論である。読者もまた，我々と同じように，社会神経科学の研究が約束している学問領域間の統合の可能性に心を躍らせるようになることを期待する。そして，本書に収録されたそれぞれの章が，共感の研究を活発に続けている異なる学問領域の間でのさらなる知識の共有や共同作業を刺激していくことを期待する。

引用文献

Decety, J., & Lamm, C. (2007). The role of the right temporoparietal junction in social interaction: How low-level computational processes contribute to meta-cognition. *Neuroscientist*, **13**, 580–593.

Ickes, W. (2003). *Everyday mind reading: Understanding what other people think and feel*. Amherst, NY: Prometheus Books.

Stone, V. E., & Gerrans, P. (2007). What's domain-specific about theory of mind. *Social Neuroscience*, **1** (2–4), 309–319.

目　次

イントロダクション

第1部　共感とは何か

第1章　共感とよばれる8つの現象 …………………………………………3
チャールズ・ダニエル・バトソン
  1. 共感を答えとする2つの異なる質問　　4
  2. 共感という用語の8通りの使い方　　5
  3. 含　意　　12
  4. 結　論　　17

第2部　共感に関する社会的，認知的，発達的視点

第2章　情動感染と共感 ………………………………………………………23
エレイン・ハットフィールド，リチャード・L・ラプソン，イェン・チ・L・リー
  1. 情動感染のメカニズム　　24
  2. 既存の研究に関する含意　　33
  3. 問題提起　　34

第3章　模倣されることの効果 ………………………………………………41
リック・B・フォン・バーレン，ジャン・デセティ，アプ・ダイクスターハイス，アンドリース・フォン・デア・レイユ，マータイス・L・フォン・レーウン
  1. 翻訳のなかで失われた共感　　41

2. 模倣の自動性　42
  3. 模倣と共感　43
  4. 模倣されることによる向社会的効果　45
  5. 認知スタイル　48
  6. 模倣されることの社会神経科学　51
  7. 結　論　52

第4章　共感と知識の投影 …………………………………………59
レイモンド・S・ニッカーソン，スーザン・F・バトラー，マイケル・カーリン
  1. 相手が何を知っているかを判断する必要性　59
  2. 反射：逆方向の投影　61
  3. 投影に関する証拠　62
  4. 投影に関する統計学的な論拠　64
  5. コミュニケーションにおける共通基盤の仮定　65
  6. 投影も失敗する可能性がある　67
  7. 投影の限界　70
  8. 共感の自然さ　72

第5章　共感精度 ……………………………………………………79
ウィリアム・アイクス
  1. 定　義　79
  2. 測定方法と選択可能な研究パラダイム　80
  3. 臨床心理学　82
  4. 認知心理学　86
  5. 発達心理学　86
  6. 社会心理学　88
  7. 生理心理学　90
  8. 共感精度研究の魅力と統合の可能性　91
  9. 結　論　93

第6章　共感的反応：同情と個人的苦悩 …………………………………99
ナンシー・アイゼンバーグ，ナタリー・D・エッガム
1. 共感に関連した反応　99
2. エフォートフルな（努力を要する）自己制御プロセス　103
3. エフォートフル・コントロール，自己制御，そして共感的反応　105
4. 発達に関する諸問題　107
5. 苦痛・共感・制御・愛着　107
6. 結論　110

第7章　共感と教育 ……………………………………………………117
ノーマ・ディーチ・フェッシュバック，セイモア・フェッシュバック
1. 共感の諸機能　118
2. 教師のための共感性の訓練　121
3. 生徒達の共感性を育む　123
4. 結論，そして将来の方向性　126
付録　127

第3部　共感に関する臨床的視点

第8章　ロジャーズ派の共感 ……………………………………………135
ジェロルド・D・ボザース
1. クライエント中心療法の理論　135
2. 実現傾向に関する有機的な影響　137
3. クライエント中心療法における共感　138
4. クライエントとセラピストの有機的体験過程とロジャーズ派の共感との関係　139
5. 臨床のシナリオ　142
6. 考察　148

第9章　心理療法における共感：対話的・身体的な理解 ………………155
マティアス・デカイザー，ロバート・エリオット，ミア・レイスン
1. 共感のサイクルと身体化された共感　155

2. クライエントの共感的共鳴　158
　3. セラピストの共感的調律　160
　4. 結　論　167

第 10 章　共感的共鳴：神経科学的展望……………………………………173
ジーン・C・ワトソン，レズリー・S・グリーンバーグ
　1. 共感と神経科学　174
　2. セラピストの共感能力を向上させる方法　177
　3. 共感を調節する諸要因　183
　4. 結　論　186

第 11 章　共感と道徳と社会的慣習：サイコパスやその他の精神障害からの証拠　……………………………………………………………………191
R・J・R・ブレア，カリナ・S・ブレア
　1. 共感の定義　191
　2. 道徳性と社会的慣習　194
　3. 情動的共感と道徳的および慣習的推論　196
　4. 認知的共感と道徳的および慣習的推論　200
　5. 宥和表示に対する共感的反応　202
　6. 結　論　203

第 12 章　他者の苦痛を知覚する：共感の役割に関する実験的・臨床的証拠　………………………………………………………………………209
リーズベット・グーベルト，ケネス・D・クレイグ，アン・バイス
　1. 定義に関する問題　209
　2. 正確な共感の効用と限界　211
　3. 苦痛に共感する成人の能力に関するモデル　214
　4. 結　論　220

第 4 部　共感に関する進化的視点および神経科学的視点

第 13 章　共感に関する神経学的および進化的視点 …………………229
C・スー・カーター，ジェームズ・ハリス，スティーヴン・W・ポージェス
1. 進化する自律的・社会的神経系　230
2. 共感と哺乳動物における社会的気づきの進化　233
3. 社会性の神経内分泌的基盤　237
4. 高度に社会的な哺乳動物と向社会的行動の分析　238
5. 要約と予測　242

第 14 章　「鏡よ，鏡，心の中の鏡よ」：共感と対人能力とミラー・ニューロン・システム ……………………………………………………249
ジェニファー・H・ファイファー，ミレーラ・ダプレトー
1. 共感に関する定義の問題　249
2. 共感の神経基盤　252
3. ミラー・ニューロン・システムと情動理解　254
4. ミラー・ニューロン・システムと共感　256
5. ミラー・ニューロン・システムと対人能力　258
6. 結論，そして将来への方向性　260

第 15 章　共感と個人的苦悩：神経科学からの最新の証拠 ……………269
ジャン・デセティ，クラウス・ラム
1. 自己と他者の間の共有された神経回路　270
2. 視点取得，自他の区別，そして共感　274
3. 共感的反応の調節　278
4. 結論　282

第 16 章　共感的処理：認知的次元・感情的次元と神経解剖学的基礎…287
シモーヌ・G・シャマイ＝ツーリィ
1. 認知的共感と感情的共感　287
2. 共感の神経解剖学的基礎：前頭葉の役割　289

3. 前頭前皮質の損傷による共感能力の障害　290
4. 心の理論と認知的共感の関係　292
5. 共感における前頭前皮質の役割に関するさらなる証拠：神経変性および精神医学的疾患をもつ患者を対象とした研究　298
6. 認知的および感情的な共感反応のための神経ネットワーク　300
7. 結論　303

訳者あとがき　311
執筆者一覧　317
人名索引　319
用語（和文）索引　325
用語（欧文）索引　331

第1部　共感とは何か

第1章　共感とよばれる8つの現象

チャールズ・ダニエル・バトソン

　共感を扱う研究者というのは，相当偏屈な人間の集まりのように見えるかもしれない。共感が重要であるという点ではたいてい意見が一致するのに，共感がなぜ重要なのか，共感がどのような効果をもつか，共感が何に由来するか，さらには共感が何であるのかということについてさえ，意見が合わないことが多いのだ。現在では，共感という用語が半ダース以上もの現象に対して使われている。これらの現象は互いに関連し合っているのだが，それらは，共感という単一の現象があって，その中の複数の成分や側面や構成要素になっているというわけではない。「態度には認知的要素と感情的要素と行動的要素がある」というのとは違うのである。そうではなくて，それぞれの現象は，概念的に別個であり，独立した心理学的状態なのだ。もっと言えば，これらの状態の一つ一つが，共感とは別の名称で呼ばれてきたのである。意見の不一致の機会は数多く存在する。

　この不一致を何とか整理するために，私はまず，2つの異なる質問を区別しようと思う。その2つはどちらも共感がその答えであると考えられる質問である。次に私は，いずれも共感とよばれているような8つの異なる現象を区別しようと思う。最後に，これら8つの現象をその2つの質問に関連づけようと思う[1]。

---

[1] 広範にわたる共感に関連した諸概念について言及したのは，確かに私が初めてというわけではない（Becker, 1931; Reik, 1948; Scheler, 1913/1970 を見よ）。しかしながら，知的風景が変化するにつれて，関連する概念的区別もまた変化してきている。そのため，概念的な整理に関する初期の試みについてはここでは触れないつもりである。

1. 共感を答えとする2つの異なる質問

　共感という用語が，あまりにも多くの異なる現象に対して使用されている理由の1つは，研究者達が，2つの全く異なる質問に対する答えとして，共感という語を用いてしまっている結果による。それらの質問とは次の2つである。

・他者が考えていることや感じていることを，人はどうやって知ることができるのか？
・他者の苦しみに対して，人が思いやりと気づかいをもって反応するのは何によるものなのか？

　共感の研究者のなかには，これら2つの質問に対する答えは関連し合っている，と見なす者もいる。しかしながら，多くの研究者達は，第2の質問への答えとは全く関係なく第1の質問への答えを探すだろうし，その逆もまた同様である。
　第1の質問は，哲学者，認知科学者，神経生理学者，霊長類学者，そして，心の理論に関心のある発達心理学者にとって特に関心のある問題である。他者の内的状態を推定するために心に関する素人理論を我々が用いているとする，「理論説（theory theory）」を唱える研究者にしても，自分達が他者の立場にあるところを想像して我々自身の内的状態から他者の内的状態を読みとるとする，「シミュレーション説（simulation theory）」を主張する研究者にしても，我々人間が，他者が考えたり感じたりしていることをどうやって知るのかということを説明するために，共感という言葉を用いてきた。
　他者の苦しみに対して，我々が思いやりと気づかいを伴って反応するのは何によるものなのか，という問いは，哲学者や，向社会的な行為の理解と促進を探求する発達心理学者と社会心理学者にとって特に関心のある問題である。このような研究者達が目標にしているのは，特定の形式の知識（つまり，相手の考えや気持ちを知ること）を説明することではなく，特定の形式の行為，つまり，困っている人に向けられる親切な行為，を説明することである。この質問に対する答えとして共感という言葉を用いる研究者達は，他者に対する共感的な感情——同情・思いやり・優しさ，といった感情——が，共感的感情の対象

となっている人物の苦しみを和らげるような動機づけを生み出す，ということを主張することが多い。

2. 共感という用語の8通りの使い方

共感という用語の異なった使い方を区別するには，ある事例が役に立つかもしれない。

> あなたが1人の友人と一緒に昼食をとっているところを想像してほしい。彼女は落ち着かない様子で，宙を見つめ，あまり話したがらず，元気がないように見える。やがて少しずつ彼女は話し始め，それから泣きだしてしまう。彼女はリストラのせいで職を失うことになることを知ったばかりだと言う。彼女は，怒っているわけではないが，傷ついており，少し恐いと話す。あなたは彼女を気の毒に思い，彼女にそう伝える。あなたは自分の職場でも同じようにリストラの話があったことを思い出す。ひどく感情的になっている友人を見ることで自分も少し不安で落ち着かなくなる。あなたは同時に，一瞬ではあるが安堵を感じる──「自分じゃなくてよかった！」

このやりとりのなかには，あなたが体験するであろう少なくとも8通りの心理学的状態が含まれている。そして，それらは，共感に関する異なる複数の概念に対応しているのだ。

概念1：他者の内的状態（思考と感情を含めて）を知ること

臨床家や研究者によっては，他者の内的状態を知ることを共感と呼んできた（たとえば，Preston & de Waal, 2002; Wispé, 1986）。研究者によっては，この知識（知ること）のことを「認知的共感（cognitive empathy）」（Eslinger, 1998; Zahn-Waxler, Robinson, & Emde, 1992）と呼んだり，「共感精度（empathic accuracy）」（Ickes, 1993）と呼んだりもする。

場合によっては，誰か他の人の考えていることや感じていることを正確に知るということは，非常に大きな問題提起となる可能性がある。限られた手がかりしかない場合は特にそうである。しかしながら上に示した事例では，あなたの友人の内的状態を知ることは比較的容易である。彼女が説明してくれている

ので，彼女が何を気にしているのか（彼女は失職することを心配している），はっきりとわかるだろう。彼女の話したことから，そしておそらく彼女の振る舞いからさらに，あなたは彼女がどのように感じているか（彼女は傷つき恐れている）がわかると考えるだろう。もちろん，あなたが間違っている可能性もないわけではない。少なくとも細かいニュアンスや詳細については正しくない可能性がある。

概念2：観察対象である他者と，同じ姿勢になる，または，同じ神経的反応が生じること

観察対象である他者と同じ姿勢や表情をすることは，多くの辞書において共感の定義となっている。哲学者のGordon（1995）は，これを「表情の共感（facial empathy）」と呼んでいる。心理学者の間では，他者と同じ姿勢になることは，「運動模倣（motor mimicry）」（Dimberg, Thunberg, & Elmehed, 2000; Hoffman, 2000）または「模倣（imitation）」（Lipps, 1903; Meltzoff & Moore, 1997; Titchener, 1909）と呼ばれることが多い。

Preston and de Waal（2002）は，共感に関する統一的な理論というものを提案しており，そこでは，運動活動の模倣ではなく神経表象の模倣の方に焦点があてられている。彼女らの理論は，知覚-行為モデル（perception-action model）に基づいている。このモデルによれば，知覚と行為とがある程度共通した神経回路に依存しているために，ある状況にいる他者を知覚すると，人は自動的にその他者と神経状態が一致するようになる。神経表象が一致した結果として，それは必ずしも運動活動の一致や気づきを伴うとは限らないが，その他者が感じているものを感じるようになり，それによって，その他者の内的状態を理解するようになる。

神経反応の一致または運動模倣がすべての共感的感情の唯一の源であるというような主張は，それらの役割を過大評価しているように思える。特に人間の場合はそうだ。他者のものと一致しようがしまいが，知覚的な神経表象は常に自動的に感情につながっているというわけではない。また運動レベルにおいても，人間であろうと人間以外の生物種であろうと，他者の行為をすべて模倣するわけではない。綱渡りをしている人を見ているときに，見ている自分自身が緊張して身をよじらせてしまう，というのはよくある体験であるし，それに抵抗するのは困難である。しかしながら我々は，誰かが書類をファイリングする

のを見たからといって，その行為を模倣しがちになるということはほとんどない。おそらく単なる自動的模倣以上の働きがあり，どの行為が模倣され，どの行為が模倣されないのかを選択することに関与しているはずだ．さらに，模倣の働きそのものも，仮定されていたほどには反作用的でも自動的でもない可能性がある．Meltzoff and Moore（1997）は，模倣（mimicry or imitation）が，乳幼児においてさえも活動的で目標指向的なプロセスであるという多くの証拠を提示している．さらに成人の場合には，模倣はしばしば高次のコミュニケーション機能として用いられる（LaFrance & Ickes, 1981）．Bavelas ら（1986）の言葉を借りれば，「仲間意識」や支持を相手に伝えるために，「私はあなたがどう感じているかを示す」のである．

　人間の場合，他者の内的状態を知るのに，上記のような神経反応の一致や模倣に頼るだけでなく，様々な状況で他者が何を考え何を感じるのかを記憶や一般的な知識を用いて推定することも可能である（Singer et al., 2004; Tomasello, 1999）．実際，我々人類には，人間以外の種に対してさえもそのような推論を行う能力（および傾向）があるからこそ，擬人化という問題が生じてくるのだ．同じように重要なことは，人間には，相手の内的状態について知るために互いに直接コミュニケーションをすることができるということだ．上の例でいえば，あなたの友人は，自分が何を考え何を感じているのかをあなたに教えてくれている．

概念3：他者が感じているような感情を抱くようになること

　他者が感じているのと同じ情動を感じるようになることは，共感に関するもう1つの一般的な辞書的定義である．それはまた，一部の哲学者（たとえば，Darwall, 1998; Sober & Wilson, 1998）や神経科学者（Damasio, 2003; Decety & Chaminade, 2003; Eslinger, 1998），そして心理学者達（Eisenberg & Strayer, 1987; Preston & de Waal, 2002）が用いている定義でもある．このような定義を用いる研究者達は，共感する者が必ずしも厳密に同一の情動を感じている必要はないと説明し，その定義をゆるめていることが多い（たとえば，Hoffman, 2000）．しかしながら，ある情動が十分に類似したものなのかどうかを決定する基準というものが明確にされたことはない．

　共感という用語をこのように使用する場合に重要になるのは，情動の一致（マッチ）だけではない．情動の「キャッチ」（Hatfield, Cacioppo, & Rapson,

1994) も重要である。ある人が，他者が感じているのと同じように感じていることを知るためには，前者が，後者とだいたい同じ時に，だいたい同じ強さの生理的反応をしている——Levenson and Ruef（1992）が「生理的状態の共有（shared physiology）」と呼ぶ状態にある——ということを知るだけでは不十分である。生理的共有というものは，一致の証拠にはならないし（観察者の生理的喚起は質的に異なる情動と関連しているかもしれない），キャッチの証拠にもならない（観察者の生理的喚起は，対象者の情動状態に対して反応しているのではないかもしれない。観察者と対象者がただ同じ状況にいて，対象者が注意を向けている，その状況に対して観察者も同じように反応しているだけかもしれない）。

哲学者達の間では，他者が感じているのと同じように感じるようになることは，共感（empathy）ではなく，「同情（sympathy）」と呼ばれることが多い（Hume, 1740/1896; Smith, 1759/1853）。心理学者達の間では，「情動感染」（Hatfield, Cacioppo, & Rapson, 1994），「感情的共感」（Zahn-Waxler, Robinson, & Emde, 1992），「自動的情動的共感」（Hodges & Wegner, 1997）などと呼ばれている。

共感の発達的起源として最もよく引用されている研究の1つに，Sagi and Hoffman（1976）の研究がある。Sagiらは，生後1〜2日の乳児に対して，録音された他の乳児の泣き声，合成された泣き声，無音のいずれかを呈示した。他の乳児の泣き声を聞かされた乳児達は，合成された泣き声や無音を呈示された乳児達よりも有意に多く泣いた。Sagi and Hoffman（1976, p. 176）やその後の多くの研究者達はこの差を，生得的な「初期の共感的苦悩反応」の証拠として，つまり，新生児が他者の感情状態をキャッチして自らの反応を一致させている証拠である，と解釈したのだった。

しかしながら，この研究結果を生得的な初期の共感的反応の証拠と解釈するのは早計だろう。他の乳児の泣き声に反応して泣くということに対する代わりの説明はいくらでもある。ただし，それらは私の知る限り過去の文献には見られない。1つだけ例を挙げるとすれば，他の乳児の泣き声に反応して泣くことは，食事を手に入れたり世話をしてもらう機会を増やすための競争的反応である可能性がある（Sagi and Hoffmanの研究は食事の1〜1.5時間前に行われていた）。同じような研究を，鳥の巣の中の雛を用いて行ったらどうなるかを想像してみればいい。1羽の雛がピーピー鳴いて体を伸ばし始めるやいなや，一斉にピーピー鳴いたり，口を開いて体を伸ばすといった行動が広がっていくのを

見たとしても，それを初期の共感的反応と解釈することはないだろう。

概念4：自分自身が他者の立場にいるところを直観あるいは投影すること

友人の話に耳を傾けながら，もし自分が彼女のような若い女性で，失職を言い渡されたばかりだったとしたら，それはいったいどのようなものだろうかと自分自身に問いかけてみるかもしれない。他者のおかれている状況に自分自身がいるところを想像し投影する，という心理学的状態のことを，Lipps (1903) は「感情移入 (*Einfühlung*)」と呼んだ。そして Titchner (1909) は，その言葉に対応する「共感 (*empathy*)」という英語を最初に作ったのだった。この2人が関心を持っていたのは，作家や画家が，誰か特定の人物であることがどういうことかを想像する，あるいは，何らかの無生物（たとえば，吹きさらしの丘に生えている節くれ立った枯れ木）であることがどういうことかを想像するのに用いるプロセスであった。

美学的な投影という共感の本来の定義は辞書でもよく見かけるものであり，心の「理論説 (*theory theory*)」にとってかわるものとしての「シミュレーション説 (*Simulation theory*)」に関する，最近の哲学的な理論のなかにも登場した。しかしながら，現在の心理学では，共感という用語によってそのような投影を意味することはめったにない。それでもなお，Wispé (1968) は，そのような投影を「美学的共感 (aesthetic empathy)」と呼んで同情と共感に関する分析の中に取り入れている。

概念5：他者がどのように考えたり感じたりしているかを想像すること

自分が失職を言い渡されたばかりの若い女性だとしたらどう感じるだろうかと想像するのではなく，あなたは，この友人がどのように考えたり感じたりしているのかを想像するかもしれない。あなたが想像することは，彼女の話すことや行うことと，彼女の性格・価値観・欲求に関するあなたの知識との両方に基づいている可能性がある。Stotland (1969) は，このような想像のことを，視点取得の1つの形式である「彼を想像する (imagine him)」視点であるとしている。もっと一般的には，それは「他者想像 (imagine other)」視点とよばれる (Batson, 1991)。

Wispé (1968) は，他者がどのように感じているかを想像することを「心理学的共感 (psychological empathy)」と呼んで，概念4の美学的共感とは区別

している。Adolphs（1999）はそれを「共感（empathy）」または「投影（projection）」と呼んでおり，Ruby and Decety（2004）はそれを「共感（empathy）」または「視点取得（perspective taking）」と呼んでいる。

治療的観点からの知覚的分析では，Barrett-Lennard（1981）は，「共感的注意セット（empathic attentional set）」を採用することについて述べている。このセットの中には，「人物 A が，人物 B の感情や体験過程に深く反応できるように自分自身をオープンにしながらも，人物 B は自分とは別の人間であるという気づきを失わない，という感情移入（feeling into）のプロセス」が含まれている（p. 292）。ここでは，相手の感情や思考について何を知るかということは，あまり重要とされていない。むしろ，その状況のせいで相手がどのような影響を受けているのかに関する感受性のほうが問題となっている。

概念 6：もし相手の立場にあったとしたら自分はどのように考えたり感じたりするかを想像すること

アダム・スミス（Smith, 1759/1853）は，他者の状況に自分がいたとしたらどのように考えたり感じたりするだろうかと想像する行為のことを「空想の中で立場を入れ替える」とあざやかに表現している。Mead（1934）はそれを「役割取得（role taking）」や「共感（empathy）」と呼んでおり，Povinelli（1993）はそれを「認知的共感（cognitive empathy）」と呼んでいる。Darwal（1998）は，「投影的共感（projective empathy）」または「シミュレーション（simulation）」という言い方をしている。ピアジェ派の伝統では，他者の立場でどう考えるかを想像することは「視点取得（perspective taking）」または「脱中心化（decentering）」と呼ばれてきた。

Stotland（1969）はこれを「自己想像（imagine-self）」視点と呼び，概念 5 の「他者想像（imagine-other）」視点とは区別している。視点取得における他者想像と自己想像は，しばしば混同されたり，同じものとして扱われたりすることも多いが，両者を混同すべきではないことを示唆する経験的な証拠がある（Batson, Early, & Salvarani, 1997; Stotland, 1969）。

自己想像視点をとることは，他者の状況に自分自身を投影するという行為（概念 4）といくつかの点で類似している。しかしながら，これら 2 つの概念は，一方は美学，もう一方は対人関係という非常に異なる文脈で別々に発展してきたものである。また，自己想像視点では，美学的投影に比べて，自己に対する

焦点づけが維持されたままになっている。そのため，これら2つは分けたままにしておいたほうがよいように思われる。

概念7：他者が苦しんでいるのを見て苦悩を感じること

他者の苦悩を目撃することによって引き起こされる苦悩の状態——あなたの友人が感情的に取り乱しているのを見ることによって生じた，あなた自身の不安で落ち着かない気持ち——は，様々な名前で呼ばれてきた。たとえば，「共感（empathy）」（Krebs, 1975），「共感的苦悩（empathic distress）」（Hoffman, 1981），そして「個人的苦悩（personal distress）」（Batson, 1991）である。

この状態には，相手に対する苦悩を感じること（概念8）や，他者のように苦悩を感じること（概念3）は含まれない。この状態に含まれるのはあくまでも，相手の状態のせいで苦悩を感じることである。

概念8：苦しんでいる他者に対する感情を抱くこと

現在の社会心理学では，「共感」または「共感的配慮」という用語を，他者の幸福度（welfare）を知ることによって引き起こされる，他者の幸福度と一致した，他者志向的な情動反応を指すのに用いてきた（たとえば，Batson, 1991）。ここでいう他者志向的（other-oriented）とは，情動の対象のことを指している。つまり，それはその他者に対して感じられるということである。一致（congruent）とは，感情価のことを指している——知覚された他者の幸福度がポジティブであればポジティブな，知覚された幸福度がネガティブであればネガティブな情動反応が生じることになる。ここでいう一致とは，概念3の場合のように，その情動の内容が同じであったり，類似していることを意味しているわけではない。たとえば，怯えて動揺している友人に対して，あなたは，怯えや動揺ではなく，悲しみや哀れみを感じているかもしれない。

他者志向的情動は，他者が困っているのを知覚した時に感じられるものであるが，常に共感と呼ばれてきたわけではない。「憐れみ（pity）」や「思いやり（compassion）」（Hume, 1740/1896; Smith, 1759/1853），「同情的苦悩（sympathetic distress）」（Hoffman, 1981, 2000）などと呼ばれたり，単に「同情」（Darwall, 1998; Eisenberg & Strayer, 1987; Preston & de Waal, 2002; Sober & Wilson, 1998; Wispé, 1986）と呼ばれることもある。

3. 含 意

　以上，共感という用語が用いられる8つの現象をリストアップしてきたが，それには2つの理由がある。1つには，複雑さを理解することによって混乱を減らしたいと考えているからであり，もう1つの理由は，これら8つの現象が，初めに述べた2つの質問に対する答えとどのように関係するのかを検討したいからである。

　もし，共感という言葉がただ1つの対象を指しており，なおかつ，その対象が何であるかについて誰もが同意しているのであれば，事態は単純である。残念ながら，多くの心理学用語と同様に，そんなことはないのである。共感と同情（共感と最も頻繁に比較される用語）はいずれも，様々な用いられ方をしてきた。実際，驚くほどの一貫性をもって，厳密に同じ状態に対して，それを共感として分類する学者もいれば，同情と分類する学者もいる。私には，どちらの分類法を支持するのがよいのかという，その明確な基盤——歴史的なものであれ論理的なものであれ——を見つけることができなかった。できうる最良のことといえば，異なる複数の現象があることを認め，自分が採用する分類法を明確にし，その分類法を一貫して用いることだ。

　共感に関連した2つの質問の各々に対して，8つの共感現象の全てが関係しているわけではないが，各質問とそれぞれの現象の関係について順に検討していく価値はあるだろう。

質問1：他者の思考や感情を我々はどうやって知るのか？

　他者の内的状態を知ること（概念1）という現象に対する説明を，この第1の質問は求めている。他の現象のうちの5つが，その説明として提案されてきた。観察対象である他者と同じ姿勢になるか神経反応が一致すること（概念2），他者が感じているような感情を抱くこと（概念3），他者のおかれている状況に自分を投影・直観すること（概念4），他者がどのように考え感じているかを想像すること（概念5），そして自分が相手の立場だったしたらどのように考え感じるかを想像すること（概念6）はすべて，他者の思考と感情に関する我々の知識を説明するために提案されてきたものである。

　いくつかの説明は，これらの現象のうちのどれか1つにのみ焦点をあててい

3. 含意

る。たとえば，「理論説」の支持者は，我々が持っている素人理論（人々全般が，あるいは，特定の性格をもっている人々が何を考え感じるかを説明するもの）に基づいて，我々が他者の内的状態をうまく想像すること（概念5）ができると主張していると言える。それ以外の説明では，複数の現象が組み合わされている。「シミュレーション説」の支持者は，自分自身を他者の状況に投影・直観すること（概念4）によって，あるいは，他者の立場にいたとしたらどのように考え感じるかを想像すること（概念6）によって，他者が感じるような感情を抱くようになり（概念3），自分自身の感情に関する知識によって，他者がどう感じているのかを分かる——あるいは分かっていると思う——ことができるようになる（概念1），と主張していると言える。それ以外にも，自動的に他者と同じ姿勢になったり，神経反応が一致したりすること（概念2）によって，他者が感じているような感情を抱くようになり（概念3），他者がどう感じているのかをわかるようになる（概念1）という可能性がある。

残りの2つの現象——他者の苦しみを目撃することで代理的な個人的苦悩を経験すること（概念7）と苦しんでいる他者のために感じること（概念8）——は，他者の状態に関する知識（あるいは信念）の源なのではない。それらは，この知識に対する反応である。したがって，それらは，他者が考え感じていることをどうやってわかるかを説明するために引き合いに出されることはない。むしろ，これらの現象は，第2の質問に対する答えに関係している。

質問2：他者の苦しみに対して思いやりと気づかいをもった反応をさせるものは何か？

苦しんでいる他者を目撃することで苦悩を感じること（概念7）がその人物を援助しようという動機づけを生み出しうることを示す証拠が数多くある。しかしながら，この動機づけの究極の目標は，他者の苦悩を和らげる（つまり利他的動機づけ）というわけではないようだ。むしろこの動機づけの究極の目標は，自分自身の苦悩を和らげることなのだ（つまり，利己的動機づけ，Batson, 1991）。そのため，このような苦悩があるからといって，他者の苦しみに敏感に反応するようになるということは起こらない可能性がある。自分自身の苦悩を和らげるのに，他者の苦悩の緩和を必要としない場合には特にそうだろう。この動機づけに関する区別がいかに重要であるかが，以下の知見によって強調されている。すなわち，子どもを虐待するリスクの高い親は，乳幼児が泣いて

いるのを見るとより多くの頻度で苦悩を感じる（概念7）と報告しているのに対して，そのようなリスクの低い親は，苦悩ではなく，同情と思いやりといった他者志向的感情（概念8）の増大を報告しているのだ（Milner, Halsey, & Fultz, 1995）。

苦しんでいる他者に対する感情を抱くこと（概念8）は，他者の苦しみに対して思いやりのある気づかいをもって反応させるのは何であるかを説明するために，最も頻繁に引き合いに出される，共感の形式である。他の7つの概念のいくつかは，この感情の先行事象として関連している可能性がある。

他者に対する感情を抱くためには，人はその他者の内的状態を知っている（概念1）と思っている必要がある。なぜならば，誰かに対する感情を抱くということは，他者の幸福度（たとえば，あなたの友人が傷つき怯えているということ）に関する知覚（知ること）に基づいているからだ。しかしながら，誰かに対する感情を抱くためには，この知覚は必ずしも正確である必要はない。この知覚が，内的状態に関する相手自身の知覚と一致している必要もない。相手自身の知覚との一致は，共感精度（empathic accuracy）を定義するための研究ではよく基準として用いられているものであるが（たとえば，Ickes, 1993）。（この手の研究では，内的状態に関する相手自身の知覚が間違っている可能性については無視されていることが多い。たとえば，あなたの友人は，果たして本当に怒っていないのだろうか。）もちろん，他者志向的感情が他者の状態に関する誤った信念に基づいていたならば，その感情によって引き起こされる行為は，見当違いになりがちであるし，思いやりのある気づかいを提供するという目標には至らないことが多くなるだろう。

神経表象の一致または他者の姿勢の模倣（概念2）は，他者の状態に関する理解や信念（概念1）を促進する可能性があり，それによって他者志向的な感情（概念8）が引き起こされる可能性がある。それでもなお，一致や模倣というのは，そうした感情を引き起こすための必要条件でも十分条件でもないように思われる。あなたの友人の涙によって，あなたも同じように涙を流す可能性はある。しかしながら，彼女のことをかわいそうだと思うために，神経状態を一致させたり，泣くのを模倣したりする必要はないだろう。逆の可能性のほうが十分にありそうである。つまり，彼女の涙によって，あなたは彼女がどれほど動揺しているのかをはっきりと理解することができたのだろうし，あなたが泣いたのは彼女をかわいそうだと思ったからであろう。

3. 含 意

　他者が感じているような感情を抱くこと（概念3）もまた，他者の状態がわかること（概念1）に至るための重要な手段であり，それによって他者志向的感情（概念8）へとつながる可能性がある。しかしながら，これもやはり，必要条件でも十分条件でもないことが研究によって示唆されている（Batson, Early, & Salvarani, 1997）。あなたが友人のことをかわいそうに感じるために，あなたが同じように傷ついたり怯えたりする必要はないのだ。彼女が傷つき怯えているということを知る（概念1）だけで十分である。

　他者が感じているような感情を抱くことは，実際には，他者志向的感情を抑制してしまう恐れがある。それによって我々自身の情動状態のほうに集中してしまうとそうなってしまう可能性がある。悪天候の中を飛ぶ飛行機内で他の乗客が神経質になっているのを感じとってしまったならば，私もまた神経質になってしまう可能性がある。もし自分自身が神経質になっていることに集中してしまったとしたら，私は，他の乗客達のことを気にかけるなんてことはおそらくしないだろう。

　他者の状況に自分自身を投影・直観すること（概念4）によって，他者が何を考え感じているか（概念1）に関する生々しい感覚を得ることができ，それによって他者志向的感情（概念8）が促進されるかもしれない。しかしながら，目の前で起きたことや語られたことによって相手の状況が明白な場合には，直観や投影はおそらく不要である。また，他者の状況が明白でなかったとしたら，直観や投影をすることによって他者に関する不正確な解釈をしてしまう危険を冒すことにもつながる。自分と相手との間の重要な違いについて正確な理解がない場合には特にそうだ。

　実験室実験の参加者に対して，他者がどのように感じているかを想像する（概念5）よう教示することが，困っている人物に対する他者志向的な感情（概念8）を生じさせるために用いられてきた（レビューについては，Batson, 1991を見よ）。しかしながら，この他者を想像する視点と，その視点によって生じる他者志向的情動とを混同したり，同じものと考えたりすべきではない（Coke, Batson, & McDavis, 1978）。

　苦悩の状態にある他者に注意を向けるとき，自分がその状況にいたとしたらどう考えどう感じるかを想像すること（概念6）は，他者志向的感情（概念8）を刺激するかもしれない。しかしながら，この自己想像視点もまた，自己志向的な苦悩の感情（概念7）を生じさせてしまう可能性が高い（Batson, Early, &

Salvarani, 1997; Stotland, 1969 を見よ）。もし相手の状況が馴染みのないものであるか不明確であったならば，その状況でどう考え感じるかを想像することは，他者の状況を知覚する（概念1）ための有効でおそらく必要不可欠な基盤になるだろう。他者の状況を知覚することは，他者志向的感情を体験するための必要条件である。しかしやはり，もし相手があなたと大きく異なっていたとしたら，あなたがどう考えどう感じるかに焦点をあてることは間違いにつながる可能性がある。さらにもし，相手の状況が馴染みのあるものか明確なものだったとすれば，その状況でどう考えどう感じるかを想像することによって，他者志向的感情は実際には抑制されてしまう可能性がある（Nickerson, 1999）。あなたの友人が失職することについて話すのを聞きながら，もし自分が仕事を失うとしたらどう感じるだろうかと考えることによって，あなたの関心は自分自身に向かい，不安で落ち着かない気持ちになってしまう——そして，比較を通して「良かった」と感じることになったのだった。こうした反応は，彼女に対してかわいそうと感じる，といった他者志向的な感情を低下させてしまうことになる。

　目立ちやすさや一般受けするという理由から，私は他者の苦しみに対する感受性のある反応の源として，他者志向的感情（概念8）に注目してきた。しかしながら，共感とよばれるその他の現象もまた，他者志向的感情とは別に，思いやりのある反応の源として提案されている。たとえば，他者が感じているような感情を抱くこと（概念3）は，——おそらく他者を想像する視点（概念5）と組み合わされて——我々が我々自身に対して行うのと同じように，我々がその他者の苦しみに直接反応するようにさせる可能性のあることが示唆されてきた（Preston & de Waal, 2002）。また，他者の立場におかれたとしたらどう考えどう感じるかを想像すること（概念6）も，ステレオタイプ化された外集団の成員の窮状に対して，より思いやりのある反応を生じさせる可能性がある（Galinsky & Moskowitz, 2000）。

　困っている他者の援助にコミットするような専門職の人々（臨床家・カウンセラー・医師）にとって，相手が困っていることを正確に知覚すること——すなわち診断——は非常に重要である。なぜならば，相手が困っていることに気づかない限り，それに対して効果的に取り組むということはありそうもないからである。もっと言えば，情動的喚起が高くなってしまうと，それが他者志向的情動であったとしても，効果的に援助する能力を妨げてしまう可能性がある

(MacLean, 1967)。したがって，援助職の人々のなかでも，困窮に対する効果的な反応の重要な源として強調されるのは，クライエントや患者の内的状態に関する正確な知識（概念1）であって，他者志向的感情（概念8）ではないのだ。

4. 結 論

共感とよばれる現象は非常に様々であり，それぞれの事象の間の区別は微妙な場合もあるが，区別があることは間違いないようである。それらのほとんどは，ありふれた経験である。しかしながら，ありふれているからといって，それらの重要性を見過ごすべきではない。これらのプロセスによって，人は他者の内的状態を知ることができるのであるし，また感受性のある気づかいをもって反応するよう動機づけられるのだ。これらのプロセスこそ，我々の生活にとって極めて重要なのである。デイビッド・ヒュームのような偉大な思想家達もまた，これらのプロセスがあらゆる社会的知覚と相互作用のための基礎であることを示唆してきた。それらは確かに我々の社会的性質にとって極めて重要な要素なのである。

共感とよばれるこれら8つの現象の違いを認めることで問題は複雑化してしまっている。それでもなお，これらの現象と，それらが互いにどう関連しているのかを我々が理解できるようになるかどうかは，非常に重要であるように思われる。他者の内的状態を知ることや，他者の苦しみに思いやりをもって反応することが，どうやって可能となるのか，それらについての我々の理解を進めることができるようになるかどうかもまた非常に重要であろう。幸いなことに，社会神経科学がすでに，そのような区別の少なくともいくつかについては認識しはじめており，それらの神経基盤も特定されてきているところである（たとえば，Jackson et al., 2006; Lamm, Batson, & Decety, 200; Singer et al., 2004 を見よ）。

謝 辞

ナディア・アーマド，トバイアス・シュウェンドナー，ジェイコブ・エックランド，ルイス・オスジャ，アダム・パウエル，エリク・ストックスには，草稿に対する貴重なコメントに感謝する。

引用文献

Adolphs, R. (1999). Social cognition and the human brain. *Trends in Cognitive Sciences*, **3**, 469-479.

Barrett-Lennard, G. T. (1981). The empathy cycle: Refinement of a nuclear concept. *Journal of Counseling Psychology*, **28**, 91-100.

Batson, C. D. (1991). *The altruism question: Toward a social-psychological answer.* Hillsdale, NJ: Erlbaum.

Batson, C. D., Early, S., & Salvarani, G. (1997). Perspective taking: Imagining how another feels versus imagining how you would feel. *Personality and Social Psychology Bulletin*, **23**, 751-758.

Bavelas, J. B., Black, A., Lemery, C. R., & Mullett, J. (1986). "I show you how you feel": Motor mimicry as a communicative act. *Journal of Personality and Social Psychology*, **50**, 322-329.

Becker, H. (1931). Some forms of sympathy: A phenomenological analysis. *Journal of Abnormal and Social Psychology*, **26**, 58-68.

Coke, J. S., Batson, C. D., & McDavis, K. (1978). Empathic mediation of helping: A two-stage model. *Journal of Personality and Social Psychology*, **36**, 752-766.

Damasio, A. R. (2003). *Looking for Spinoza: Joy, sorrow, and the feeling brain.* Orlando, FL: Harcourt.［ダマシオ，A. R.（著）田中三彦（訳）(2005). 感じる脳——情動と感情の脳科学・よみがえるスピノザ．ダイヤモンド社．］

Darwall, S. (1998). Empathy, sympathy, care. *Philosophical Studies*, **89**, 261-282.

Decety, J., & Chaminade, T. (2003). Neural correlates of feeling sympathy. *Neuropsychologia*, **41**, 127-138.

Dimberg, U., Thunberg, M., & Elmehed, K. (2000). Unconscious facial reactions to emotional facial expressions. *Psychological Science*, **11**, 86-89.

Eisenberg, N., & Strayer, J. (Eds.). (1987). *Empathy and its development.* New York: Cambridge University Press.

Eslinger, P. J. (1998). Neurological and neuropsychological bases of empathy. *European Neurology*, **39**, 193-199.

Galinsky, A. D., & Moskowitz, G. B. (2000). Perspective-taking: Decreasing stereotype expression, stereotype accessibility, and in-group favoritism. *Journal of Personality and Social Psychology*, **78**, 708-724.

Gordon, R. M. (1995). Sympathy, simulation, and the impartial spectator. *Ethics*, **105**, 727-742.

Hatfield, E., Cacioppo, J. T., & Rapson, R. L. (1994). *Emotional contagion.* New York: Cambridge University Press.

Hodges, S. D., & Wegner, D. M. (1997). Automatic and controlled empathy. In W. Ickes (Ed.), *Empathic accuracy* (pp. 311-339). New York: Guilford Press.

Hoffman, M. L. (1981). The development of empathy. In J. P. Rushton & R. M. Sorrentino (Eds.), *Altruism and helping behavior: Social, personality, and developmental* perspectives (pp. 41-63). Hillsdale, NJ: Erlbaum.

Hoffman, M. L. (2000). *Empathy and moral development: Implications for caring and justice.* New York: Cambridge University Press. ［ホフマン，M. L.（著）菊池章夫・二宮克美（訳）(2001). 共感性と道徳性の発達心理学. 川島書店.］

Hume, D. (1740/1896). A treatise of human nature (L. A. Selby-Bigge, Ed.). Oxford: Oxford University Press. ［ヒューム, D.（著）土岐邦夫・小西嘉四郎（訳）(2010). 人性論. 中央公論社.］

Ickes, W. (1993). Empathic accuracy. *Journal of Personality*, **61**, 587-610.

Jackson, P. L., Brunet, E., Meltzoff, A. N., & Decety, J. (2006). Empathy examined through the neural mechanisms involved in imagining how I feel versus how you feel pain. *Neuropsychologia*, **44**, 752-761.

Krebs, D. L. (1975). Empathy and altruism. *Journal of Personality and Social Psychology*, **32**, 1134-1146.

LaFrance, M., & Ickes, W. (1981). Posture mirroring and interactional involvement: Sex and sex typing influences. *Journal of Nonverbal Behavior*, **5**, 139-154.

Lamm, C., Batson, C. D., & Decety, J. (2007). The neural substrate of human empathy: Effects of perspective-taking and cognitive appraisal. *Journal of Cognitive Neuroscience*, **19**, 1-17.

Levenson, R. W., & Ruef, A. M. (1992). Empathy: A physiological substrate. *Journal of Personality and Social Psychology*, **63**, 234-246.

Lipps, T. (1903). Einfühlung, inner Nachahmung, und Organ-empfindungen. *Archiv für die gesamte Psychologie*, **1**, 185-204.

MacLean, P. D. (1967). The brain in relation to empathy and medical education. *Journal of Nervous and Mental Disease*, **144**, 374-382.

Mead, G. H. (1934). *Mind, self, and society.* Chicago: University of Chicago Press. ［ミード，G. H.（著）河村 望（訳）(1995). 精神・自我・社会. 人間の科学社.］

Meltzoff, A. N., & Moore, M. K. (1997). Explaining facial imitation: A theoretical model. Early *Development and Parenting*, **6**, 179-192.

Milner, J. S., Halsey, L. B., & Fultz, J. (1995). Empathic responsiveness and affective reactivity to infant stimuli in high- and low-risk for physical child abuse mothers. *Child Abuse and Neglect*, **19**, 767-780.

Nickerson, R. S. (1999). How we know—and sometimes misjudge—what others know: Imputing one's own knowledge to others. *Psychological Bulletin*, **125**, 737-759.

Piaget, J. (1953). *The origins of intelligence in the child.* New York: International Universities Press. ［ジャン・ピアジェ（著）谷村覚・浜田寿美男（訳）(1978). 知能の誕生. ミネルヴァ書房.］

Povinelli, D. J. (1993). Reconstructing the evolution of mind. *American Psychologist*, **48**, 493-509.

Preston, S. D., & de Waal, F. B. M. (2002). Empathy: Its ultimate and proximate bases. *Behavioral and Brain Sciences*, **25**, 1-72.

Reik, T. (1948). *Listening with the third ear: The inner experience of a psychoanalyst.* New York: Farrar, Straus.

Ruby, P., & Decety, J. (2004). How would you feel versus how do you think she would feel? A neuroimaging study of perspective taking with social emotions. *Journal of Cognitive Neuroscience*, **16**, 988–999.

Sagi, A., & Hoffman, M. L. (1976). Empathic distress in the newborn. *Developmental Psychology*, **12**, 175–176.

Scheler, M. (1913/1970). *The nature of sympathy* (P. Heath, Trans.). Hamden, CT: Archon Books.［マックス・シェーラー（著）青木茂・小林茂（訳）(2002)．同情の本質と諸形式（シェーラー著作集 8）．白水社．］

Singer, T., Seymour, B., O'Doherty, J., Kaube, H., Dolan, R. J., & Frith, C. D. (2004). Empathy for pain involves the affective but not sensory components of pain. *Science*, **303**, 1157–1162.

Smith, A. (1759/1853). *The theory of moral sentiments*. London: Alex Murray.［アダム・スミス（著）高哲男（訳）(2013)．道徳感情論．講談社．］

Sober, E., & Wilson, D. S. (1998). *Unto others: The evolution and psychology of unselfish behavior*. Cambridge, MA: Harvard University Press.

Stotland, E. (1969). Exploratory investigations of empathy. In L. Berkowitz (Ed.), *Advances in experimental social psychology* (Vol. 4, pp. 271–313). New York: Academic Press.

Titchener, E. B. (1909). *Lectures on the experimental psychology of the thought processes*. New York: Macmillan.

Tomasello, M. (1999). *The cultural origins of human cognition*. Cambridge, MA: Harvard University Press.

Wispé, L. (1968). Sympathy and empathy. In D. L. Sills (Ed.), *International encyclopedia of the social sciences* (Vol. 15, pp. 441–447). New York: Free Press.

Wispé, L. (1986). The distinction between sympathy and empathy: To call forth a concept a word is needed. *Journal of Personality and Social Psychology*, **50**, 314–321.

Zahn-Waxler, C., Robinson, J. L., & Emde, R. N. (1992). The development of empathy in twins. *Developmental Psychology*, **28**, 1038–1047.

第 2 部　共感に関する社会的，認知的，発達的視点

第2章　情動感染と共感[訳注1]

エレイン・ハットフィールド
リチャード・L・ラプソン
イェン・チ・L・リー

> 怪物と闘う者であれば誰であろうと，自らが怪物になってしまわないように気をつけた方がよい。そして，あなたが深淵を凝視し続けるならば，深淵もまたあなたを凝視するであろう。
> ——ニーチェ

　現在，共感に関する数多くの定義が存在している。しかしながら，真の共感のためには3つの異なる技能が必要だという点については，多くの臨床心理学者・カウンセリング心理学者達が同意している。その3つとは，他者と感情を共有する能力，他者が何を感じているのかを直観する認知能力，そして，他者の苦悩に対して思いやりをもって反応しようとする「社会的に有益」な意図である（Decety & Jackson, 2004）。本章は，これら3つのプロセスのうち第2のもの，すなわち，情動感染（emotional contagion）を通して他者の情動に「感情移入する（自分のことのように感じる）」能力に焦点をあてる。我々は，この広範にわたる現象について，これまでに分かっていることをレビューし，この現象を説明する3つのメカニズムについて議論する。そして，将来の研究のためにいくつかの問題を提起する。

　神経科学，生物学，社会心理学，社会学，生涯心理学など様々な分野における研究者達は，人間の認知・情動・行動を理解する上で，原始的な情動感染（*primitive emotional contagion*）が極めて重要であると主張している。原始的な情動感染は，人間の相互作用を成立させるための基本要素であり，「マインド・リーディング（心を読むこと）」を助け，人々が他者の感情を理解・共有することを可能にする。

　情動感染は，（単一の原因によって作用するのではなく）様々な過程によって決定される，社会的・心理生理学的・行動的現象に関するカテゴリーとして概念

化するのが最も適切であろう。ある情動カテゴリーを構成するものが何であるかについては，理論家達の意見は一致しないが，情動という「パッケージ」の中には多くの構成要素——意識的な気づき，表情や話し方や姿勢による表出，神経生理学および自律神経系の活動，道具的行動など——が含まれるということについては，おそらくほとんどの理論家が同意するだろう。情動に関するそういった多様な側面は，それぞれおそらく脳の異なる部位によって処理されているであろうが，それらの情動的情報は脳によって統合されているのである。そして，上に挙げた情動の構成要素の各々が，他者に影響を及ぼすと共に，他者による影響を受けたりすることになる（この点の議論に関しては，Hatfield, Cacioppo, & Rapson, 1994 を見よ）。

Hatfield, Cacioppo, and Rapson（1994）は，原始的な情動感染を，「相手の顔の表情・話し方・姿勢・動作をどちらかといえば自動的に模倣・同調することによって，結果として，同じ情動状態になってしまう傾向」（p. 5）と定義している。

喜びと幸福，愛情，恐怖と不安，怒り，悲しみと抑うつを「キャッチ」する個人の感受性を測定するために，「情動感染尺度（Emotional Contagion Scale）」が開発されている（Doherty, 1997; Hafield, Cacioppo, & Rapson, 1994 を見よ）。情動感染尺度は，フィンランド語，ドイツ語，ギリシャ語，インド語（ヒンディー語），日本語[訳注2]，ポルトガル語，スウェーデン語を含む，様々な言語に翻訳されている（この尺度の信頼性と妥当性に関する情報は，Doherty, 1997 を見よ）。

1. 情動感染のメカニズム

理論的には，情動はさまざまな方法でキャッチされる可能性がある。初期の研究者達は，意識的な推論・分析・想像がこの現象を説明すると考えた。たとえば，経済哲学者のアダム・スミス（1759/1966）次のように観察している。

> 我々の兄弟が拷問台の上にいたとしても，……我々は想像を通して，彼のおかれている状況に自分自身をおき，同じ拷問の責め苦に自分自身が堪えているように感じる，いわば，彼の身体の中に入り込み，彼とほぼ同じ人物になり，それによって，彼のさまざまな感覚に関する観念を形成し，いくらか弱いかもし

れないが，それらと変わらない感覚を感じさえするのである（p. 9）。

しかしながら，アダム・スミスが提案したような理論的説明と比べると，原始的情動感染は，ずっと微細で，自動的で，ありふれたプロセスであることが明らかになっている。たとえば，かなり多くの証拠が，以下に挙げたような主張を支持している。

模　倣

　主張1：会話をしている間，人は自動的かつ連続的に，他者の顔の表情，話し方，姿勢，動作，道具的行動を模倣し，自分自身の動作をそれらに同調させる。

　人々が他者の情動表出を模倣する傾向のあることを，科学者そして作家達は長い間観察してきた。1759年という早い段階から，アダム・スミス（Smith, 1759/1966）は，自分自身が他者のおかれた状況にいることを想像するときに，人が運動的模倣を示すということを見抜いていた。「狙いを定めた一撃が，今まさに誰か他の人の手足に振り下ろされようとしているのを見る時，我々は自然に身体を縮め，自分の手足を引っ込めてしまう」（p. 4）
　アダム・スミスは，そのような模倣が「ほとんど反射」であるととらえており，その後，テオドール・リップス（Lipps, 1903）は，意識的な共感が，他者の感情表出に対する本能的な運動模倣に起因すると提案している。1700年代以来，研究者達は，人には他者の情動表出を模倣しようとする傾向があるという数多くの証拠を集めてきた。

顔面表情の模倣　人々が周りの人々の顔の表情を模倣する傾向があるという事実は，多くの文献に記載されている（Dimberg, 1982; Vaughan & Lanzetta, 1980）。たとえば，神経科学者や社会心理生理学者達は，人々の認知的反応（機能的磁気共鳴断層撮像法［fMRI］で測定されたもの）と顔の表情（筋電図［EMG］によって測定されたもの）とが，観察している相手の情動表出における瞬間瞬間の非常に微細な変化を反映する傾向のあることを見出している（Wild et al., 2003）。このような運動的模倣は，非常に短く微細であるために，顔の表情における観察可能な変化を生じないことが多い（Lundqvist, 1995）。

ラルシュ＝オルーフ・ルンドクィスト（Lundqvist, 1995）は，スウェーデンの大学生を対象に，幸福・悲しみ・怒り・恐怖・驚き・嫌悪の表情を示すターゲット人物の写真を見ている時の顔の筋電図の活動を記録した。様々なターゲットの顔によって，非常に異なる筋電図の反応パターンが引き起こされることが見出された。参加者が幸福の表情を観察したときには，大頬骨筋全体にわたる筋肉活動の増大が見られ，参加者が怒りの表情を観察したときには皺眉筋全体にわたる筋肉活動の増大が見られた。

　乳児（Meltzoff & Prinz, 2002），幼児，思春期，成人が，他者の顔面表情を自動的に模倣するという事実が，多くの研究で報告されている（このような研究のレビューについては，Hatfield, Cacioppo, & Rapson, 1994; Hurley & Chater, 2005b を見よ。他者の情動表出を模倣するかどうかの可能性を決定する諸要因に関するレビューについては，Hess & Blair, 2001; Hess & Bourgeois, 2006 を見よ）。

声の模倣　人が他者の話し方を模倣したり同調したりするということもまた示されてきた。どのような会話のテンポを好むのかは人によって異なっているが，パートナー同士で相互作用する場合，2人の関係がうまくいっているのであれば，2人の話し方のサイクルは互いに同調していくことになる。統制された面接場面を用いた研究では，言葉の速さ，発話の持続時間，反応潜時などに話者同士の相互の影響があることを支持する数多くの証拠が報告されている（Cappella & Planalp, 1981; Chapple, 1982 を見よ）。

姿勢の模倣　姿勢や動作についても，模倣したり同調したりすることが見出されている（Bernieri, et al., 1991; この研究のレビューについては，Hatfield, Cacioppo, & Rapson, 1994 を見よ）。

　我々はおそらく，意識的にやろうとしてもそれほど効果的に他者を模倣することは不可能である。そのプロセスはただあまりにも複雑であまりにも速すぎるのである。たとえば，電光石火のような速さのモハメド・アリでさえ，信号光を検出するのに最低でも 190 ms（ミリ秒），光に反応してパンチを繰り出すのにさらに 40ms かかる。ところが，ウィリアム・コンドンと W・D・オグストン（Condon & Ogston, 1966）は，大学生が 21 ms（動画の 1 コマ分の長さ）以内に動作を同調させることができることを見出したのだった。マーク・デイビス（Davis, 1985）は，微小同調（microsynchrony）が，中枢神経軸における

様々なレベルでの脳の構造によって媒介されるものであり,「備わっているか,備わっていないか」のいずれかであって,意図的に「しようと思ってする」ことができるわけではない (p.69)」と主張している。デイビスは,他者を意識的に模倣しようとしても,それが「偽物」であることがすぐに分かってしまうだろうと述べている。

要約すると,人が,自分の周りの人々の顔や声,姿勢,動作を自動的に模倣し同調することができるという数多くの証拠がある。人は,非常に素早く自動的に,驚くほど多くの情動的特徴を一瞬の間に模倣し同調するのである。

フィードバック

主張2:人々の情動体験は,顔・声・姿勢・動作の模倣の賦活や,それらの模倣からのフィードバックによって,瞬間瞬間に影響を受けている。

理論的にいえば,参加者の情動体験は以下のいずれかの要因の影響を受けている。(1)第1に,そのような模倣や同調をするよう指示を送る中枢神経の命令による影響。(2)顔・言語・姿勢による模倣や同調からの求心性のフィードバックによる影響。あるいは,(3)個人が,自らの表出行動に基づいて自身の情動状態を推定する意識的な自己知覚プロセスによる影響。脳脊髄幹の様々なレベルにおいて機能的冗長性があることを考えれば,これら3つのプロセス全てによって,顔・声・姿勢の模倣・同調や表出による情動体験の形成が確実なものとなっているのであろう。

先行研究に関する最近のレビューでは,情動が,顔・声・姿勢のフィードバックの影響をある程度受けているということが支持されていることが多い。

顔面フィードバック ダーウィン(1872/2005)は,情動体験が,顔の筋肉からのフィードバックを通して大きな影響を受けていると主張している。

> ある情動を外に向けて自由に表出することによって,その情動自体はより強められることになる。逆に,外に向けられた表出を可能な限り抑えることによって,我々の情動は弱められることになる。暴力的な身振りを示す者は,その激しい怒りをより強めることになるであろうし,自分が恐れていることを隠そうとしない者は,さらに大きな恐怖を体験することになるであろう。また,悲嘆

に打ちひしがれて自ら動こうとしない者は，心の活力を取り戻す絶好の機会を失うことになるであろう（p. 365）。

多くの研究者達が，参加者に情動的な表情表出を誘発させる様々な方略を用いて，この顔面フィードバック仮説を検証してきた。実験者が単に，情動的反応を大げさにしたり，または隠したりするように参加者に指示することもあれば，参加者を「騙して」様々な表情をとらせることもある。また，参加者が他者の情動的表情表出を無意識に模倣するように，さまざまな手続きをとることもある。これら3つのタイプの実験全てにおいて，表情表出によって人々の情動体験が影響される傾向のあることが示されてきた（Adelmann & Zajonc, 1989; Matsumoto, 1987）。

古典的な実験において，ジェームズ・レアードとチャールズ・ブレスラー（Laird & Bresler, 1992）は，まず，顔の筋肉の活動を研究することに興味があると参加者に説明した。彼らの実験室には，複雑な多チャネルの装置によって顔の筋肉活動が記録されると誰もが思ってしまうようなデザインの装置が置かれていた。銀色のカップ状の電極が，参加者の眉毛の間，口の両端，顎の先に取り付けられた。電極は，印象的にもつれたケーブルを介して電子装置（実際には何の機能も果たしていない）につながっていた。次に実験者は，参加者に気づかれないようなやり方で，参加者の顔に情動表出をさせるような手続きを進めた[訳注3]。レアードらは，自分自身の情動状態の理解が，部分的には，顔の筋肉組織における変化によってなされることを見出した。「眉をひそめる」条件の参加者は，「微笑」条件の参加者よりも，あまり幸福ではない（そして，より怒りの状態にある）ことを報告した。参加者達のコメントによって，このプロセスがどのように機能するかに関する洞察を得ることができる。ある男性は，戸惑いながら以下のように語った。

> 私が歯を食いしばって，眉を下げたとき，私は決して怒ったりしないようにしていたのですが，怒りというのがちょうど合っている感じでした。私は怒っている気分ではありませんでしたが，私の考えが，何か私を怒らせようとしているものへと向かっている感じがしました。それは，私が思うに，ばかげたものです。私は，自分が実験されているということを分かっていましたし，そんな風に感じる理由などないことも分かっていました。それでも，私は抑えること

ができなかったのです（p. 480）。

ポール・エクマンとその同僚は，情動的体験と自律神経系（ANS）の活動の両方が，顔面フィードバックによって影響されると主張している（Ekman, Levenson, & Friesen, 1983）。エクマンらは，実験参加者に対して，驚き・嫌悪・悲しみ・怒り・恐怖・幸福の6つの情動を生じさせるように求めた。参加者は，そのような情動を体験したときのことを思い起こすか，あるいは，その情動に合った表情になるように顔の筋肉を動かすことによって，それらの情動を生じるようにされた。エクマンらは情動体験を思い起こす行為や，特徴的な情動を表出するように顔の筋肉を収縮させることによって，それらの情動に伴われるような自律神経系の活動が生じることを見出した。つまり，顔の表情表出によって，適切な自律神経系の喚起を生じさせることが可能だということが明らかになったのである。

声のフィードバック　声の模倣の活動やフィードバックによって，主観的な情動体験が，瞬間瞬間に変化するという主張を支持する数多くの証拠がある（Duclos et al., 1989; Hatfield, Cacioppo, & Rapson, 1994; Hatfield et al., 1995; Zajonc, Murphy, & Inglehart, 1989）。

　エレイン・ハットフィールドとその同僚（1995）は，一連の実験を通して，この音声フィードバック仮説を検証している。参加者は，アフリカ，中国，ヨーロッパ，フィリピン，ハワイ，ヒスパニック，日本，韓国の男女であった。ハットフィールドらは，あらゆる努力をはらって，本当は参加者の情動に関心があるという事実を隠していた（参加者には，ベル電話会社が，人間の音声を忠実に再現するために様々な種類の電話システムの能力を検証しているのだと伝えたのだった）。参加者は，個室に案内され，6種の音響パターンのうちの1つを含むカセットテープを実験者から渡された。6種のうちの1種が中立的な統制条件のものであり，残りは，喜び（joy），愛情／友愛（love/tenderness），悲しみ（sadness），恐怖（fear），そして怒り（anger）であった。

　コミュニケーションの研究者達は，特定のイントネーション・声の質・リズム・休止のパターンが，基本的情動と結びついていることを報告している。たとえば，人が幸福であるときに発する音声は，振幅の変動が小さく，ピッチ（声の高さ）の変動が大きく，テンポが速く，鋭い波形をしており，倍音成分

が少ない。ハットフィールドとその同僚による研究では，まず，5種類の各情動にふさわしい音声パターンを示すように，5種類のテープを作成した^{訳注4}。特に，喜びの音声には，陽気な笑い声の特徴が含まれており，悲しみの音声には，泣き声の特徴が含まれており，友愛のテープには，一連の穏やかな「おぉ」や「あぁ」という声が含まれていた。怒りのテープには，喉から出る低いうなり声が含まれていて，恐怖の音声には，鋭い叫びやあえぎ声が含まれていた。最後に，中立的なテープは，切れ目のない長いモノトーンのハミングであった。参加者は，電話に向かって，その音声をできるだけ正確に再現するように求められた。結果は，参加者の発した特定の音声によって，参加者の情動が予測されたとおりに強い影響を受けることを示していた。つまり，この実験によって，音声フィードバック仮説に対する付加的な支持が提供されたのである。

姿勢のフィードバック　姿勢や動作からのフィードバックによって，情動が生じることを示唆する証拠がある（Bernieri, Reznick, & Rosenthal, 1988; Duclos et al., 1989 を見よ，また，この研究に関するレビューについては，Hatfield, Cacioppo, & Rapson, 1994 を見よ）。興味深いことに，演劇理論家のコンスタンチン・スタニスラフスキーは，姿勢と演技との間の結びつきについて言及している（Moore, 1984）。彼は次のように主張した。「情動的記憶には，我々の過去の経験が蓄積されている。それらを思い起こすために，俳優達は，与えられた状況において必要で論理的な身体的な行為を実行しなければならない。身体的な行為が数多くあるのと同じように，情動にも多くのニュアンスがあるのだ」（pp. 52-53）。

　スタニスラフスキーは，特定の情動と結びつけられた多様な細かな行為を実際に行うことによって，いつでもそれらの情動を再体験できると主張している。

　非常に多くの研究において，人が，自分自身の顔・声・姿勢による表出と一致する情動を体験する傾向のあることが見出されている。顔と声と姿勢の表出の間の結びつきは非常に特定的なようである。つまり，人が，恐怖，怒り，悲しみ，嫌悪といった表出を行うときには，単に不快な情動を感じるのではなく，それぞれの表出と結びついた特定の情動が体験される傾向がある（Duclos et al., 1989 を見よ）。いまだに明らかになっていないのは，そのようなフィードバックがどのくらい重要なものであるのか（それは必要条件か，十分条件か，それとも，単に情動体験のごく一部にすぎないのか），そして，身体的表出と情動とが

厳密にどのように結びついているのか（Adelmann & Zajonc, 1989）である（この文献に関する批判的レビューについては，Manstead, 1988 を見よ）。

感　染

　主張3：模倣とフィードバックの結果として，人々は，瞬間瞬間に他者の情動を「キャッチ」する傾向がある。

　様々な学問領域における研究者達が，この主張を支持する証拠を提供している。最近では，神経科学における諸発見によって，人々がなぜ容易に他者の情動を「キャッチ」できるのか，また，なぜ容易に他者の思考・情動・行動に共感できるのか，についての洞察が提供されている。それらの例を以下に示す。
　神経科学者達は，特定のニューロン群（カノニカル・ニューロン[訳注5]）によって，知覚と行為との間の直接的なリンクが提供されていると主張している。他には，ある特定の行為が遂行されるときにも，同じ種類の行為を他の個体が遂行するのを霊長類が観察するときにも発火するニューロン（ミラー・ニューロン）が存在する。科学者達は，そのような脳の回路が，人間を含めた霊長類における情動感染と共感とを説明する可能性があると主張している（Iacoboni, 2005; Rizzolatti, 2005; Wild, Erb, & Bartels, 2001; Wild et al., 2003 を見よ）。
　ミラー・ニューロンの発火と模倣とが生じる系列的順序がどうなっているのかという現実的な疑問が当然のように生じてくるであろう。イアコボーニとその同僚は，彼らのサルが「何もしていない」ときでも——単に他の個体を見ているだけで——ミラー・ニューロンの発火が生じると主張している（Iacoboni, 2005; Rizzolatti, 2005; Wild et al., 2001, 2003）。我々は，実際にはそうではないと考えている。どの事例においても，この霊長類は，刺激人物（またはサル）の顔・声・姿勢の模倣はしているのである。そのタイミングによっては，そのミラー・ニューロンの発火が，模倣された把握行動を生じさせているのかもしれないし，模倣された把握行動が，その部位の発火を生じさせているのかもしれない。つまり，動物が意図的に行為する場合にも，模倣によって同じ行為を遂行する場合にも，同じ脳領域が発火しているという可能性がある。それを明らかにできるのは将来の研究だけであろう。当然のことながら，どちらのプロセスも，情動感染の研究者にとって大きな関心の的となるはずである。
　ブレイクモアとフリス（Blakemore & Frith, 2005）は，ある行為の遂行をイ

メージする場合でも，観察する場合でも，あるいは準備する場合でも，その同じ行為を実行するのに用いられる同じ運動プログラムを起動すると主張している。ブレイクモアらは，人間において，いくつかの脳領域（特に，運動前皮質と頭頂皮質）が，行為の遂行中と他者行為の観察中との両方で賦活されることを示す，多くの最近の研究をレビューしている。運動前皮質が共鳴的に賦活するかどうかは，その動機に目標があるかどうかには依存しないが，頭頂皮質の方は，その行為がある目標に向けられている場合にのみ賦活した。このミラー・システムがあるおかげで，我々は自分達自身の行為を計画し，他者の行為を理解することが可能になるのだと主張する研究者もいる。

　1950年代，霊長類学者達は，動物達が他者の情動をキャッチしていると思われることを示す多くの研究を行ってきた。たとえば，R. E. ミラーとその同僚（Miller, Banks, & Ogawa, 1963）は，サルがしばしば恐怖を他の仲間へと伝達していることを見出した。恐怖の状態にあるサルの顔・声・姿勢は警告としての役割を果たす。それらは，危険の可能性を示す合図になるからである。サルは，他の個体の恐怖をキャッチすることで，適切な回避反応をとるための準備状態に入ることができる。動物行動学者達は，情動表出の模倣というものが，系統発生的に古い，同種内のコミュニケーションの基本的な形式であると主張している。そのような感染はまた，マウスを含む，多くの脊椎動物に見られる（Brothers, 1989; Mogil, 2006）。

　様々な学問領域の学者達が，人々が互いの情動を実際にキャッチしあっているという証拠を提供している。臨床的な観察者（Coyne, 1976），社会心理学者や社会学者（Hatfield, Cacioppo, & Rapson, 1994; Le Bon, 1896; Tseng & Hsu, 1980），神経科学者や霊長類学者（Hurley & Chater, 2005a; Wild et al., 2003），生涯発達研究者（Hurley & Chater, 2005a, 2005b），そして歴史学者（Klawans, 1990）による証拠は，人々が，常に，全ての社会で，おそらく非常に大きなスケールで，他者の情動を実際にキャッチしていることを示唆している。（この研究の要約については，Hatfield, Cacioppo, & Rapson, 1994; Wild, Erb, & Bartels, 2001; Wild et al., 2003 を見よ。）

要　約

　理論的にいえば，情動感染のプロセスには，模倣・フィードバック・感染という3つの段階がある。人々は，(a) 周りにいる人々の顔の表情，声の表出，

姿勢，道具的行動を自動的に模倣する傾向があり，(b) そのようなフィードバックの結果，他者の情動を弱い反射として感じる傾向がある。その結果として，人々は，(c) 他者の情動をキャッチする傾向がある。おそらく，人々が，変化し続けている仲間の顔・声・姿勢の情動表出を自動的に模倣するとき，仲間が実際に体験している情動を弱い反射として感じるようになる。このかすかな瞬間瞬間の反応の流れに注意をむけることによって，人々は，他者の情動的生活に「感情移入する（自分自身のことのように感じる）」ことができるのである。人は，他者の意図と感情がはっきりと表れていないときでも，それらを瞬間瞬間に追跡することができるのである。

2. 既存の研究に関する含意

　本章では，我々は1つのパラドックスに直面している。人々は，他者の顔・声・姿勢の表出をかなり素早く模倣する能力をもっており，その結果として，驚くほどに，他者の情動生活を自分のことのように感じることができている。にもかかわらず，不思議なことに，ほとんどの人々は，社会的な対人場面における，模倣と同調の重要性には気づいていないようである。人々は，自分達がいかに素早く，いかに完全に，他者の表出行動や情動をなぞることができるかということに気づいていないようなのである。

　情動感染と共感の性質に関する最近の知見から，どのようなことが示唆されるだろうか。情動感染に関する研究では，他者の情動状態に関する情報を獲得するのに，我々が複数の手段を用いているという事実が強調されている。意識的な分析的スキルというものは確かに，人々がなぜそのような振る舞いをするのかということを理解するのに役立つかもしれない。しかしながら，もし他者と一緒に体験している情動に対して慎重に注意を向けるならば，他者の情動状態を自分自身のことのように感じることを通して，我々はさらに一歩進んだ理解を得ることができるかもしれない。実際に，我々の考えることと，我々の感じることからは，異なってはいるが，いずれも他者に関する価値のある情報を得ることができるという証拠がある。たとえば，ある研究において，クリストファー・シーと彼の同僚は，他者が感じている（はず）のものについて，人々が意識的に推定した場合には，その他者が話したことに大きく影響されることを見出した。しかしながら，人々自身の情動の方は，他者が実際に感じている

ものに関する非言語手がかりの影響を強く受けていたのだった (Hsee, Hatfield, & Chemtob, 1992)。

3. 問題提起

近年では，人々の思考・感情・行動を説明するのに，情動感染が引き合いに出されるようになってきた。そのような例として，人々全般だけでなく，もっと特定的に，自閉症の子ども (Decety & Jackson, 2004; Hurley & Chater, 2005a, 2005b)，熱狂的な音楽ファン (Davies, 2006)，宗教的熱狂者，テロリスト，自爆テロ (Hatfield & Rapson, 2004)，自殺者や，群衆の中にいる人々 (Adamatzky, 2005; Fischer, 1995) といったものが挙げられる。科学者達がまだ手をつけていないのは，情動感染しやすい（しにくい）のは誰か，そして情動感染しやすい（しにくい）のはどんな条件なのか，といった基本的な問題を探索することである。

研究者達は，共感の重要な要素である，この原始的情動感染について理解しようと努めているが，多くの重要な問題が答えられないままになっている。

1. どのようなタイプの人々が，他者の情動を最も敏感にキャッチすることができるのか。
2. どのようなタイプの関係のなかで，人々は情動感染に最も敏感になるのか。
3. 自分自身の情動を他者に「感染」させる力を持っていると，どのようなメリット（またはデメリット）があるのか。他者の情動を理解したり反射したりする感受性をもっていると，どのようなメリット（またはデメリット）があるのか。
4. 他者の情動表出や行動を模倣してしまう自然な傾向を持っていると，人はより好かれるようになるのか。他者の情動表出や行動を意識的に模倣しようとするときには何が起こっているのか。そうすることによって，人々はその人のことをより好きになるだろうか。それとも，その時以外はいつも「オフ」になってしまうせいで，あまり好きにはならないのだろうか。
5. 他者の情動に対してもっと同調するように（つまり，より情動感染しやすくなるように）させることは可能だろうか。

6. 他者の情動に圧倒されないように（つまり，あまり情動感染しないように）させることは可能だろうか。

こうした問題に対する答えは，情動感染研究のもつ感染性のある魅力に魅了された研究者達が注意を向けるのを待っている。

引用文献

Adamatzky, A. (2005). *Dynamics of Crowd-Minds: Patterns of irrationality in emotions, beliefs and actions*. London: World Scientific.
Adelmann, P. K., & Zajonc, R. B. (1989). Facial efference and the experience of emotion. *Annual Review of Psychology*, **40**, 249–280.
Bernieri, F. J., Davis, J. M., Knee, C. R., & Rosenthal, R. (1991). Interactional synchrony and the social affordance of rapport: A validation study. Unpublished manuscript, Oregon State University, Corvallis.
Bernieri, F. J., Reznick, J. S., & Rosenthal, R. (1988). Synchrony, pseudosynchrony, and dissynchrony: Measuring the entrainment process in mother-infant interactions. *Journal of Personality and Social Psychology*, **54**, 243–253.
Blakemore, S. J., & Frith, C. D. (2005). The role of motor cognition in the prediction of action. *Neuropsychologia*, **43** (2), 260–267.
Brothers, L. (1989). A biological perspective on empathy. *American Journal of Psychiatry*, **146**, 10–19.
Cappella, J. N., & Planalp, S. (1981). Talk and silence sequences in informal conversations: III. Interspeaker influence. *Human Communication Research*, **7**, 117–132.
Chapple, E. D. (1982). Movement and sound: The musical language of body rhythms in interaction. In M. Davis (Ed.), *Interaction rhythms: Periodicity in communicative behavior* (pp. 31–52). New York: Human Sciences Press.
Condon, W. S. (1982). Cultural microrhythms. In M. Davis (Ed.), *Interaction rhythms: Periodicity in communicative behavior* (pp. 53–76). New York: Human Sciences Press.
Condon, W. S., & Ogston, W. D. (1966). Sound film analysis of normal and pathological behavior patterns. *Journal of Nervous and Mental Disease*, **143**, 338–347.
Coyne, J. C. (1976). Depression and the response of others. *Journal of Abnormal Psychology*, **85**, 186–193.
Darwin, C. (1872/2005). *The expression of the emotions in man and animals*. Whitefish, MT: Kessinger Publishing.［チャールズ・ダーウィン（著）浜中浜太郎（訳）．(1931)．人及び動物の表情について．岩波書店．］
Davies, S. (2006). Infectious music: Music-listener emotional contagion. Paper presented at the Conference on Empathy, California State University, Fullerton.

Davis, M. R. (1985). Perceptual and affective reverberation components. In A. B. Goldstein & G. Y. Michaels (Eds.), *Empathy: Development, training, and consequences* (pp. 62-108). Hillsdale, NJ: Erlbaum.

Decety, J., & Jackson, P. L. (2004). The functional architecture of human empathy. Behavioral and Cognitive *Neuroscience Reviews*, 3, 71-100.

Dimberg, U. (1982). Facial reactions to facial expressions. *Psychophysiology*, 19, 643-647.

Doherty, R. W. (1997). The Emotional Contagion scale: A measure of individual differences. *Journal of Nonverbal Behavior*, 21, 131-154.

Duclos, S. E., Laird, J. D., Schneider, E., Sexter, M., Stern, L., & Van Lighten, O. (1989). Emotion-specific effects of facial expressions and postures on emotional experience. *Journal of Personality and Social Psychology*, 57, 100-108.

Ekman, P., Levenson, R. W., & Friesen, W. V. (1983). Autonomic nervous system activity distinguishes among emotions. *Science*, 221, 1208-1210.

Fischer, A. H. (1995). Emotional contagion in intergroup contexts. Netherlands: European Science Foundation, Open MAGW Program, NWO grant 461-04-650.

Hatfield, E., Cacioppo, J., & Rapson, R. L. (1994). *Emotional contagion*. New York: Cambridge University Press.

Hatfield, E., Hsee, C. K., Costello, J., Weisman, M. S., & Denney, C. (1995). The impact of vocal feedback on emotional experience and expression. *Journal of Social Behavior and Personality*, 10, 293-312.

Hatfield, E., & Rapson, R. L. (2004). Emotional contagion: Religious and ethnic hatreds and global terrorism. In L. Z. Tiedens & C. W. Leach (Eds.), *The social life of emotions* (pp. 129-143). Cambridge: Cambridge University Press, pp. 129-143.

Hess, U., and Blair, S. (2001). Facial mimicry and emotional contagion to dynamic emotional facial expressions and their influence on decoding accuracy. *International Journal of Psychophysiology*, 40, 129-141.

Hess, U., & Bourgeois, P. (2006, January 27). The social costs of mimicking: Why we should not both look angry. Paper presented at the Society for Personality and Social Psychology, Palm Springs, FL.

Hsee, C. K., Hatfield, E., & Chemtob, C. (1992). Assessments of emotional states of others: Conscious judgments versus emotional contagion. *Journal of Social and Clinical Psychology*, 2, 119-128.

Hurley, S., & Chater, N. (2005a). *Perspectives on imitation: From neuroscience to social science: Vol. 1. Mechanisms of imitation and imitation in animals.* Cambridge, MA: MIT Press.

Hurley, S., & Chater, N. (2005b). *Perspectives on imitation: From neuroscience to social science: Vol. 2. Imitation, human development, and culture.* Cambridge, MA: MIT Press.

Iacoboni, M. (2005). Understanding others: Imitation, language, and empathy. In S. Hurley & N. Chater, *Perspectives on imitation: From neuroscience to social science: Vol. 1. Mechanisms of imitation and imitation in animals* (pp. 77-101). Cambridge,

MA: MIT Press.

Klawans, H. L. (1990). *Newton's madness: Further tales of clinical neurology.* London: Headline Book Publishers.

Laird, J. D., & Bresler, C. (1992). The process of emotional feeling: A self-perception theory. Reported in M. Clark (Ed.), *Emotion: Review of Personality and Social Psychology,* 13, 213–234.

Le Bon, G. (1896). The crowd: A study of the popular mind. London: Ernest Benn.

Lipps, T. (1903). Kapitel: Die einfühlung. In *Leitfaden der psychologie* [Guide to psychology] (pp. 187–201). Leipzig: Verlag von Wilhelm Engelmann.

Lundqvist, L. O. (1995). Facial EMG reactions to facial expressions: A case of facial emotional contagion? *Scandinavian Journal of Psychology,* 36, 130–141.

Manstead, A. S. R. (1988). The role of facial movement in emotion. In H. L. Wagner (Ed.), *Social psychophysiology and emotion: Theory and clinical applications* (pp. 105–130). New York: Wiley.

Matsumoto, D. (1987). The role of facial response in the experience of emotion: More methodological problems and a meta-analysis. *Journal of Personality and Social Psychology,* 52, 769–774.

Meltzoff, A. M., & Prinz, W. (Eds.). (2002). *The imitative mind: Development, evaluation, and brain bases.* Cambridge: Cambridge University Press.

Miller, R. E., Banks, J. H., & Ogawa, N. (1963). Role of facial expression in "cooperative-avoidance conditioning" in monkeys. *Journal of Abnormal and Social Psychology,* 67, 24–30.

Mogil, J. (2006, July 4). *Mice show evidence of empathy.* The Scientist: Magazine of the Life Sciences http//www.the-scientist.com/news/display/23764. Accessed July 1, 2007.

Moore, S. (1984). *The Stanislavski system.* New York: Viking.

Rizzolatti, G. (2005). The mirror neuron system and imitation. In S. Hurley & N. Chater, *Perspectives on imitation: From neuroscience to social science: Vol. 1. Mechanisms of imitation and imitation in animals* (pp. 55–76). Cambridge, MA: MIT Press.

Smith, A. (1759/1976). *The theory of moral sentiments.* Oxford: Clarendon Press.［アダム・スミス（著）高哲男（訳）(2013).　道徳感情論．講談社.］

Tseng, W-S., & Hsu, J. (1980). Minor psychological disturbances of everyday life. In H. C. Triandis & J. D. Draguns (Eds.), *Handbook of cross-cultural psychology: Vol. 6. Psychopathology* (pp. 61–97). Boston: Allyn & Bacon.

Vaughan, K. B., & Lanzetta, J. T. (1980). Vicarious instigation and conditioning of facial expressive and autonomic responses to a model's expressive display of pain. *Journal of Personality and Social Psychology,* 38, 909–923.

Wild, B., Erb, M., & Bartels, M. (2001). Are emotions contagious? Evoked emotions while viewing emotionally expressive faces: Quality, quantity, time course and gender differences. *Psychiatry Research,* 102, 109–124.

Wild, B., Erb, M., Eyb, M., Bartels, M., & Grodd, W. (2003). Why are smiles contagious? An fMRI study of the interaction between perception of facial affect and facial movements. *Psychiatry Research: Neuroimaging*, **123**, 17-36.

Zajonc, R. B., Murphy, S. T., & Inglehart, M. (1989). Feeling and facial efference: Implications of the vascular theory of emotion. *Psychological Review*, **96**, 395-416.

■訳注■

1 「emotional contagion」という用語は，「情動伝染」と訳される場合がある。「伝染」も「感染」も「contagion」に対応する日本語である。しかしながら，ある人物（A）から別の人物（B）にうつるという社会的な現象を指す場合には「伝染」の方が適切だと思われるが，ある人物（A）からうつってきたものが別の人物（B）に作用するという個人内に生じる現象を指す場合には「感染」の方が適切だと思われる。本書における「emotion contagion」は，他者からの影響によって被影響者に生じる作用を主に意味していることから，一貫して「情動感染」と訳した。福田（2010）などにも「情動感染」という表現が見られる。

2 情動感染尺度の日本語版は，木村・余語・大坊（2007）によって作成されている。

木村昌紀・余語真夫・大坊郁夫（2007）．日本語版情動伝染尺度（the Emotional Contagion Scale）の作成．対人社会心理学研究，**7**, 31-39.

3 James Laird and Charles Bresler（1992）には，この実験に関する記述はない。本章の引用文献にも記載されていないが，出典は，Laird, J. D. (1974). Self-attribution of emotion: The effects of expressive behavior on the quality of emotional experience. *Journal of Personality and Social Psychology*, **29** (4), 475-486. だと思われる。

Laird（1974）の実験では，被験者が笑顔または渋顔の表情になるように，被験者の特定の筋肉を収縮するように指示した。教示は，被験者が実験者の指示にしたがってうまく表情を作れるかどうかによって，いくらか異なっていたが，おおむね以下の通りであった。

> 怒りの表情の場合の教示。
> [眉間の電極に軽く触れて] ここの筋肉を収縮させてください。[この指示でうまくいかない場合，] 両方の眉を寄せるようにして下さい。[うまくいった場合] よろしい，その状態を保ってください。[今度は顎の先の電極に軽く触れて] 今度はここを収縮させてください。[この指示でうまくいかない場合，] 歯を食いしばるようにここを収縮させてください。

4 Hatfield et al.（1995）では，テープの作成について以下のように記載されている。

> 刺激テープを開発する最初の段階は，コミュニケーションの専門家である精神科医・心理学者・大学院生ら 20 名に対して，喜び・愛情・悲しみ・恐怖・怒り・情動の欠如と関連しているとわかるような音声パターンがどういうものであるかを特定するのを手伝ってもらった。次に，その情動に典型的な音声的特徴を含んでいるような 10〜12 秒の音声を発生させて録音するように彼らにお願いした。音声刺激の中に言葉は含めずに音声のみを含めるようにした。その後，グループで集まり，基準に最もよく適合する 10〜12 秒の音声を特定した（Hatfield et al., 1995, p. 305）。

5 カノニカル・ニューロンは，ミラー・ニューロンと同じく，サルの脳の F5 野（人間の

44野に相当）で見出されたニューロン。カノニカル・ニューロンは，特定の行動の対象となる物体を見たときや，その行動を自分自身が行う時に発火する。たとえば，指先でものをつまみあげる行動を行う時と，つまみ上げる動作の対象となるもの（リンゴの欠片やレーズンなど）を見たときに発火するカノニカル・ニューロンは，それ以外の動作を行ったり，つまみ上げる動作の対象とならないもの（1個丸ごとのリンゴなど）を見ても発火しない。つまり，リンゴの欠片やレーズンといったものが，つまみ上げるという動作の対象になるもの（カテゴリー）として脳内に表象されていると考えられる。しかしながら，ミラー・ニューロンとは異なり，他の個体が同じ動作を行っているのを観察する際には，カノニカル・ニューロンは発火しない。

第3章　模倣されることの効果

リック・B・フォン・バーレン
ジャン・デセティ
アプ・ダイクスターハイス
アンドリース・フォン・デア・レイユ
マータイス・L・フォン・レーウン

> 最高の復讐とは，自分まで相手と同じようなマネをして，やり返したりしないことである。
> ——マルクス・アウレリウス（西暦121-180）

　模倣（imitation）と共感とはどのように関係しているのだろうか。この質問に答えることは容易ではない。何が問題なのかと言えば，共感の定義について意見の一致がないことである。共感が何を意味するのかをほとんどの人は直観的に「感じる」ことができているにもかかわらず，その科学的研究となると，その定義に関する驚くほどの意見の食い違いによって彩られた混沌とした過去を抱えているのである（たとえば，Jahoda, 2005 を見よ）。

1. 翻訳のなかで失われた共感

　共感の定義に関する議論の歴史を見ると，共感と模倣との間の関係を特定することがなぜそれほど難しいのかが明らかとなる。共感という言葉は，英語からドイツ語に翻訳され，再び英語へと翻訳し直されたものである。それは，一般的な用法，つまり美学や戯曲（drama）のような芸術における使用と，行動科学における使用との間を行き来してきたのだった。最終的にそれは，心理学の世界ではよくあることだが，主観的で，実態のない，仮説的でさえあるような構成概念を言葉にするという難題を背負わされることになったのだった。「共感（Empathy）」という用語は，まるで坂を転がり落ちる雪玉のように，多種多様な現象から構成されるカテゴリーとの関係を抱え込むことになってしまったのである（歴史的経緯については，Jahoda, 2005 を見よ）。

20世紀の初頭,「共感」という用語が導入されるよりも前に,使われていた単語(「同情（sympathy）」,あるいはドイツ語の「感情移入（*Einfühlung*）」)は,意識的または無意識的な運動的模倣という観点から定義されることがあった（たとえば,Allport, 1968; Darwin, 1872/1965)。たとえば,テオドール・リップスは,感情移入のプロセスを説明する際に,共感と模倣の関係について触れている。「私がある身振りを見る時には,その身振りから自然に生じる感情（affect）を私自身が体験するという傾向が私自身の中に存在している。何か障害となるものがない限り,その傾向は現実のものとなる」(1907, Jahoda, 2005, p. 719で引用)。

20世紀の中盤以降,「高次」認知の研究への転換が起こり,共感の研究もそれに従うことになった。つまり,これらの時代,研究者の関心は,方略的で意識的な形式の共感の方に向けられていった。ところが最近の理論化で,運動的模倣が再び,共感プロセスにおける重要な地位を与えられるようになったのだった（たとえば,Preston & De Waal, 2002; Decety & Jackson, 2004)。模倣は仲介的な役割を果たすと考えられている。観察者は自分が見ている人物の行動を自動的に模倣するとされている。これが,「自己受容性プロセス（proprioceptive process）」[訳注1]を通して,対象人物にその行動を起こさせたのと同じ状態を,より弱い形で引き起こす。その1つの例が,「情動感染（emotional contagion）」である。情動感染によって,人は自動的に誰かの顔の表情を模倣し,その結果として,弱い形ではあるが,模倣されている人物のものと同じ情動が生じることになる（Hatfield, Cacioppo, & Rapson, 1994)。

2. 模倣の自動性

現在までに,人間において模倣が自動的に生じるということを示す膨大な証拠がある。社会心理学,発達心理学,社会神経科学,認知心理学における研究が蓄積されるにつれて,模倣するという我々の傾向がいかに広汎なものであるかが,数多くの研究によって示されてきた。模倣は言語獲得前の幼児でも観察されている（Meltzoff & Moore, 1977, 1997; ただし,この知見には異議がないわけではない)。人々は,自動的かつ無意識的に,相互作用の相手の行動や話し方の癖（顔をこすったり,髪の毛にさわったり,足を揺すったり,ペンをいじくったり,など）を模倣する。さらに,笑い声,あくび,気分,そして,発話に関す

る様々な変数が自動的に模倣されることが知られている（Chartrand & Bargh, 1999; Van Baaren, Maddux, et al., 2003; Van Baaren, Horgan, et al., 2004）。

　我々が自動的に模倣する理由は，ある特定の行動を知覚することによってその行為に関する我々自身の運動表象を自動的に賦活するということにある（Decety & Chaminade, 2005; Iacoboni et al., 1999; Rizzolatti, Fogassi, & Gallese, 2001; Sommerville & Decety, 2006）。サル（マカク）の場合には，運動前皮質と後部頭頂皮質において，単一のニューロンが同定されている。それらのニューロンは，ものをつかむ手の動きを観察するときと，ものをつかむ動作をそのサル自体が実行するときとの両方で発火し，知覚と行為との間の最も緊密な結びつきを示している（Gallese et al., 1996）。これらのニューロンは，今ではミラー・ニューロンとして広く知られている。

　人間の場合にも，単一ニューロンレベルではないものの，基本的には，同じような効果が観察されている。たとえば，手の動作を知覚するときと，自分で手の動作を実行するときとでは，腹側運動前皮質の同じ皮質領野が賦活する（Iacoboni et al., 1999）。興味深いことに，最近の機能脳画像研究は，単純な行為（たとえば食べ物をつかむ）を見た結果生じるミラー・ニューロンの賦活が，知覚者の動機（空腹か満腹か）や目標によって調節されることを示している（Cheng, Meltzoff, & Decety, 2006）。研究者によっては，この「ミラー・ニューロン・システム」が模倣の神経基盤であると考えている者もいる。しかしながら，この仮説的なミラー・ニューロン・システムによって模倣が仲介されているという証拠は報告されていない。まとめると，人間は模倣を行うようにあらかじめ組み込まれているように思われる。そして模倣は，我々の無数の社会的相互作用におけるデフォールトなのである。では，模倣は共感においてどのような役割を果たしているのだろうか。

3. 模倣と共感

　共感に関連したいくつもの見解や現象（情動感染，同情，認知的共感を含めて）を統合する1つの枠組みを作り出そうという試みのなかで，Preston and De Waal（2002）は，共感の「知覚−行為モデル（perception-action model; PAM）」を仮定した。このモデルの中心にあるのは，共感を1つのプロセスとして説明するのが最も適切であるという考えである。この見解では，ある個人

の状態を知覚することによって，その状態や状況に関する知覚者の表象が賦活し，それによって対応する結果や諸反応が賦活される。ここでいう結果とは，認知的，感情的，行動的，情動的なものであるか，これらが組み合わされたものである。この見解では，模倣と共感は密接に結びついていることになる。模倣は本質的に，共感につなぐための橋渡しをする。実際，発達的研究は，我々が同種の模倣をすることが生得的に組み込まれていること，そしてそのようなメカニズムが「間主観性（intersubjectivity）」のための足がかりであることを示している（Meltzoff & Decety, 2003）。最後に，最近の研究はまた，人の共感性と模倣傾向との間に相関のあることを示している（Chartrand & Bargh, 1999; Dapretto et al., 2006）。

　模倣のメカニズム，すなわち，観察された行動を我々自身の行動的表象へと直接マッピングするメカニズムは，共感の基本形式を構成している。なぜならば，本質的に，模倣とは，脳内で賦活される構成概念（または行動表象）の少なくともいくつかを相互作用のパートナー同士が共有していることを意味するからである。運動的模倣と共感とを比較するのは決して新しいアイディアというわけではない。一方で，模倣傾向は，向社会性に関する多くの指標と関連している。それは，たとえば，ラポール（たとえば，Bavelas et al., 1987），共感性（Chartrand & Bargh, 1999），社会的または相互依存的な自己観（Van Baaren, Maddux et al., 2003, Van Baaren, Horgan et al., 2004），そして親和目標（Lakin & Chartrand, 2003）である。他方，実験的研究は，あからさまでない模倣が，結果的にポジティブな相互作用につながることを示している。たとえば，Maurer and Tindal（1983）は，カウンセラーと患者の二者関係において知覚される共感に，模倣が及ぼす影響について調べている。彼らの結果は，カウンセラーがクライエントの非言語的行動を模倣する場合，模倣しない場合と比べて，カウンセラーがより多くの共感を表出していると知覚されることを示している。同様に，他の研究者も，この種の運動的模倣を，類似性や理解の感情の合図として記述している（たとえば，Bavelas et al., 1987; Bernieri, 1988; LaFrance & Ickes, 1981; LaFrance, 1982）。

　ここで，本章で記述されている全ての研究において，模倣とは，あくまでも「あからさまでない」模倣に関係しているということに言及しておくことは非常に重要である。もし，誰かが自分の行動をあなたに模倣されていると意識的に気づいたとしたら，それは不愉快に感じられるか，馬鹿にされているとさえ

思われるかもしれない（ただし，非常に小さな子どもの場合は別である。実際に，小さい子どもは自分達の真似をしている人を見るのを好む。Nadel, 2002）。しかしながら，通常，我々は，日常的な相互作用で生じている模倣には気づいていない（Chartrand & Bargh, 1999）。

さて，我々が無意識的かつ自動的に他者を模倣すること，そして，認知・感情・行動におけるこの類似性が共感の1つの形式であることが分かったが，ここで1つの疑問が生じてくる。模倣されることは，我々にどのように作用するのであろうか。本章では，我々は，共感を示すことによってもたらされる結果について詳細に述べたい。特に，我々は運動的模倣に焦点をあてる。なぜならば，運動的模倣とは，誰かがあなたのように行動することを意味するのであり，それは，共感に関する最近の理論（たとえば，Preston & de Waal, 2002）によれば，共感の無意識的，低次レベル，あるいは基本的な形式として概念化されているからである。我々自身の行動が相互作用の相手によって真似されているのを知覚した結果は一体どのようなものであろうか。利用可能な研究のほとんどが，社会的相互作用中に生じる模倣の量を操作し，自己報告および行動への影響を測定することで，この問題に取り組んでいる（概要については，Lakin & Chartrand, 2003 を見よ）。

4. 模倣されることによる向社会的効果

典型的な実験では，参加者とサクラが1つの部屋に入れられる。参加者は，2人が1つの課題に取り組むものと信じているが，実際には，その課題はカバーストーリーの一部であり，実験の目的とは関係のないものである。この偽の課題の最中に，サクラは参加者の行動を模倣する。この模倣は，通常3〜4秒のわずかな遅延の後に生じ，それは左右反対，つまり鏡像の動作であった。模倣される典型的な行動としては，顔をこする，手や足の動作，髪の毛をいじる，などが含まれる。この「模倣条件」が，参加者がサクラによって模倣されない条件，あるいは，参加者の行為とは反対のことをサクラが行う条件[訳注2]のいずれかと比較されることになる。

こうした一般的なアプローチを用いた研究では，模倣された人々が，模倣しないサクラに対してよりも模倣するサクラの方に対して，よりポジティブにとらえることが示されている。たとえば，上述した，Maurer and Tindall

(1983）による研究は，知覚される共感性が増大することを示している。Chartrand and Bargh（1999）は，人々が，模倣しない相手よりも模倣する相手の方をより好むようになり，相互作用がよりスムーズであったと評価することを観察している。Bailenson and Yee（2005）は，参加者の頭の動きを模倣する（あるいは模倣しない）ヴァーチャル・リアリティの中のデジタル・アバターを用いた。このような実験状況には，行動にわたる完全な実験的制御ができるという利点がある。そのアバターはコンピュータによって生成されたものであることから，実験者による期待効果やバイアス効果の可能性は完全に除外することができる。Bailenson and Yee は，Chartrand and Bargh の知見を再現した。実際に，あからさまでない模倣という行為の方が，模倣者に対するよりポジティブな評価を生じさせることを示したのである。

　共感には，行為者と観察者との間の類似性も関わってくるため，実際に，模倣されることによって人が模倣者とより類似していると感じるようになるのかを検証するための実験を我々は行った（Van Baaren et al., 2007）。相互作用中に模倣された（あるいは模倣されない）後で，参加者は，いくつかの意見（たとえば，テレビには裸が多すぎる，など）について，どのように感じるかを示すように求められた。さらに参加者は，同じ問題について実験者がどう感じていると思うかに関する参加者の考えを示すように求められた。これは，投影の測度であり，あなたがあなた自身の思考と感情をどのくらい他者に投影しているかを測定するものである。（レビューについては，Krueger & Robbins, 2005 を見よ。）結果は，模倣の後により多くの投影がなされることを示しており，模倣によって，人がより類似していると感じるようになることを意味している。このように，模倣は，相互作用の相手に対する我々の判断に影響を及ぼす。では，我々が相手に対してどのように行動するかにも影響するのだろうか。

　ここ数年の間に，複数の研究者が模倣による行動的影響について調べている。もしそれが実際に「社会的絆（social glue）」(Dijksterhuis, 2005; Lakin, et al., 2003）であり，相互作用をスムーズにし，人と人との間の絆を育むものなのだとしたら，これらの効果は，行動レベルでも観察されるはずである。つまり，模倣にはその「見返り」があるはずである。この前提に関するまさに字義通りの検証がされている。Van Baaren, Holland, et al.（2003）は，オランダのレストランのウェイトレスに，注文時に客の言葉を模倣するか，あるいは，単に注文を言い換えるように教示した。人が発話に関するさまざまな変数を模倣す

ることが知られており（Giles & Coupland, 1991; Gregory, Dagan, & Webster, 1997），このようなタイプの模倣は，模倣の独立変数として使用するのに最適である。その後，そのウェイトレスが受け取ったチップの量を調べ，模倣がチップの量を増大させるかどうかを検討した。2つの研究において，模倣条件と非模倣条件において，受け取ったチップの量に（50%を超える）有意な差のあることが示された。つまり，模倣には字義通り「見返り」があったのである。

　生態学的妥当性はともかく，予測困難で比較的統制されていないレストランの状況は，模倣の行動的効果を実験的に検証する上で理想的とは言えない。そこで我々は，もっと統制された実験室の環境で，このレストランの知見を概念的に再現した。この実験（Van Baaren, Holland, et al., 2004, Study 1）では，参加者は，偽の「マーケティング課題」に取り組んでいる間，1人の実験者によって模倣された（あるいはされなかった）。課題が終了したとき，その実験者は，実験が終了したことと，別な実験のための材料を取りにいくために部屋を離れることになることを告げた。およそ1分後，10本のペンを上に載せた数枚の紙をもってその部屋に戻ってくる。入室した直後，彼は「偶然に」つまずいて，ペンを床に落としてしまう。この手続きは，Macrae and Johnston（1998）から拝借したものである。従属変数は，参加者の援助性（helpfulness）であった。参加者は実験者を手伝おうとしただろうか。結果は，強力な模倣の効果が示された。模倣された参加者のほうがより実験者を手伝う傾向があった。このように，統制された環境においても，レストランの知見を概念的に再現することができたのである。

　模倣されることに関するこれらの研究すべてに，1つの交絡[訳注3]がある。その交絡は，従属変数が常にその模倣者と関連しているという事実のなかにある。あなたはその模倣者のことをより好むのだろうか。あなたは模倣者のことをより頻繁に助けようとするのだろうか。この方法では，模倣の効果がその模倣者に対してのみ維持されるのかどうか，あるいは，模倣の効果がもっと一般的に作用するものなのかどうかを確認することは不可能である。模倣は，2人の相互作用のパートナー同士の間に特別な絆を作り出すのだろうか。それとも，模倣されることは，それよりももっと深い影響を人に及ぼすのだろうか。それは，その模倣者をどう判断し，模倣者に対してどう行動するかを変化させるだけでなく，別の人物，無関係な他人に対する行動までも変化させるのだろうか。

　この問題に取り組むために，いくつかの研究が最近行われた。たとえば，

Van Baarenとその同僚は，援助性（つまり，参加者にペンを拾い上げるという行為をさせるもの）に関する先に議論した実験を再現した。今回の実験では，模倣研究とは無関係なサクラがペンを落とすかどうかが操作されていた（Van Baaren, Holland, et al., 2004）。第1の（女性）実験者によって模倣の操作が行われた後，その実験者は，部屋を離れること，そして別の実験者がやってきて新たな無関係な実験の教示を行うことを参加者に告げた。その別の実験者が部屋に入ってくるとき，彼女が「偶然に」複数のペンを床に落とす。やはり，模倣された参加者のほうが模倣されない参加者と比べて，より援助的であり，模倣による向社会的効果がより広範にわたるものであることが示唆された。この効果が，模倣者ともう1人の人物との間の類似性によるものでないことを確認するために，第3の研究が，抽象的な存在，すなわちチャリティに向けられた援助性を測定した。模倣の操作の後，参加者は報酬を支払われ，同じまたは別の実験者が参加者に，その大学がクリニクラウン（CliniClowns；オランダではよく知られたチャリティ）のための研究を実施していることを告げる。参加者は匿名の質問紙に回答するように求められ，また，お金を寄付する機会があることを告げられた。その後，実験者は部屋を離れ，参加者は，質問紙と密封された回収箱とともに1人部屋に残された。参加者にとっては，この寄付行動は完全に匿名化されていた。

　模倣は寄付行為を増大しただろうか。結果は予測された通りであった。そして，実験者が模倣実験の時と同じ人物か別の人物かといったこととは関係がなかった。これらのデータは，模倣者との特別な絆を構築することを超えて，模倣が我々に影響を及ぼすことを強く示唆している。それは，全般的に我々を向社会的にする。この向社会性の増大に関するより多くの証拠が，Ashton-Jamesら（2007）による最近の論文で見出されている。彼女らは，模倣されることによって人々が，どのように他者をより親密に感じ，他者と結びつけられているように感じられるのかを複数の研究で明らかにしている。さらに，模倣された参加者はまた，実際に見知らぬ他者のより近くに座るようになる。つまり，模倣された人が好ましいと感じる対人的な距離は減少しているのである。

5. 認知スタイル

　前節で議論した研究は，模倣されることによって重要な社会的結果がもたら

されることを示している。つまり，我々はより援助的になる。もっと一般的には，模倣されることによって，我々はより社会的になるのである。模倣されることは，我々がどのように環境と相互作用するかに深い影響を及ぼすことから，基本的な知覚的レベルへの影響も見出される可能性がある。つまり，模倣されることによって，我々はただ行動だけが変化するのだろうか，それとも，模倣されることによって，この世界を知覚する仕方が変化するのだろうか。模倣されることと「認知スタイル」との間の関係を調べている研究者がいる。認知スタイルとは，個人が刺激を知覚し，体制化し，反応する方法を説明するものである。言い換えると，それは，認知の「内容」または「水準」ではなくて，むしろ「形式」または「プロセス」を表現したものである（Witkin & Goodenough, 1977）。認知スタイルにおける最も広範に研究されている個人差は，「場依存性（field-dependence）」と「場独立性（field-independence）」の個人差である。Witkin, Goodenough, and Oltman（1979）は，場依存的な認知スタイルをもつ個人は，場独立的な個人と比べて，「外的参照枠（external referents）」（つまり文脈手がかり）により依存する傾向があると主張している。そして，それは，知覚から対人的行動にいたるまで多様な領域にわたっているとされる。

視知覚にあてはめると，場依存性には，対象とそれに関連する文脈とを統合することが含まれているのに対して，場独立性には，焦点となっている対象とその場または文脈を分化することが含まれている。場依存性は，いくつかの異なる方法で——たとえば，「隠し絵テスト（Hidden Figures Test）」（Witkin et al., 1971）で測定することができる。このテストでは，参加者はいくつかの複雑な幾何学的図形を見せられる。これらの複雑な形の中には，四角形や三角形のような単純な幾何学的対象が「隠されて」いる[訳注4]。参加者の課題は，その単純な図形を見つけ出すことである。場独立性はこの課題の遂行を促進させる。なぜならば，場独立性は，参加者が細部に注目し，文脈による妨害を無視することを助けるからである。もしあなたが場独立的であれば，複雑な形状によって妨害されることは少なく，それによって，あなたが埋め込まれた図形を容易に見つけ出すことができるだろう。逆に，場依存的な認知スタイルであるのだとしたら，複雑な図形に埋め込まれている単純な図形を分離して見つけ出すことはより困難になるだろう。

認知スタイルと対人行動との間には強い関連がある。場依存的な個人という

のは，場独立的な個人と比べて，社会的手がかりにより多くの注意を向け（Fitzgibbons, Goldberger, & Eagle, 1965; Rajecki, Ickes, & Tanford, 1981），他者による影響を受けやすい傾向（たとえば，Gul, Huang, & Subramaniam, 1992; Rajecki, Ickes, & Tanford, 1981）があることが示されている。

認知スタイルと対人行動の社会的側面との間には関連性があり，さらに，模倣されることが社会的結果をもたらす，ということから，我々は，模倣されることが我々をより場依存的にするかどうかを検証した（Van Baaren, Horgan, et al., 2004）。まず参加者は模倣され（あるいは模倣されず），次に，Kühnen and Oyserman（2002; Chalfonte & Johnson, 1996 も見よ）によって開発された記憶課題を与えられる。その記憶課題は，情報処理における文脈依存性を測定するものである。この課題では，参加者は，28個のランダムに配置された単純なオブジェクト（たとえば，家・薔薇・ピアノ）が記載されている用紙を注意深く見るように教示される。90秒後，実験者は，その用紙を，全て空欄になっている表が印刷された別の用紙と取り替えて以下のように告げる。「ちょうど今見ていたものを思い出してほしいと思います。あなたが先ほど見ていたものとそれがどこにあったのかを思い出してください。そして，あなたが見たアイテムをこの表の各セルのそれぞれがあった場所に書き込んでください。もしアイテムを思い出すことはできてもそれがどこにあったか思い出せない場合，枠線の外に書き込んでもかまいません。できるだけ多くのアイテムとその正しい場所を思い出してください。」この課題では，より高い得点，つまり，自分が見たオブジェクトの正確な位置に関する記憶が優れているほど，より文脈依存的な情報処理スタイルであると推定された[訳注5]。

その結果，明らかに，模倣の後に場依存性が増大することが示された。どちらの条件でも，参加者が思い出したオブジェクトの数は変わらなかったが，位置の正確さについては，模倣条件の方の方が50％以上も優れていた。模倣されることは場依存的な処理スタイルにつながるようである。向社会的行動と対人的親密さに関するデータとを合わせると，この知見は，模倣されることによって模倣者と被模倣者との間に特別な絆ができるようになるわけではないという強力な証拠を提供している。そうではなくて，模倣されることは，人の知覚の仕方や，（社会的）環境と相互作用する仕方に深く影響を及ぼしていると言える。

6. 模倣されることの社会神経科学

　最後に，これまで述べてきた「あからさまでない」模倣の神経学的基盤に関して，1つの興味深い疑問が残っている。我々の脳は，それを検知しているのだろうか。我々は，模倣されていることに気づいてはいないものの，それでもなお我々は，その影響を受けていることを思い出してほしい。この無意識的な模倣の認知とはどのようなものであろうか。模倣されることに対応する神経学的基盤とは何であろうか。今日まで，模倣の基盤となる神経メカニズムついて行われた神経科学的研究はすべて，意図的な課題を研究対象としている（最近のレビューに関しては，Decety, 2006 を見よ）。

　これまで紹介してきた模倣の結果に関する研究に基づいて，いくつかの仮説を提起することができる。興味深いことに，模倣の効果と結果は常に，非模倣条件との比較で報告されているのであるが，最も大きな効果というのは，実は，非模倣条件で見られているのである（たとえば，Van Baaren, Maddux, et al., 2003 を見よ）。模倣条件の方は統制条件と類似していることが多く，要するに，模倣されることのほうがむしろデフォールトのようなのである。

　したがって，（模倣されることではなく）模倣されないことの方が，予期せぬものとして体験されるという仮説を立てることができるかもしれない。こうした体験は，ネガティブな感情につながる可能性があり，したがって，前島皮質（たとえば，Phan et al., 2004）や，「コンフリクト・モニタリング（conflict monitoring）」訳注6 を扱う前帯状皮質（たとえば，Kerns et al., 2004）を含む，ネガティブな感情を処理する神経系が利用されている可能性がある。これは，20世紀初頭にドイツの哲学者が「感情移入」を概念化したのと，本質的に同じやり方である。リップス（Lipps, 1907 in Jahoda, 2005）は，「感情移入」を重力の法則と比較しており，それが生じることは特別な出来事ではないが，もし生じなかった場合の方がむしろ説明を要するものだとしている。

　高度な神経画像技法によって，模倣の効果を研究する機会の拡大がもたらされているが，それでもまだ実際的な問題がいくつか残っている。機能的磁気共鳴断層撮像法（fMRI）を用いたそのような研究を妨げる主要な障害が2つある。1つは，スキャナ内での動作が著しく制限されていることであり，もう1つは，気づかれずに模倣を行うことが困難なことである。最近の予備的研究に

おいて，我々はこれらの問題を回避するパラダイムを検証した。fMRIスキャナの中で，参加者は自分の人生のなかで非常に悲しい出来事か，中立的な出来事か，非常に幸福な出来事をイメージし，それらに対応する顔の表情をするように教示された。次に我々は，知覚と行為の一致および不一致ペア（つまり，模倣および反対の表情）を作り出すように，幸福・悲しみ・中立いずれかの顔を閾下で瞬間呈示した。結果は期待できるものであった。不一致条件では，予期に反すること（expectancy violation）やコンフリクトに関連する部位と，自他の区別に関連する部位（前帯状皮質と側頭頭頂接合部）において予測された賦活が示された。実際に，模倣されないことの方がむしろ予期せぬものであって，ネガティブなものとして知覚されるようである。これらのデータはまだ予備的なものに過ぎないが，この線にそった研究が有望であることを示唆している。

7. 結　論

模倣は共感の重要な側面である。それは，行動・認知・感情における類似性を促進する。この共感の基礎的な形式である模倣による影響に関する研究をレビューすることによって，模倣が——気づかれないままであるにもかかわらず——我々が社会的環境を知覚したり，社会的環境と相互作用したりする，そのやり方に深く影響を及ぼしていることが明らかとなった。それは，我々をより向社会的にし，「社会的絆」（Dijksterhuis, 2005; Lakin et al., 2003）として機能するようである。実際，模倣されない条件は，行動に大きな影響を及ぼすようである。人は他者が自分達と同じように考え，同じように行動し，同じように感じると期待している。ローマの皇帝マルクス・アウレリウスも知っていたのであろうが，共感することこそデフォールトなのであり，共感しないことのほうがむしろ相手に苦痛を与えるのである。

引用文献

Allport, G. (1968). The historical background of modern social psychology. In G. Lindzey & E. Aronson (Eds.), *Handbook of social psychology*. Reading, MA: Addison-Wesley.

Ashton-James, C., Van Baaren, R. B., Chartrand, T. L., & Decety, J. (2007). Mimicry and me: The impact of mimicry on self-construal. *Social Cognition*, 25, 518–535.

Bailenson, J., & Yee, N. (2005). Digital Chameleons: Automatic assimilation of nonverbal gestures in immersive virtual environments. *Psychological Science*, 16, 814–819.

Bavelas, J. B., Black, A., Lemery, C. R., & Mullett, J. (1987). Motor mimicry as primitive empathy. In N. Eisenberg & J. Strayer (Eds.), *Empathy and its development* (pp. 317–338). Cambridge: Cambridge University Press.

Bernieri, F. J. (1988). Coordinated movement and rapport in teacher-student interactions. *Journal of Nonverbal Behavior*, 12, 120–138.

Chalfonte, B. L., & Johnson, M. K. (1996). Feature memory and binding in young and older adults. *Memory and Cognition*, 24, 403–416.

Chartrand, T. L., & Bargh, J. A. (1999). The chameleon effect: The perception-behavior link and social interaction. *Journal of Personality and Social Psychology*, 76, 893–910.

Cheng, Y., Meltzoff, A. N., & Decety, J. (2007). Motivation modulates the activity of the human mirror system: An fMRI study. *Cerebral Cortex*, 17, 1979–1986.

Dapretto, M., Davies, M., Pfeifer, J., Scott, A., Sigman, M., Bookheimer., S., & Iacoboni, M. (2006). Understanding emotions in others: Mirror neuron dysfunction in children with autism spectrum disorder. *Nature Neuroscience*, 6, 28–30.

Darwin, C. (1872/1965). *The expression of the emotions in man and animals*. Chicago: University of Chicago Press.［チャールズ・ダーウィン（著）浜中浜太郎（訳）．（1931）．人及び動物の表情について．岩波書店．］

Decety, J. (2006). A cognitive neuroscience view of imitation. In S. Rogers & J. Williams (Eds.), *Imitation and the social mind: Autism and typical development* (pp. 251–274). New York: Guilford Press.

Decety, J., & Chaminade, T. (2005). The neurophysiology of imitation and intersubjectivity. In S. Hurley & N. Chater (Eds.), *Perspectives on imitation: From neuroscience to social science: Vol. 1. Mechanisms of imitation and imitation in animals* (pp. 119–140). Cambridge, MA: MIT press.

Decety, J., & Jackson, P. L. (2004). The functional architecture of human empathy. *Behavioral and Cognitive Neuroscience Reviews*, 3, 71–100.

Dijksterhuis, A. (2005). Why we are social animals: The high road to imitation as social glue. In S. Hurley & N. Chater (Eds.), *Perspectives on imitation: From cognitive neuroscience to social science: Vol. 2. Imitation, human development, and culture* (pp. 207–220). Cambridge, MA: MIT Press.

Fitzgibbons, D., Goldberger, L., & Eagle, M. (1965). Field dependence and memory for incidental material. *Perceptual and Motor Skills*, 21, 743–749.

Gallese, V., Fadiga, L., Fogassi, L., & Rizzolatti, G. (1996). Action recognition in the premotor cortex. *Brain*, 119, 593–609.

Giles, H., & Coupland, N. (1991). *Language: Context and consequences*. Milton Keynes, UK: Open University Press.

Gregory, S. W., Dagan, K., & Webster, S. (1997). Evaluating the relation of vocal accommodation in conversation partners' fundamental frequencies to perceptions of communication quality. *Journal of Nonverbal Behavior*, **21**, 23–43.

Gul, F., Huang, A., & Subramaniam, N. (1992). Cognitive style as a factor in accounting students' perceptions of career-choice factors. *Psychological Reports*, **71**, 1275–1281.

Hatfield, E., Cacioppo, J., & Rapson, R. (1994). *Emotional contagion.* Cambridge: Cambridge University Press.

Iacoboni, M. (2005). Understanding others: Imitation, language, and empathy. In S. Hurley & N. Chater (Eds.), *Perspectives on imitation: From neuroscience to social science: Vol. 1. Mechanisms of imitation and imitation in animals* (pp. 77–99). Cambridge: MIT Press.

Iacoboni, M., Woods, R., Brass, M., Bekkering, H., Mazziotta, J. C., & Rizzolatti, G. (1999). Cortical mechanisms of human imitation. *Science*, **286**, 2526–2528.

Jahoda, G. (2005). Theodor Lipps and the shift from "sympathy" to "empathy." *Journal of the History of the Behavioral Sciences*, **41**, 151–163.

Kerns, J. G., Cohen, J. D., MacDonall, A. W., Cho, R. Y., Stenger, V. A., & Carter, C. S. (2004). Anterior cingulate conflict monitoring and adjustments in control. *Science*, **303**, 1023–1026.

Krueger, J., & Robbins, J. M. (2005). Social Projection to Ingroups and Outgroups: A review and meta-analysis. *Personality and Social Psychology Review*, **9** (1), 32–47.

Kühnen, U., & Oyserman, D. (2002). Thinking about the self influences thinking in general: Cognitive consequences of salient self-concept. *Journal of Experimental Psychology*, **38**, 492–499.

LaFrance, M. (1982). Posture mirroring and rapport. In M. Davis (Ed.), *Interaction rhythms: Periodicity in communicative behavior* (pp. 279–298). New York: Human Sciences Press.

LaFrance, M., & Ickes, W. (1981). Posture mirroring and interactional involvement: Sex and sex typing effects. *Journal of Nonverbal Behavior*, **5**, 139–154.

Lakin, J., & Chartrand, T. L. (2003). Increasing nonconscious mimicry to achieve rapport. *Psychological Science*, **27**, 145–162.

Lakin, J. L., Jefferis, V., Cheng, C. M., & Chartrand, T. L. (2003). The chameleon effect as social glue: Evidence for the evolutionary significance of nonconscious mimicry. *Journal of Nonverbal Behavior*, **27**, 145–157.

Macrae, C. N., & Johnston, L. (1998). Help, I need somebody: Automatic action and inaction. *Social Cognition*, **16**, 400–417.

Maurer, R., & Tindall, J. (1983). Effect of postural congruence on client's perception of counselor empathy. *Journal of Counseling Psychology*, **30**, 158–163.

Meltzoff, A. (1990). Foundations for developing a concept of self: The role of imitation in relating self to other and the value of social mirroring, social modeling, and self-practice in infancy. In D. Cicchetti & M. Beeghly (Eds.), *The self in transition* (pp. 139–164). Chicago: University of Chicago Press.

Meltzoff, A. N., & Decety, J. (2003). What imitation tells us about social cognition: A rapprochement between developmental psychology and cognitive neuroscience.

Philosophical Transactions of the Royal Society, London, B, **358**, 491–500.
Meltzoff, A. N., & Moore, M. K. (1977). Imitation of facial and manual gestures by human neonates. *Science*, **198**, 75–78.
Meltzoff, A. N., & Moore, M. K. (1997). Explaining facial imitation: A theoretical model. *Early development and parenting*, **6**, 179–192.
Nadel, J. (2002). Imitation and imitation recognition: Functional use in preverbal infants and nonverbal children with autism. In A. Meltzoff & W. Prinz (Eds.), *The imitative mind* (pp. 42–62). Cambridge: Cambridge University Press.
Phan, K. L., Wager, T., Taylor, S. F., & Liberzon, I. (2002). Functional neuroanatomy of emotion: A meta-analysis of emotion activations studies in PET and fMRI. *NeuroImage*, **16**, 331–348.
Preston, S., & de Waal, F. (2002). Empathy: Its ultimate and proximate bases. *Behavioral and Brain Sciences*, **25**, 1–72.
Rajecki, D., Ickes, W., & Tanford, S. (1981). Locus of control and reactions to a stranger. *Personality and Social Psychology Bulletin*, **7**, 139–154.
Rizzolatti, G., Fogassi, L., & Gallese, V. (2001). Neurophysiological mechanisms underlying action understanding and imitation. *Nature Reviews Neuroscience*, **2**, 661–670.
Schall, J. D. (2001). Neural basis of deciding, choosing and acting. *Nature Reviews Neuroscience*, **2**, 33–42.
Shipman, S., & Shipman, V. C. (1985). Cognitive styles: Some conceptual, methodological, and applied issues. In E. Gordon (Ed.), *Review of research in education* (pp. 229–291). Washington, DC: American Educational Research Association.
Sommerville, J. A., & Decety, J. (2006). Weaving the fabric of social interaction: Articulating developmental psychology and cognitive neuroscience in the domain of motor cognition. *Psychonomic Bulletin and Review*, **13** (2), 179–200.
Tiedens, L., & Fragale, A. (2003). Power moves: Complementarity in dominant and submissive nonverbal behavior. *Journal of Personality and Social Psychology*, **84**, 558–568.
Van Baaren, R. B., Ames, D., Vossen, R., Jones, P., & Dijksterhuis, A. (2008). Projection and imitation. Manuscript submitted for publication.
Van Baaren, R. B., Holland, R. W., Kawakami, K., & van Knippenberg, A. (2004). Mimicry and pro-social behavior. *Psychological Science*, **15**, 71–74.
Van Baaren, R. B., Holland, R. W., Steenaert, B., & van Knippenberg, A. (2003). Mimicry for money: Behavioral consequences of imitation. *Journal of Experimental Social Psychology*, **39**, 393–398.
Van Baaren, R. B., Horgan, T. G., Chartrand, T. L., & Dijkmans, M. (2004). The forest, the trees and the chameleon: Context-dependency and mimicry. *Journal of Personality and Social Psychology*, **86**, 453–459.
Van Baaren, R. B., Maddux, W. W., Chartrand, T. L., de Bouter, C., & van Knippenberg, A. (2003). It takes two to mimic: Behavioral consequences of self-construals. *Journal of Personality and Social Psychology*, **84**, 1093–1102.
Witkin, H. A., & Goodenough, D. R. (1977). Field dependence and interpersonal behav-

ior. *Psychological Bulletin*, **84**, 661–689.
Witkin, H. A., Goodenough, D. R., & Oltman, P. K. (1979). Psychological differentiation: Current status. *Journal of Personality and Social Psychology*, **37**, 1127–1145.
Witkin, H. A., Oltman, P. K., Raskin, E., & Karp, S. A. (1971). *A manual for the embedded figures tests*. Palo Alto, CA: Consulting Psychologists Press.

■訳注■

1 自己受容性プロセス（proprioceptive process）「固有受容性」とも言われる。自分自身の関節や筋肉・腱などに関する感覚などに基づいて，体の各部分の位置や運動の状態などを感知するプロセスのこと。
2 たとえば，参加者が前かがみになるとサクラは背筋を伸ばし，参加者が足を組むとサクラは両足を床につけたままにする，といったように，参加者とサクラの姿勢が類似しないようにする条件（Tanner et al., 2007 など）。
3 交絡（confounding） 実験条件間で2つ以上の変数が同時に異なっていると，条件間で従属変数に違いが観察されたとしても，どちらの変数によって生じたのかが分からなくなってしまう。このように，複数の要因の効果を分離できないために因果関係が分からなくなってしまうことを交絡という。本文で紹介されている研究では，模倣した人物に対する援助性しか調べられていないために，援助性全般が向上するのか，その特定の人物に対する好意が増すためにその人物に特化した援助性が向上するのかが区別できていないということを指摘している。
4 「埋め込まれた図形のテスト（embedded figure test）」として知られている。右のような複雑な図形の中に，左の図形が隠されているのを見つけ出すのが課題である。

5 Kühnen and Oyserman (2002) の記憶課題 「家」「月」「線路」など28個の単純なアイテムから構成された 20×12cm の図が 90 秒間呈示された後，空白のグリッドが表示され，各セルに何があったかを思い出して答えるように求められる。

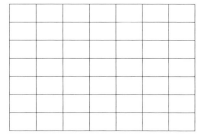

6 コンフリクト・モニタリング（conflict monitoring）とは，認知的処理を行う際に，た

とえばストループ課題のように,互いに葛藤するような処理(文字で書かれた単語を読むことと,文字のインクの色を読むこと)の要求が生じた場合には,それらを制御するために,まず,そのような葛藤が生じていることに気づいた上で,要求されていない処理(単語を読むこと)を抑制し,要求されている処理(インクの色を読むこと)を遂行する必要がある。このような葛藤を監視する働きが「コンフリクト・モニタリング」であり,前帯状皮質がそのメカニズムに関与していることが指摘されている(Kerns et al., 2004)。

第4章　共感と知識の投影

レイモンド・S・ニッカーソン
スーザン・F・バトラー
マイケル・カーリン

　共感（empathy）という言葉には，感情の共有や代理的感情という意味がある。他者に共感するということは，他者のおかれている状況に自分がいるところを想像し，他者の体験している情動を自分もある程度体験することである。本章の目的のために，共感の概念にはもっと認知的な意味があるということに触れておきたい。このことは，ウェブスターの新大学辞典に掲載されている「他者の感情または考え（傍点原著者）を一緒に経験する能力（ability to participate in another's feelings *or ideas*）」という定義の中にも明示されている。我々が関心をもっているのは，他者が何を感じていて何を知っているのかということに関する信念を，我々はどうやって形成するのかという疑問と，その疑問に対する答えが，我々自身が感じていたり知っていたりするもののなかにどの程度含まれているか，ということである。我々の仮説は，人の共感能力――他者の感情と考えを一緒に経験する能力――が，少なくとも部分的に，自分自身の感情や知識を他者に帰属させる傾向に基づいているというものである。この考え方や，それに近い考え方に対して，多くの研究者が賛同している（Fussell & Krauss, 1991; Hodges & Wegner, 1997; Karniol, 1990; Krueger, 1998; Nickerson, 1999; O'Mahony, 1984; Royzman, Cassidy, & Baron, 2003）。

1. 相手が何を知っているかを判断する必要性

　もし，相手が何を知っていて，どのように感じていて，特定の状況でどう行動するかといったことを我々が何もわからなかったとしたら，コミュニケーションすることなど全く不可能であろう。書き手は，自分達の想定した読み手が持っている（と期待される）背景知識のレベルに合わせて説明をする必要があ

る。日常会話における話し手は，自分の話していることが相手に理解されるよう，相手が何を知っていて何を知らないかについて仮定しておく必要がある。

作業チームのパフォーマンスについて調べている研究者は，チームのメンバーが協同で取り組まなければならないようなプロセスや状況について，同じようなメンタルモデルを共有していることが重要であることを強調している (Rouse, Cannon-Bowers, & Salas, 1992)。ストレスの多い条件下でのパフォーマンスの場合には，特に重要である (Cannon-Bowers, Salas, & Converse, 1993)。離れたところにいる人々がリアルタイムで共同作業を行う場合，たとえば，そのような共同作業を促進しようという意図でソフトウェア（「グループウェア」）を用いる場合には，各メンバーが，他のメンバーのやっていることや考えていることを正しく適切に理解していることが重要である (Gutwin & Greenberg, 2002)。相互作用するチームのメンバーとして作業を遂行する際に自分の状況に適切に気づいているといった場合には，その状況をチームメイトがどう知覚しているか，そして何をやらなければならないのかに関するチームメイトの知識が含まれている (Andersen, Pedersen, & Andersen, 2001)。

そのような判断と仮定は，主に，自分自身が何を知っているかと，問題となっている状況において自分がどう感じ何を行うかについて自分が何を確信しているか，ということに基づいている。Collingwood (1946) は，歴史上の人物の行為や感情について記述する歴史家も，その歴史を理解しようとしている読者も，描写されている状況のなかで，その人物達がどのように反応しただろうかということを想像するのでなければ，そのすべてを理解することはできない，としている。Steedman and Johnson-Laird (1980) は，会話において「話し手は，反証がないかぎり，この世界や会話について話し手が知っていることのすべてを聞き手が知っていると仮定している」(p. 129) ことを示唆している。O'Mahony (1984) は，投影 (projection) とは，他者について知るための1つの基本形式であり，相手について知っていることが少なければ少ないほど，投影の影響はより著しくなる，と主張している。

特定の状況下で自分がどのように行動（反応）するかということに関する自分の知識または信念は，他者がそのような状況下でどう行動（反応）するかを予測するための，有用な基礎となりうること，そして，おそらく最良の方法であると言われている (Dawes, 1989; Hoch, 1987; Krueger & Zeiger, 1993; Nickerson, 1999)。この考えは，「人間性の原理 (principle of humanity)」の中に含ま

れている。人間性の原理に従えば，誰かが話していることを理解しようとするとき，特にそれが曖昧な場合には，人は自分と同じような信念と欲求を，その話し手がもっていると仮定するはずである（Gordon, 1986; Grandy, 1973）。そして，特定の状況下では，自分自身の意見を他者に投影する人の方が，そうでない人よりも，他者の意見をより正確に予測することができる，と考えるのには理由がある（Stanovich & West, 1998）。

2. 反射：逆方向の投影

　他者が自分と似ている——あるいは，同じことであるが，自分は他者と似ている，という仮定は，自分から他者へ，あるいは他者から自分へ，といういずれかの方法で推論するための基礎となる。我々が関心を持っているのは主に自分から他者への投影であり，本章の大部分はそのことについて書かれているが，反対方向の推論が生じるといういくつかの証拠について先に述べておこう。我々はこの現象を反射（reflection）と呼ぶことにする。すなわち，逆方向の投影である。

　他者のもっている知識や能力に関する自分自身の知識・信念は，自分自身をどう知覚するかに影響する可能性がある（Valins & Nisbett, 1972; Weiner et al., 1972）。たとえば，特定の課題を遂行する能力が自分にあるかどうかに関する直接の経験的証拠がない場合には，人は，仲間集団や準拠集団のメンバーの能力に関する自分の知識に基づいて，その（自分の）能力を判断する（Bandura, 1982; Gist & Mitchell, 1992）。

　Nelsonと同僚（1986）は，一般的知識に関する問題について，思い出せなかった解答に対する本人自身の「既知感（feeling of knowing）」よりも，標準的な難易度（基本正解率）のほうが，その解答を後から正しく再認する能力をよりよく予測することを見出した。Calogero and Nelson（1992）は，解答できなかった各問題について，参加者に「基本正解率」に関する情報を与えた（データベースにある，その解答を知っている人々のパーセンテージを伝えた）。基本正解率の情報を与えられなかった参加者と比べて，情報を与えられた参加者は，標準的な難易度の高い問題よりも難易度の低い問題に対して，より高い既知感の評定を行った。この結果についての１つの解釈は，他者の知識に関する知識を獲得したことで，参加者自身の既知感がその方向に変化したというもの

である。もう1つの解釈としては，標準データとより一致するように，参加者が自分の既知感をただ単に調節しただけという可能性がある。いずれの場合でも，標準に関する情報は，実際に正しく答えられる確率の高い問題に対して，参加者が答えられるだろうという確信度を高めるのに「有用」であった。

3. 投影に関する証拠

人が自分自身の感情・意見・態度・判断・行動・欲望などを他者に投影するという仮説は，数十年前に一部の心理学者達（Cattell, 1944; Katz & Allport, 1931; Wallen, 1943）が積極的に取り組んでいたものであり，多くの経験的な支持がある（Krueger, 1998）。試験でのカンニングを白状した学生達の方がそうではない学生達よりも，他者も同じようにカンニングしていると思いがちである，という Katz and Allport の発見以来，多くの研究が，特定の行動に取り組んでいる人は，そうでない人と比べて，その行動をより一般的であると推定する傾向があるという証拠を示してきた（Marks & Miller, 1987; Mullen, 1983; Ross, Greene, & House, 1977）。

その他の実験結果は，我々が，特定の点において，自分自身を他の人びとの代表として見る傾向のあることを示している。

- 人が他者のことをどのくらい幸せであると知覚するかは，自分自身をどのくらい幸せと考えているかにある程度依存している（Goldings, 1954）。
- 犯罪被害者は，被害者になったことがない人よりも，犯罪の発生率をより高く推定する傾向がある（Bennett & Hibberd, 1986）。
- アナグラム課題が他の人にとってどのくらい難しいかに関する人々の判断は，自分達自身がその課題を解くのにかかった時間と高く相関する（Jacoby & Kelley, 1987）。
- 意見の分かれるような問題について，50人の行為者が意見を表明するのを聴いた後，大学生達は，行為者の意見の分布について，自分自身の立場に賛同する方向に偏っていると推定した[訳注1]。実際には，意見の分布は均等に分かれていた（Kassin, 1981）。

我々の実験室での最近のデータは，これらの知見を補足するものである。あ

る実験（この実験の結果は，Nickerson, Baddeley, and Freeman, 1987 による先行研究の結果を本質的に再現している）では，一般的知識に関する問題の答えを知っている仲間の割合を大学生に推定させると，その推定は，その問題に対する自分自身の確信度に従って増大した．それは参加者が実際にその問題に正解したかどうかとは関係がなかった．

第 2 の実験では，学生は，合衆国の州都や様々な外国の首都の名前を挙げるように教示された．彼らは，それぞれの反応に対する確信度評定を行い，それから，仲間のうち何 % が正解するかを推定した．（その他にも使用された条件はあったが，ここでは報告を割愛する）やはり，仲間に対して推定された正解率は，自分が正しく解答したという参加者自身による確信度と，正の相関を示した．この効果は，実際の答えが正解の場合でも不正解の場合でもはっきりとしていた．

第 3 の実験では，学生は，いくつかの問題を与えられ，解答するように言われた．問題の一例は次のようなものである．「4 個の点を並べて 1 つの列を作ります．そのような列が 5 列できるように 10 個の点を配置しなさい（1 つの列を構成する 4 個の点は，直線が引けるようにまっすぐに並べる必要があります）．1 つの点は 2 つの列で共有することができますが，3 つ以上の列で共有することはできません[訳注2]」．参加者はその問題を解こうと試みた．そして，仲間の内の何 % がその問題を解くことができるかを推定した．結果のパターンは仮説とおおむね一致しており，この問題を解くことができる人は解くことができない人と比べて，他の人も解くことができるだろうと仮定する傾向があった．

一連の研究の最後の実験では，学生が，いくつかのカテゴリー（化学元素，シェイクスピアの戯曲，NBA チームなど）のそれぞれに対して 15 分以内に挙げることのできる項目の数を推定し，その後，同じカテゴリーの各々について同じ時間内に仲間が挙げることができるであろう項目の数を推定した．個々のカテゴリーについて，自分自身に関する推定と他者に関する推定との間に正の相関があるかどうかという問題がこの研究の目的であった．もし人々が，自分自身の知っているものを他者も知っているであろうと仮定する傾向があるのならば，そのような相関が見られるはずである．我々は，自分が化学元素の名前をより多く挙げることができると考えている人の方が，少ない数しか挙げられないと考えている人よりも，他者が挙げることのできる元素名の数をより多く推定するという仮説を立てた．結果はこの予測を支持した．18 のカテゴリーに

対する自己と他者の推定のピアソンの相関係数の範囲は，$r = .41$（化学元素）～.94（哺乳動物）であり，相関係数の中央値は .77 であった。

4. 投影に関する統計学的な論拠

　厳密に統計学的な推論を行う場合にも，投影した方が有利になるという事例を示すことができる。グローヴァー・クリーヴランド[訳注3]がアメリカ合衆国の大統領を連続ではなく2期務めたということを，ある母集団の80％が知っており，20％が知らないと仮定しよう。さらに，その事実を知っている人はその母集団の全員がそのことを知っていると考えており，その事実を知らない人はその母集団にそのことを知っている人は誰もいないと考えていると仮定しよう。その母集団の80％の人々（その事実を知っている80％の人々）がこの知識を他者が持っていると考えるのは，80％の確率で正しいことになり，その事実のことを知らない20％が，他者も知っていないと仮定するのは，20％の確率で正しいことになる。したがって，母集団全体からランダムに抽出された人物が，この事実に関する他者の知識の有無を正しく推定する確率は，$(0.8 \times 0.8) + (0.2 \times 0.2) = 0.68$ となる。もし20％のみがこの事実を知っていて80％が知っていないという仮定からはじめたとしても同じ結果となる。つまり，$(0.2 \times 0.2) + (0.8 \times 0.8) = 0.68$ となる。集団の他のメンバーがクリーヴランドの事実に関する知識をもっているかどうかを，その集団内からランダムに抽出されたメンバーが正しく推定する確率を表4.1に示す。この表に示されているように，2値的な状況に限っていえば，推測者が50％の確率を超えて間違えることはない，ということを投影は保証しているのである。

表4.1　その集団内の知識の普及率に依存した，知識の有無に関する正しい帰属の確率

知識を持っている割合（％）	正しい帰属を行う確率
0 または 100	1.00
10 または 90	.82
20 または 80	.68
30 または 70	.58
40 または 60	.52
50	.50

5. コミュニケーションにおける共通基盤の仮定

　対象指示コミュニケーションにおいて共通基盤——共有された文脈——を使用する能力は，優れた言語使用者であるための1つの側面である（Clark & Haviland, 1977; Clark & Marshall, 1981）。しかしながら，会話をうまく進めていくためには，共通基盤が存在すればよいというわけではない。何が共通基盤であるかということを会話に参加している者が知っていること，それを互いに共有しているということを知っていること，そして相手がそのことに気づいているということを知っていることが必要である（Clark & Carlson, 1981）。共通基盤を効果的に用いる能力は，子ども達の成長過程で徐々に身につけられていくのである（Ackerman, Szymanski, & Silver, 1990; Deutsch & Pechmann, 1982）。

　オーディエンス・デザイン（*audience design*）仮説によれば，話し手は，メッセージを受ける相手が持っていると仮定される知識に合うように，自分が送るメッセージをデザインする（Clark & Murphy, 1982; Clark, Schreuder, & Buttrick, 1983; Fussell & Krauss, 1992）。それとは反対の考え方を代表するのが，言語理解の監視・調節（*monitoring and adjustment*）モデル，あるいは，視点調節（*perspective adjustment* model）モデルである。このモデルによれば，言語使用者は，心内にある受け手に関する仮定された知識に基づいて発話を計画するのではなく，理解のエラーを訂正する際に共通基盤を利用する，とされている（Horton & Keysar, 1996; Keysar et al., 1998）。たとえば，このモデルによれば，定参照（*a* boy ではなく，*the* boy）が何を指しているか（指示対象）を聞き手が理解しなければならないときには，共通基盤に限定せずに指示対象の検索が開始される。そして，検索中，ほぼ同時に，共通基盤を考慮に入れた理解監視プロセスが後から始動し，必要な場合には調節を行って理解を確実なものとする。オーディエンス・デザインおよび調節モデルは，いくつかの側面で大きく異なってはいるが，どちらも，他者の知識に関する自分自身の知識が，効果的なコミュニケーションのための重要な要素であると見なしている。

　おそらく，我々は皆，「一般常識（common knowledge）」とよばれる何らかの概念を持っているが，それは境界の曖昧な不明瞭な概念である。我々が一般常識について何かを話すとき，我々は何を意味しているのだろうか。それは（特定の母集団の，しかし必ずしも特定される必要のない母集団の，ほぼ）全員が持

っている知識なのだろうか。

　我々が認識している共通性の度合いには，明らかに違いがある。我々は，いくつかの事柄は，他の事柄と比べて，多くの人々が知っているだろうと期待している。いくつかの事柄は，人間であれば誰もが知っているであろうし（たとえば，我々は皆，睡眠を必要としているということ），いくつかの事柄は，同じ文化の全員またはほとんどのメンバー，同じ地域の住民，同じ学校の卒業生，同じ家族のメンバー，などに知られていると仮定できる。他者が何を知っているかを判断することに関する問題において最も興味深いのは，両極端の間——つまり，全員ではない一部の人々が「事情通」であると仮定されるような場合である。一般的に以下のようなことが仮定される。

- ある町の住民は，その町の住民ではない人よりも，その町についてより多くのことを知っている。
- 自動車整備士は，平均的なドライバーよりも，自動車についてより多くのことを知っている。
- 癌の生存者は，ずっと健康に過ごしてきた人よりも，致命的な疾患に直面するのがどのようなものであるかをよりよく理解している。

　他者の知識に関するモデルは，自分自身の知識のみに基づいている場合には，多くの細かい点において不正確になる可能性がある。この不正確さを避けようとするのであれば，そのようなモデルは，個別化された情報に基づいて調整する必要がある。そのような知識を得る方法はたくさんあるが，そのなかでもおそらく特別なのが，直接的な個人間の相互作用である。言語理解の監視・調節モデルがそうであるように，人は会話の中で，共有知識に関する特定の仮定が間違っており修正する必要があるということに気づく可能性がある。相互作用に関係していることについて相手がそれを知っているかどうか疑わしい場合には，直接尋ねる——「……について何か知っていますか？」「あなたはこの地域の方ですか？」——だけで，他者の知識に関する自分自身のモデルの必要な変更点を修正するには十分であろう。

6. 投影も失敗する可能性がある

　我々は，自分自身の知識・感情・行動を他者に投影することが，必要かつ有用であると主張し，その証拠をレビューしてきた。我々は，投影には失敗の可能性があり，失敗することがよくあるということも認めなければならない。ランダムに選ばれた個人について，多くの点で自分と共通しているだろうと仮定した場合には，以下のような誤りを犯している可能性がある。つまり，仮定された共通性の度合いが，実際よりも多いという誤りと，実際よりも少ないという誤りである。利用可能な証拠が示唆しているのは，自分にとって馴染みのあるような事柄については，過小評価ではなく過大評価する傾向があるということである。その事柄に関する自分自身の知識を，他者も持っているだろうと無批判に考えることがその理由の1つである。要するに，我々は過剰投影してしまう傾向がある——特定の事柄に関して，実際以上に，自分自身を典型的と見なす傾向があるということである。

- 大統領選挙において，投票者は自分の支持する候補の人気を過大評価する傾向がある（Granberg & Brent, 1974, 1983）。
- 人々は，自分達の意見に賛同する意見の数を過大評価し，自分達が支持しない意見の数を過小評価する（Kassin, 1979; Ross, Green, & House, 1977）。
- 経験の乏しい作家の場合，自分の想定している読者が価値観や視点をどのくらい自分と共有しているかについて過大評価するという特徴がある（Hayes et al., 1987）。
- 雑誌原稿の査読者は，他の査読者達がどのくらい自分の意見に同意するかについて過大評価する傾向がある（Mahoney, 1977）。
- 子ども達は，たとえ他者が別の角度や別の位置から見ていたとしても，その人物が自分達と同じ視点で情景を見ていると仮定してしまっていることがよくある（Pufall & Shaw, 1973 を参照）。

　我々は，先に述べた複数の実験で，人が，自分の知っていることを投影するだけでなく，自分が知っていると誤って思い込んでいるものも投影する傾向があることを見出した。自分自身の知識に関する確信度のレベルは，投影する確

率を予測するための強力な要因であったが，その確信度に関する根拠があるかどうかは関係がなかった。

　Jacoby, Byork, and Kelley（1994）は，過剰投影してしまう傾向のことをある種の自己中心性であるとみなし，次のように記述している。「ある問題が難しいかどうか，ある文章がわかりやすいかどうか，ある課題の学習が容易かどうか，といったことに関する自分自身の主観的な体験というのは，同じ問題・文章・課題に対する他者の反応にまでは一般化できない可能性がある。しかしながら，そのことに気づけない場合には，ある種の自己中心性に陥ってしまう……ある状況における自分自身の解釈がどのくらい独特なものであるかということについては，人は驚くほど鈍感なのである」（p. 59）。

　聞き手（読み手）のもっている知識を適切に推定することは，講演する者や書き手にとってかなりの難題となる可能性がある。特定の分野の専門家が，同じ領域の別の専門家に向けて話したり書いたりすることは比較的容易である。それと比べると，専門外の相手に対して，必要な情報を伝えながらも，決して見下したりせずに話したり書いたりすることは，はるかに難しい。Piaget（1962）は，教師，特に経験の浅い教師にとって，生徒達の目線でものを見るのが非常に困難であることを認めている。「講師になったばかりの者は誰でも，自分の最初の講義が理解不能なものであったことに遅かれ早かれ気づくことになる。というのも，その人は自分自身に向かって話しているからである。言ってみれば，自分自身の視点しか頭にないからである。その科目の主題について講師自身の知っていることを，生徒達は何も知らないわけである。そのような生徒達の立場に自分をおいてみることが容易ではないのだということには，いずれ気づくようになるであろうが，それはあくまでも徐々にであり，しかも困難を伴うのである（Jacoby, Bjork, & Kelley, 1994, p. 63 において引用）。

　Flavell（1977）は，学生の視点から同じ主張を行っている。「あなたは微積分を完全に理解しているせいで，それを私に教えている間に，私が微積分について何も知らないということをすぐに忘れてしまうのだ。それが私にとってどれほど難しいかということに，一瞬気づくかもしれないが，説明に没頭してしまえば，その気づきは知らないうちにどこかへ消えてしまうのだ。」（p. 124）

　専門家は自分の専門領域の内容について他の人びとも理解できるものだと過大評価してしまう可能性があるが，それがいかに容易に起こってしまうかということを，博識家として有名なアンリ・ポアンカレのコメントが示している

(Henle, 1962, p. 35)「数学を理解しない人がいるとは一体どういうことなのか。……誰もが大発見を成し遂げることができるわけではないということは不思議でも何でもない。……しかし最も驚くべきことは，それについて考えている時に，今まさに本人の前で述べられたにもかかわらずその数学的命題をわからない人がいるということだ。[訳注4]」我々が長い間慣れ親しんできた考え方を，他の人がどのくらい分かりにくいと感じるかについて，我々は過小評価する傾向があるのではないだろうか。

過剰投影の印象的な例が，Newton (1990) の実験で示されている。彼女は，参加者の一方には，よく知られた歌のリズムをタップさせ，別の参加者にはそのリズムの歌を同定させた。タップする側は，歌の半数について聴き手が同定できるだろうと期待したのだが，実際に聴き手が正しく同定できたのは40曲中1曲のみであった。特権的な知識をもつ人（この場合はタップする人）というのは，そのような知識をもたない人（この場合の聴き手）に対して，驚くほど容易に自分の知識を投影してしまう。読者はこの実験を非公式にやってみたいと思うかもしれない。人は自分がリズムをタップするとき，タップとして聴いているリズムの元の曲が，聴き手にすぐに分かるわけではないということ信じるのは非常に難しいことに気づくかもしれない。もちろん，実験を行う場合には，リズム以外の歌の手がかりが伝わらないように注意深く行う必要がある。

もし人がXを実行することが容易であると思ったならば，他者もXを実行することが容易だと思うに違いないと人は仮定する傾向がある。そして同様に，もしXを実行することが自分にとって難しい場合には，他者にとっても同じように難しいだろうと仮定する。人物Aが人物Bに何かを説明する場合，説明をしながら人物A自身がイメージしているのと同じものを，人物Bも同じようにイメージしているだろうと，気づかないうちに仮定してしまうということが非常に容易に起こる。訪れた町の住人から「すぐわかりますよ」という指示を与えられても，それらの道を辿れなかったり，説明そのものがわからなかったりという経験のない人がいるだろうか。我々の推定では，指示を与える人はその地域の町並みに関する知識——心的地図——をもっており，その指示の受け手がその知識を共有していないという事実を，事実上見落としているのである。その他所者がその町のことを知らないのだということを，彼女はある意味では知っているはずである。そうでなければその人は道を尋ねたりしないからである。しかしながら，道順に沿って目印になるものを視覚化するときには，

彼女が道を教えている相手が，まるで彼女が語っているものと同じイメージを心に抱いているかのように話を進めてしまう傾向がある。

　もし人々が自分の知識を他者に過剰投影するのが一般的なのだとしたら，あまり専門的ではない読み手に対して書く場合，書き手が，理解に必要のない情報を含めてしまうことよりも，想定された読者が理解するのに必要な情報を省略してしまうことのほうが，より一般的なはずである。人々が実際には持っていない知識を，誤って持っていると仮定してしまうことは，場合によっては危険となる可能性がある。沈む太陽を背にしながら道路に沿って歩く人が，前から近づいてくる自動車を見たときに，自分にその車が見えているのだから，その車のドライバーにもその人が見えているだろうと仮定するという状況について考えてみるといい。

　他者の知っていることについて過大評価することと過小評価することのどちらが誤る方向に向いているかは議論の余地がある。おそらくどちらの方向にも行き過ぎないことが重要である。他者の知識を過大評価することは，非現実的な期待を生み出してしまい，結果的に人々の理解できないような話をすることにつながる可能性がある。過小評価することは，人を見下すことになるため，保護者ぶっている，あるいは恩着せがましいと受け取られてしまう可能性がある。

7. 投影の限界

　他者の視点を取得するとは何を意味するのだろうか。哲学者達が何世紀にもわたって指摘してきたように，人物Aにとって，自分が赤い色を見るときの体験が，赤い色を見るときの人物Bの体験と同じであることを確かめる手立てはない。2人は同じ色を見て，それを同じ色名で呼んでいるが，2人の見ているものが同じであるかどうかを誰がわかるだろうか。しかしながら誰かが，自分は幸せだ，あるいは，悲しい，苦しい，満足している，混乱している，気分が高揚している，心配だ，などと話すときに，人は，その人の心の状態を理解できる，と我々一人一人は考える。なぜならば，我々は人間とは何か，幸せ，悲しい，苦しい，等々がどういうことかを知っているからである。我々は，犬，猫，金魚が，幸福，悲しい，苦しい，満足しているというのがどういうものかを理解しない。これらの言葉がそれらの動物達の心的状態の記述であること，

あるいは，我々の理解する限り，それらの動物が心的状態をもっていることにさえ疑いを持つ者もいるであろう。

ジョージ・ワシントン，マザー・テレサ，ベーブ・ルース，ヨシフ・スターリンであるということは，一体どのようなものだろうか。彼らの人生に関する記述から我々は多くのヒントを得ることができる。しかしながら，我々が情報の拠り所としているのは主に，我々自身がどのようなものであるかという実体験に基づく知識なのである。我々は自分自身が彼らの時代や状況にいるところを想像し，我々が感じるであろうと我々が考えるようなやり方で彼らが感じたであろうと仮定するのである。

フランツ・カフカは，『変身』という作品のなかで，ある日目覚めると自分自身が「害虫」へと変身していることに気づく主人公グレゴール・ザムザの反応を描写している。我々は，カフカが虫であることがどのようなものであるかをわかっていないだろうと確信できる。おそらくただ，虫の体の中にいる人がどのようなものになるかを分かっていただけであろう（おそらくそれすらも怪しい）。虫であることがどのようなものであるか，虫以外の誰に分かるだろうか。

- 出産の経験が重大なものであること，それが典型的にひどい痛みと，言葉にできないような喜びとが入り混じったものであることを男性は理解できるが，男性として，彼は子どもを出産するのがどのようなものであるかを本当に理解することはできない。
- 正常な視力と聴力をもつ人は，盲目または聾唖として生まれてくるのがどのようなものであるかを理解することはできない。それを想像することしかできないが，人が想像するものは何であれ現実とは一致しないと仮定した方が安全であろう。
- 我々の大多数は，アメリカ合衆国の大統領であることがどのようなものであるかを理解することできない。やはり，我々はそれを想像することしかできない。そして我々の想像は，大統領の生活をニュースで目にすることが多いために，多くの情報源によって支えられている。そのため，大統領が置かれている状況の多くを知ることができ，そのような状況での大統領の反応の仕方を知ることができる。しかしながら，実際に大統領職についたことのある人でなければ，大統領であることがどのようなものであるか

を実際に知ることはできないのである。
- 原始文化からきた，教育を受けていない人は，原子物理学者が物理的世界をどのように考えているのかを理解することはできない。しかしながら，その物理学者の方も，原始文化から来た教育を受けていない人の目を通してこの世界を見ることができるかというと，それも同じようになさそうである。
- 人前で話すというまさにその考えだけで破滅的な恐怖をおぼえるという経験をしたことがない人は，舞台恐怖が破滅的なものでありうるということを，頭で理解（understand）することはできるかもしれないが，人前で話すことに病的恐怖のある人が体験するパニックの感覚を理解（appreciate）することはできない。ひどいホームシックになった経験のある人は，それを経験している人に難なく共感するが，ホームシックを経験したことのない人は，本当にホームシックになっている人がどれほどのみじめさを経験しているかをただ想像するのでさえも困難であるということに気づくかもしれない。

まとめると，特定の人物であることがどのようなものであるかを想像しようとしても，実際に行っているのは，他者の状況にいたとしたら自分はどのようなものになるであろうか——どのように感じたり行動したりするか——を想像することである。他者の苦痛または喜びを感じるということは，その他者が経験している苦痛または喜びの原因となっているもの（それが何であれ）と直面したときの自分自身の感情を想像するということである。想像された状況における自分自身の想像された体験が，実際にその状況にいる他者の体験と，本当に同じであるという確信を得ることは不可能である。近似的な一致を仮定することが，共感には欠かせないように思われるが，その仮定は多くの個別的な事例については間違っている可能性のあることを理解しておくこともまた重要である。

8. 共感の自然さ

情動的あるいは心的に自分を他者の立場に置いてみようとすること，言い換えると，他者が何を感じ，何を考えているのかを想像しようとすることは，世

界で最も自然なことであるように思われる。我々は，意図せずとも，他者の心にあるものを想像しようとするし，意識しないままに，自分の知識や感情を他者に帰属している。コミュニケーションで決定的な役割を果たしている共通基盤の多くは——オーディエンス・デザイン仮説が主張するように発話を形成することによってであろうと，監視・調節仮説が主張するように，理解のエラーを訂正することによってであろうと——暗黙的なものであり，おそらく注意を向けない限り，それが機能しているということに気づくことさえないのだろう。

多くの実験の結果は，上に挙げた実験もそれ以外の同様な実験も，人々が自分自身の知識（あるいは仮定された知識）——自分自身の知識に関するモデル——を，他の人びとが知っているであろうデフォールトの指標として用いるのだという一般的な概念を支持している。見方によれば，これが非常に分別のあるやり方であることは明らかであろう。もしほとんどの人々が知っていることのほとんどが「一般常識」なのだとしたら，自分にとって常識であるような知識を（ランダムに抽出された）他の人もいくらかもっているだろうと仮定するのは，間違っているよりは正しい確率の方が大きい。そして，それが正しいという確率は，相手が何らかの本質的な意味で仲間（同じ文化，同じ下位文化，同じ社会集団，同じ専門性に属している）であればあるほど間違いなく増大するだろう。

その一方で，自分自身の知識に関するモデルに基づいて，他者が知っていること（あるいは知らないこと）を仮定してしまうことは，見込み違いを生じてしまう可能性があるということも同じように明らかである。ここで紹介したいくつもの実験結果からは，人々が自分自身の知っていること（あるいは知っていると思っていること）を他者も同じように知っているだろうと確実に過大評価する傾向がある（自分達の知識を実際以上に他者の知識の典型であると考えがちである，とも言える）という結論が示唆される。もしこの結論が妥当であるならば，我々は，比較的多くのこと（特定の話題であれ，一般的なものであれ）を知っている人ほど，他者のもっている知識を過大評価しやすく，比較的わずかなことしか知らない人ほど他者の知識を過小評価しやすい，と予測できるはずである。これが実際にそうであるかどうかは将来の研究のための問題である。

謝　辞

本章で報告された研究の一部は，全米科学財団補助金 0241739 の助成を受けた。

引用文献

Ackerman, B. P., Szymanski, J., & Silver, D. (1990). Children's use of common ground in interpreting ambiguous referential utterances. *Developmental Psychology*, **26**, 234-245.

Andersen, H. B., Pedersen, C. R., & Andersen, H. H. K. (2001). Using eye tracking data to indicate team situation awareness. In M. J. Smith, G. Salvendy, D. Harris, & R. J. Koubek (Eds.), *Usability evaluation and interface design: Cognitive engineering, intelligent agents and virtual reality* (pp. 1318-1322). Mahwah, NJ: Erlbaum.

Bandura, A. (1982). Self-efficacy mechanisms in human agency. *American Psychologist*, **37**, 122-147.

Bennett, M., & Hibberd, M. (1986). Availability and the false consensus effect. *Journal of Social Psychology*, **126**, 403-405.

Calogero, M., & Nelson, T. O. (1992). Utilization of base-rate information during feeling-of-knowing judgments. *American Journal of Psychology*, **105**, 565-573.

Cannon-Bowers, J. A., Salas, E., & Converse, S. (1993). Shared mental models in expert team decision making. In N. J. Castellan, Jr. (Ed.), *Individual and group decision making: Current issues* (pp. 221-246). Hillsdale, NJ: Erlbaum.

Cattell, R. B. (1944). Projection and the design of projective tests of personality. *Character and Personality*, **12**, 177-194.

Clark, H. H., & Carlson, T. B. (1981). Context for comprehension. In J. Long & A. Baddeley (Eds.), *Attention and performance IX* (pp. 313-330). Hillsdale, NJ: Erlbaum.

Clark, H. H., & Haviland, S. E. (1977). Comprehension and the given-new contract. In R. O. Freedle (Ed.), *Discourse production and comprehension*. Norwood, NJ: Ablex.

Clark, H. H., & Marshall, C. E. (1981). Definite reference and mutual knowledge. In A. K. Joshi, I. Sag, & B. Webber (Eds.), *Elements of discourse understanding* (pp. 10-63). Cambridge: Cambridge University Press.

Clark, H. H., & Murphy, G. L. (1982). Audience design in meaning and reference. In J.-F. L. Ny & W. Kintsch (Eds.), *Language and comprehension* (pp. 287-299). Amsterdam: North Holland.

Clark, H. H., Schreuder, R., & Buttrick, S. (1983). Common ground and the understanding of demonstrative reference. *Journal of Verbal Learning and Verbal Behavior*, **22**, 245-258.

Collingwood, R. G. (1946). *The idea of history*. London: Oxford University Press.

Dawes, R. M. (1989). Statistical criteria for establishing a truly false consensus effect. *Journal of Experimental Social Psychology*, **25**, 1-17.

Deutsch, W., & Pechmann, T. (1982). Social interaction and the development of definite descriptions. *Cognition*, **11**, 159–184.

Flavell, J. H. (1977). *Cognitive development*. Englewood Cliffs, NJ: Prentice Hall.

Fussell, S. R., & Krauss, R. M. (1991). Accuracy and bias in estimates of others' knowledge. *European Journal of Social Psychology*, **21**, 445–454.

Fussell, S. R., & Krauss, R. M. (1992). Coordination of knowledge in communication: Effects of speakers' assumptions about what others know. *Journal of Personality and Social Psychology*, **62**, 378–391.

Gist, M. E., & Mitchell, T. E. (1992). Self-efficacy: A theoretical analysis of its determinants and malleability. *Academy of Management Review*, **17**, 183–211.

Goldings, H. J. (1954). On the avowal and projection of happiness. *Journal of Personality*, **23**, 30–47.

Gordon, R. (1986). Folk psychology as simulation. *Mind and Language*, **1**, 158–171.

Granberg, D., & Brent, E. (1974). Dove-hawk placements in the 1968 election: Application of social judgment and balance theories. *Journal of Personality and Social Psychology*, **29**, 687–695.

Granberg, D., & Brent, E. (1983). When prophecy bends: The preference-expectation link in U. S. presidential elections, 1952–1980. *Journal of Personality and Social Psychology*, **45**, 477–491.

Grandy, R. (1973). Reference, meaning, and belief. *Journal of Philosophy*, **70**, 439–452.

Gutwin, C., & Greenberg, S. (2002). A descriptive framework of workspace awareness for realtime groupware. *Computer Supported Cooperative Work*, **11**, 411–446.

Hayes, J. R., Flower, L., Schriver, K. A., Stratman, J. F., & Carey, L. (1987). Cognitive processes in revision. In S. Rosenberg (Ed.), *Advances in applied psycholinguistics: Vol. 2. Reading, writing and language learning* (pp. 176–240). New York: Cambridge University Press.

Henle, M. (1962). The birth and death of ideas. In H. Gruber, G. Terrell, & M. Wertheimer (Eds.), *Contemporary approaches to creative thinking* (pp. 31–62). New York: Atherton.

Hoch, S. J. (1987). Perceived consensus and predictive accuracy: The pros and cons of projection. *Journal of Personality and Social Psychology*, **53**, 221–234.

Hodges, S. D., & Wegner, D. M. (1997). Automatic and controlled empathy. In W. Ickes (Ed.), *Empathic accuracy* (pp. 311–339). New York: Guilford Press.

Horton, W. S., & Keysar, B. (1996). When do speakers take into account common ground? *Cognition*, **59**, 91–117.

Jacoby, L. L., Bjork, R. A., & Kelley, C. M. (1994). Illusions of comprehension, competence, and remembering. In D. Druckman & R. A. Bjork (Eds.), *Learning, remembering, believing: Enhancing human performance* (pp. 57–80). Washington, DC: National Academy Press.

Jacoby, L. L., & Kelley, C. M. (1987). Unconscious influences of memory for a prior event. *Personality and Social Psychology Bulletin*, **13**, 314–336.

Karniol, R. (1990). Reading people's minds: A transformation rule model for predicting others' thoughts and feelings. In L. Berkowitz (Ed.), *Advances in experimental social psychology* (Vol. 23, pp. 211-247). New York: Academic Press.

Kassin, S. M. (1979). Consensus information, prediction, and causal attribution: A review of the literature and issues. *Journal of Personality and Social Psychology*, 37, 1966-1981.

Kassin, S. M. (1981). Distortions of the process of estimating consensus from sequential events: Expectancy and order effects. *Personality and Social Psychology Bulletin*, 7, 542-546.

Katz, D., & Allport, F. (1931). *Students' attitudes*. Syracuse, NY: Craftsman Press.

Keysar, B., Barr, D. J., Balin, J. A., & Paek, T. S. (1998). Definite reference and mutual knowledge: Process models of common ground in comprehension. *Journal of Memory and Language*, 39, 1-20.

Krueger, J. (1998). On the social perception of social consensus. In M. P. Zanna (Ed.), *Advances in experimental social psychology* (Vol. 30, pp. 163-240). New York: Academic Press.

Krueger, J., & Zeiger, J. (1993). Social categorization and the truly false consensus effect. *Journal of Personality and Social Psychology*, 65, 670-680.

Mahoney, M. J. (1977). Publication prejudices: An experimental study of confirmatory bias in the peer review system. *Cognitive Therapy and Research*, 1, 161-175.

Marks, G., & Miller, N. (1987). Ten years of research on the false-consensus effect: An empirical and theoretical review. *Psychological Review*, 102, 72-90.

Mullen, B. (1983). Egocentric bias in estimates of consensus. *Journal of Social Psychology*, 121, 31-38.

Nelson, T. O., Leonesio, R. J., Landwehr, R. S., & Narens, L. (1986). A comparison of three predictors of an individual's memory performance: The individual's feeling of knowing versus the normative feeling of knowing versus base-rate item difficulty. *Journal of Experimental Psychology: Learning, Memory, and Cognition*, 12, 279-287.

Newton, E. (1990). *Overconfidence in the communication of intent: Heard and unheard melodies*. Unpublished doctoral dissertation, Department of Psychology, Stanford University, Stanford, CA.

Nickerson, R. S. (1999). How we know—and sometimes misjudge—what others know: Imputing one's own knowledge to others. *Psychological Bulletin*, 125, 737-759.

Nickerson, R. S. (2001). The projective way of knowing: A useful heuristic that sometimes misleads. *Current Directions in Psychological Research*, 10, 168-172.

Nickerson, R. S, Baddeley, A., & Freeman, B. (1987). Are people's estimates of what other people know influenced by what they themselves know? *Acta Psychologica*, 64, 245-259.

O'Mahony, J. F. (1984). Knowing others through the self: Influence of self-perception on perception of others; A review. *Current Psychological Research and Reviews*, 3 (4), 48-62.

Piaget, J. (1962). *Comments. Addendum to L. S. Vygotsky, Thought and language* (E.

Haufmann & G. Vakar, Eds. & Trans.). Cambridge, MA: MIT Press.
Pufall, P. B., & Shaw, R. E. (1973). Analysis of the development of children's spatial reference systems. *Cognitive Psychology*, **5**, 151–175.
Ross, L., Greene, D., & House, P. (1977). The "false consensus" effect: An egocentric bias in social perception and attribution processes. *Journal of Experimental Social Psychology*, **13**, 279–301.
Rouse, W. B., Cannon-Bowers, J. A., & Salas, E. (1992). The role of mental models in team performance in complex systems. *IEEE Transactions on Systems, Man, and Cybernetics*, **22**, 1296–1308.
Royzman, E. B., Cassidy, K. W., & Baron, J. (2003). I know you know: Epistemic egocentrism in children and adults. *Review of General Psychology*, **7**, 38–65.
Stanovich, K. E., & West, R. F. (1998). Individual differences in framing and conjunction effects. *Thinking and Reasoning*, **4**, 289–317.
Steedman, M. J., & Johnson-Laird, P. N. (1980). The production of sentences, utterances and speech acts: Have computers anything to say? In B. Butterworth (Ed.), *Language production: Vol. 1. Speech and talk*. London: Academic Press.
Valins, S., & Nisbett, R. E. (1972). Attribution processes in the development and treatment of emotional disorders. In E. E. Jones, D. E. Kanouse, H. H. Kelley, R. E. Nisbett, S. Valins, & B. Weiner (Eds.), *Attribution: Perceiving the causes of behavior*. Morristown, NJ.: General Learning Press.
Wallen, R. (1943). Individuals' estimates of group opinion. *Journal of Social Psychology*, **17**, 269–274.
Weiner, B., Frieze, I., Kukla, A., Reed, L., Rest, S., & Rosenbaum, R. M. (1972). *Perceiving the causes of success and failure*. In E. E. Jones et al. (Eds.), Attribution: Perceiving the causes of behavior. Morristown, NJ: General Learning Press.

■訳注■

1 原文では,「After hearing 50 actors express opinions on a controversial issue」と書かれているが,Kassin (1981) の研究では,被験者は,スライドで視覚提示された行為者の意見を見た上で判断を行っている。
2 この問題の正解は下図のとおりである。

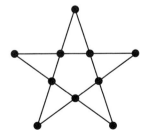

3 グローヴァー・クリーヴランド (Stephen Grover Cleveland) は,第22代 (1885–1889)

および第24代 (1893-1897) のアメリカ合衆国大統領。1度ホワイトハウスを離れてから再び (4年後) ホワイトハウスに戻ってきた (連続しない2期を務めた) 唯一の大統領である。

4 原文では省略されているが，ポアンカレ (Poincaré, 1908) は，次のように述べている。

> ある事実は，本来であれば，我々を驚愕させるはずのものである。もし，我々がその事実になれていなかったとしたら，おそらく我々は驚愕していたにちがいない。数学を理解できない人間がこの世にいるなんてことがどうしてありえるだろうか。数学は，まっとうな心を持っている人であれば，誰にでも受け入れられるような論理規則しか述べていないし，その証拠は，あらゆる人間にとって共通の原理に基づいている。それを否定できるのは狂人以外にいないだろう。それなのに，これほどまでに多くの人が数学を受けつけないなんて，一体どういうことなのだろう。
>
> 誰もが大発見をできるわけではない，という事実は不思議ではないし，1度学んだ証明を誰もが覚えていられるわけではない，ということはまだ理解できる。しかし，数学的命題が述べられたまさにその瞬間に，それを理解できない者が1人でもいるなんてことは最大の驚きであろう。にもかかわらず，実際には，苦労しながらその命題についていくのがやっとという者が大多数なのだ。このことには議論の余地はないし，講師としての私の経験は今後も私を裏切ることはないだろう。(pp. 46-47)

(出典 Poincaré, H. (1908/1952). *Science and Method.* New York: Dover Publications.)

第5章　共感精度

ウィリアム・アイクス

　過去20年にわたり，共感精度（empathic accuracy）に関する研究は，現在共感の研究に取り組んでいる心理学の主要な諸領域（臨床心理学・認知心理学・発達心理学・社会心理学・生理心理学）の間の橋渡しをする可能性を示してきた。本章で私は，共感精度という構成概念に関する定義を行い，共感精度の測定と3つのタイプの研究パラダイムの応用について説明し，臨床心理学・発達心理学・社会心理学・生理心理学の諸領域と関連する，これまでの研究から得られた代表的な知見について紹介する。それから，私は，共感精度の研究がなぜ複数の領域にわたる魅力と，それらの領域を統合しうる潜在力をもつのか，そのいくつかの理由を提案してこの章を締めくくろう。

1. 定　義

　共感的推定（*empathic inference*）とは，日常的に行われているマインド・リーディング（心を読む）のことであり，他者の思考や感情を推定しようとする時，人はいつでも共感的推定を行っている。それは，他の著者らが「心内化（mentalizing）」または「心の理論（theory of mind）」（Stone, 2006; Stone & Gerrans, 2006）といった表題をつけて呼んでいる概念である。共感精度（*empathic accuracy*）とは，そうした日常的なマインド・リーディングの試みが成功する程度のことである（Ickes, 1997, 2003）。もっと簡単に言えば，共感精度の高い知覚者というのは，他者の思考や感情を「読む」のが得意な人ということになる。

　共感精度の概念は，カール・ロジャーズまで遡ることができる。ロジャーズは，「正確な共感（accurate empathy）」という用語を用いて，患者の特定の思

考や感情を，ある瞬間から次の瞬間へと次々に正確に推定していく治療者の能力を表現している（Rogers 1957）。共感精度という用語は本質的にはそれと同じ意味であるが，私が同僚と行ってきた研究では，他者の連続的な思考・感情の特定の内容について，知覚者が正確に推定できる程度のことをもっと一般的に指している（Ickes, 1993, 2001, 2003）。こうした研究では，知覚者の共感精度の基盤となるプロセスがどういうものであるかについては何も仮定していない。そのかわり，ビデオを手がかりとした手続きを用いて共感精度を直接測定し，この測度と，さまざまなプロセスに関連した変数や，結果に関連した変数とを結びつけることによって，日常的なマインド・リーディングの性質に関する機能的な洞察を得ることを目的としている（Ickes, 2003）。

2. 測定方法と選択可能な研究パラダイム

共感精度の研究パラダイムでは，社会的な相互作用を撮影したビデオテープに映っている1人（またはそれ以上）の対象人物の思考または感情を知覚者が推定する。その対象人物は，このような相互作用の直後に，ビデオ撮影された相互作用の特定の時点での実際の思考と感情を思い出して報告している。我々の研究における知覚者は，そのビデオテープを見終わった後で，あらかじめ設定されていた「テープ停止」の各時点で，その対象人物がその時点で報告した特定の思考または感情を推定するように求められる。研究のためのデータが全て揃った段階で，訓練を受けた評定者が，実際の思考または感情の内容と，それぞれに対応する推定された内容とを比較し，「精度得点（accuracy point）」を割り当てる。これらの得点は集約されて，共感精度の指標とされる（この手続きの詳細については，Ickes, 2001 を見よ）。

この手続きから派生したものを使用した3つのタイプの研究がある。「非構造化二者間相互作用パラダイム（*unstructured dyadic interaction paradigm*）」を用いた研究では，2人の参加者が，「待合室」にいるところをひそかにビデオ撮影される。次に，録画のことを告知され，その使用について同意した上で，2人の参加者は別々の小部屋に入る。そこで，参加者自身を撮影したビデオテープのコピーを見て，各停止時点でテープを一時停止し，それぞれの時点での特定の思考・感情を思い出すように求められる。各参加者は，あらかじめ用意されている思考／感情記録様式に，文の形式でそれぞれの思考または感情の特

定の内容を記録する。

　各参加者は，もう1度ビデオテープを見るように求められる。今回は，自分の相互作用の相手が記録した特定の思考または感情の内容について推定することが目的である。ビデオテープは，各参加者に対して，適切な回数分，実験者によって停止され，参加者は，相互作用の相手の思考と感情それぞれについて推定したものを，思考／感情推定様式に記録する。このパラダイムは，2人の個人間で自然に生じる相互作用における共感精度を調べるのに有効である。対象となる個人の面識度のレベルも，研究の目的に従って，他人同士，知人同士，友人同士，恋人同士，結婚相手，同棲相手と幅広く変動させることができる（たとえば，Stinson & Ickes, 1992; Simpson, Oriña, & Ickes, 2003 を見よ）。

　「標準刺激パラダイム（*standard stimulus paradigm*）」を用いた研究では，各参加者は，自分自身を含まない相互作用を撮影したビデオテープを見るように求められる。これらの研究では，参加者は，クライエントとセラピスト，母親と子ども，初めて出会った他人同士など，他者の相互作用を外から観察することになる。この場合も，参加者の課題は，テープに登場する対象人物によって事前に報告された思考と感情の各々の内容を標準版の思考／感情推定様式を用いて推定することである。このような研究の参加者は常に同一の対象人物の思考と感情を推定するため（課題は全ての参加者にとって同じであるため），被験者間で共感精度の得点を比較することが可能である。このようなことは，非構造化二者間相互作用パラダイムを使用した場合にはできない。標準刺激パラダイムは，特に，知覚者の共感精度の個人差に焦点をあてた研究において特に有用である（Marangoni et al., 1995）。この標準刺激パラダイムはまた，複数の対象人物の思考と感情を推定するように知覚者に求めることによって，こうした個人差が，対象人物が違っていても一貫しているということを研究する場合にも使用することができる（Ickes, Buysse, et al., 2000）。

　最後に，「標準面接パラダイム（*standard interview paradigm*）」を用いた研究では，各参加者は，1人の対象人物が，訓練された面接者による一連の標準化された質問に反応するよう求められているところを撮影したビデオテープを見る（たとえば，Dugosh, 2001 を見よ）。このテープはそれぞれの質問の後に一時停止される。参加者の課題は，テープが一時停止される度に，対象人物の回答の特定の内容が何であるかを予測することである（やはり，用意された共感的推定記録様式に，文の形式で記入する）。このタイプの研究は，特に「面識度効

果（acquaintanceship effect）」を研究するのに役に立つ。なぜならばこの手法によって，対象人物をよく知っている知覚者と知らない知覚者から構成される知覚者のペアからなるヨークト被験者実験計画[訳注1]が成立するからである。

　これらの全ての研究パラダイムで，知覚者による共感的推定と，対象人物が実際に報告した，それらに対応する思考または感情との間の類似度を，異なる複数の評定者が査定する。したがって，共感精度に関する集約された測度の評定者間信頼性を査定することが可能であるが，その信頼性は一般的に非常に高い。たとえば，私の同僚と私が実施した一連の研究において，評定者間信頼性は，最も低いものが，評定者が4人のみであった研究で.85であり，最も高いものは，7〜8人の評定者を用いた2つの研究で.98であった。これまでに実施してきた全ての研究での平均の評定者間信頼性はおよそ.90である（Ickes, 2001）。

　過去20年以上にわたって，何十件もの共感精度に関する研究が報告されてきた。初期の研究のほとんどは，テキサス大学アーリントン校の私の研究室で行われたものであったが，共感精度の研究は今では，合衆国をはじめ，ベルギー，イギリス，ニュージーランド，スイスなどの研究室で確立されている。さらに，様々な領域の研究者達が，我々のパラダイムをそれぞれの専門領域に合わせて改変することによって，共感精度の研究が，現在共感の研究に取り組んでいる心理学の主要な諸領域（臨床心理学・認知心理学・発達心理学・社会心理学・生理心理学）の間の橋渡しをする潜在力のあることを示している。以下の節では，これらの各領域における，より注目すべき知見のいくつかを簡単にレビューする。

3. 臨床心理学

　臨床心理学の領域の研究者達は，共感精度が心理療法のなかでどのように向上するのかを探索するとともに，多くの心理学的な障害における共感精度の役割について研究を行ってきた。

心理療法

　Marangoniとその同僚（1995）は，80人の大学生（知覚者）に，1人の男性セラピストと3人の女性それぞれとの相互作用を録画した標準刺激ビデオテー

プを見せ，3人の女性が報告した特定の思考と感情とを推定するように求めた。フィードバック条件の知覚者は，それぞれのテープの中間部分で，自分達が共感的推定を行った直後に，クライエントによる実際の思考または感情についてフィードバックを与えられた。それに対して，フィードバックなし条件の知覚者はこのようなフィードバックを一切与えられなかった。その結果，フィードバック訓練が，その後の知覚者による共感的推定を有意に促進する効果のあることが見出された（Marangoni et al., 1995）。

　Marangoniの研究を出発点として，Baroneとその同僚（2005）は，臨床心理学コースの複数のセクションに登録している大学院生の半数に対して，同じような形式のフィードバック訓練を与えた。フィードバック条件の大学院生は，そのセメスターを通して異なる複数の時点でフィードバック訓練を受けた。一方，統制条件（フィードバックなし条件）の大学院生は，フィードバックを受けなかった。先の研究と同じように，フィードバック条件の大学院生は，統制条件の大学院生と比べて，その後，より優れた共感精度を示した。ただし，この効果は感情の推定に限られており，思考の推定では効果は見られなかった。

　まとめると，どちらの研究結果も，標準刺激パラダイムによるフィードバック訓練を行うことが，セラピストの共感を促進するための効果的な方法となりうることを示唆している。セラピストの共感が促進されることで，よりよい治療的な結果にもつながるのかどうかについてはまだ確認されていない。

自閉症

　「心の理論（theory of mind）」の枠組みのなかで，バロン＝コーエンとその同僚（たとえば，Baron-Cohen, 1995, 2003; Baron-Cohen et al., 2001）は，共感精度と自閉症との間に強い関係のあることを仮定してきた。彼らは重篤な自閉症を「マインド・ブラインドネス（心を読むことができない）」と見なすことができると主張している。マインド・ブラインドネスとは，他者の思考や感情を正確に推定することができないこと，あるいは，他者の思考と感情の存在を認識することさえできないことを意味する。最近になって，バロン＝コーエン（2003）はさらに，男性が概して，より自閉症的であり，女性と比べて共感精度が低いと主張している。

　バロン＝コーエンが主張している自閉症と共感能力との間のリンクについて，Roeyersとその同僚（2001）は，標準刺激パラダイムを用いて，19名のアスペ

ルガー症候群の成人の標本の共感精度が障害されている証拠を見出した。この知見が特に印象的であるのは，19名の定型発達の成人から構成されていた統制群が，アスペルガー症候群の成人の一人一人と知能指数が対応しており，ヨークト被験者実験計画になっていたことである。

性別と共感能力との関連に関するバロン=コーエンの主張に関して言えば，この主張には大きな制限が必要なままであるように思われる。奇妙なことに，この主張は，関連した共感精度に関する研究とは無関係になされているようである。関連した共感精度に関する研究では，研究に参加したほぼ定型発達の大学生の標本では，参加者の共感能力に信頼しうる性差の証拠は見られなかった（Ickes, Gesn, & Graham, 2000 を見よ）。しかしながら，自閉であると認識され診断されるのに十分なくらい自閉症の程度が重い場合には，女性ではなく男性である確率が非常に高く，自閉症の女性1人に対して自閉症の男性は4〜5人という比率である（Baron-Cohen, 1995）。

境界性人格障害

Flury, Ickes, and Schweinle（2008）による研究の結果は，一見すると，境界性人格障害（BPD）の患者を対象とした治療について臨床の実践家達が長い間気づいていたこと，すなわち，BPDの患者が，他者の思考や感情を推定する能力が平均よりも高いということを確認したように思われる。この研究では，BPD症状尺度得点の高い者と，尺度得点の低い者からなる同性のペアが作られた。高得点者が低得点者の思考と感情を「読む」のは，その逆の場合と比べてより正確であった。しかしながら，ペアの各々が報告した思考と感情の推定の難しさの違いを統制した場合には，この効果は有意ではなくなった[訳注2]。

この結果のパターンから，境界性人格障害の症状を持つ人々は，そのような症状を持たない人と比べて，概して，共感精度が高いというわけではないと結論づけられた。それでも，境界性人格障害の症状を持つ人々には，会話の相手に対する共感的な優位性がある。なぜならば，彼らの報告する思考や感情が普通とは異なっており，BPDではない相手が報告する思考や感情と比べて「読む」のが極めて難しいからである。

この知見から示唆されるのは，セラピストがBPD患者の思考と感情を正確に推定できると思い込んでしまうようなことを警戒すべきということである。むしろセラピストは，そのような患者達の思考と感情の内容について積極的か

つ連続的に問い続けていくべきである。彼らの思考と感情は，反復的な数々の驚きと予期せぬ洞察とを与えてくれるであろう。異常で推定困難な思考と感情を，BPD の特徴の1つとして精神障害の診断統計マニュアル（Diagnostic and Statistical Manual of Mental Disorders）の将来のバージョンに含めることは，新たに判明した BPD の特徴に関する情報を広めるのに有効であるかもしれない。

妻を虐待する男性の共感精度の低さ

　最近になって，妻を虐待する男性に関する心理学的研究において，共感精度パラダイムが用いられるようになった。最初に行われた研究では，Schweinle, Ickes, and Bernstein（2002）は，自分の妻を虐待していることを報告している男性が，虐待をしない男性と比べて，夫に対して批判的で拒否的な思考を女性達が抱いていると仮定するバイアスのあることを見出した。標準刺激ビデオテープに登場する3人の女性クライエントの思考と感情を推定する課題を与えられたとき，虐待的な男性は，実際よりも有意に多く，批判や拒絶を「見る」ことが確認されたのだった。

　それに続く研究では，Schweinle and Ickes（2007）は，妻を虐待する夫が，実際には批判的・拒否的な思考や感情を女性が抱いていない場合でも，そのような思考と感情を抱いているのだと推論するバイアスがあるという知見を再現した。さらに，妻を虐待する夫が，そのように女性を知覚するバイアスを維持するために，2つの独立したメカニズムを用いていることが見出された。そのメカニズムとは，(1)女性に対して軽蔑的に反応するという形での反作用的情動感染（emotional counter-contagion）訳注3，そして(2)女性が実際の思考や感情を表現しようとしたときに「焦点をずらす」という，注意の解除である。本質的に，妻を虐待する夫というのは，もともと女性の思考や感情が批判的で拒否的であるという先入観をもっており，そのようなバイアスのかかった先入観を維持することができるように，軽蔑的感情を抱いたり，女性の実際の思考や感情を示す手がかりを無視することで，攻撃的な振る舞いをするのである。

　Clements とその同僚（2007）による最近の研究では，暴力的な夫による自分の妻に対する共感精度が，非暴力的で結婚に苦痛を感じていない夫による妻に対する共感精度と比べて，有意に低いことが見出された。暴力的な夫の共感精度の水準は，他の様々な比較においても際立って低かった。第1に，暴力的

な夫による自分の妻に対する共感精度は，見知らぬ女性に対する共感精度よりも低かった。第2に，この暴力的な夫の妻に対する，客観的な男性観察者による共感精度と比べても低かった。第3に，この暴力的な夫の妻が，その暴力的な夫の思考と感情を推定したときの共感精度と比べても低かった。この結果のパターンは，暴力的な夫が，自分の妻の思考と感情に特化して共感性を欠いているということを示している。先に紹介した2つの研究の知見と同じように，これらの知見は，虐待する男性が，関係性のなかで支配力を維持するために，妻の思考と感情を理解するのを回避するように動機づけられていることを示唆している。

4. 認知心理学

　Gesn and Ickes（1999）および Hall and Schmid Mast（2007）は，概念的に同じような2つの研究を通して，知覚者の共感精度に影響をおよぼす2つの情報チャネルの貢献度について調べている。どちらの研究においても，知覚者が，標準刺激ビデオテープに登場する対象人物の思考と感情について推定を行っている。テープは，条件間で一部が異なっており，特定の情報（たとえば，言葉，パラ言語手がかり[訳注4]，視覚情報）が削除されていた。そうすることで，どのタイプの情報の喪失によって知覚者の共感精度がどのくらい損なわれるのかを確認することができた。
　どちらの研究でも，参加者がもとのテープを見たときと比べて，(1)言語情報（言葉そのもの）の喪失によって，共感精度は劇的に損なわれた，(2)パラ言語的手がかりの効果はもっと弱いものであった。そして(3)視覚情報の喪失は，驚くほどわずかな効果しかなかった。これらの知見から，その人物が使う特定の言葉や，その言葉を伝えるための発話行為から，知覚者がどのように他者の思考と感情の内容を推定するのかについて，将来の研究で確認すべきであることが示唆される。

5. 発達心理学

　共感精度の研究は，二，三の先駆的研究に限られているものの，子どもや思春期発達の文脈でも行われてきた。

子どもの自尊感情とその母親の共感精度

　Crosby（2002）は，母親とその子ども（9～11歳）とが，旅行の計画，買い物，ペット選びなどの意思決定に関する話し合いをしているところをビデオテープに録画した。会話中の子ども達の実際の思考と感情を確認した後，母親に対して，これらの話し合いのビデオテープを見て子どもの思考と感情を推定するように求めた。Crosbyは，最も共感精度の高い母親の子どもが，最も肯定的な自己概念をもつことを見出した。さらに興味深いことに，共同親権[訳注5]の取り決めを通して子どもと離れた経験のある母親の共感精度が，そうではない母親と比べて有意に低い，という付加的な知見が得られた。

　Cosbyの知見はあくまでも相関的なものであり，因果関係を確定するものではない。しかしながら，これらの知見は，共感精度が母子関係において重要な役割を果たすことを示す最初のものである。共感精度の高い母親の方が，そうではない母親と比べて，その子ども達の自尊感情により多く貢献していると主張するのはまだ早急すぎるかもしれないが，これらの結果はそのような因果関係を示唆している。この先駆的な研究に触発された研究者が，Crosbyの知見を検証し，その意味についてさらなる解明が進められていくことが期待される。

仲間関係における共感精度と思春期における適応

　Gleason, Jensen-Campbell, and Ickes（2007）は，思春期の子ども達の共感精度が，仲間との友情の質や彼ら自身の個人的な適応度と関係しているかどうかを確認するために研究を行っている。参加者は116名の思春期の子ども達（5～8年生[訳注6]）であった。学校では，子ども達は，仲間関係の質と個人的な適応度を測定する質問紙に回答した。実験室では，標準刺激ビデオテープを使って，子ども達の全般的な共感精度が測定された。そのテープには，別の子ども達と大人の教師との間の相互作用の一部が映っていた。これらのデータを補完するために，子ども達の親と教師から，子ども達の適応度に関する独立した評価の提供を受けた。これは，子ども達の自己報告によるバイアス効果に対応するためのものである。

　この研究の結果，いくつかの興味深い知見が明らかとなった。第1に，共感精度の低い子ども達は，クラスメート達から関係性のいじめ[訳注7]の対象とな

る傾向があった。第2に，共感精度の低い子ども達はまた，不幸（unhappiness）や抑うつ（depression）といった内面の問題に苦しんでいる傾向があった。第3に，仲間関係が良好な場合には，共感精度の低さが内面の問題に及ぼすネガティブな影響は小さかった。第4に，同様に，共感精度の高い子ども達の場合，仲間関係の乏しさが個人的適応度に及ぼすネガティブな影響は小さかった。まとめると，これらの知見は，共感精度が，思春期の子ども達の個人的適応や社会的適応において，直接的に影響を及ぼすと共に，ネガティブな効果に対しては，それを緩和する役割を果たしている，ということを明らかにしている。

6. 社会心理学

社会心理学者が行ってきた研究は，共感精度がパートナー間でどのように発達するか，「女性の直感」に関するステレオタイプの妥当性，そして，共感精度が親密な関係性の機能にどのように影響を及ぼすのか，という問題について探索してきた。

面識度効果

非構造化二者間相互作用パラダイムを用いた2つの研究で，Stinson and Ickes（1992）と Graham（1994）は，同性の友人同士の間の共感精度が，同性の他人同士の間の場合よりも50%高く，どちらの研究においても有意差のあることを見出した。こうした研究からのデータはさらに，友人間に見られる共感の優位性が，友人間のパーソナリティの類似性が高いことや，友人間の相互作用のレベルが高いことによるのではなく，それまでに蓄積されてきた互いに共有している知識の量によるものであることを示している。

これらの知見を補足するように，Marangoni ら（1995）は，対象人物が自己開示を強く望んでいる状況では，かなり短い時間で有意な「面識度効果」が生じることを見出した。この研究では，参加者は，3人の異なる女性が同一の男性セラピストと相互作用する心理療法のセッションのビデオテープを見る。各セラピーのセッションの開始時点での参加者による共感的推定の精度を，各セッション終了時点での共感精度と比較すると，強力な全体的な面識度効果が確認された[訳注8]。

しかしながら，この効果は十分に確認されたとは言い難い。3人の女性クライエントのうちの1人は，セラピストと話し合っている問題に対して非常にアンビバレントな感情を抱いており，彼女の思考と感情を「読む」ことは非常に困難であった。他の2人のクライエントについては，強力な面識度効果の証拠が得られたものの，このアンビバレントなクライエントについては，面識度効果は弱く，有意でもなかった。

面識度効果には他にも制限のあることが，Gesn（1995）およびThomas, Fletcher, and Lange（1997）によって報告されている。Gesn（1995）は面識度効果が，その面識度そのものの期間よりも，その期間に2人の間で発展した親密度（closeness）の方に依存することを見出している。そして，Thomas, Fletcher, and Lange（1997）は，さらに驚くべきことに，結婚後最初の1〜2年の間に夫婦の共感精度は増大し続けるどころ逆に有意に減少するということを報告している。Thomasらは，夫と妻のそれぞれの関心が互いに離れ，それぞれが自分の関心事に没頭してしまい，相手に同調したままでいることが難しくなるときにこのような減少効果が生じるという考えを提案している。

共感精度の性差：事実？　それとも神話？

広く支持されている社会的ステレオタイプによる思い込みの1つに，女性には「女の直感」があるために，男性よりも心を読むのが優れているというものがある。このステレオタイプは事実を反映しているのだろうか，それとも単に世間に広まっている神話でしかないのだろうか。Ickes, Gesn, and Graham（2000）によるメタ分析的研究が，この問題を明らかにする上で役立つ。データによれば，定型発達の個人の場合，平均的な女性が平均的な男性と比べて共感能力が高いということはないようである。ただし，「女性の方がより共感的であると言われている」という状況手がかりを女性に与えた場合には，共感精度の課題で男性を凌駕することもあるだろう。しかしながら，それは，課題をうまく遂行しようというモチベーションが大きいことによるのであって，共感能力の高さによるわけではない[訳注9]。さらに，Klein and Hodges（2001）による研究結果は，モチベーションに基づく性差も，金銭を払うことによって，共感精度を上げるように男性のモチベーションを高めるような動機づけを行った場合には消失しうることを示している。

もちろん，共感的反応のそれ以外の側面には信頼しうる性差が存在している。

しかしながら，共感精度に関して言えば，男女間の違いは，法則的なものというよりはむしろ例外的なものであり，能力的というよりもモチベーションに基づくもののようである。

親密な関係における共感精度

　親密な関係における共感精度の役割は，研究者にとって主要な関心のあるトピックであり，あまりにも多くの研究を生み出しているために，このトピックに関する増え続けている文献をこのスペース内でレビューすることは不可能である。しかしながら，ジェフリー・シンプソンと私が提案した共感精度のモデル（Ickes & Simpson, 1997, 2001）に関連した研究からはじめるのがよいであろう。このモデルに最も関連のある研究が，Ickes, Dugosh, Simpson, and Wilson (2003), Simpson, Ickes, and Blackstone (1995), Simpson, Ickes, and Grich (1999), そして，Simpson, Oriña, and Ickes (2003) によって報告されている。

7. 生理心理学

　このタイプの初期の研究において，Levenson and Ruef (1992) は，31人の知覚者に対して，夫と妻とが登場する2つの話し合いを記録したビデオテープを見て，この2人の変化する情動状態を推定するように求めた。各知覚者は，これらの話し合いを見る前に，ビデオテープに登場する夫婦に装着されていたのと同じ生理学的装置につながれた（これらの装置の出力によって，ビデオテープの各時点での情動状態を推定しようとしているときの知覚者自身の生理学的変化をとらえることが可能であった）。対象人物の情動状態の推定を連続的に記録するために，知覚者はジョイスティック・コントロールを使った。ビデオに登場する夫婦も事前に同じものを使って自身のビデオを見ながら情動状態を評定していた。

　Levenson and Ruef は，精巧な統計分析を用いて，知覚者と対象人物の間の生理学的同調の度合いと，対象人物の情動状態を推定する知覚者の正確さのレベルとの間の相関について調べた。その結果，生理学的なつながりは，対象人物のネガティブな情動を推定する知覚者の正確さと強く関連していたが，対象人物のポジティブな情動を推定する知覚者の正確さとは弱い関連しかないこ

とが明らかになった。こうした知見は、生理学的測度と共感の測度を結びつけようという最近の関心の高まりの基礎となっている。

8. 共感精度研究の魅力と統合の可能性

　臨床心理学・認知心理学・発達心理学・社会心理学・生理心理学という多様な領域にわたる共感精度の研究が、人の関心をひきつけ、諸領域を統合する潜在的な可能性をもっているのはなぜだろうか。私は、少なくとも4つの理由があると考えている。それは、(1)共感精度で測定されるものが、自己報告尺度の変数ではなく、パフォーマンス測度の変数であること、(2)共感精度の研究のために開発された3つの研究パラダイムによって提供される実験計画の柔軟性、(3)共感精度の測度の信頼性と妥当性を支持する膨大な証拠があること、そして、(4)共感精度の構成概念それ自体が「理論中立的」であること、の4つである。

パフォーマンス測度と自己報告測度

　共感研究に用いられている個人差に関するほとんどの測度と異なり、我々が用いているのはパフォーマンスに基づく測度である。自分自身の共感能力に関する信念を自己報告に基づいて測定するのとは異なり、我々の測度は、人々が実際に他者の思考と感情の特定の内容をどのくらい適切に推定することができるのかを測定している。この違いは重要である。利用可能な研究データからは、共感性に関連のある特性の自己報告測度というものが、(1)一般的に、共感精度に関する我々のパフォーマンス測度とは相関しない（Davis & Kraus, 1997; Ickes, 2003, chap. 7）だけでなく、(2)我々の共感精度の測度によって予測されるような、人生の重要な結果を予測することもない（Gleason, Jensen-Campbell, & Ickes, 2007）訳注10 ということが示されている。共感精度の研究には、他者の心を「読む」という自分の能力をどうとらえているかという単なる個人の知覚ではなく、他者の心を「読む」という実際の能力をとらえるという優位性がある。

柔軟性

　これまで見てきたように、共感精度のデータは、私の同僚と私が開発した3つの研究パラダイム（非構造化二者間相互作用パラダイム、標準刺激パラダイム、標準面接パラダイム）のいずれかを用いて集めることができる。第1のパラダ

イムは自然に生じる相互作用の観察的研究に特に有用であり，第2のパラダイムは，異なる複数の実験条件で異なるバージョンの刺激を用いる実験的研究に有用である。そして，第3のパラダイムは，異なる複数の知覚者が対象人物の面接反応をどのくらい適切に予測できるかを比較する研究において有用である。これら3つのパラダイムは，今後開発される別のパラダイムによって補完されていくことは確実であろうが，心理学の様々な領域の研究者に，多くの実験計画上の柔軟性を提供している。

信頼性と妥当性

現在，共感精度の測度に関する信頼性と妥当性を実証する膨大な量の研究的証拠がある（レビューについては，Ickes, 2003 を見よ）。標準刺激パラダイムに限って言えば，評定者間，項目間，そして対象人物間の信頼性のあることが証明されている（Ickes, 2001; Marangoni et al., 1995; Gesn & Ickes, 1999; Schmid Mast & Ickes, 2007）。そして，先に議論した様々な領域にわたる数多くの研究において，共感精度の測度の妥当性に関する証拠が蓄積されていることは印象的である。したがって，複数の領域にわたるこの測度が魅力をもつもう1つの理由というのは，その信頼性と構成概念妥当性に関する説得力のある証拠である。

理論中立性

共感精度の研究に関する幅広い魅力と統合の可能性のもう1つの理由は，共感精度という構成概念の「理論中立的」な性質にある。視点取得や情動知能の測度が，共感がどのように「機能」するのか（たとえば，他者の視点を取得することによって共感が機能する，あらかじめ特定された形式の情動知能を適用することで共感が機能する，など）に関する理論的な仮定を必要とするのとは異なり，我々の測度は，知覚者の共感精度の根底にあるプロセスについて何も仮定を設けていない。そうではなくて，我々は，ビデオを中心とした様々なバリエーションの手がかりを用いて共感精度を直接測定することによって，この測度と，様々なプロセスや結果変数とを経験的に結びつける。この研究方略によって，日常的なマインド・リーディングの性質に関する帰納的な洞察を得ることができるのである（Ickes, 2003）。

したがって，共感のプロセスに関するある特定の理論に対して，本当は疑念

を抱いているにもかかわらず，そのような考え方に暗黙的・先験的にコミットしなければならない，というようなことは全くないのである。研究者は，自分達の取り組んでいる現象が，たとえば，視点取得，情動知能，あるいは心の理論のうち，どの概念によって生じているのか，といった賭けをしなくても，ただ共感精度を測定するということが可能であるし，結果として得られたデータを使って，この卓越した能力の根底にあるプロセスに関する情報を手に入れることが可能なのである。

9. 結論

共感精度に関する研究が初めて導入されて以来，およそ20年の間，この分野の研究者達によって開発された3つのパラダイムが，共感の研究に取り組んでいる心理学のすべての主要な分野（臨床心理学・認知心理学・発達心理学・社会心理学・生理心理学）の研究者達に採用され，適合され，うまく実用化されている。まとめると，この研究の成果は印象的である。共感精度の研究が，人の関心をひきつけ，諸領域を統合する潜在的な可能性をもっているのはなぜだろうか。私は，4つの理由を提案する。それは，(1)共感精度の測度が，自己報告される変数ではなく，パフォーマンス変数であること，(2)共感精度の研究のために開発された3つの研究パラダイムによって提供される実験計画の柔軟性，(3)共感精度の測度の信頼性と妥当性を支持する膨大な証拠があること，そして，(4)共感精度の構成概念それ自体が「理論中立的」であること，の4つである。

引用文献

Baron-Cohen, S. (1995). *Mindblindness: An essay on autism and theory of mind.* Cambridge, MA: MIT Press. ［サイモン・バロン＝コーエン（著）長野敬・長畑正道・今野義孝（訳）(1997). 自閉症とマインド・ブラインドネス. 青土社.］
Baron-Cohen, S. (2003). *The essential difference: The truth about the male and female brain.* New York: Basic Books. ［サイモン・バロン＝コーエン（著）三宅真砂子（訳）(2005). 共感する女脳，システム化する男脳. 日本放送出版協会.］
Baron-Cohen, S., Wheelwright, S., Skinner, R., Martin, J., & Clubley, E. (2001). The Autism-Spectrum Quotient (AQ): Evidence from Asperger syndrome/high-functioning autism, males and females, scientists and mathematicians. *Journal of Autism and Communication Disorders,* 31, 5–17.

Barone, D. F., Hutchings, P. S., Kimmel, H. J., Traub, H. L., Cooper, J. T., & Marshall, C. M. (2005). Increasing empathic accuracy through practice and feedback in a clinical interviewing course. *Journal of Social and Clinical Psychology*, **24**, 156–171.

Clements, K., Holtzworth-Munroe, A., Schweinle, W., & Ickes, W. (2007). Empathic accuracy of intimate partners in violent versus nonviolent relationships. *Personal Relationships*, **14**, 369–388.

Crosby, L. (2002). *The relation of maternal empathic accuracy to the development of self concept*. Unpublished doctoral thesis, Fielding Institute, Santa Barbara, CA.

Davis, M. H., & Kraus, L. (1997). Personality and empathic accuracy. In W. Ickes (Ed.), *Empathic accuracy* (pp. 144–168). New York: Guilford Press.

Dugosh, J. W. (2001). *Effects of relationship threat and ambiguity on empathic accuracy in dating couples*. Unpublished doctoral thesis, University of Texas at Arlington.

Flury, J. M., Ickes, W., & Schweinle, W. (2008). The borderline empathy effect: Do high BPD individuals have greater empathic ability? Or are they just more difficult to "read"? *Journal of Research in Personality*, **42**, 312–322.

Gesn, P. R. (1995). *Shared knowledge between same-sex friends: Measurement and validation*. Unpublished master's thesis, University of Texas at Arlington.

Gesn, P. R., & Ickes, W. (1999). The development of meaning contexts for empathic accuracy: Channel and sequence effects. *Journal of Personality and Social Psychology*, **77**, 746–761.

Gleason, K. A., Jensen-Campbell, L., & Ickes, W. (2007). The role of empathic accuracy in adolescents' peer relations and adjustment. Manuscript under editorial review.

Graham, T. (1994). Gender, relationship, and target differences in empathic accuracy. Unpublished master's thesis, University of Texas at Arlington.

Hall, J. A., & Schmid Mast, M. (2007). Sources of accuracy in the empathic accuracy paradigm. Manuscript under editorial review.

Ickes, W. (1993). Empathic accuracy. *Journal of Personality*, **61**, 587–610.

Ickes, W. (2001). Measuring empathic accuracy. In J. A. Hall & F. J. Bernieri (Eds.), *Interpersonal sensitivity: Theory and measurement* (pp. 219–241). Mahwah, NJ: Erlbaum.

Ickes, W. (2003). *Everyday mind reading: Understanding what other people think and feel*. Amherst, NY: Prometheus Books.

Ickes, W. (Ed.). (1997). *Empathic accuracy*. New York: Guilford Press.

Ickes, W., Buysse, A., Pham, H., Rivers, K., Erickson, J. R., Hancock, M., Kelleher, J., & Gesn, P. R. (2000). On the difficulty of distinguishing "good" and "poor" perceivers: A social relations analysis of empathic accuracy data. *Personal Relationships*, **7**, 219–234.

Ickes, W., Dugosh, J. W., Simpson, J. A., & Wilson, C. L. (2003). Suspicious minds: The motive to acquire relationship-threatening information. *Personal Relationships*, **10**, 131–148.

Ickes, W., Gesn, P. R., & Graham, T. (2000). Gender differences in empathic accuracy: Differential ability or differential motivation? *Personal Relationships*, **7**, 95–109.

Ickes, W., & Simpson, J. A. (1997). Managing empathic accuracy in close relationships. In W. Ickes (Ed.), *Empathic accuracy* (pp. 218-250). New York: Guilford Press.

Ickes, W., & Simpson, J. A. (2001). Motivational aspects of empathic accuracy. In G. J. O. Fletcher & M. S. Clark (Eds.), *Interpersonal processes: Blackwell handbook in social psychology* (pp. 229-249). Oxford: Blackwell.

Klein, K. J. K., & Hodges, S. (2001). Gender differences, motivation, and empathic accuracy: When it pays to understand. *Personality and Social Psychology Bulletin*, **27**, 720-730.

Levenson, R. W., & Ruef, A. M. (1992). Empathy: A physiological substrate. *Journal of Personality and Social Psychology*, **63**, 234-246.

Marangoni, C., Garcia, S., Ickes, W., & Teng, G. (1995). Empathic accuracy in a clinically relevant setting. *Journal of Personality and Social Psychology*, **68**, 854-869.

Roeyers, H., Buysse, A., Ponnet, K., & Pichal, B. (2001). Advancing advanced mind-reading tests: Empathic accuracy in adults with a pervasive developmental disorder. *Journal of Child Psychology and Psychiatry*, **42**, 271-278.

Rogers, C. R. (1957). The necessary and sufficient conditions of therapeutic personality change. *Journal of Consulting Psychology*, **21**, 95-103. ［カール・ランソム・ロジャーズ（著），伊東博（訳）(2001). セラピーによるパーソナリティ変化の必要にして十分な条件．H. カーシェンバウム・V. L. ヘンダーソン（編），伊東博・村山正治（監訳）ロジャーズ選集（上）(pp. 265-285). 誠信書房．］

Schmid Mast, M. S., & Ickes, W. (2007). Empathic accuracy: Measurement and potential clinical applications. In T. F. D. Farrow and P. W. R. Woodruff (Eds.), *Empathy and mental illness and health* (pp. 408-427). Cambridge: Cambridge University Press.

Schweinle, W. E., & Ickes, W. (2007). The role of men's critical/rejecting overattribution bias, affect, and attentional disengagement in marital aggression. *Journal of Social and Clinical Psychology*, **26**, 173-198.

Schweinle, W. E., Ickes, W., & Bernstein, I. H. (2002). Empathic inaccuracy in husband to wife aggression: The overattribution bias. *Personal Relationships*, **9**, 141-158.

Simpson, J., Ickes, W., & Blackstone, T. (1995). When the head protects the heart: Empathic accuracy in dating relationships. *Journal of Personality and Social Psychology*, **69**, 629-641.

Simpson, J. A., Ickes, W., & Grich, J. (1999). When accuracy hurts: Reactions of anxious-uncertain individuals to a relationship-threatening situation. *Journal of Personality and Social Psychology*, **76**, 754-769.

Simpson, J. A., Oriña, M. M., & Ickes, W. (2003). When accuracy hurts, and when it helps: A test of the empathic accuracy model in marital interactions. *Journal of Personality and Social Psychology*, **85**, 881-893.

Stinson, L., & Ickes, W. (1992). Empathic accuracy in the interactions of male friends versus male strangers. *Journal of Personality and Social Psychology*, **62**, 787-797.

Stone, V. E. (2006). Theory of mind and the evolution of social intelligence. In J. T. Cacioppo, P. S. Visser, & C. L. Pickett (Eds.), *Social neuroscience: People thinking*

about thinking people（pp. 103-129）. Cambridge, MA: MIT Press.
Stone, V. E., & Gerrans, P. (2006). What's domain-specific about theory of mind? *Social Neuroscience*, **1** (3-4), 309-319.
Thomas, G., Fletcher, G. J. O., & Lange, C. (1997). On-line empathic accuracy in marital interaction. *Journal of Personality and Social Psychology*, **72**, 839-850.

■訳注■

1 ヨークト被験者実験計画とは一般的に，実験条件と統制条件に割り当てられた被験者（被験体）が同一の刺激を同一の頻度，同一のタイミングで呈示されるが，刺激の随伴性のみが異なるものを指す。有名なものとしては，Weissによるネズミの電気ショック実験がある。この実験では，複数のネズミが同じ電極に結合（yoke）されており，同じタイミングで同じ強度の電気ショックを受ける。それらのネズミのうち回避条件のネズミは，目の前のホイールを回すことによって電気ショックを回避することができるが，結合（yoked）条件のネズミは，自分でホイールを回しても電気ショックを回避できすることはできない。回避条件のネズミが回避するときには，同じく回避できるが，回避条件のネズミが失敗したときには一緒に電気ショックを受ける。

　本章の場合，与えられる客観的な刺激は同一であっても，その個体（個人）にとっての意味が条件間で異なるような実験計画を指していると思われる。

2 原文でもわかりにくいが，この研究（Flury, Ickes, & Schweinle, 2008）は，健常な大学生 789 名からBSI（Borderline Syndrome Index）得点の上位 1/4 と下位 1/4 を抽出した合計 76 名を対象としており，境界性人格障害と診断された患者を対象としているわけではない。

3 Hatfield ら（1994）は，情動感染には，互いに類似した反応を生じさせるもの（例．笑顔の表出が，知覚者側の笑顔を招く）と相補的な反応（例．怒りの表出が，知覚者側の恐怖を引き起こす）があるとしており，後者を「反作用的感染（counter-contagion）」と呼んでいる。

4 パラ言語手がかりとは，話し手から聴き手に伝えられる音声言語に含まれる情報のうち，言語そのものではなく，プロソディ・ピッチ・イントネーションといった言語の周辺的な情報のことを指す。

5 共同親権とは，離婚した後も，両方の親が子どもを養育する権利を共有すること。

6 「5年生から8年生」は，日本の小学 5 年生から中学 2 年生に相当する。Gleason et al.（2009）によると年齢のレンジは，10～14 歳である。

7 「関係性のいじめ」とは，無視する，仲間外れにする，陰口を言う，などのいじめを指し，殴る・蹴るなどの「身体的ないじめ」とは区別される。

8 Marrangoni et al.（1995）の実験では，各セッションのビデオテープは，3 つのフェイズに分けられており，参加者は，最初のフェイズの 8 箇所，中間のフェイズの 14 箇所，最後のフェイズの 8 箇所の計 30 箇所で，共感的推定を行う。最初のフェイズ（フェイズ 1：ベースライン）と比べて，最後のフェイズ（フェイズ 3：テスト）における共感精度の平均得点が有意に高いことを，Marrangoni らは「面識度効果（acquaintanceship effect）」または「練習効果（practice effect）」と呼んでおり，対象人物に対する親密度の増大に伴って共感精度が向上すると考えられている。

9 Ickes, Gesn, and Graham (2000) は，アイゼンバーグら (Eisenberg & Lennon, 1983; Lennon & Eisenberg, 1987) が，女性の方が男性よりも共感に関連した複数の測度で高い得点を示すと結論づけたことに対して，女性のほうが共感的にすぐれているという性役割ステレオタイプに関する状況手がかりを与えていたために，女性が自身の性役割ステレオタイプと一致するように強く動機づけられていたことが高得点の理由であり，共感能力が高いことによるものではないと主張している。

10 Gleason, Jensen-Campbell, & Ickes (2009) では，自己報告尺度である，情動知能尺度 (Schutte et al., 1998) と IRI (Interpersonal Reactivity Index; Davis, 1983) の「共感的配慮」と「視点取得」を測定しているが，これらの尺度はいずれも共感精度得点とは有意な相関を示さなかった上に，共感精度得点とは異なり，子ども達の抱える諸々の問題の有力な予測子とはならなかった。

第6章　共感的反応：同情と個人的苦悩

ナンシー・アイゼンバーグ
ナタリー・D・エッガム

　共感は，人間以外の生物種にも存在することが明らかになっており（Preston & de Waal, 2002），共感的な反応の証拠（つまり，苦しんでいる他者に救いの手を差しのべる，という共感または同情の証拠）は，生後1年くらいの幼児から報告されている（たとえば，Zahn-Waxler, Radke-Yarrow, & King, 1979; Eisenberg, Fabes, & Spinrad, 2006を見よ）。共感の研究者達は，人間や動物に見られる様々なレベルでの共感的反応を，トップダウン（つまり認知的処理や帰属的処理に基づくもの；たとえば，Hauser, 2000）とボトムアップ（つまり，知覚的・感覚的処理に基づくもの；de Waal, 2004）という2つの枠組みでとらえている。そこで説明される共感のレベルは，ごく基本的な形式のもの（たとえば情動感染または感情的共鳴）から，高度な認知的視点取得を必要とするものまで非常に多岐にわたっている。

　本章では，共感的な反応のなかでも，自己制御——特にエフォートフル・コントロールに反映されるもの——の役割に関係する理論と研究について検討する。エフォートフル・コントロールは，神経学的な機能とも関連していることから，共感的な反応における脳の役割に関する議論も関係してくる。さらに，苦痛や苦痛の制御に関する研究についても議論されることになる。なぜならばそれは，共感の神経学的基盤と理論的に関連しているからである。こういった話題に入っていく前に，いくつかの定義や概念上の問題について手短に検討しておこう。

1. 共感に関連した反応

　共感の定義は，本質的に認知を中心とした定義から，情動を伴う定義に至る

まで，過去数十年にわたって多様化してきた。Eisenberg とその同僚らの定義によれば，「共感（empathy）」とは，他者の情動状態や認知に関する理解（apprehension or comprehension）から生じる感情的反応であり，その他者が感じているもの（あるいは感じるであろうと期待されるもの）と類似した感情的反応ということになる（Eisenberg et al., 1991）。Eisenberg の見解では，共感には，その人自身と他者との情動状態の間の違いに関する何らかの気づきが必要とされる（Eisenberg & Strayer, 1987）。

Eisenberg は，何らかの閾値を超えることによって，共感が，同情または個人的苦悩，あるいはそれら両方（その場合おそらく交互に生じる）の状態に発展すると仮定している。「同情（sympathy）」というのは，他者の情動状態の理解から生じる情動的反応であり，相手の情動状態と同じなのではない。それはむしろ，相手に対する心配（sorrow）や思いやり（concern）の感情から成り立っている（Eisenberg et al., 1991）。同情のことを「共感」と呼んだり，相手に向けられた反応までをも共感の定義に含めている研究者もいる（たとえば，Batson, 1991; Hoffman, 2000）。それに対して，「個人的苦悩（personal distress）」というのは，他者の情動を理解することによって生じる，自己に焦点化された嫌悪的感情反応であり，それは，他者の苦悩よりも，自分自身の苦悩（たとえば，不快や不安）の方を緩和したいという欲求と関連している（Batson, 1991）。Eisenberg ら（1991）は，同情や個人的苦悩といった反応が，感情的共感から直接生じるだけでなく，純粋に認知的なプロセス（視点取得や記憶からの想起のような）からも生じる可能性のあること（個人的苦悩の場合には，罪悪感から生じる可能性のあること）を示唆している。同情と個人的苦悩とでは，向社会的行動（つまり，他者のためになるよう意図された行動）との関係の仕方が異なっていると仮定されており，実際にそのような証拠が見出されている。このような反応の違いは，同情と個人的苦悩とが互いに異なる動機づけと関連していることによる（Batson, 1991; Eisenberg & Fabes, 1990; Eisenberg et al., 2006 を見よ）。

Eisenberg and Fabes（1992）は，同情の体験と個人的苦悩の体験との違いについて検討し，他者のネガティブな情動を見ることで生じる共感の過剰な喚起によって，自己焦点化――つまり個人的苦悩――が引き起こされ，相手のではなく自分自身のネガティブな感情的喚起の方を緩和しようという欲求が生じるのだと示唆している。一般的にいって，苦悩の原因となっている人物との接

触を回避できる場合には，個人的苦悩は，向社会的行動と負の相関関係にあるか，あるいは全く関係しない。一方，同情の方は，向社会的行動と正の相関になる傾向がある（Batson, 1991; Eisenberg et al., 2006)。対照的に，喚起の水準が最適な場合には，他者への焦点化が引き起こされると仮定されており，同情や向社会的行動と関連することが期待される。また，共感のレベルがあまりにも低い人の場合には，同情すること自体が困難であると予測される（そして，実際にそのような人は，精神病質的な傾向がある。たとえば，Blair, 1999）。したがって，共感を最も体験しやすいのは，まずは中程度の代理的情動を経験する傾向のある人々ということになろう。そして，そのような人々の中でも，適切に制御できている人が，最も同情的であると期待される（Eisenberg et al., 1996）。もしある人が，強い情動を経験しやすく，かつあまり制御ができていないのだとしたら，その人は過剰喚起しやすいために，個人的苦悩の方を経験しやすいというバイアスのあることが期待される。Eisenbergらによる研究は，一般的に，このような理論的主張を支持している（Eisenberg et al., 2006; レビューについては Eisenberg, Valiente, & Champion, 2004 を見よ）。

　Eisenberg の考えは，Decety and Jackson（2004）のものと非常によく似ている。Decety らは，共感には3つの機能的構成要素（自己と他者との間での感情の共有，自他に関する気づき，心的柔軟性と自己制御）があるとする。第1の構成要素には，自己と他者の間で表象を共有することが含まれている。表象を共有するためには，知覚と行為の自動的な結合や，情動の自動的な賦活が必要であり，Decety and Jackson は，感情共有のための神経基盤が幅広く分布していると考えている。第2の構成要素である，自他の気づきとは，自分自身と他者が類似しているが別の人間であるということをわかっていることであり，右下頭頂皮質と前頭前野が関与していると考えられる。第3の構成要素である，心的柔軟性と自己制御は，意識的な視点取得に取り組むことと，明確な自他の区別を維持しながら視点取得への意識的な取り組みを維持することに関与している。自己制御によって，人は自分自身の視点を抑制し，他者の視点を評価することが可能となる。心的柔軟性と自己制御は，前頭前皮質や，実行機能と情動の制御に関わるその他の部位を含んでいると考えられている。Decety and Jackson の視点は，Eisenberg らのものと同様に，認知的な構成要素（つまり，他者の状態を理解しようという欲求）と，自己と他者との間を何らかの水準で区別するための基準と，共感の感情的構成要素，そして共感に関連した反応にお

ける制御プロセスの重要性を強調している。

　これら2つの見解のどこに違いがあるかというと，Eisenbergらは，共感における情動制御の役割を重視していないことである。Eisenbergらは，情動体験の調節を必要とする反応である同情の方が，情動制御が重要となると考えている。とは言え，共感のためには（同情の場合と同様に）認知プロセスの制御が欠かせない──「他者の視点を採用するために必要な心的柔軟性は努力を要する制御されたプロセスである」（Decety & Jackson, 2004, p. 84）──という点では，我々はDecety and Jackson（2004）に心から同意する。さらに，Decety and Jacksonは，代理的情動の制御が欠かせないという点で，明らかに我々と同意見である。彼らは次のように述べている。

　　共感は，自己と他者の間の間主観的な交流を管理し最適化するような何らかのレベルでの情動制御を必要としている。実際，他者の状態を知覚することによって生じた情動状態は，共感の体験のために制御・統制される必要がある。そのような制御がなかったとしたら，共有された表象の賦活やそれらに関連した自律的・身体的反応の賦活だけが生じることになり，情動感染や情動的苦悩に陥ってしまうだろう（2004, p. 87）。

このような説明は，代理的な情動喚起が高いレベルで生じても個人的苦悩に陥ったりしないようにするためには，制御が欠かせないのだとするEisenbergの主張と一致している。

　Decety and Jackson（2004）は，Eisenbergと同様に，共感と単なる情動感染とを明らかに区別している。様々なタイプの共感の区別をしていながら，情動感染を共感に含めるような研究者もいる。Preston and de Waal（2002）は，共感という構成概念の中に情動感染を含めており，共感的反応が2つの経路を通って処理される可能性があると仮定している。皮質下経路（subcortical route）の方は，素早く反射的であり，情動感染的な共感を実現すると考えられている。それに対して，皮質経路（cortical route）の方は遅く，認知的な共感に対応しているようである。我々の見解だと，第1の経路は，自他の区別が最小限であり，より原始的な形式の共感である情動感染につながりやすい。それに対して，第2の経路の方は，認知的な視点取得を反映するが，必ずしも情動の共有を反映してはいないように思われる。共感には，感情的な構成要素と，

何らかの水準の認知との両方が含まれていると我々は考えている（Eisenberg, 2002; Gallese, Ferrari, & Umiltà, 2002）。

Decety and Jackson（2004）は，その卓越したレビューのなかで，表象の共有と自他の区別とが共感においてある役割を果たしているという考えを支持する文献について取り上げている。彼らは，ミラー・ニューロン（Grèzes & Decety, 2001; Rizzolatti, Fogassi, & Gallese, 2001 を見よ），自己の気づき（たとえば，Keenan, Gallup, & Falk, 2003），行為主体性の感覚（つまり，自分自身による行為と他者による行為とを区別すること；Jackson & Decety, 2004）に関する研究を含む，神経回路に関連した神経科学研究についてもレビューしている。さらには，乳幼児や子どもたちが他者と情動を共有することを示す研究に関するレビューも容易に見ることができる（Decety & Jackson, 2004; Eisenberg et al., 2006 を見よ）。Decety and Jackson（2004）は，代理的に生じる情動体験の神経基盤に関連した研究をレビューしている。彼らは，多様な表象を共有することに特化した皮質部位が存在するわけではなく，特定の情動，処理の領域，貯蔵された情報にしたがって，賦活のパターンが異なっている，と結論づけている。我々はこれらの研究をレビューしたりはしないが，本章の残りの部分では，共感に関連した反応に結びついた制御プロセスに焦点をあてよう。

2. エフォートフルな（努力を要する）自己制御プロセス

通常，心理学者は，情動制御と共感に関連した反応との関係を，行動レベルまたは自己報告を通して研究している。初期の知見では，共感や同情（両者は区別されていない場合がある）には，いくつかの実行的コントロールスキルを含む，制御プロセスが関連していることが支持されている。

発達心理学者によって議論されている自己制御プロセスには，典型的に，注意配分に関する自発的なコントロール，行動の抑制，行動の賦活，プランニング，そして，エラー検出を可能にする情報の統合が含まれている。これらの能力には個人差があり，幼児期には，これらの個人差は，生得性に基づく気質システムから生じると考えられている（それらは遺伝的基礎をもつが環境要因による影響を受ける可能性がある；Rothbart & Bates, 2006）。より年齢が上の子ども達や成人の場合には，同様の制御プロセスが，抑制（constraint）や誠実性（conscientiousness）といったパーソナリティの構成概念の一部となっている。

子どもの気質に関する Rothbart のモデルでは，自己制御は，行動および情動の反応性の調節に関わる主要な次元となっている。気質における自己制御の側面——エフォートフル・コントロールと呼ばれている——には，実行的注意が含まれており，Posner のような神経科学者によって研究されてきた（Posner & Rothbart, 2007）。

エフォートフル・コントロール（*Effortful Control*）とは，「実行的注意の効率のことであり，優勢となっている反応を抑制したり，優勢でない反応を活性化させたり，プランニングをしたり，エラーを検出したりする能力が含まれる」（Rothbart & Bates, 2006）と定義される。Posner and Rothbart（2007）は，エフォートフル・コントロールが，前帯状回（anterior cingulate gyrus）を含む，中前頭前皮質（mid-prefrontal cortex）とリンクした，「前部注意システム（anterior attention system）」訳注1 を含んでいると主張している（Posner & Rothbart, 2000; Rothbart & Bates, 2006 を見よ）。この見解と一致するように，注意のネットワーク・システムを活性化するように設定された行動課題を成人が遂行する時には，前帯状回や，左右の前頭領野を含むその他の部位が賦活する（たとえば，Fan et al., 2005）。さらに，成人によるネガティブな感情の制御には，前頭前野（prefrontal region）の外側および内側の賦活の増大が関連している（Ochsner et al., 2002）。Posner and Rothbart（2007）は，実行的注意が，腹外側部と大脳基底核の構造の影響を受けること，そして，実行プロセスにドーパミンがかなり関与していることを示唆した。実行注意に関連した課題の遂行は，特にドーパミンに関連した遺伝子（たとえば DRD4）と結びついている（Fan et al., 2003 を見よ）。

子どもを対象にした研究は限られているが，Davis, Bruce, and Gunnar（2002）は，「前部注意システム」を検討するために fMRI 研究で用いられているような課題の遂行と，衝動性・抑制制御・注意焦点化に関するその他の行動測度や親の報告による測度訳注2 との関連性について調査を行っている。彼女らの結果は，Posner and Rothbart の主張を部分的に支持するものであった。このような課題に対する 6 歳児の成績は，親の報告による抑制制御とは正の相関を示し，衝動性とは負の相関を示した。さらに，神経心理学的課題における反応時間の指標が満足遅延課題（delay-of-gratification task）訳注3 の成績と正の相関を示したのに対して，正確さの指標の方は，外在化問題行動訳注4 と負の相関を示した。この課題の成績は，親の報告による高潮性／外向性（surgency/extraversion; 衝動性や接近傾向などを反映した気質因子）とも負の相関を示した。

　多くの他の研究においても，子ども達のエフォートフル・コントロールに関する行動的測度は，親や教師の報告による子どものエフォートフル・コントロールの性格特性としての測度との相関が示されている（たとえば，Eisenberg, Smith, et al., 2004; Kochanska, Murray, & Harlan, 2000）。行動の測度でも報告による測度においても，エフォートフル・コントロールの水準の高さは，ネガティブな情動性や問題行動の水準の低さや社会的能力の水準の高さを予測する傾向がある（Eisenberg et al., 2000; Eisenberg, Hofer, & Vaughan, 2007 を見よ）。たとえば，就学前児童のエフォートフルな注意制御に関する大人による評定は，性格特性としてのネガティブな情動性とは負の相関を示し，現実生活の状況におけるネガティブな情動に対する非建設的なコーピングとも負の相関を示した（たとえば，Eisenberg et al., 1993; Eisenberg, Fabes, Nyman, et al., 1994）訳注5。これらの評定はまた，社会的に容認されるような行動を予測し，数年後の問題行動の水準の低さを予測した（たとえば，Eisenberg, Fabes, et al., 1997）。したがって，エフォートフル・コントロールの測度は，情動制御に含まれる自己制御プロセスと関連しているようであり，理論的に予測されるように，子どもたちの社会情動的機能の他の側面ともリンクしているようである。

3. エフォートフル・コントロール，自己制御，そして共感的反応

　先に議論してきたように，Eisenbergとその同僚達（たとえば，Eisenberg, Fabes, Murphy, et al., 1994; Eisenberg et al., 1996）は，同情と個人的苦悩のどちらを経験しやすいかという個人の傾向が，自分自身の情動を制御する個人の能力における性格的違いに依存すると主張している。制御がうまくできている人々は，集中したり注意をシフトさせたりする能力に優れており，情動的反応性の高さにかかわらず同情の方をより経験しやすいと仮定されている。なぜならば，そのような人々は，情動的覚醒の最適水準を維持するよう，自分自身に生じたネガティブな代理的情動を調節することができるからである——最適水準の情動というのは，情動的な影響力をもっており，注意を増強はするものの，自己焦点化を生じるほど嫌悪的になったり，生理的に覚醒したりすることはない。それに対して，自分自身の情動を制御することができない人々は，特

に，強いネガティブな情動を経験しやすい性格の場合には，特性としての同情はより低く，個人的苦悩に陥りやすいと仮定される。

Eisenberg の考えを支持するように，個人的苦悩は，同情と比べて，より高い水準の生理的喚起と結びついていることが明らかになっている（Eisenberg, Valiente, & Champion, 2004; Eisenberg, Fabes, & Spinrad, 2006 のレビューを見よ。また，Eisenberg et al., 1996 を見よ）。さらに，成人の自己報告によるエフォートフル・コントロールの個人差は，高い同情性（または共感性）および低い個人的苦悩と関連している（たとえば，Eisenberg et al., 1996; Rothbart, Ahadi, & Hershey, 1994; Valiente et al., 2004）。このような知見はインドネシアにおいても再現されている（Eisenberg, Liew, & Pidada, 2001）。思春期では，同情はパーソナリティの誠実性（conscientiousness；これは自己制御とも関連している；Del Barrio, Aluja, & García, 2004）や，建設的な対処モード（McWhirter et al., 2002）や，自己報告による自己制御の高さ（たとえば，危険な行動，アルコールやドラッグの使用，窃盗，その他の違法行為リスク行動に参加させようとする仲間からの圧力に抵抗すること），そしてネガティブな情動を管理すること（Bandura et al., 2003）と関連している。

成人では，自己報告による特性的な個人的苦悩は，自己報告によるコーピングスキルの水準の低さと関連していた。これは，友人による報告の場合も同様であった。自己報告による同情[訳注6]と制御との間には，単相関（0 次相関 zero-order correlations）では何も関係が見られなかったが，ネガティブな情動強度の個人差の効果を統制した場合には，正の関連が見られた（Eisenberg, Fabes, Murphy, et al., 1994; 同様の知見がより年齢の高い人々でも報告されている。Okun, Shepard, & Eisenberg, 2000 を見よ）。高齢[訳注7]の参加者を含む別の研究では，自己報告によるエフォートフル・コントロールは同情と正の相関を示し，個人的苦悩とは負の相関を示した（Eisenberg & Okun, 1996）。同様に，成人のコミュニティ・サンプル[訳注8]を対象にした研究では，Spinella（2005）は，前頭前皮質や関連する皮質下構造と連合した行動上の機能不全（つまり，実行機能の障害）に関する自己報告が，自己報告による特性としての視点取得および同情[訳注9]とは逆に相関することを見出した。一方，実行機能の障害と個人的苦悩との間には正の相関が見出された。

したがって，エフォートフル・コントロールに関する様々な測度と，（共感に由来するであろう）同情の個人差との間には，比較的信頼できる関連がある

ようである。それに対して，過剰な共感的喚起の方は，高い喚起と低いエフォートフル・コントロールとが結びついているようである。エフォートフル・コントロールと様々な神経心理学的測度との間に結びつきがあることを考えると，自己制御に含まれる神経学的プロセスは，共感に関連した反応において重要な役割を果たすと思われる。

4. 発達に関する諸問題

　乳幼児のエフォートフル・コントロール（あるいは実行注意）は非常に限られているが，この能力は，生後2年目にはある程度発達し，生後3年の間に著しく進歩して (Kochanska, Murray, & Harlan, 2000; Rueda, Posner, & Rothbart, 2004)，その後も発達し続けることが見出されている（たとえば，Brocki & Bohlin, 2004)。一般的に観察されている，乳幼児の抑制制御の乏しさは，前頭前野が未発達であることが関係していると仮定されている (Kinsbourne, 2002を見よ)。前頭前皮質の有髄化 (myelination)訳注10 は，模倣その他の行動を抑制する手段となるものであり，思春期まで継続する (Fuster, 1997)。さらに，情動や，他者の内的な認知・感情に関する子どもたちの理解は児童期を通して劇的に変化する (Eisenberg, Murphy, & Shepard, 1997; Harris, 2006)。児童期と思春期にわたるこれらの能力の変化を考えると，画像化可能な神経基盤のいくつかは年齢と共に変化していると思われる。たとえば，複数の脳部位のうちのどのような部位が共感に含まれるのかは，年齢によって異なっている可能性がある。抑制制御課題における遂行の神経学的基盤は，6歳のものと成人のものとでは異なっているという証拠がある (Davis et al., 2003)。したがって，年齢の低い個人では，認知と情動の制御に関連した神経活動が少ないというだけではなく，神経パターンそのものが異なっている可能性がある。将来，共感の認知的要素（情動と情動が生じる状況についての理解，つまり視点取得）とその感情的要素の両方において異なっている個人について，共感に関連した課題での神経機能を検討することは有用であるかもしれない。

5. 苦痛・共感・制御・愛着

　苦痛に対する共感というのは，知覚-行為という枠組みの研究でよく見られ

るテーマである。知覚－行為の枠組みでは，他者の動作や体験を知覚することで，知覚者自身の神経基盤が賦活されると仮定されており，共感の発達研究とも密接に関係している可能性がある。たとえば，Botvinick ら (2005) は，成人女性を対象として fMRI を用いて，苦痛の表情を見ることと，苦痛の体験をすることに関与する脳部位を検討した。彼らは，直接の苦痛体験に関与する複数の脳部位が，苦痛の表情を見ることに関与する脳部位と重複すること（特に，前帯状皮質の背側部および両側の島皮質），そしてこれらの脳部位が，他の身体的および感情的状態の処理にも関与することを見出した。Botvinick らは，扁桃体と眼窩前頭皮質が，苦痛の表情を見る場合には関与しているものの，直接苦痛を体験する場合にはそうでないと報告している。彼らは，苦痛によって賦活する脳部位と，苦痛の表出を見ることによって賦活する脳部位とが，重複はするが同一ではないと結論づけている (Botvinick et al., 2005)。その他の研究者は，苦痛を感じる場合と観察する場合の両方で，前帯状皮質と前島皮質が賦活することを見出しており，それらの部位の賦活が，苦痛刺激の感覚的な性質ではなく，苦痛に関連した動機的な性質を反映していると解釈している（たとえば，Jackson, Meltzoff, & Decety, 2005; Singer & Frith, 2005 も見よ）。

　しかしながら，Avenanti らは，モデル人物の特定の筋肉に苦痛が与えられるのを見るのに反応して，同じ筋肉の運動興奮性が減少することを見出した。それは，他者の経験する苦痛に関する視覚的表象と，同じ苦痛の感覚に関する身体運動表象との間のミラー・ニューロン的な結びつきである。Avenanti らは，苦痛に対する共感には，感情的な要素と身体運動的な要素の両方が含まれており，共感には 2 つの形式があると示唆した。単純な形式の方は，おそらく身体的な共鳴（つまり，外部の刺激を自分自身の身体へとマッピングすること）から構成されており，一方，もっと複雑な形式の方は，感情的共鳴から構成されているのであろう。Avenanti らはさらに，これら 2 つの形式が，神経ネットワークの異なるノードで生じるであろうと提案している (Avenanti et al., 2005)。

　Tucker, Luu, and Derryberry (2005) は，共感の発達における苦痛制御の役割について興味深いことを示唆している。彼らは，苦痛の経路が前帯状皮質や眼窩前頭皮質を含む大脳皮質にまで拡がっていることを指摘し，「多くの複雑な形式の自己制御に関わる評価メカニズム[訳注11]というのは，苦痛に対する評価や反応のために進化したメカニズムの拡張部分である (p. 702)」と主張し

ている。彼らはさらに，（苦痛に対して反応する神経系によって仲介される反応である）欲求不満に対する耐性を動物が発達させることについて述べ，事象に関する情動的評価，コンフリクト・モニタリング，エフォートフル・コントロールの使用といったものになぜ前帯状皮質と島皮質とが関与しているのかといったことが，基本的な動機づけやそこに含まれる自己制御によって説明することが可能であるとしている。特に，「大脳化（encephalization；より新たに進化した拡張部分がより古い構造の機能を修正するにつれて，原始的だった神経構造がどのように精緻化されているかを説明する構成概念）」を通して，苦痛を処理する神経系は，学習したり，文脈にしたがって行為を制御したりするための基盤を形成しているのである[訳注12]。

Tucker, Luu, and Derryberry（2005）は，脳内表象において音声化と苦痛とが密接に重なり合っていることを指摘し，「苦痛を処理する神経系の大脳化がどのように，愛着や同情，そして共感の発達と関連しているかを示すよい例である」（p. 704）として，苦痛の評価と音声化との両方において前帯状皮質の果たす役割について示唆している[訳注13]。Tuckerらは，彼らが同情的共鳴と呼んでいるものについても議論している。同情的共鳴とは，他者の情動表示に対する情動反応のことであり，情動感染から，間主観的推論（認知的なもの）のようなもっと複雑な形式にまで及ぶ。彼らは，情動感染もまた苦痛系と神経基盤を共有しており，苦痛に関連した他者の発声と，苦痛や危険とを連合させる学習のための基盤となっているとし，そして，さらなる大脳化に伴って，養育行動に関連した脳内メカニズムが発達し，苦痛の発声を他者の苦痛の表出として認識することを可能にした，と主張した。加えて，他者の福利のために世話をすること（同情）が，情動感染に由来する可能性を示唆した。彼らはさらに，共感には，内臓的反応としての情動感染と身体的感覚運動的な反応としてのミラーリングとを統合し，より複雑な形式の同情的共鳴を体験するための，より意図的な推論プロセスを含む，洗練された知的な働きが含まれていると主張した。この見解では，間主観的推論（この認知プロセスを通して，人は他者の視点・意図・主観的状態を推定することができる）もまた，もっと複雑な形式の代理的反応（つまり共感）を体験するために必要とされるということになる。

Tuckerらの提案したモデルは，愛着プロセスと制御とがどのように互いにリンクし合い，そして共感へとつながるのかを説明している。愛着対象は，乳幼児がネガティブな情動や欲求不満を処理するのを助け，その結果として，共

感や同情に貢献するような自己制御プロセスの発達を促進するのである。

> 子ども達は，安定した愛着関係によって，自己制御のはたらきを発達させるのである。自己制御のはたらきは，再会時や愛着行動時にオピエートを放出するだけでなく，愛情関係が満たされないときの心理学的苦痛をより長く耐えられるようにすることができる。発達初期の関係性において強い絆の体験を構築できなかった子ども達は，その後の関係における同情的苦痛の欲求不満に耐えられるような自己制御の体験を獲得できない可能性がある（Tucker, Luu, & Derryberry, 2005, p. 211）。

Tucker らは，思いやりのある養育もまた，子どもたちの共有された心的表象の発達と，それによる他者の内的状態の理解とを促進すると提案している。

実際，安定的な愛着と思いやりのあるサポーティブな養育は，子どもたちの自己制御の水準の高さ（Eisenberg, Smith, et al., 2004 を見よ）や，他者の情動や内的状態の理解（たとえば，Thompson, 2006 を見よ），そして共感／同情（Eisenberg et al., 2006）と関連している。さらに，養育の質と，子ども達の同情的傾向との間の関係が，エフォートフル・コントロールの能力の個人差によって仲介されるとする予備的な証拠がある（Eisenberg, Liwe, & Pidada, 2001）。したがって，自己制御に関連した脳部位とリンクしている，苦痛システムから進化したこの神経プロセスは，共感やその発達を理解する上で極めて重要であるといえよう。

6. 結論

神経学的基盤に基づく自己制御プロセスが，共感的反応において重要な役割を果たしていることが明らかとなっている。さらに，共感と愛着システムとの間の結びつきは，脳の進化によって説明することが可能である。将来，同情と個人的苦悩の体験に対応した神経基盤を検討することが有益となるであろう。さらに，エフォートフル・コントロールにおける発達的変化と，共感的反応における発達的変化との対応を明らかにすることも有益であろう。最後に，エフォートフル・コントロールとその神経基盤が，社会化に関連した諸変数（たとえば，愛着）と共感的反応との間の関係をどのように仲介するかを検討するこ

とによって，養育や教育といった環境的要因が，共感的に反応する能力に及ぼす影響に関する仮説を検証することができるようになるであろう。

引用文献

Avenanti, A., Bueti, D., Galati, G., & Aglioti, S. M. (2005). Transcranial magnetic stimulation highlights the sensorimotor side of empathy for pain. *Nature Neuroscience*, **8**, 955–960.

Bandura, A., Caprara, G. V., Barbaranelli, C., Gerbino, M., & Pastorelli, C. (2003). Role of affective self-regulatory efficacy in diverse spheres of psychosocial functioning. *Child Development*, **74**, 769–782.

Batson, C. D. (1991). *The altruism question: Toward a social psychological answer.* Hillsdale, NJ: Erlbaum.

Blair, R. J. R. (1999). Responsiveness to distress cues in the child with psychopathic tendencies. *Personality and Individual Differences*, **27**, 135–145.

Botvinick, M., Jha, A. P., Bylsma, L. M., Fabian, S. A., Solomon, P. E., & Prkachin, K. M. (2005). Viewing facial expressions of pain engages cortical areas involved in the direct experience of pain. *NeuroImage*, **25**, 312–319.

Brocki, K. C., & Bohlin, G. (2004). Executive functions in children aged 6 to 12: A dimensional and developmental study. *Developmental Neuropsychology*, **26**, 571–593.

Davis, E. P., Bruce, J., & Gunnar, M. R. (2002). The anterior attention network: Associations with temperament and neuroendocrine activity in 6-year-old children. *Developmental Psychobiology*, **40**, 43–56.

Davis, E. P., Bruce, J., Snyder, K., & Nelson, C. A. (2003). The X-trials: Neural correlates of an inhibitory control task in children and adults. *Journal of Cognitive Neuroscience*, **15**, 432–443.

Decety, J., & Jackson, P. L. (2004). The functional architecture of human empathy. *Behavioral and Cognitive Neuroscience Reviews*, **3**, 71–100.

Del Barrio, V., Aluja, A., & García, L. F. (2004). Relationship between empathy and the Big Five personality traits in a sample of Spanish adolescents. *Social Behavior and Personality*, **32**, 677–682.

De Waal, F. B. M. (2004). On the possibility of animal empathy. In A. S. R. Manstead, N. Frijda, & A. Fischer (Eds.), *Feelings and emotions: The Amsterdam symposium* (pp. 381–401). Cambridge: Cambridge University Press.

Eisenberg, N. (2002). Distinctions among various modes of empathy-related reactions: A matter of importance to human relations. *Behavioral and Brain Sciences*, **25**, 33–34.

Eisenberg, N., & Fabes, R. A. (1990). Empathy: Conceptualization, measurement, and relation to prosocial behavior. *Motivation and Emotion*, **14**, 131–149.

Eisenberg, N., & Fabes, R. A. (1992). Emotion regulation and the development of social competence. In M. S. Clark (Ed.), *Review of personality and social psychology: Vol. 14. Emotion and social behavior* (pp. 119-150). Newbury Park, CA: Sage.

Eisenberg, N., Fabes, R. A., Bernzweig, J., Karbon, M., Poulin, R., & Hanish, L. (1993). The relations of emotionality and regulation to preschoolers' social skills and sociometric status. *Child Development, 64*, 1418-1438.

Eisenberg, N., Fabes, R. A., Guthrie, I. K., & Reiser, M. (2000). Dispositional emotionality and regulation: Their role in predicting quality of social functioning. *Journal of Personality and Social Psychology, 78*, 136-157.

Eisenberg, N., Fabes, R. A., Murphy, B., Karbon, M., Maszk, P., Smith, M., O'Boyle, C., & Suh, K. (1994). The relations of emotionality and regulation to dispositional and situational empathy-related responding. *Journal of Personality and Social Psychology, 66*, 776-797.

Eisenberg, N., Fabes, R. A., Murphy, B., Karbon, M., Smith, M., & Maszk, P. (1996). The relations of children's dispositional empathy-related responding to their emotionality, regulation, and social functioning. *Developmental Psychology, 32*, 195-209.

Eisenberg, N., Fabes, R. A., Nyman, M., Bernzweig, J., & Pinulas, A. (1994). The relations of emotionality and regulation to children's anger-related reactions. *Child Development, 65*, 109-128.

Eisenberg, N., Fabes, R. A., Shepard, S. A., Murphy, B. C., Guthrie, I. K., Jones, S., Friedman, J., Poulin, R., & Maszk, P. (1997). Contemporaneous and longitudinal prediction of children's social functioning from regulation and emotionality. *Child Development, 68*, 642-664.

Eisenberg, N., Fabes, R. A., & Spinrad, T. L. (2006). Prosocial development. In N. Eisenberg (Vol. Ed.) and W. Damon & R. M. Lerner (Series Eds.), *Handbook of child psychology: Vol. 3. Social, emotional, personality development* (6th ed., pp. 646-718). Hoboken, NJ: Wiley.

Eisenberg, N., Hofer, C., & Vaughan, J. (2007). Effortful control and its socioemotional consequences. In J. J. Gross (Ed.), *Handbook of emotion regulation*. New York: Guilford Press.

Eisenberg, N., Liew, J., & Pidada, S. (2001). The relations of parental emotional expressivity with the quality of Indonesian children's social functioning. *Emotion, 1*, 107-115.

Eisenberg, N., Murphy, B., & Shepard, S. (1997). The development of empathic accuracy. In W. Ickes (Ed.), *Empathic accuracy* (pp. 73-116). New York: Guilford Press.

Eisenberg, N., & Okun, M. (1996). The relations of dispositional regulation and emotionality to elders' empathy-related responding and affect while volunteering. *Journal of Personality, 64*, 157-183.

Eisenberg, N., Shea, C. L., Carlo, G., & Knight, G. P. (1991). Empathy-related responding and cognition: A "chicken and the egg" dilemma. In W. M. Kurtines (Ed.), *Handbook of moral behavior and development: Vol. 2. Research* (pp. 63-88). Hillsdale, NJ: Erlbaum.

Eisenberg, N., Smith, C. L., Sadovsky, A., & Spinrad, T. L. (2004). Effortful control:

Relations with emotion regulation, adjustment, and socialization in childhood. In R. F. Baumeister & K. D. Vohs (Eds.), *Handbook of self-regulation: Research, theory, and applications* (pp. 259-282). New York: Guilford Press.

Eisenberg, N., & Strayer, J. (1987). Critical issues in the study of empathy. In N. Eisenberg & J. Strayer (Eds.), *Empathy and its development* (pp. 3-31). Cambridge: Cambridge University Press.

Eisenberg, N., Valiente, C., & Champion, C. (2004). Empathy-related responding: Moral, social, and socialization correlates. In A. G. Miller (Ed.), *The social psychology of good and evil: Understanding our capacity for kindness and cruelty* (pp. 386-415). New York: Guilford Press.

Fan, J., Fossella, J., Sommer, T., Wu, Y., & Posner, M. I. (2003). Mapping the genetic variation of executive attention onto brain activity. *Proceedings of the National Academy of Science*, **100**, 7406-7411.

Fan, J., McCandliss, B. D., Fossella, J., Flombaum, J. I., & Posner, M. I. (2005). The activation of attentional networks. *NeuroImage*, **26**, 471-479.

Fuster, J. M. (1997). *The prefrontal cortex*. Philadelphia: Lippincott, Raven.

Gallese, V., Ferrari, P. F., & Umiltà, M. A. (2002). The mirror matching system: A shared manifold for intersubjectivity. *Behavioral and Brain Sciences*, **25**, 35-36.

Grèzes, J., & Decety, J. (2001). Functional anatomy of execution, mental simulation, observation, and verb generation of actions: A meta-analysis. *Human Brain Mapping*, **12**, 1-19.

Harris, P. L. (2006). Social cognition. In D. Kuhn & R. S. Siegler (Vol. Eds.) and W. Damon & R. M. Lerner (Series Eds.), *Handbook of child psychology: Vol. 2. Cognition, perception, and language* (6th ed., pp. 811-858). Hoboken, NJ: Wiley.

Hauser, M. D. (2000). *Wild minds: What animals really think*. New York: Holt.

Hoffman, M. L. (2000). *Empathy and moral development: Implications for caring and justice*. New York: Cambridge University Press. ［ホフマン，M. L.（著）菊池章夫・二宮克美（訳）(2001). 共感と道徳性の発達心理学．川島書店．］

Jackson, P. L., & Decety, J. (2004). Motor cognition: A new paradigm to study self-other interactions. *Current Opinion in Neurobiology*, **14**, 259-263.

Jackson, P. L., Meltzoff, A. N., & Decety, J. (2005). How do we perceive the pain of others? A window into the neural processes involved in empathy. *NeuroImage*, **24**, 771-779.

Keenan, J. P., Gallup, G. C., & Falk, D. (2003). *The face in the mirror: The search for the origins of consciousness*. New York: HarperCollins.

Kinsbourne, M. (2002). The role of imitation in body ownership and mental growth. In A. N. Meltzoff & W. Prinz (Eds.), *The imitative mind: Development, evolution, and brain bases* (pp. 311-330). New York: Cambridge University Press.

Kochanska, G., Murray, K. T., & Harlan, E. T. (2000). Effortful control in early childhood: Continuity and change, antecedents, and implications for social development. *Developmental Psychology*, **36**, 220-232.

McWhirter, B. T., Besett-Alesch, T. M., Horibata, J., & Gat, I. (2002). Loneliness in

high risk adolescents: The role of coping, self-esteem, and empathy. *Journal of Youth Studies*, 5, 69–84.
Ochsner, K. N., Bunge, S. A., Gross, J. J., & Gabrieli, J. D. E. (2002). Rethinking feelings: An fMRI study of the cognitive regulation of emotion. *Journal of Cognitive Neuroscience*, 14, 1215–1229.
Okun, M. A., Shepard, S. A., & Eisenberg, N. (2000). The relations of emotionality and regulation to dispositional empathy-related responding among volunteers-in-training. *Personality and Individual Differences*, 28, 367–382.
Posner, M. I., & Rothbart, M. K. (2000). Developing mechanisms of self-regulation. *Development and Psychopathology*, 12, 427–441.
Posner, M. I., & Rothbart, M. K. (2007). *Educating the human brain*. Washington, DC: American Psychological Association. [ポズナー, M., ロスバート, M. K. (著) 近藤隆文 (訳) (2012). 脳を教育する. 青灯社.]
Preston, S. D., & de Waal, F. B. M. (2002). The communication of emotions and the possibility of empathy in animals. In S. G. Post, L. G. Underwood, J. P. Schloss, & W. B. Hurlbut (Eds.), *Altruism and altruistic love: Science, philosophy, and religion in dialogue* (pp. 284–308). New York: Oxford University Press.
Rizzolatti, G., Fogassi, L., & Gallese, V. (2001). Neurophysiological mechanisms underlying the understanding and imitation of action. *Nature Reviews Neuroscience*, 2, 661–670.
Rothbart, M. K., Ahadi, S. A., & Hershey, K. L. (1994). Temperament and social behavior in childhood. *Merrill-Palmer Quarterly*, 40, 21–39.
Rothbart, M. K., & Bates, J. E. (2006). Temperament. In W. Damon & R. M. Lerner (Eds.), *Handbook of child psychology: Vol. 3. Social, emotional, and personality development* (6th ed., pp. 99–166). Hoboken, NJ: Wiley.
Rueda, M. R., Posner, M. I., & Rothbart, M. K. (2004). Attentional control and self-regulation. In R. F. Baumeister & K. D. Vohs (Eds.), *Handbook of self-regulation: Research, theory, and applications* (pp. 283–300). New York: Guilford Press.
Singer, T., & Frith, C. (2005). The painful side of empathy: Comment. *Nature Neuroscience*, 8, 845–846.
Spinella, M. (2005). Prefrontal substrates of empathy: Psychometric evidence in a community sample. *Biological Psychology*, 70, 175–181.
Thompson, R. A. (2006). The development of the person: Social understanding, relationships, conscience, self. In W. Damon & R. M. Lerner (Eds.), *Handbook of child psychology: Vol. 3. Social, emotional, and personality development* (6th ed., pp. 24–98). Hoboken, NJ: Wiley.
Tucker, D. M., Luu, P., & Derryberry, D. (2005). Love hurts: The evolution of empathic concern through the encephalization of nociceptive capacity. *Development and Psychopathology*, 17, 699–713.
Valiente, C., Eisenberg, N., Fabes, R. A., Shepard, S. A., Cumberland, A., & Losoya, S. H. (2004). Prediction of children's empathy-related responding from their effortful control and parents' expressivity. *Developmental Psychology*, 40, 911–926.

Zahn-Waxler, C., Radke-Yarrow, M., & King, R. A. (1979). Child-rearing and children's prosocial initiations toward victims of distress. *Child Development*, 50, 319-330.

■訳注■

1 Posner and Peterson (1990) は，注意を3つの下位システム（「定位」・「検出」・「維持」）に分類し，「定位」の神経基盤を「後部注意システム（視覚系単語形状領域とつながりのある後頭葉の背側視覚経路にある視空間注意システムを含む）」と呼び，ターゲットの「検出」のための神経基盤を「前部注意システム（前帯状皮質を含む）」と呼んだ。
 原文中には，「see Posner & Rothbart, 2000; see also Rothbart & Bates, 2006」と書かれているが，Posner & Rothbart (2000) にも Rothbart & Bates (2006) にも，「anterior attention system」という表現は出てこない。

2 心理学の調査研究において，言語的に表現された項目に基づいて特定の行動や性格特性を評価・測定する際には，質問紙を用いて本人が自分自身の行動・特性について回答する場合が多い。しかしながら，未就学児のように，言語理解や自己認識の能力が限られているような低年齢の子どもを対象とする場合には，対象となる児童のことをよく知っている大人（その児童の両親や教師など）が，その児童の行動や特性を評価するという手段が用いられることがある。

3 Davis ら（2002）は，5～6歳の幼稚園児を対象に，Kochanska ら（1996）で用いられた2種類の満足遅延課題（ディンキー・トイ課題とギフト課題）を行っている。いずれの課題でも子ども達は景品をもらえることになっている。ディンキー・トイ課題では，子ども達は，プラスチックの箱の中から好きな景品を1つえらぶことができるが，その際に，両手を膝の上に置いたままで，景品に触ったり指さしたりしないように教示される。教示に反して触ったり指差したりしたかどうか，あるいは触れるまでの時間が従属変数とされる。ギフト課題では，子どもの背後で実験者が景品をラッピングしている（1分間）が，子ども達は決して覗いたりしないようにと教示される。実験者は「リボンをとりにいくが決して覗き見しないように」と言って部屋を一時的に離れる（2分間）。その間に，景品の方を振り返ったりしたかどうかが従属変数とされる。

4 Davis ら（2002）は，「社会的スキル評定システム」（SSRS; Flanagan, Alfonso, Primavera, Povall, & Higgins, 1996）を用いて，親の報告を通して子ども達の行動上の問題を測定している。「外在化問題行動」には，他者や物に対する攻撃的・破壊的行動などが含まれ，不安や抑うつなどの「内面化問題行動」とは区別される。

5 Eisenberg ら（1994）は，就学前児童を観察して，怒りに対する反応を「言葉で反対する（たとえば，「それは僕のだ」「次は僕の番だ」など）」，「感情の爆発（泣き叫ぶ，足を踏みならす，など）」，「身体的な報復（怒りの原因となっている子や他の子に対して身体的に攻撃したりする）」，などに分類している。分析の際には，「言葉での反対」を建設的なコーピングとし，「感情の爆発（venting）」と「身体的な報復（physical retaliation）」をまとめて非建設的なコーピングとしている。

6 Eisenberg, Fabes, et al., (1994) では，対人反応性指標（IRI; Davis, 1983）の下位尺度である「共感的配慮（Empathic Concern）」を「同情」の測度として用いている。

7 Eisenberg & Okun（1996）によると，参加者の年齢は，平均75歳。

8 「コミュニティ・サンプル」とは，地域社会からランダムに選ばれた一般的な標本のこと。

心理学の調査研究では大学生など限定された母集団からの標本を対象に行われることが多いが，特別な基準を設けずに地域住民からの標本を対象に調査を行うことで，標本をより一般的な母集団の代表と見なすことができる．

9 Spinella（2005）では，対人反応性指標（IRI; Davis, 1983）を使用しており，その下位尺度である「共感的配慮（Empathic Concern）」を「情動的共感」と呼んでいるが，本章では，それを「同情（sympathy）」としていると思われる．

10 ニューロンの軸索が，髄鞘とよばれるグリア細胞の膜によって取り巻かれることを有髄化という．有髄化することによって活動電位の伝導速度が速くなる．有髄化の程度は生物によって，また人間の場合でも神経路によって異なる．「髄鞘化」や「髄鞘形成」とも呼ばれる．

11 たとえ嫌悪的な刺激であったとしても，それが将来的に報酬につながる場合には，その刺激を回避せずに，受容したり，自らアプローチする方が適応的となる可能性がある（あるいは逆に報酬的な刺激に対してすぐに接近しないほうが望ましい結果につながる場合もありうる）．このように，将来的な予測に基づいて自らを制御するためには，刺激に対して反射的に反応するのではなく，自らがおかれている状況の文脈に基づいて刺激対象を評価する必要がある．このように，自己制御に関連した評価を行うためのメカニズムをここでは指していると思われる．

12 Tuckerらは，部分強化に関するAmsellの理論を引用し，部分強化スケジュールにおかれた動物が，期待された報酬が与えられないという欲求不満事態に直面しながらも，自発的な努力を続けることを学習できることについて言及している．期待された報酬が与えられないというコンフリクトの監視や，自発的な努力（エフォートフル・コントロール）といったものが，欲求不満という嫌悪刺激や，基本的な動機づけ（報酬に対する欲求）と密接に関係していること，そして，嫌悪刺激に対して単純で反射的な忌避反応をするだけでなく，欲求不満耐性を発達させたり柔軟な反応をすることが，大脳化によって実現されていることを示唆している．

13 ここでいう音声化（vocalization）というのは，鳥類や哺乳類の幼体が母親とはぐれたときに出す鳴き声について考えるとわかりやすい．このような鳴き声は，愛着と関連した社会的苦痛と密接に関係している．また，Tuckerは，人間の音声が純粋に言語的なものと感情的なものに分けられるのに対して，人間以外の霊長類の音声が感情的なもののみであることを指摘し，霊長類の音声化における前帯状皮質の役割について言及している．

第7章　共感と教育

ノーマ・ディーチ・フェッシュバック
セイモア・フェッシュバック

　子ども達の属性の1つである共感は，教育プロセスや教育成果と密接に関連していることが明らかとなっている。歴史的にみると，共感に関する教育者の関心は主に，教師の共感性に向けられてきた。我々自身の研究は，生徒の共感性に関するものであり，それが本章の中心的なテーマとなっているとはいえ，我々はまた，教師の共感に関する研究についても関心がある。

　教師の共感に関する研究は，治療プロセスに対するカール・ロジャーズのアプローチの影響を反映している（Carkhuff & Berenson, 1967）。教育分野においては，教師はセラピストまたはカウンセラーに，生徒はクライエントに類似したものと見なされている。なぜ教師の共感を強調するかといえば，その背景には，教師による共感的なコミュニケーションが結果的に，生徒達により大きな理解と受容を体験させることになり，そのことによって，生徒達が自分達自身や学校に通うことに対する，よりポジティブな態度を促進することになる，という仮定があるからである。

　それに対して，共感と教育との関連性に関する最近の関心は，学習者である生徒と教育プロセスの問題へとシフトしてきた。この研究は，共感の質と，生徒同士の社会的行動や学業成績との関連性の問題について扱っている。共感アプローチから引き出された原理に基づいた教育的修正による貢献の可能性についても，最近の研究では扱われている。

　現在のアプローチでは，共感とは，ある個人の感情をもう1人の個人が体験するという，2人の個人の間の社会的相互作用であると見なされている。この共有された感情は，観察者と被観察者の間のある程度の感情の一致を反映しているが，完全に同一というわけではない。共感のプロセスは現在のところ，認知的要因と感情的要因の両方に依存する，つまり，年齢やその他の個人的要因，

そして場面状況や文脈に伴って変動する特定の要因の影響を受けると考えられている。Feshbach (1975, 1978) によって提案されたモデルでは，3つの能力が強調されている。その3つとは，他者の感情状態を識別する認知能力，他者の視点や役割から物事を考えるという熟達した認知能力，そして，適切な方法で情動を体験する感情能力である。Hoffmanの発達的モデルにも同様に，3つの構成要素――認知的・感情的・動機的――が含まれており，利他的行動の動機づけとして，他者の苦悩に対する共感的反応性に焦点があてられている (Hoffman, 1982, 1983)。

1. 共感の諸機能

共感の諸機能に関する研究には，定義に関する懸念，方法論的問題，理論的な論争といった問題がずっとつきまとっている。しかしながら，共感が担っている役割が重要な変数であるという点については，――多くの学問領域や特に教育の分野にとって，理論的考察や経験的研究を行う価値があるということは――確立されており，今では非常に多くの機能が共感プロセスによるものとされている。子ども達にとって共感が担っている役割の範囲には，社会的理解，情動的能力，向社会的および道徳的行動，思いやりと気遣い，攻撃性やその他の反社会的行動の制御，といったものが含まれる。共感というのは，こうした個人的能力や対人的能力と同じというわけではないし，社会的能力や向社会的行動を自動的に生み出す魔法の万能薬でもない，ということは強調しておくべきであろう。しかしながら，学校生活において重要となる，このような認知的および感情的行動を支える様々な発達的変数の中でも，共感は，非常に重要な要因である。

向社会的行動

共感の機能を扱っている研究者達が主に関心を抱いているのが，向社会的行動における共感の役割である。共感と向社会的行動（たとえば，協力行動，共有，寄付，その他の利他的行為）との関連を調べている研究では一般的に，特に成人において，肯定的な知見が得られている (Batson, 1991)。確かに，共感と向社会的行動との間の関係が肯定的であることは見出されているものの (Findlay, Girardi, & Coplan, 2006; Warden & Mackinnon, 2003; Zahn-Waxler et al., 1992),

子ども達における共感と向社会的行動との間の関係は，共感の測定方法や，扱われている向社会的行動，標本の年齢，扱われている状況そのものによって大きく変動する可能性がある（Eisenberg & Miller, 1987; Feshbach, 1998）。共感と協力行動との間の関係を扱った調査や，共感の訓練を扱った研究では，もっと一貫した肯定的な結果が得られている（Feshbach et al., 1984）。

攻撃性

共感性と攻撃性とが互いに逆の関係になっているということについては，特に男性の場合には，それを支持する研究知見がある（S. Feshbach & N. D. Feshbach, 1969; N. D. Feshbach & S. Feshbach, 1982, 1998; Björkqvist, Österman, & Kaukiainen, 2000; Miller & Eisenberg, 1988）。年齢の低い子どもに関する知見はまちまちであるが，高学年の児童や思春期の場合には，比較的一貫している（Lovett & Sheffield, 2007）。

共感に関する認知と感情の3要素モデル（3成分モデル）で示唆されているメカニズムによって，共感的な子どものほうが，共感的でない子どもに比べて，低い攻撃性と多くの向社会的行動を示すことが予測される。他者の抱いている感情を区別してラベルづけする能力は，社会的な葛藤場面で他者の欲求を考慮に入れるための必要条件であるし，他者の視点から葛藤状況を検討する高度な認知的スキルは，葛藤を減らすことにつながるはずである。

そして，共感の第3の要素である，感情的反応性は，攻撃性の制御と特に関連している。攻撃性には，苦痛と苦悩を引き起こすような危害を加えるという意味が含まれている。苦痛と苦悩を観察することは，共感的な観察者に苦悩を生じさせるはずである。たとえ観察者自身がその攻撃の原因であったとしても，そうなるはずである。共感によるこの抑制効果は，道具的攻撃行動[訳注1]に対しても，怒りによる攻撃行動に対しても適用される。共感と向社会的行動との関係と，共感と攻撃行動との関係とが異なっているのは，1つには，それらを仲介するプロセスの性質である。共感から攻撃性への影響というのは，ただそれを抑制するだけであり，それ以外の反応は必要とされない。しかしながら，共感的な子どもが向社会的行動を起こすためには，その向社会的反応が，その子どもの行動レパートリーに含まれていなければならないし，なおかつ，その状況でその行動が生じる必要がある。したがって，共感の訓練というのが，向社会的反応を育成することを意味しているのだとしたら，その訓練には特定の

向社会的行動を行うための訓練が含まれている必要があることになる。

社会的偏見

　人種や民族に対する偏見——教育目標とは正反対の態度——もまた，共感の影響を受けることが期待される。共感的な人は，種々の民族集団に属する人々の視点や感情を理解し，正しく認識しているように思われる。「他者」の感情についての理解と感情の共有が大きいほど，偏見や争いは少なくなり，よりポジティブな社会的交渉をするようになるはずである。Doyle and Aboud (1995) の研究では，共感の要素の1つである役割取得で最も上達した子ども達が，社会的偏見を最も減少させることが示された。Stephan and Finley (1999) は，「ジグソー学級」（互いに異なる情報をもつ生徒達が問題解決のために協力する）や葛藤解決ワークショップのような多様なアプローチを通して，共感が，直接的または間接的に，社会的な争いや社会的偏見の減少に関係することを指摘している。

学業成績と情動知能

　向社会的行動，攻撃性，社会的な寛容さにおける共感の役割というのは，学校教育で促進しようとしている社会的行動に関連している。このような性格に関連した行動は，それ自体が教育者にとって重要な目標であるだけでなく，教室における学習に間接的に影響を及ぼす要因でもある。しかしながら，共感が学業成績に対して，もっと直接的な効果をもつことを示す文献が増えてきている。特に，読解（reading）・文学（literature）・社会科（social studies）の教科の学習は，共感によって促進されるはずである。なぜならば，共感的な子どもは，架空の物語や歴史書のなかで描かれている中心的人物の役割に自分自身を置くことが得意だからである。共感的な子どもは，これらの物語や歴史上の人物の役割や視点を理解するのが得意なだけでなく，そのような人物の感情を共有・体験することにも優れている。このような感情の共有は，その子ども達が読んだり教えられたりした内容を強調すると同時にそれらを強化することになり，結果的に優れた記憶にもつながる。また，多くの教育者達は，共感性が読書によっても向上・強化されるという，読書のプロセスと共感との間に相互関係があることを示唆している（Budin, 2001; Cress & Holm, 2000）。

　感情的プロセスと学業成績との間の関係を調査した短期間の縦断的調査では，

女児において，8〜9歳時点での共感性と，10〜11歳時点での読解および書取能力との間に正の相関のあることが見出されている（Feshbach & Feshbach, 1987）。中学生を対象とした研究では，共感性の指標と学校の平均評定値との間に正の相関関係が観察された（Bonner & Aspy, 1984）。また，共感を増進し「おもいやりのあるコミュニティ」を創設するように計画されたプログラムに生徒達を参加させた学校は，対照群の学校と比べて，高次の読解力に関する測度（物語や詩の感想文）で高い得点を得た（Kohn, 1991）。共感性と学業成績との間の正の関係を反映した相関は，共感訓練の結果，学業成績が向上することを示した2つの実験研究の知見によって支持されている（Feshbach et al., 1984; Feshbach & Konrad, 2001）。

　共感はまた，情動知能または社会的知能に含まれる重要な構成要素の1つとして概念化されている（Salovey & Gruel, 2005）。情動知能および社会的知能は，一般的に，認知的な成績にではなく，社会および労働状況における個人の有能さに貢献するものと見なされている（Zeidner, Roberts, & Mathews, 2002）。共感と，情動知能・社会的知能という構成概念との間には重複はあるものの，後者は，あくまでも情動的知識の効果的な使用や社会的技能や社会的能力に焦点をあてたものであり，共感とは区別すべきであろう。

2. 教師のための共感性の訓練

　先に述べたように，教師の共感に関する研究の多くは，主に，クライエント中心療法および人間の発達と成長に関するロジャーズ派のモデルを拠り所としてきた。共感に関するこのモデルには，2つの中心的な要素がある。それは，(1)他者の感情や視点を理解し同定する能力，そして(2)その理解を，共感対象である相手へと伝える能力である。教師の共感へのアプローチが，子ども達の共感に関する研究と異なっているのは，教師の共感では，コミュニケーションの役割の重要性が強調されている点である。生徒を理解することは，必要ではあるがそれだけでは十分ではない。教師の共感にとっても最も重要なことは，教師と生徒との相互作用にある。生徒達がどう感じているかについての理解を生徒達に伝えることを通して，生徒達はより大きな受容を体験することが仮定されているのである。クライエントがカウンセラーやセラピーの状況に対して愛着を発達させるのとちょうど同じように，教師からの共感的なコミュニケーシ

ョンを体験する生徒達が教師や学校教育に対する愛着を発達させると考えられている（Carkhuff & Berenson, 1967）。クライエントがセラピーの体験に反応してより大きな自己受容を発達させるように，生徒達の自尊感情もまた，共感的な教師に反応して増大するはずである。

多くの相関研究の結果は，このような理論的な予測と一致している。教師の共感性と学業成績の指標との間の正の相関関係が，小学3年生（Aspy, 1971）と大学生（Chang, Berger, & Chang, 1981）を対象とした調査で見出されている。教師の共感性が，生徒の態度にポジティブな影響を与えるという証拠もある。引っ込み思案な生徒達に対する教師の共感性は，中学生の仲間達が示す，教室内の引っ込み思案な生徒に対する受容と相関する（Chang, 2003）。

教師の共感性に関する文献の多くは，教師の共感性を向上させる方法の研究に焦点を当てている。人間関係の訓練（Higgins, Moracco, & Danford, 1981）や対人コミュニケーション・スキルの開発（Warner, 1984）から，ロールプレイング（Kelly, Reavis, & Latham, 1977），道徳的ジレンマについての討論（Black & Phillips, 1982），積極的傾聴（active listening）や感情の同定に関する講義や教材（Kremer & Dietzen, 1991）に至るまで，多種多様な技法に，教師や教育実習生の共感性を向上させる効果のあることが見出されている。教師の教育に関する文献は，民族的に多様な生徒達からなる集団における教師の共感性の重要性を指摘している（Redman, 1977）。

教育プログラムの多くには，様々な効果をもつ複雑で多面的な複数の手法が含まれているために，訓練に含まれるどの特定の要素が共感性の向上に結びついているかを特定することは困難である。これらの研究に最も必要とされるのは，教師の共感性を実験的に向上させることが，教室内の生徒の行動や成績につながるかどうかを調べることである。たとえば，人間関係と社会的理解について教師達を訓練した結果，その学級の生徒のネガティブな行動が減少したという Harbach and Asbury（1976）の知見がその例である。また，共感性の向上を意図した要素を含む訓練に参加した教師達の学級環境における改善を見出した，Sinclair and Fraser（2002）による研究も同様に重要である。教師の共感性と生徒達の成績と関連性に関するこれらの相関的な知見を強化するためにも，共感を直接対象とした実験的研究が必要である。

3. 生徒達の共感性を育む

　共感性の発達に関する個体発生のパターンはまだ明らかにされていないものの，現在のところ，共感が学習可能なものであり，したがって，共感を教育・訓練することが可能であるということが一般に受け入れられている。何らかの形で共感を扱っているプログラムや研究には，性別・人種・文化的背景などの異なる多様な母集団が含まれている。就学前や小学児童から高校生や大学生まで，広い年齢幅が調査対象となっている。

様々なアプローチ
　この種の調査は2つの主要なカテゴリーにグループ分けすることができる。1つは，共感性を増大させる方法や技法を対象とした研究またはプログラムである。その根底には，共感性が向上することで成長や学習にとって良い結果がもたらされるであろうという含意がある。もう1つは，やはり共感性を直接訓練するものであるが，訓練による，認知・感情・行動・学業の領域での教育的な結果のほうに方向づけられたプログラムである。
　こうしたシステマティックなアプローチの他に，もっと非公式ではあるが，教室内での共感を刺激する体験の使用について言及されているのを雑誌や新聞記事で見ることができる。たとえば，異なる社会経済的背景の仲間と触れあうこと，貧困について学ぶこと，ホロコーストについて学ぶこと，病院を訪れること，ホームレスの一時宿泊施設で過ごすこと，恵まれない人々を援助する活動に参加することなどである。
　残念ながら，このような，おそらく共感性を向上させると思われる諸活動については，特定の結果やそこに参加した生徒の厳密な母集団を確認することは難しい。また，文献のなかには，共感を刺激するためのツールとして，文学作品（Budin, 2001），芸術（Stout, 1999），歴史（Davis, Yeager, & Foster, 2001）を使用することを推奨する論文を数多く見ることができる。
　第1のタイプの研究，つまり，共感性を促進するために様々な手続きを用いるような研究では，自分自身や他者の情動状態を認識するように訓練した場合に，大学生の共感的スキルが向上するという証拠が蓄積されている（Kremer & Dietzen, 1991）。さらに，自己と他者の類似性が強調される場合に共感性が

増大することを多くの研究が示している（Brehm, Fletcher, & West, 1981）役割取得またはロールプレイングのような，現実の人物・架空の人物・歴史上の人物の役割を演じる活動は，長年用いられてきた教育手法であるが，感情的共感と認知的共感の両方を増大させるのに非常に効果的なようである（Barak, Engle, Katzir, & Fisher, 1987; Feshbach, Feshbach, Fauvre, & Ballard-Campbell, 1984; Underwood & Moore, 1982）。また，他者の視点からものを見る能力である，視点取得の訓練は，もう1つの伝統的な教育手法であり，やはり共感性のレベルを増大させる（Feshbach et al., 1984; Feshbach & Konrad, 2001; Pecukonis, 1990）。訓練で用いられる材料の内容もまた1つの要因であり，子どもでも成人でも，不快な感情を伴うような内容に対して，特に反応的で共感的である。不幸を観察することは，明らかに共感を生じさせる（Barnett et al., 1982; Perry, Bussey, & Freiberg, 1981）。他者の行動をモデリングすることは，学習における重要なメカニズムであるが，これもまた共感の発達に影響を及ぼすもう1つの要因である（Kohn, 1991; Kremer, & Dietzen, 1991）。

興味深いことに，音楽の教育訓練もまた共感的反応を生じさせる。歌唱・楽器演奏・音楽聴取・共感に関する歌詞の聴取などの多様な音楽活動を含む12時間のプログラムに参加した，フィンランドの保育園の子ども達は，共感と向社会的行動の増大を示した（Hietolahti-Ansten & Kalliopuska, 1991; Kalliopuska & Ruokonen, 1993）。多くの協力行動学習がそうであるように，クロスエイジ・チュータリング（cross-age tutoring）訳注2 もまた，共感の発達を刺激する教育手法である（Aronson & Patnoe, 1997; Yogev & Ronen, 1982）。協力行動の学習カリキュラムには，グループ学習や相互信頼が含まれており，Aronson and Patnoe は，問題解決のためのグループ作業によって共感が刺激されることが，生徒の成績を向上させる要因になっていると考えている。「Settle Conflicts Right Now（ケンカを今すぐ解決）」と呼ばれる別のプログラム（Osier & Fox, 2001）では，共感を刺激するために作文や描画を用いている。混乱した感情の爆発を問題解決へと置き換えていくことによって，子ども達は積極的に他者の感情に関わっていき，より共感的になっていくのである。

効 果

現在，共感が教育可能であることを示す研究は数多くあるものの，教育に関連した社会的行動や認知的行動に共感が及ぼす効果という重要な問題に関して

は，あまり徹底的には調べられていない。しかしながら，共感の訓練が生徒のその他の行動に及ぼす影響を直接評価している研究やプログラムが数多く存在している。

　ここでは，教育的文脈における共感の訓練が及ぼす社会的・認知的な効果について扱った研究を紹介する。Lizarragaら（2003）は，共感訓練が自己制御（self-regulation）や自己統制（self-control）に及ぼす効果について扱っている。このような属性は，共感性が教育に及ぼす影響に関する分析には通常含まれていないものである。共感訓練を行った群では，自己制御・自己統制・自己主張性・共感における有意な増加が見出されている。ここで用いられた介入は複雑であり，これらの効果の原因を共感のみに帰することはできないが，共感性と，情動や行動の自己制御との間に示唆されている理論的関連性は興味深い。「セカンド・ステップ」とよばれる，1986年以降アメリカ合衆国とカナダで広く用いられている教育プログラムでは，暴力防止カリキュラムの一部として共感性が組み込まれている（Frey et al., 2005）。共感の3要素——自己と他者の感情の認知，他者の視点の考慮，他者への情動的な反応——が，セカンド・ステップ・カリキュラムの最初の単位の中心となっている。

　「ケアについて学ぶカリキュラム」（Feshbach et al., 1984）は，小学生児童のためにデザインされたものであり，先述した共感モデル（Feshbach, 1975, 1978）の3要素のうちの1つ以上と体系的に関連した活動から構成されている。これらの活動には，問題解決ゲーム，読み聞かせ，録音テープやビデオ録画の作成，グループ・ディスカッションが含まれている。「ケアについて学ぶカリキュラム」に参加した子ども達は，攻撃性が減り，よりポジティブで社会的な行動を示すようになり，よりポジティブな自己概念を表し，学業成績の有意な向上を示した。その後の研究では，共感的介入の社会的な目的を拡張し（Feshbach & Konrad, 2001），実験室から教室へと場所を移した（Feshbach & Rose, 1990）。このアプローチは，児童における社会的偏見の問題や攻撃行動にまで拡張された（Feshbach & Feshbach, 1998）。

　「市民カリキュラム（Citizen Curriculum）」は，9歳から14歳までの小中学校の児童生徒のために開発された，ポジティブな関係構築を目標とした，活動ベースの教師ガイドである。この教育プログラムの第1の焦点は，忍耐力・共感性・協力行動を増進することである。児童生徒達は，一連の相互作用的なワークショップでロールプレイを行い，ワークショップのなかで呈示される様々

な問題について，検討・討論・問題解決を行う（Hammond, 2006）。

　忍耐力を高め偏見を減らすことを目的として共感を促進・訓練することは，理に適った取り組みと言えるだろう。障害となる可能性があるすれば，すでに詰め込まれすぎている授業日程のなかにさらにもう1つの教育プログラムを実行するという問題である。可能な解決方法は，共感を向上させるような手続きを，教室の通常カリキュラムの一部として統合することである。以下に示す研究では，学校の文脈に，共感を統合していくための包括的で実行可能な方法が提案されている。

カリキュラム変換プロジェクト

　カリキュラム変換プロジェクトは，攻撃性や社会的偏見といった問題に対して共感訓練を適用しようという1つの取り組みである。第1のステップは，異なる民族的文化的背景をもつ子ども達に対する生徒達の理解とポジティブな態度の発達とを向上させることを目的として，通常カリキュラムの教授法を変換するための原則を開発することであった。同時に，このカリキュラム変換アプローチでは，カリキュラム内容を生徒が身につけることを促進することも意図されている。社会科，文学，作文，芸術といった科目の通常の授業カリキュラムの教示に適用するために，7つの一般的な変換原則が開発された。これらの原則は，本章の付録に掲載してある。

　これらの原則に基づくカリキュラム変換プログラムが，主にアフリカ系アメリカ人とラテンアメリカ系の生徒のいる，7年生と8年生の社会科の授業に8週間組み込まれた（Feshbach & Konrad, 2001）。このプログラムを8週間実施した後，このカリキュラム変換を適用したクラスの生徒達は，成績と向社会的行動がより高く，攻撃性がより低く評価された。一方，共感と社会的偏見における変化は，すべてのグループでわずかであり，社会的偏見については，結果にはばらつきがあった。民族ステレオタイプや偏見に関する教室内の議論が，一時的にせよ，一部の生徒達に対してはより大きな民族的偏見を引き起こしてしまう可能性がある。

4．結論，そして将来の方向性

　共感に関する研究は，共感が学習や社会的行動を向上させる可能性があると

いう観点から，共感プロセスの理解が子ども達の教育に重要な貢献を果たすことを示唆している。共感は，幼稚園児から大人の教師に至るまで幅広い年齢にわたって，体系的な訓練を通して育成することが可能である。しかしながら，共感の教育上の可能性の完全な理解に至るためには，数多くの研究上の空白と課題が残されている。

　教師と生徒の共感性を向上させるために，多くの異なる手続きが用いられてきたが，体系的な研究と分析によって，どの介入が最も効果的なのか，そして，介入に含まれるどの要素が最も効果的なのか，といったことを確認するという課題が残されている。ミラー・ニューロンの研究といった認知神経科学における進歩は，共感の諸特性に関するより明確な理解をもたらすであろう。教師の共感性に関する研究において共感を定義・測定する方法は，生徒達の共感に関する多くの研究で共感を査定する方法とは異なっている。共感に関する膨大な数の次元と多種多様な定義のために，共感の査定には多次元的な測度が必要であろう。

　教師の共感訓練とそれが生徒の行動と成績に及ぼす影響については，さらなる研究が必要である。生徒達に実施される共感訓練プログラムの期間にわたって，教師がその成功の鍵を握っているように思われる。もし教師が，生徒達の共感訓練に直接関与するのであれば，そのプログラムはより成功することになると思われる。

　教育場面における共感訓練プログラムの長期的な効力を示すために，もっと多くの研究が必要であることは言うまでもない。現時点で言えることは，もし教師の訓練プログラムによって共感や共感訓練に関する知識が授けられるのだとすれば，そのような知識には，教師やその生徒達にポジティブな効果があるといえるだろう。

付　録

カリキュラム変換プロジェクト：一般的な変換原則

1. もしそれが可能かつ適切である場合には，特に人種や民族の異なる個人・集団に対する共感性を促進するような活動を実施すべきである。他者や生徒達自身の感情に対する感受性や同定能力，そして他者の視点を取得する能力を増大する活動

を通して，共感を向上させることができる。
2. 言い争い・意見の相違・喧嘩・戦争のような葛藤の事例，奴隷制度や年季強制労働[訳注3]・搾取のような支配の事例，集団に対して劣等または無価値とラベルづけするようなネガティブな偏見の事例が，そのカリキュラムの材料の中に含まれている場合には，そこに含まれるような，自分達とは異なる個人または集団の視点や感情の理解に導くようなグループ・ディスカッションやその他の活動に，生徒達を参加させるべきである。
3. もしそれが可能かつ適切である場合には，文化やその他の属性が異なる個人間や集団間の類似性を強調すべきである。個人や集団が重要な側面で異なっている場合でも，通常は，重要な類似性もまた存在しているものである。
4. もしそれが可能かつ適切である場合には，そのカリキュラムの材料の中に，個人や集団の外見・習慣・価値観における違いが含まれているとき，グループ・ディスカッションやその他の活動を通して，その違いの重要性を生徒達が理解できるように援助することが重要である。いくつかの違いは表面的なものにすぎない（たとえば，食べ物の好み）。他者には視点における違いがあるのかもしれない（マーク・アントニーとブルータスとでは，ジュリアス・シーザーの殺害に関する見方は異なっている[訳注4]）。
5. もしそれが可能かつ適切である場合には，議論やその他の活動を通して，カリキュラムの内容を生徒達自身の個人的体験に関連づけるよう生徒達に促すべきである。
6. もしそれが可能である場合には，異なる背景や民族性をもつ個人の特徴を認めると共に，生徒達自身の背景や民族性の特徴を認める機会を生徒達に提供すべきである。
7. もしそれが可能かつ適切である場合，カリキュラムの材料または学級内の生徒達が特定の民族集団のネガティブな行為について引き合いに出さなければならないとしたら，教師は以下の原則を利用することができる。

a. あらゆる民族集団がネガティブな行動に従事した経験がある。
b. いかなる民族集団内にも個人差がある。
c. 歴史的状況というのは，我々にとって最善の事態をもたらす可能性もあれば，最悪の事態をもたらす可能性もある。
d. 文化的な規範と価値観は変化するものであり，新しい世代は，何が正しくて何が間違っているかについて，それまでのものとは異なる，よりすぐれた感覚を発展させる可能性がある。
e. あらゆる世代は，よりよい社会を実現するために，自分達自身や自分達の民族集

団や自分達の国家にとって最良のものを実現するために，偏見や暴力を減らすために，そして，紛争を解決するためのより建設的な方法を生み出すために，努力すべきである。

引用文献

Aronson, E., & Patnoe, S. (1997). *The jigsaw classroom*. New York: Longman.
Aspy, D. N. (1971). Helping and intellectual functioning. In R. R. Carkhuff (Ed.), *The development of human resources, education, psychology, and social change*. New York: Holt, Rinehart & Winston.
Barak, A., Engle, C., Katzir, L., & Fisher, W. A. (1987). Increasing the level of empathic understanding by means of a game. *Simulation and Games*, 18, 458–470.
Barnett, M. A., Howard, J. A., Melton, E. M., & Dino, G. A. (1982). Effects of inducing sadness about self or other on helping behavior in high and low empathic children. *Child Development*, 53, 920–923.
Barnett, M. A., Matthews, K. A., & Howard, J. A. (1979). Relationship between competitiveness and empathy in 6- and 7-year-olds. *Developmental Psychology*, 15, 221–222.
Batson, C. D. (1991). *The altruism question: Toward a social psychological answer*. Hillsdale, NJ: Erlbaum.
Björkqvist, K., Österman, K., & Kaukiainen, A. (2000). Social intelligence − empathy = aggression? *Aggression and Violent Behavior*, 5, 191–200.
Black, H., & Phillips, S. (1982). An intervention program for the development of empathy in student teachers. *Journal of Psychology*, 112, 159–168.
Bonner, D., and Aspy, D. (1984). A study of the relationship between student empathy and GPA. *Humanistic Education and Development*, 22, 149–153.
Brehm, S. S., Fletcher, B. I., & West, V. (1981). Effects of empathy instructions on first graders' liking of other people. *Child Study Journal*, 11, 1–15.
Budin, M. L. (2001). Tea and empathy. *School Library Journal*, 47, 45–46.
Carkhuff, R., & Berenson, B. G. (1967). *Beyond counseling and psychotherapy*. New York: Holt, Rinehart & Winston.
Chang, A. F., Berger, S. E., & Chang, B. (1981). The relationship of student self-esteem and teacher empathy to classroom learning. *Psychology: A Quarterly Journal of Human Behavior*, 18, 21–25.
Chang, L. (2003). Variable effects of children's aggression, social withdrawal, and prosocial leadership as functions of teacher beliefs and behaviors. *Child Development*, 70, 535–538.
Cress, S., & Holm, D. T. (2000). Developing empathy through children's literature. *Education*, 120, 593–596.
Davis, O. L. Jr., Yeager, E. A., & Foster, S. J. (Eds.) (2001). *Historical empathy and*

perspective taking in the social studies. Lanham, MD: Rowman & Littlefield.
Doyle, A. B., & Aboud, F. E. (1995). A longitudinal study of White children's racial prejudice as a social cognitive development. *Merrill-Palmer Quarterly*, 1 (2), 209–228.
Eisenberg, N., & Miller, P. (1987). The relation of empathy to prosocial and related behaviors. *Psychological Bulletin*, 101, 91–119.
Feshbach, N. D. (1975). Empathy in children: Some theoretical and empirical considerations. *Counseling Psychologist*, 5, 25–30.
Feshbach, N. D. (1978). Studies on empathic behavior in children. In B. A. Maher (Ed.), *Progress in experimental personality research* (Vol. 8, pp. 1–47). New York: Academic Press.
Feshbach, N. D. (1998). Empathy: The formative years; Implications for clinical practice. In A. Bohart and L. S. Greenberg (Eds.), *Empathy and psychotherapy: New directions in theory, research and practice.* Washington, DC: American Psychological Association.
Feshbach, N. D., & Feshbach, S. (1982). Empathy training and the regulation of aggression: Potentialities and limitations. *Academic Psychology Bulletin*, 4, 399–413.
Feshbach, N. D., & Feshbach, S. (1987). Affective processes and academic achievement. *Child Development*, 58, 1335–1347.
Feshbach, N. D., & Feshbach, S. (1998). Aggression in the schools: Toward reducing ethnic conflict and enhancing ethnic understanding. In P. K. Trickett & C. J. Schellenbach (Eds.), *Violence against children in the family and the community* (pp. 269–286). Washington, DC: American Psychological Association.
Feshbach, N. D., Feshbach, S., Fauvre, M., & Ballard-Campbell, M. (1984). *Learning to care: A curriculum for affective and social development.* Glenview, IL: Scott, Foresman.
Feshbach, N. D., & Konrad, R. (2001). Modifying aggression and social prejudice: Findings and challenges. In H. Martinez (Ed.), *Prevention and control of aggression and the impact on its victims* 355–360. New York: Kluwer Academic.
Feshbach, N. D., & Rose, A. (1990). *Empathy and aggression revisited: The effects of classroom context.* Paper presented at the biennial meeting of the International Society for Research on Aggression, Banff, Alberta, Canada.
Feshbach, S., & Feshbach, N. D. (1969). The relationship between empathy and aggression in two age groups. *Developmental Psychology*, 1, 102–107.
Findlay, L., Girardi, A., & Coplan, R. J. (2006). Links between empathy, social behavior and social understanding in early childhood. *Early Childhood Research Quarterly*, 21, 347–359.
Frey, K. S; Nolen, S. B., VonSchoiack Edsrom, L. & Hirshstein, M. K. (2005). Effects of school-based social-emotional competence program: Linking children's goals, attributions and behaviors. *Journal of Applied Developmental Psychology*, 26, 171–200.
Hammond, A. (2006). *Tolerance and empathy in today's classroom: Building positive relationships within the citizenship curriculum for 9 to 14 year olds.* London: Paul

Chapman Publishing.
Harbach, R. L., & Asbury, F. R. (1976). Some effects of empathic understanding on negative student behaviors. *Humanist Educator*, 15, 19–24.
Higgins, E., Moracco, J., & Danford, D. (1981). Effects of human relations training on education students. *Journal of Educational Research*, 75, 22–25.
Hietolahti-Ansten, M., & Kalliopuska, M. (1991). Self esteem and empathy among children actively involved in music. *Perceptual and Motor Skills*, 72, 1364–1366.
Hoffman, M. L. (1982). Developmental prosocial motivation: Empathy and guilt. In N. Eisenberg (Ed.), *The Development of Prosocial Behavior*, (pp. 218–231). New York: Academic Press.
Hoffman, M. L. (1983). Affective and cognitive processes in moral internalization. In E. T. Higgins, D. N. Ruble, & W. W. Hartup (Eds.), *Social Cognition and Social Development: A Socio-Cultural Perspective* (pp. 236–274). Cambridge: Cambridge University Press.
Kalliopuska, M., & Ruokonen, I. (1993). A study with a follow-up of the effects of music education on holistic development of empathy. *Perceptual and Motor Skills*, 76, 131–137.
Kelly, E., Reavis, C., & Latham, W. (1977). A study of two empathy training models in elementary education. *Journal of Instructional Psychology*, 4, 40–46.
Kohn, A. (1991). Caring kids: The role of schools. Phi Delta Kappan, 72–7, 496–506.
Kremer, J. F., & Dietzen, L. L. (1991). Two approaches to teaching accurate empathy in undergraduates: Teacher intensive and self-directed. *Journal of College Student Development*, 32, 69–75.
Lizarraga, L. S., Ugarte, M. D., Cardella-Elawar, M., Iriarte, M. D., & Baquedano, M. T. S. (2003). Enhancement of self-regulation, assertiveness, and empathy. *Learning and Instruction*, 13 (4), 423–439.
Lovett, B., & Sheffield, R. (2007). Affective empathy deficits in aggressive children and adolescents: A critical review. *Clinical Psychology Review*, 27, 1–13.
Miller, P. A., & Eisenberg, N. (1988). The relation of empathy to aggressive and externalizing/antisocial behavior. *Psychological Bulletin*, 103 (3), 324–344.
Osier, J. L., & Fox, H. P. (2001). *Settle Conflicts Right Now! A Step-by-Step Guide for K-6 Classrooms*. Thousand Oaks: Corwin Press Inc.
Pecukonis, E. V. (1990). A cognitive/affective empathy training program as a function of ego development in aggressive adolescent females. *Adolescence*, 25, 59–76.
Perry, D. G., Bussey, K., & Freiberg, K. (1981). Impact of adults' appeals for sharing on the development of altruistic dispositions in children. *Journal of Experimental Child Psychology*, 32, 127–138.
Redman, G. L. (1977). Study of the relationship of teacher empathy for minority persons and in service human relations training. *Journal of Educational Research*, 70, 205–210.
Salovey, P., & Gruel, D., 2005. The science of emotional intelligence. *Current Directions in Psychological Science*, 14, 281–285.

Sinclair, B. B., & Fraser, B. J. (2002). Changing classroom environments in urban middle schools. *Learning Environments Research*, 5, 301-328.
Stephan, W. G., & Finley, K. (1999). The role of empathy in improving intergroup relations. *Journal of Social Issues*, 55, 729-743.
Stout, C. (1999). The art of empathy: Teaching students to care. *Art Education*, 52, 21-24, 33-34.
Underwood, B., & Moore, B. (1982). Perspective-taking and altruism. *Psychological Bulletin*, 91, 143-173.
Warden, D., & Mackinnon, S. (2003). Prosocial children, bullies and victims: An investigation of their sociometric status, empathy and problem solving strategies. *British Journal of Developmental Psychology*, 21, 367-385.
Warner, R. E. (1984). Enhancing teacher affective sensitivity by a videotape program. *Journal of Educational Research*, 77, 366-368.
Yogev, A., & Ronen, R. (1982). Cross-age tutoring: Effects on tutors' attributes. *Journal of Educational Research*, 75, 261-268.
Zahn-Waxler, C., Radke-Yarrow, M., Wagner, E., & Chapman, M. (1992). Development of concern for others. *Developmental Psychology*, 28, 126-136.
Zeidner, M., Roberts, R. D., & Mathews, G. (2002). Can emotional intelligence be schooled? A critical review. *Educational Psychologist*, 37 (4), 215-231.

■訳注■

1 道具的攻撃行動（instrumental aggressive behavior）とは，何らかの目標を獲得するための道具として遂行される攻撃行動のことを指す。怒りによる攻撃または反応的攻撃（reactive aggression）が，情動に誘発されて衝動的に引き起こされる攻撃的行動であるのとは区別される。
2 クロスエイジ・チュータリング（cross-age tutoring）とは，生徒が生徒を教えるピア・チュータリング（peer tutoring）のことである。一般的に，年齢の高い生徒が，年齢の低い生徒を教えることになることから，厳密にはピア（同等者）ではないために，クロスエイジ（異年齢）とよばれることがある。
3 「年季奉公」や「年季奴隷労働」とも言われる。日本で「年季奉公」というと徒弟制度をイメージしがちであるが，ここでいう"indentured servitude"は，17世紀アメリカ植民地時代の年季強制労働など，奴隷制度に近いものを指していると思われる。
4 ブルータスは，シーザーが暴君になるのを恐れ，シーザーを謀殺した人物である。それに対して，マーク・アントニーはシーザーに寵愛されていた部下であり，シーザー暗殺後に，暗殺の首謀者であったブルータスらの軍を破り，シーザーの復讐を果たした。

第3部　共感に関する臨床的視点

第8章 ロジャーズ派の共感

ジェロルド・D・ボザース

　心理療法において共感が登場したのは，古典的な精神分析のなかで，あくまでも周辺的な作用としてであった。フロイトの理論における共感というのは，極めて表面的で，効果的な解釈を促進するものでしかなかった（Bohart & Greenberg, 1997, p. 9）が，他者の立場に立ってその心的生活を理解する上で共感が欠かせないものであるということはフロイトも認めていた（1921; Decety & Jackson, 2004, p. 74 で引用）訳注1。テオドール・ライク（Reik）が共感のプロセスについて詳しい説明を行って以来，そして，もっと最近では，社会認知神経科学の領域との関連が注目されるのにつれて，共感は心理療法において，ますます中心的な構成概念となっている（Decety & Jackson, 2004, p. 74）。ロジャーズ（1957）が，心理療法の中核的要素として，共感と無条件の肯定的配慮に注目したことによって，心理療法における共感の役割は高められるようになり，また，心理療法における共感が，社会認知神経科学の領域における現在の概念化と一致したものであることも明らかとなってきた。

1. クライエント中心療法の理論

　カール・ロジャーズの開発したクライエント中心療法は，1950年代には有機的なセラピーへと進化した（Rogers, 1959）。それは当初，1940年代後期から1950年代の初期にかけて，セラピーに関する1つの理論として開発されたものであった（Rogers, 1942, 1951）。当時それはしばしば，「自己（*self*）」に関する理論と呼ばれていた。なぜならば，自己概念や自己体験，そして理想自己がその理論の中心にあったからである。「あたたかい受容」を伴った「共感」という態度の組合せは，治療関係にとって欠かせないものと見なされていた。

ロジャーズは，自身の理論を発展させていく中で，クライエントの自己発達を促進させるための共感的コミュニケーション技法としての「リフクレション」または「感情の反射」というセラピストの技法に集中した（Rogers, 1942）。セラピストの反応は，治療セッション，研究調査，セラピスト／カウンセラーの訓練の取り組みを通して広く焦点をあてられた。「人間関係トレーニング（Human Relations Training）」や「対人関係スキルトレーニング（Interpersonal Skills Training）」は，共感のレベルに関する操作的定義に焦点をあてている（Carkhuff, 1969; Gordon, 1970）。「共感的理解反応（Empathic Understanding Response）」として知られる，最も広く用いられているコミュニケーションの手続きは，セラピストの態度を承認するための言語反応システムを提供している（Brodley, 1997）。

1951年に，ロジャーズは，コミュニケーションのモードから，セラピストの態度の方へとその強調をシフトさせ，次のように述べている。「言葉というものは，クライエントのものであれカウンセラーのものであれ，その2人の間に存在する今現在の情動的関係と比べれば，その重要性は最小のものにすぎないように思われる」（Rogers, 1951, p. 172）。

セラピストの役割とは，「クライエントが世界を見ているのと同じように世界を知覚し，クライエントがクライエント自身を見ているのと同じようにクライエントを知覚し，そうしている間は外的参照枠からのあらゆる知覚を排除し，この共感的理解に関する何かをそのクライエントへと伝えるために，そのクライエントの内的参照枠（Rogers, 1951, p. 29）」を取得する，というものであった。この考えは，1955年のシカゴ大学カウンセリングセンターのディスカッション・ペーパー（第1巻第5号）において，ロジャーズによる正式な理論的声明へと進化した。この論文は4年後に出版され，ついには，ロジャーズ自身によって「これまでに生み出された，パーソナリティと行動における変化のプロセスに関する，最も精密に叙述された理論」（Rogers, 1980, p. 59）と宣言されることになった。そこでは，「治療過程に関する条件」が簡潔な形式で提示されている。

1. 2人の人物が接触していること。
2. 第1の人物——我々はその人物をクライエントと呼ぼう——が，不一致の状態にあるか，傷つきやすい状態か，不安の状態にあること。

3. 第2の人物——我々はその人物をセラピストと呼ぼう——が，その関係性において一致していること。
4. そのクライエントに対する無条件の肯定的配慮を，セラピストが体験していること。
5. そのクライエントの内的参照枠に関する共感的理解を，セラピストが体験していること。
6. 条件4と5，すなわち，クライエントに対するセラピストの無条件の肯定的配慮とセラピストによる共感的理解とを，クライエントが少なくとも最小限は知覚していること（Rogers, 1959, p. 213）

これらの条件は，治療的成功のために必要かつ十分であると考えられ，クライエント中心療法の理論における治療的条件として位置づけられている。これらの諸条件は，組み合わされることによって，あらゆるセラピーや援助的関係にとって普遍的な条件であると仮定されている（Rogers, 1957）。（後に，この理論は，教育，行政，エンカウンター・グループ，葛藤の解決，管理，コミュニティグループ，個人的生活のような文脈における「パーソン・センタード・アプローチ」と呼ばれるようになった［Rogers, 1977］。）

2. 実現傾向に関する有機的な影響

クライエント中心療法に関するロジャーズの理論は，『クライエント・センタードの枠組みのなかで発展したセラピー，パーソナリティ，人間関係に関する理論』（Rogers, 1959）の定式化によって，真の有機的理論へと飛躍的な進化を遂げた。ここでは，クライエント中心アプローチが，動機に関する前提，つまり実現傾向（*actualizing tendency*, Rogers, 1959, 1963）に基づいていた。後にロジャーズは，「形成傾向（*formative tendency*）」を含めている。これは，「宇宙全体」における建設的な方向性を指すものである（Rogers, 1980, p. 114）。形成傾向には，パーソン・センタード・アプローチの領域におけるいくらか実際的な関連性があるかもしれない（たとえば，コミュニティグループ，教育，エンカウンター・グループ）。しかしながら，この用語は理論的な議論のなかで取り上げられることは少ない。

実現傾向とは，「有機体が，自分自身を維持または強化するようなやり方で，

自分自身のあらゆる能力を発達させようとする生得的な傾向」(Rogers, 1959, p. 196) である。もっと実用的な語法を用いるならば，クライエントの変化のプロセスというのは，「彼らの可能性を実現する方向への動き，硬直性から離れ柔軟性へと向かう動き，生き生きとしたプロセスへと向かう動き，自主性へと向かう動き，など」として記述することができる (Rogers, 1963, p. 8)。ロジャーズにとって，有機体は「常に動機づけられ，常に何かに取り組んでいて，常に探し続けている」(1963, p. 7) ものとしてとらえられている。しかしながら，建設的な方向性が促進されるのは，自己概念が有機的体験と一致する場合だけである。つまり，有機的な実現と自己実現とはシンクロしていなければならない。このことは専門的には，「一元的実現傾向 (unitary actualizing tendency)」と呼ばれている (1963)。

1951 年には，「自己実現傾向 (self-actualizing tendency)」は，実現傾向とシンクロしたポジティブな方向性をもった力と考えられていた。ロジャーズが述べているように，「より広く定義するのであれば，有機体の自己実現は社会化の方向にあるように思われる」(Rogers, 1951, p. 488)。自己実現と実現傾向との関係は，ロジャーズの正式な理論的説明 (1959) において，より簡潔な意味へと進化した。治療的な雰囲気は，セラピストの「一致性 (congruence)」の一部として，無条件の肯定的配慮と共感的理解に関するクライエントの体験によって定義されることになる。

3. クライエント中心療法における共感

共感は，セラピストの一致性の中に埋め込まれている。セラピーにおける機能的概念としての実現傾向は，「硬直性から離れて柔軟性に向かって，生き生きとしたプロセスに向かって，自主性に向かって，などのように」(Rogers, 1963, p. 8) 動く人を記述している。一致性もまた，これらの特性によって描写される，より大きな統合と発展へと向かう動きのプロセスとして記述される。このプロセスの仮説的な目標点は，「完全に機能的な人物」(Rogers, 1959, pp. 234-235) のものである。要するに，共感とは，セラピストのための決定的な条件である，一致性に関する条件全体の一部である。それに付随してクライエントの一致性が増大することが，そのクライエントのセラピーが成功する基本的な基準となるのである。

ロジャーズ派にとっての共感は，その他の共感の概念とは異なっている。他でも述べているように，「ロジャーズの共感概念が他の概念と異なる第1の理由は，ロジャーズにとっての共感が無条件の肯定的配慮と絡み合っていることにある」(Bozarth, 1997, p. 8)。ロジャーズにとって，共感とは，(1)他の形式の治療にとっての前提条件ではなく，セラピーにとって中心的な概念であり，(2)セラピストの特定の行動ではなくクライエントの体験であり，(3)セラピストの態度であり，(4)非指示的(ノンディレクティブ)な態度に基づく人間関係プロセスであると考えられていた。ロジャーズは共感を次のように定義した。「共感の状態，あるいは，共感的であるということは，あたかもその人自身であるかのように，しかしながら『あたかも (as if)』という条件を失うことなく，相手の内的参照枠を正確に，かつ，そこに付随する情動的内容と意味を伴って，知覚することである」(1959, p. 210)。ロジャーズはこの理論のなかで「共感」を定義したが，正式な叙述で用いられているのは「共感的理解」という表現である。それは条件5として次のように陳述されている「セラピストはそのクライエントの内的参照枠（*internal frame of reference*）に関する共感的な理解を体験している（*experiencing* an *empathic* understanding）こと」(Rogers, 1959, p. 213; イタリックは原文のものであり，この理論のなかで定義された言葉であることを指す)。共感（そして無条件の肯定的配慮）ができているかどうかを決定するための究極の基準は，この態度に関するクライエント側の知覚である（すなわち，必要十分条件の第6項目）。

4. クライエントとセラピストの有機的体験過程とロジャーズ派の共感との関係

ロジャーズは，クライエント中心療法を，有機的な理論として，また，コミュニケーション・対人関係・自己の理論と見なしていた。これらの特徴は互いに補い合うものであろうから，共感というのは，観察・記憶・知識・推論を組み合わせた複雑な形式の心理学的な推定と見なされる（Ickes, 1997）。しかしながら，セラピスト側からのコミュニケーションを強調してしまうと，この有機的理論の拡張と探索を妨げてしまう可能性がある。Hoffman (1981) は共感を主に，感情的な手がかりに対する不随意的な代理的反応と見なしており，神経科学的な枠組みを用いて説明されるような次元を強調している。たとえば，ロジャーズ (1959) は，治療過程の第6条件[訳注2]から，「セラピストが，クライ

エントに対する共感的理解と無条件の肯定的配慮を伝える」（p. 213）という要件を削除してしまっている。彼は「熟慮の末に」（p. 213）この部分を削除したのだとはっきりと述べている。ロジャーズは次のように説明している。「セラピストが伝えるというだけでは十分ではない。なぜならば，効果的であるためにはそれが相手に受け取られる必要があるからだ」（p. 213）。ロジャーズ自身が葛藤していたということが，彼自身の説明からもうかがえる。

> セラピストがそのようなコミュニケーションを意図することそれ自体が本質なのではない。なぜならば，思いがけない一言や，不随意な顔の表情によって，コミュニケーションというのは実際に達成されてしまうからである。しかしながら，もし，確かに生きた体験の生き生きとした部分であるコミュニケーションの側面を強調したいのであれば，条件6の表現を次のようにすることもできよう。6. セラピストの共感的理解と無条件の肯定的配慮をクライエントに伝えることが，少なくとも最小限達成されている。(Rogers, 1959, p. 213)

この理論は，現在の共感研究において中心となっている主要な要素——他者に対する感情的な反応をすること，他者の視点を取得する認知的能力をもつこと，そして自己の制御メカニズムをもつこと（Decety & Jackson, 2004）——とも一貫している。

ロジャーズ（1975）は，『共感：評価するのではない在り方（*Empathy: unappreciated way of being*）』と題した論文の中で，この理論の改訂版における共感の定義について詳細に述べている。この改訂の主旨は，共感を「状態」ではなく「プロセス」としてとらえることであった。この変化は明確化というよりも改訂と呼ぶべきであろう。というのも，1959年の理論的叙述の中では，あくまでも「共感的であること」や「共感の状態」と呼ばれていたからである（Rogers, 1959, p. 110）。しかしながら，ロジャーズは，もっと詳細な記述を通して共感プロセスの質をとらえようとしたのだった。実際には，この詳細化には，セラピストの一般的な活動を記述していること以外には，ほとんど定義への追加はない。その活動に含まれているものは以下の通りである。

1. セラピストが，他者の個人的な知覚的世界に入り込むこと。
2. セラピストが，その他者の中を流れている変化する感情の意味に対して，

一瞬ごとに敏感であること。
3. セラピストが，一時的に相手の人生を生き，決して判断を下すことなく，繊細さをもちながらその人生の中を動きまわること。
4. セラピストが，クライエントの世界について感じていることを伝えること。
5. セラピストが，これらの感じ方の正確さについて，繰り返しクライエントに確認をし，受け取った反応によって修正をすること。(Rogers, 1975, p. 4)

注目すべきなのは，クライエントの内的参照枠に対するセラピストの正確な「感じ方」を定期的にチェックすることを含め，セラピストのコミュニケーションに対する強調が復活していることである。共感はまた「評価するのではない在り方 (unappreciated way of being)」とも，「疎外感の解消 (dissolving alienation)」とも呼ばれており，それはまた，共感の受け手が「尊重され，愛され，あるがままのその人自身として受け入れられている」と感じるのを促進する。これが生じるとき，「真の共感は常に，いかなる評価的・診断的な質にも縛られない」(Rogers, 1975, pp. 6-7; Bozarth, 1999, p. 59)。共感に由来するとされる非評価的で受容的な質は，概念的には，無条件の肯定的配慮の定義と同一であり，そこでは，セラピストは，そのクライエントの一部であるかのように，クライエントの体験の個々の側面に対してあたたかい受容を体験しているのである (Rogers, 1957, p. 93; Bozarth, 1999, p. 59)。

ロジャーズはさらに，1987年の彼の死の数年前に，治療関係についてコメントしている。彼は，クライエントもまた，意識的な共感プロセスに参加していることを主張した。ロジャーズによれば，「私は，セラピーの最良の瞬間において，相互に変容した意識状態があるのを感じます。私たちは本当に，2人とも，通常そうであるものを少しだけ超越していると感じます。そして，それが非常にリフレクティブであることに私たちのどちらも気づかないようなコミュニケーションが続いているのを感じるのです」(Heppner, Rogers, & Lee, 1987, p. 16における引用)

ここで，重要な実際的疑問が生じてくるかもしれない。つまり，クライエントは共感的理解をいつ体験しているのだろうか。そして，この共感的理解はどのように測定することが可能なのか。いくつかの事例がこれらの疑問を探索す

るのに役立つかもしれない。

5. 臨床のシナリオ

　クライエントがいつ共感を体験しているのかを検討するための1つの方法は，共感的な意図を形成する，異なるクライエントとセラピストの相互作用を検討することである。クライエント中心療法では，セラピストがどのくらい共感を体験しているのか，その程度を決定するのは，クライエントの知覚をおいて他にはない（治療過程の第6条件で述べられているとおり）。測定では伝統的に，セラピスト自身の知覚と，クライエントや客観的な評価者による知覚とを考慮に入れた，質問紙検査と評定尺度が用いられてきた。そのような測度の中では，バレット＝レナード・トルアックス・カークホフ尺度が最も有用である（Bohart & Greenberg, 1997, p. 16）。

　治療セッションのなかから選び出した，いくつかの相互作用について，以下のシナリオのなかで紹介しよう。

パメラ

　以下の挿話は20年以上前（Bozarth, 1984）に紹介されたものである。

　そのクライエントは，大学院生のパメラだった。彼女は，緊張病のような状態で座っているか，オフィスの家具の周りを歩きまわっているかのいずれかだった。この回のセッションでは，彼女が不機嫌そうに黙ったままよそよそしい態度で部屋に入ってきたため，セラピストはいったい何が「起きている」のかを彼女に尋ねた。彼女は黙ったまま1時間半座っていた。セッションの間，セラピストは何も言わなかったが，その頭の中では一連の思考が続いていた。その思考のなかには次のようなものが含まれていた「あなたには，今苦しんでいる問題を解決するだけの回復力があると私は完全に信じている」。セラピストはさらに，パメラがどのように感じているかを考えた「私はこんなにも傷ついて拒絶されているように感じる。ハロルドはなぜあなたを拒絶したのだろうか。それは他の人や別のものだったかもしれないが，でもハロルドがあなたを拒絶したとあなたは感じているのだ，と私は思う。だが，あなたがそのことを話したくないのだということもわかる。」彼女は立ち上がり，部屋の隅に立っていた。セラピストは思った「私はなんて悪い娘なのだろう」。

5. 臨床のシナリオ

　彼女はテーブルの向こう側に移動し，床の上にうつ伏せになった。すぐに，セラピストはテーブルランプを点けて，パメラの隣の椅子に座ったままテープのスイッチを入れて音楽を流した。20分が過ぎ，パメラは「私，もう行かなくちゃ」と言ってドアに向かった。セラピストは後を追って尋ねた「電話してくれますか？」彼女は苦しそうな表情で「いいえ」と答えた。

　5分後，セラピストが瞑想状態でパメラの体験に同化しようとしているときに，ドアがノックされた。パメラだった「あなたのところからこんな風に帰るなんてできないわ」。彼女は，自殺を考えていることから話し始めた。しかし，彼女が4階の窓から道を歩いている人々を見たとき，彼女の焦点は変わったのだった。「エアガンをもっていたら，あの人達をみんな撃つことができたのに」彼女は言った。「もしそれがライフル銃だったら」彼女は続けた「みんなを殺すことができたのに。でも，あそこにいる白いブラウスを着ている人は別。私は彼女を殺すのには斧を使うの」。そこでセラピストは質問した「私だったら，斧なんか使わないかなぁ？」。その答えは「そうね，もっと血が飛び散るでしょうからね」。パメラは彼女の殺人シナリオを続け，1人残らず殺すための血生臭い方法を探して階段を行き来する様子を描写していった。セラピストは彼女の話に何度も加わった「ショットガンを使った方がいいだろうねぇ……白いシャツを着ないように気をつけるよ……」セッションは不意に終了した。

　翌日，セラピストはパメラからの手紙を受け取った。それはドアの下にはさんであった。彼女は次のように書いていた「（今日）私は自分のことを『ばか』だって思うわ。ハロルドが関係していることについても落ち着いて平静でいたいと本当に思うの。一体全体なんだって彼なんかが私にとってそんなに大事なのかしら。」彼女は続けて，自分自身が自殺について考えることができたことに驚いたことについて述べ，私がパメラを入院させるんじゃないかと心配しているだろうと話す友人との議論について記述した。パメラは，その手紙を次のように締めくくった「人生にはもっと多くのことがあるんだってことがわかったし，どうしても，それを手に入れたい。あなたが『適切』な反応をしてくれなかったことには感謝しています。適切な反応っていうのは大抵不適切になってしまうものだから。あなたは本当に私のことを理解してくれたわ。」(Bozarth, 1984, pp. 72-73)

　20年後，パメラはそのセラピストに連絡してきた。彼女は企業家として成功しており，博士号をとるために大学院に戻ることを計画していた。彼女は，我々の治療セッションを覚えていて，いまだにその治療関係については肯定的に感じていると語った。彼女によれば，その関係と共感的受容は，彼女が人生

に努力して獲得した成功の一部であった。

　このエピソードには，理解されているというパメラの確信に加えて，特定の共感的なやりとりの例がいくつか含まれている。1つは，彼女が「ハロルド」のせいで傷ついていることをセラピストが「感じて」いる，という思考である。この思考は，彼女に伝えられてさえいないのだが，彼女はセッションに戻ってきたときには，このことを確認している。もう1つの風変わりな共感体験は，殺人に関する空想の最中のやりとりであった。彼女は，私が彼女の世界を訪れたことを明らかに楽しんでいた。それを確認するために言葉は必要なかった。

　翌日私に届けられた手紙の中には，私が彼女を理解し受容していた，という彼女の知覚が表現されていた。20年後，彼女はいまだに，その時の共感を受けたことが彼女を支えている関係の一部になっているという考えを示してくれたのだった。

トム

　次に紹介する事例の文脈は少し違っている。というのも，このセラピーは「瞑想療法」と記述されており，そこには臨床学生が言葉以外の方法でクライエントに集中するという実験が含まれていたからである。最初の教示では，クライエントは横たわり，セラピストはそのクライエントのそばに腰を下ろすように指示されていた。クライエント達はリラックスするように言われ，もし望むのであれば，自分達に何が起こっているのかをいつでもセラピストに話してもよいと告げられていた。セラピストには，クライエントが感じていることについて定期的にクライエントに尋ねることと，反応するよう強いられていると感じないようにということが教示されていた。私は臨床のスーパーバイザーであると同時に，何人かのクライエントのセラピストとして参加した。

　このシナリオに出てくるのは，私自身と1人のクライエントである。そのクライエントは，カウンセリング心理学の博士号をとるために研究をしている大学院生だった。彼は，自分自身に対して本格的な瞑想を実践していたのだが，結婚や職業上の目標などに関する具体的な援助を得るためにセラピストと会うことを望んだのだった。彼は，この瞑想療法が，これらの目標を探求するのに役に立つと考えていた。この実験を通して私の体験は進化しており，クライエントが床のマットの上に横になるときには，その隣で床の上にただ座るだけになっていた。トムと私が会っていたのは，およそ12回のセッションで，それ

は，大学の四半期の終了予定によってあらかじめ決められていた。トムは，自分の目の前にいる誰かといっしょに瞑想をしたいと当初から説明していた。彼は「何が起こるのかを見る」つもりだった。彼は，博士号をとれないかもしれないという不安に加えて，自分の結婚や職業に関する大きな決断をする必要があった。

　12回のセッションの間ずっと，トムはセッションにやってくると「やあ」と挨拶して，それから1時間マットの上でじっとしており，それから起き上がって「ありがとう」と礼を言う，というのを繰り返した。私はセラピストとしてトムに集中し，ただひたすら私に伝わってくるものは何でも体験するように努めた。私は大抵何についても考えていなかった。マントラに集中するようなやり方で，私の集中はトムに向けられていた。私は全ての注意をトムに向けて，そこで起こることは何でも体験することができるようにしていたのだった。

　トムとのフォローアップ・セッションを通して，彼の結婚が大きく進展したことが明らかにされた。彼は自分の進路を決定していた。彼は学業成績を向上させ，博士号をとるまで学校に残ることを決めていた。こういったトムの認識は，他の情報源からもほぼ確認できた。

　このシナリオにおけるセラピストの共感的なスタンスについて，重要な証拠となりうるものは，トムに注意を向け続けようとしたセラピストの意図しかない。セラピストとして，この一連のセッションにわたる私の感情は，セッションが展開するにつれ，活動的で緊張したものから，落ち着いた穏やかなものへと移っていったのだった。残念ながら，トムが共感をどのくらい知覚していたのかという測度は得られていない。セラピー後の面接では，彼は，自分があまり「緊張」せず，落ち着きへと到達したことを話した。彼が特に関心を抱いていた事柄に取り組むためには，この落ち着きが欠かせないのだと彼は考えていた。

ジ ム

　以下のシナリオは，「ジム・ブラウン」に対するカール・ロジャーズの治療セッションの一部である（Bozarth, 1996）。ブラウン氏は，精神病院に3度入院した経験があり，その時点での入院期間は19ヶ月間になっていた。ロジャーズ（1967）は，研究プロジェクトの報告書の中でこの治療セッションについて詳細に記述している。ロジャーズは，ジムと2年半にわたって1時間以上の

セッションを計166回行った。ロジャーズはブラウン氏に煙草を提供し，お金を貸し与え，セッションのほとんどの時間を彼といっしょに黙ったまま座って過ごした。ロジャーズは治療のプロセスを次のように要約している。「彼の進歩は主に，関係の質から起こっているようだった。新鮮な洞察であるとか，新たな意識的な自己知覚などといったものとは，ほとんど関係がないようだった。彼は，様々な点で新しい人になったのだったが，彼は，それについてはほとんど何も語らなかった（1967, p. 403）。

　私は過去のレビューにおいて，このセッションの中の2つについて検討した（Bozarth, 1996, pp. 240-250）。第1のセッションには，合計50分間の沈黙，ロジャーズによる2回の個人的な発言，そして，ジムの発言の意味を確認するためのリフレクションである11の反応が含まれていることについて私は触れた。いくつかの反応は「共感的推定（empathic guesses）」であり，それは，ロジャーズが多くのセッションで定期的に試みていることに気づいた，とロジャーズ自身が指摘している。これらの共感的推定には，「あなたは今朝何か怒っているように見えますが，私の思い過ごしでしょうか」や「がっかりしているか，うんざりしているように聞こえます」といったコメントが含まれている。後者の質問に対して，ジムは沈黙の後「いいえ，ただ嫌なだけです」（p.244）と答えている。知人のせいで傷ついていると感じ，「よくない」と感じていることをジムが表現したのに対して，ロジャーズがリフレクションを行うと，ジムは傲然として「でも，全然気にしていません」と答えた。ロジャーズはそれに応えて次のように言う「あなたは全然気にしていないと自分に言い聞かせていますが，どういうわけか，あなたの一部はそのことで悲しんでいるように思えます。」（ジムの涙を指して）。ロジャーズは，19秒後に「あなたの一部は，ここを誰かに一発殴られた，と感じているように私には思えます。まるで，今までの人生で，自分がみんなに嫌われていると感じたときでも，こんな一発を食らったことはない，というくらいに。愛着を感じるようになった人ができたのに，その人が今では私のことを嫌っている。でも，それでも涙が頬を伝って流れていく」（p.245）と続けた。沈黙のまま1分半が過ぎ，ロジャーズは，ジムの涙に対して反応した。「本当は辛いんじゃないですか？」26分後，ロジャーズは続けて言う「もし感情が表に出てきたとしたら，あなたはただ泣いて，泣いて，泣きまくるんじゃないかと私は思います。」1分ほどの沈黙の後，ロジャーズは別の面接のためにこのセッションを終了しなければならなかった。

3日後に行われた第2のセッションも,同じようなパターンをたどった。合計52分間の沈黙と,ロジャーズによる49回の発言,そのうちの19回が,リフレクションや共感的推定であった。これらの推定は,前回のセッションとは異なり,もっと感情の強さに対して向けられているようだった。たとえば,ロジャーズは,ジムが「あなた自身の中の非常に深いところで起こっている感情のなかに身を沈ませたい」のではないかと推定する。しかしながら,ジムは「私は飛び立とうとしているのです」と言ってロジャーズの言葉を無視する。ロジャーズはもっと多くの意味を求めてリフレクションで反応し,「這って歩き死ぬことを望んでいる,傷を負った動物」という比喩まで使っている。ロジャーズは,いくつかの個人的な発言を続ける。その中には,ジムが手で顔を覆っていないことについてよいと感じていることが含まれていた。ロジャーズは,1つの個人的な表出を,そのセッションの全てのなかで最も意味のある発言であると考えており,それをジムの「瞬間の動き」と見なした。そのコメントは「あなたが誰の役にも立てないことをどんなふうに感じているのかが少しだけ理解できるような気がします。……というのも,私自身についてそんな風に感じるときがあったからです。そして,それが本当に辛いということもわかります。」ロジャーズがジムに対して反応し続けると,「決定的な転機」が訪れた。「うーん,あなたが出て行きたい理由はそれですね。なぜなら,あなたは何が起ころうと本当に気にしないからです。だったら,私はこう言いたいのです──私があなたのことを気にかける。そして,何が起こるかを私が気にするのです。」ジムは急に泣きだした。それは15分間続いた。ジムを引き込もうとする試みはいくつもあったが,そのセッションのその後の数分は相変わらずあまり話したがらないままだった。ロジャーズに対するジムの最後のコメントはこうだった。「タバコをもってませんか?」(Bozarth, 1996, pp. 245-246)。

ブラウン氏は退院し,その後数年間は通常の生活を送った。決定的な転機は,ジムが諦め,ロジャーズが彼を気にかけていることを表現したときであると,ロジャーズは考えている。ロジャーズは,これらの面接を次のようにまとめている。「私は,1人の人間としての彼に対する温かみのある自発的な気遣いを感じていた。それはいくつものやり方で表現されているが,とりわけ,彼が絶望している瞬間が最も深い。……我々は2人の本当に純粋な人間として関係していたのだった」(Rogers, 1967, p. 411)。

人間の共感体験を生み出すために,3つの主要な機能的要素が相互作用して

いるということが，多様な学問領域にわたるアプローチを通して概念化されてきている（Decety & Jackson, 2004）が，この事例のなかには，それら3つの要素のいくつかの側面が含まれている。ロジャーズとブラウン氏との間で自己の感情の共有がなされていたことは明らかである。ブラウン氏の知覚的世界の中に定期的に入り込むときに，ロジャーズが自分自身のアイデンティティを維持していることもまた明らかである。病院に対するブラウンの不満に関する議論に対しても，彼は熱心に辛抱強く耳を傾けた。ロジャーズは定期的に「共感的推定」を試みており，ジムに対する彼の気遣いに関する彼自身の感情を共有している。注目に値するのは，ロジャーズが彼の共感的推定を言語化したとき，ジムは時折その試みを拒絶し，言葉で訂正したことである。

6. 考　察

　ロジャーズ派の共感は，言語的な共感的理解の反応と関連づけられることが多い（Brodley, 1997）。言語的なやりとりを通して，共感的理解が伝えられているかどうか，共感的な試みが拒絶されているのか，それとも明確化を必要としているのか，といったことを，セラピストはクライエントの反応から容易に判断することができる。上に挙げた3つのシナリオの場合には，共感を確認することはもっと難しい。というのも，言語的なやりとりがほとんどないからである。しかしながら，共感が存在しているかどうかを決定する基準というのは，無条件の肯定的配慮と共感的理解とに対するクライエントの知覚である。共感の知覚に関するセラピストとクライエントとの間の不一致は最小限である。なぜならば，セラピストの基本的な活動とは，クライエントの人生・生活についてのクライエント自身の知覚を探し求めることだからである。セラピストというのは本質的に，クライエントの内的参照枠をセラピストが理解できているかどうかを，様々な方法を通して，常に問い続けるものなのである。

　他の心理療法と同様に，クライエント中心療法も，神経科学によって開発された測度で査定することが可能である。本章で紹介した，より難解なクライエントのシナリオによって，神経科学者達は，同じような治療状況における共感を検討するためのアイディアを得ることができるかもしれない。たとえば，治療セッション中に先進技術を用いてクライエントとセラピストの脳の活動を検討することは非常に興味深いと思う。クライエントとセラピストの脳の活動パ

ターンは，治療過程の様々な転機でどのように対応するのだろうか。たとえば，パメラのセッションで，沈黙中，家具の周りを彼女が歩いている間，彼女の殺人に関する空想にセラピストが関わっている間のセラピストとパメラの生理学的な一致の程度は，2人の心理学的／生理学的一致の性質や程度を明らかにするのに役立つかもしれない。そのような測度があったならば，「緊張」を感じている状態から，より大きな落ち着きへと変化するトムに対するセラピストの感覚にとってのより科学的な基礎を決定するのに有用であっただろう。

　もし，沈黙中のトムとセラピストの脈拍・発汗・脳活動を広範にわたって検討していたとしたら，どうだったであろうか。我々が他者を目の前にしてわかると考えている以上のことを我々が知ることができるような神経学的な解答というものは存在しうるだろうか。

　人間の共感に関する3つの主要な要素が，その機能的構造に関する検討を通してDecety and Jackson（2004）によって同定されている。これらの要素に含まれているのが，他者の情動体験を共有する能力，それを理解する認知的能力，そして，自分自身の感情を同時に制御する能力，つまり自己と他者の感情の区別を維持する能力である。この発見は，共感に関するロジャーズの見解とおどろくほど一致している。本章では，クライエント中心療法の有機的な基礎に焦点をあて，他者の内面的な人生を体験する生得的な能力を強調しているが，それ以外にも，ロジャーズ派の共感は，言語的な共感的理解の反応に関連したコミュニケーション・スキルの中にも埋め込まれている（Brodley, 1997）。

　ロジャーズは1度ならず以下のように述べている。「私は，1人のクライエントに対して熱心に集中しているときに，私の存在だけで癒しになっているようだと気づく。これはおそらく良いセラピストであれば誰でもそうなのだろうと考えている」（Baldwin, 1987, p. 45で引用）。ロジャーズ派の共感は，社会神経科学の様々な手法を通して，よりよく理解され，さらに発展していくであろう。それは，長年にわたる強力な概念であり，社会認知神経科学の調査モデルにも匹敵するであろう。

引用文献

Baldwin, M. (1987). Interview with Carl Rogers on the use of the self in therapy. In M. Baldwin & V. Satir (Eds.), *The use of self in therapy* (pp. 45-52). New York: Haworth Press.

Bohart, A., & Greenberg, L. (1997). *Empathy reconsidered: New directions in psychotherapy*. Washington, DC: American Psychological Association.

Boyer, P., & Barrett, H. C. (2004). Evolved intuitive ontology: Integrating neural, behavioral, and developmental aspects of domain specificity. In D. Buss (Ed.), *Handbook of evolutionary psychology*. Cambridge, MA: MIT Press.

Bozarth, J. D. (1984). Beyond reflection: Emergent modes of empathy. In R. Levant & J. Shlein (Eds.), *Client-centered therapy and the person-centered approach: New directions in theory, research, and practice* (pp. 59–75). New York: Praeger.

Bozarth, J. D. (1996). A silent young man: The case of Jim Brown. In B. A. Farber, D. C. Brink, & P. M. Raskin (Eds.), *The psychotherapy of Carl Rogers: Cases and commentary* (pp. 240–260). New York: Guilford Press.

Bozarth, J. D. (1997). Empathy from the framework of client-centered theory and the Rogerian hypothesis. In A. C. Bohart & L. S. Greenberg (Eds.), *Empathy reconsidered: New directions in psychotherapy* (pp. 81–102). Washington, DC: American Psychological Association.

Bozarth, J. D. (1999). *Person-centered therapy: A revolutionary paradigm* (2nd ed.). Ross-on-Wye, UK: PCCS Books.

Bozarth, J. D., Zimring, F., & Tausch, R. (2002). Client-centered therapy: Evolution of a revolution. In D. Cain and J. Seeman (Eds.), *Handbook of humanistic psychotherapy: Research and practice* (pp. 147–188). Washington, DC: American Psychological Association.

Brodley, B. T. (1997). The nondirective attitude in client-centered therapy. *Person-Centered Journal*, 4 (1), 61–74.

Carkhuff, R. R. (1969). *Helping and human relations: A primer for lay and professional helpers: Vol. 1. Selection and training*. New York: Holt, Rinehart & Winston.

Decety, J., & Jackson, P. L. (2004). The functional architecture of human empathy. *Behavioral and Cognitive Neuroscience Reviews*, 3, 71–100.

Gordon, T. (1970). *T.E.T.: Teacher effectiveness training*. New York: New American Library.

Heppner, P. P., Rogers, M. E., & Lee, L. A. (1984). Carl Rogers: Reflections on his life. *Journal of Counseling and Development*, 63, 14–20.

Hoffman, M. L. (1981). Is altruism part of human nature? *Journal of Personality and Social Psychology*, 40, 121–137.

Ickes, W. (1997). *Empathic accuracy*. New York: Guilford Press.

Rogers, C. R. (1942). *Counseling and psychotherapy*. Boston: Houghton- Mifflin. [C. R. ロジャーズ（著），末武康弘・諸富祥彦・保坂亨（訳）（2005）．カウンセリングと心理療法—実践のための新しい概念（ロジャーズ主要著作集）．岩崎学術出版社．]

Rogers, C. R. (1951). *Client-centered therapy: Its current practice, implications, and theory*. Boston: Houghton Mifflin. [C. R. ロジャーズ（著），保坂亨・末武康弘・諸富祥彦（訳）（2005）．クライアント中心療法（ロジャーズ主要著作集）．岩崎学術出版社．]

Rogers, C. R. (1955). A theory of therapy, personality, and interpersonal relationships as developed in the client-centered framework. *Counseling Center Discussion Papers*, **1** (5), 1-69.

Rogers, C. R. (1957). The necessary and sufficient conditions of therapeutic personality change. *Journal of Consulting Psychology*, **21** (2), 95-103.［カール・ランソム・ロジャーズ（著），伊東博（訳）(2001)．セラピーによるパーソナリティ変化の必要にして十分な条件．H. カーシェンバウム・V. L. ヘンダーソン（編），伊東博・村山正治（監訳）ロジャーズ選集（上）(pp. 265-285). 誠信書房.］

Rogers, C. R. (1959). A theory of therapy, personality, and interpersonal relationships as developed in the client-centered framework. In S. Koch (Ed.), *Psychology: A study of science: Vol. 3. Formulation of the person and the social context* (pp. 184-256). New York: McGraw Hill.［カール・R・ロージァズ（著）畠瀬稔他（訳）(1967)．第5章 クライエント中心療法の立場から発展したセラピィ，パースナリティおよび対人関係の理論．伊東博（編訳）ロージァズ全集第8巻 パースナリティ理論 (pp. 165-278). 岩崎学術出版社.］

Rogers, C. R. (1963). The actualizing tendency in relation to "motives" and to consciousness. In M. Jones (Ed.), *Nebraska Symposium on Motivation* (pp. 1-24). Lincoln: University of Nebraska Press.［カール・R・ロージァズ（著）浪花博（訳）(1967)．第14章 動機および意識との関連からみた実現傾向．村山正治（編訳）ロージァズ全集 第12巻 人間論 (pp. 397-427). 岩崎学術出版社.］

Rogers, C. R. (1967). A silent young man. In C. R. Rogers, G. T. Gendlin, D. J. Keisler, & C. B. Truax (Eds.), *The therapeutic relationship and its impact: A study of psychotherapy with schizophrenics* (pp. 401-416). Madison: University of Wisconsin Press.［カール・R・ロージァズ（著），伊東博（訳）(1976)．第5章 沈黙の青年．伊東博（編）ロージァズ全集 別巻第3巻 サイコセラピィの実践：分裂病へのアプローチ (pp. 140-162). 岩崎学術出版社.］

Rogers, C. R. (1975). Empathic: An unappreciated way of being. *Counseling Psychologist*, **5**, 2-10.［カール・ロジャーズ（著），畠瀬直子（訳）(1988)．第7章 共感——実存を外側から眺めない係わり方——．畠瀬直子（監訳）人間尊重の心理学——わが人生と思想を語る—— (pp. 128-152). 創元社.］

Rogers, C. R. (1977). *Carl Rogers on personal power: Inner strength and its revolutionary impact*. New York: Delacorte Press.［カール・R. ロジャーズ（著），畠瀬稔・畠瀬直子（訳）(1980)．人間の潜在力：個人尊重のアプローチ．創元社.］

Rogers, C. R. (1980). The foundations of a person-centered approach. In C. Rogers (Ed.), *A way of being* (pp. 113-136). Boston, MA: Houghton-Mifflin.［カール・ロジャーズ（著），畠瀬直子（訳）(1988)．第6章 人間中心アプローチの形成．畠瀬直子（監訳）人間尊重の心理学——わが人生と思想を語る—— (pp. 108-127). 創元社.］

■訳注■

1 フロイトは論文のなかで共感について以下のように記述している。

　　すでに予感されていることであるが，集団の中の個人相互の結合は，重大な情緒的な

共通性のために，上記の同一視の性質をもっているのであって，この共通性は指導者へ
の結合のあり方によると推測することができよう。もう1つの予感がある。それは，わ
れわれがまだまだ同一視の問題を論じつくしていないこと，われわれは心理学が「感情
移入」Einfühlung とよんでいる過程に直面していて，この過程は自我に縁遠い他人の
もつものを理解するのに一番大きな役割を果たすということである。しかし，われわれ
はここでは，さしあたり同一視の情緒的作用に極限して考えて，知的生活にたいする意
義は除外することにしよう。(小此木訳 p. 224)
(出典 Frued, S. (1921). Massenpsychologie und Ich-Analyse.［小此木啓吾（訳）集
団心理学と自我の分析 フロイト著作集第6巻（pp. 195-253). 人文書院.］)

2 原文では，「Rogers (1959) omitted from his sixth condition of the therapeutic pro-
cess the requirement that "the therapist communicates his empathic understanding
and his unconditional positive regard to the client" (p. 213).」と書かれているが，「共
感的理解と無条件の肯定的配慮を伝える」という条件が削除されたのは，第6条件から
ではなく，正しくは，第5条件からである。

	1957年の定義	1959年の定義
第1条件	Two persons are in psychological contact. 2人の人物が心理学的に接触していること。	That two persons are in contact. 2人の人物が接触していること。
第2条件	The first, whom we shall term the client, is in a state of incongruence, being vulnerable or anxious. 第1の人物——我々はその人物をクライエントと呼ぼう——が，不一致の状態にあるか，傷つきやすい状態か，不安の状態にあること。	That the first person, whom we shall term the client, is in a state of incongruence, being vulnerable, or anxious. 第1の人物——我々はその人物をクライエントと呼ぼう——が，不一致の状態にあるか，傷つきやすい状態か，不安の状態にあること。
第3条件	The second person, whom we shall term the therapist, is congruent or integrated in the relationship. 第2の人物——我々はその人物をセラピストと呼ぼう——が，その関係性において一致している，または統合されていること。	That the second person, whom we shall term the therapist, is congruent in the relationship. 第2の人物——我々はその人物をセラピストと呼ぼう——が，その関係性において一致していること。
第4条件	The therapist experiences unconditional positive regard for the client. そのクライエントに対する無条件の肯定的な配慮を，セラピストが体験すること。	That the therapist is experiencing unconditional positive regard toward the client. そのクライエントに対する無条件の肯定的な配慮を，セラピストが体験していること。
第5条件	The therapist experiences an empathic understanding of the client's internal frame of reference and endeavors to	That the therapist is experiencing an empathic understanding of the client's internal frame of reference.

訳　注　　153

	communicate this experience to the client. そのクライエントの内的参照枠に関する共感的理解を，セラピストが体験し，こ̇の̇体̇験̇を̇ク̇ラ̇イ̇エ̇ン̇ト̇に̇伝̇え̇よ̇う̇と̇努̇力̇す̇る̇こ̇と̇。	そのクライエントの内的参照枠に関する共感的理解を，セラピストが体験していること。
第6条件	The communication to the client of the therapist's empathic understanding and unconditional positive regard is to a minimal degree achieved. セラピストの共感的理解と無条件の肯定的配慮をクライエントに伝えることが少なくとも最小限には達成されていること。	That the client perceives, at least to a minimal degree, conditions 4 and 5, the unconditional positive regard of the therapist for him, and the empathic understanding of the therapist. or That the communication to the client of the therapist's empathic understanding and unconditional positive regard is, at least to a minimal degree, achieved 条件4と5,すなわち，クライエントに対するセラピストの無条件の肯定的配慮とセラピストによる共感的理解とを，クライエントが少なくとも最小限は知覚していること

第9章 心理療法における共感：対話的・身体的な理解

マティアス・デカイザー
ロバート・エリオット
ミア・レイスン

　本章では，心理療法における共感について，日常的な共感的やりとりを対象とした，もっと一般的で多様な学問領域による理解に基づいた説明を提示する。このようなアプローチが，心理療法における共感のプロセスをよりよく理解するのに役立つということを主張するつもりであるが，それには2つの理由がある。神経科学や社会心理学の研究によって，身体的で非言語的なレベルに及ぼされる対人的な影響力や複雑さが明らかにされてきたということがある。特に，複雑さというのは，セラピストが見落としてしまいがちなものである（Shaw, 2004）。そのような影響の例が，情動感染（emotional contagion；たとえば，Preston & de Waal, 2002）や自動的注意（automatic vigilance; Wentura, Rothermund, & Bak, 2000）訳注1である。第2に，クライエントとセラピストの相互作用における問題を理解するためには，クライエントの方がセラピストをどう理解しているのか，そしてどう誤解しているのか，ということを，セラピストの意図や情動やその他の内的状態を含めて検討する必要がある（たとえば，Rhodes et al., 1994）。このような問題は，クライエントとセラピストにとって並列的な概念を用いて記述した方が，より一貫性をもって把握することができる。たとえば，精神病の治療における深刻なコミュニケーションの問題を理解し，その問題に取り組んでいくためには，そのコミュニケーションにおけるクライエントとセラピストの「両方の側面」を検討する方が容易である（Peters, 2005）。

1. 共感のサイクルと身体化された共感訳注2

　心理療法のセッションにおける共感というのは，本質的に，共同的・対話的

なプロセスであり，それは同時に，以下の例で示されるように，生き生きとして，身体に根ざしたものである（Bohart et al., 2002; Diamond, 2001; Wynn & Wynn, 2006）。

　ニックは失業中のシェフで，職を失ったことによる抑うつの治療のために心理療法を受けに来ていた。3回目のセッションにおいて，彼は，全盛期の自分にとってその仕事がどれほどの意味を持っていたか，そして，それによって何を失ってしまったのかについて語った。セラピストは耳を傾けながら，そのクライエントの体験の中へ自分自身を入り込ませていった。彼は自分の胃がチクチク・ピリピリするように感じた。自分自身が同じように成功したときの感情（わき上がってくる興奮，それにはしっかりと地に足が着いている感覚が伴っている）を思い出していた。頭の中には「映像が流れており」，その映像の中では，そのクライエントがキッチンから大股で歩いてくる。頭を高く上げたその姿には，プライドと幸福感が伴われている。彼は，自分の空想が，ニックの背筋を伸ばした姿勢やどっしりとした座り方とどれほど一致しているか，そして自分もそのような座り方になってしまったことについて言及した。セラピストが説明している間，ニックは，このセラピストが関心を持っていることを感じ，――セラピストが何も言わなかったとしても――支えられていることや，話をもっと深く掘り下げるように促されているのを体験していた。

　心理療法における共感というのは対話的である。なぜならば，それは，クライエントとセラピスト両者の共感的な能力に基づいており，言語および非言語的なやりとりを通して自動的に賦活され，相手を理解しようという，それぞれの意識的な努力によって高められるものだからである。そこには，知覚的・認知的・行動的プロセスも含まれてはいるが，基本的には，身体的および情動的な体験に根ざしたものである（Vanaerschot, 1990）。このような成分のほとんどが，Barret-Lennard（1981）による「共感のサイクル（EC）」の定式化の中に組み込まれている。この定式化は，今なお専門家による共感的相互作用に関する最も影響力のある理論である（たとえば，Elliott, Watson, et al., 2004）。共感サイクルでは，クライエントとセラピストが一緒になって，クライエントの体験を正確に表現することを目指し，4つのステップを循環する。(1)クライエントによる体験の表出，(2)セラピストによる共感的な共鳴，(3)セラピストによる共感の表出，(4)クライエントによる共感の受容，そしてさらにクライエントによる体験の表出が続く。共感サイクルのモデルは，心理療法における共感を

理解するための，明確で簡潔で有用な枠組みを提供してくれる。共感的調律（empathic attunement）というのは，クライエントの情動・意図・認知・身体的状態に関するセラピストの内的表象として生じるものである（ステップ2）。この共感的調律によってセラピストは，クライエントの表出がより正確なものとなるよう促すように反応することが可能となる（ステップ3）。クライエントによる新たな反応はどれも，セラピストがクライエントをよりよく理解するのを助けることになり，セラピストは，新たな，以前よりも深められた共感的スタンスに立って反応することができるようになるのである。

　しかしながら，セラピストが共感を胸の中に押し込めてしまったとしたら，共感を補足することからも，クライエントがセラピストに共感することからも，さらには共感の身体化された性質からも，注意がそらされてしまうことになる。ほとんどの人々が他者と共感的に共鳴することができるのだと気づくことが大切である。自動的に生じる対人的な作用を効果的にモニタリングすることは，社会的な相互作用を成功させるための必要条件である（Ickes, 2003; Decety & Jackson, 2004）。他者に関する我々の理解にとって最も関連しているのが，相手の行動に同調するように我々自身の身に起こる，感情や思考や反応である。他者の動作，アイコンタクト，距離の取り方，息づかい，リズムといったものが，連続的に，我々自身の類似した運動反応を刺激する。それらと関連した情動や目標や意図も同じように刺激される（たとえば，Chartrand & Bargh, 1999; Hood, Willen, & Driver, 1998; Iacoboni et al., 2005; Levenson & Ruef, 1992）。言語表現を理解することにさえ，それらの意味と関連した運動表象が含まれているのである（たとえば，Hauk, Johnsrude, & Pulvermüller, 2004）。しかしながら，このような収束（表象の共有）が自動的に引き起こされたとしても，個々人はそれに対して異なる反応を示す可能性がある。一見穏やかだが不安の状態にある人と対面した場合，ある人はあまり考えずにただ居心地悪く不快に感じるかもしれない。別の人は，自分自身の身体に恐怖の徴候を感じ取り，この一見穏やかな人物が実際には恐れを抱いているのではないかと思うかもしれない。この第2の人物だけが共感的共鳴（empathic resonance）をうまく働かせることができる。

　我々は，対話的で身体化された共感を心理療法の鍵概念として説明してきた。同時に，それが，コミュニティ・ワーカーや看護師や心理セラピストという職域に限られたものではないと我々は主張する。共感的共鳴は，あらゆる対話の

中に自然に適用されるものである。本章の残りの部分では,我々は心理療法の文脈における共感的対話の2つの側面について詳述する。まずはクライエントの貢献についてはじめよう。

2. クライエントの共感的共鳴

　クライエントは,自分自身の意図や動機を探求するときに,セラピストの視点を求めるようになる。たとえ,自分自身の見方とは違っていたとしてもセラピストの視点から洞察を得ることを望んでいるのである。彼らは,セラピストの共感だけでなく,セラピストによるその他の反応の質についても評価している。したがって,クライエント自身もまた,セラピストとの相互作用における共感的なパートナーなのである（Wynn & Wynn, 2006）。Bänninger-Huber (1992) は,クライエントとセラピストの表情のマイクロシークエンスを研究し,クライエントがいかにセラピストの反応を慎重に観察し,セラピストによる評価や相互作用が進んでいく方向を見定めようとしているのかを明らかにした。クライエントが問題を抱えていて,セラピストに効果的に共鳴するのが難しい場合には,共感・受容・純粋性・非所有的なあたたかさ（Lambert & Ogles, 2004）といった,セラピストの重要な態度には気づくことはないであろう。そのような場合,セラピストは,クライエントと効果的な作業関係を構築するのに非常に苦労することになるだろう。そのような効果的な作業関係は,良好な治療結果のための決定的な条件である（Horvath, 2001）。

クライエント側の共感に関する問題
　個人の内的な共感プロセスに必要なマクロ的要素を構成するのが,対人的プライミング（interpersonal priming）[訳注3],自己の気づき,心的柔軟性,そして情動制御である（Decety & Jackson, 2004）。さらに,共感的な傾聴を伝えるためには,効果的な情動表出が必要となる。これらの構成要素のうちのどれか1つにでも,たとえわずかでも機能不全があれば,対人的なコミュニケーションは根本的に変化してしまうことになる。実際,共感の問題というのは,どのクライエントにも,セラピーのどの時点においてでも,生じる恐れがある。それは,クライエントの期待によってセラピストとの共感的共鳴が減じてしまうことによるものであり,精神力動的理論において「転移（transference）」として

知られている現象である。たとえば，セラピストから拒絶されたり無視されたりするのではないかと急に不安になり，それが作業同盟の決裂につながる可能性がある（Safran et al., 2005）。そのような不安を抱くクライエントは，回避的になるか，要求過剰になるか，あるいは，非難がましくなり，セラピストの側の侵襲的または攻撃的な反応を引き出そうとするのである。ほとんどのクライエントは時折，自分自身とセラピストとの間の明確な区別を維持することが難しくなり，そのせいでセラピストの方が混乱してしまうことがある（Diamond, 2001; Ross, 2000; Vanaerschot, 2004）。もっと深刻な共感の失敗が，神経学的障害，精神病的障害，自閉性障害，境界性障害，反社会性障害，言語障害を患う人々（Adams, 2001; Blair, 2005; Decety & Jackson, 2004; Ladisich & Feil, 1988）や認知症を患う人々（Dodds, Morton, & Prouty, 2004）で報告されている。深刻な障害の場合には，共感的共鳴の表現が非常に乏しい（Krause et al., 1998）ことに加えて，症状による負荷が大きいために，治療的関係の質は非常に低くなってしまう（McCabe & Priebe, 2003）。そのような患者達との間に個人的な絆を発展させていくことは非常に困難である（たとえば，Prouty, Van Werde, & Pörtner, 1998/2002; Vanaerschot, 2004）。

変化のための条件

　身体志向的なアプローチでない場合には，セラピストの作業は，言葉を使った有意義なコミュニケーションができる患者に限定されてしまう。2人の人物の間に有意義なコミュニケーションが成立するための中心的な必要条件というのは，2人が互いに効果的に共鳴可能なことである。2人の人物の間のこの相互の共感的共鳴のことを，カール・ロジャーズ（Rogers, 1957）は，「心理学的接触（psychological contact）」と呼んでいる。彼は，この心理学的接触を治療的変化のための最も基本的な条件[訳注4]と見なしている。このような立場は，効果的なコミュニケーションのできない患者を心理療法から除外するのを支持しているように見える。たとえば，認知療法では，精神病または幻覚のある人を扱う際のプロトコルにおいて，その患者が信念や態度についてセラピストと議論できることを必要条件としている（Hermans & Raes, 2001）。クライエントの共感スキルを向上させることを目的としている心理学的介入でさえも，一般的には，適度に高いレベルのコミュニケーションをすでに遂行できている患者を対象としているのである（たとえば，Alfred, Green, & Adams, 2004）[訳注5]。

しかしながら，たとえクライエント側の関与が最小限であったとしても，共感的対話が生じる可能性はある (Peters, 2005)。乳児でさえも，二者関係に関与しようとし，対話の性質が徐々に表れてくる (Stern, 1985; Gergely & Watson, 2002)。情動的反応を生み出し，表情刺激を探し求め，相手の視線を追い，模倣しようと試みていることなどから，乳幼児達が二者関係に関与していることは明らかである（たとえば，Hood, Willen, & Driver, 1998)。Peters (2005) は，相互作用に必要な準備状態というのが生得的な機能であり，自閉症スペクトラム障害のある幼児であろうと，精神病の成人だろうと，認知症を患う高齢者であろうと，あらゆる母集団において生涯を通して機能し続けるものであると主張している。

この見方は，共感のプロセスというものが，ほぼどのようなクライエントまたは患者との間にも確立できることを示唆している。しかしながら，それは，その人物の現在の体験——時には風変わりだったり，恐ろしい体験だったりするだろうが——や，表出のための身体的なモードに対して，セラピストが調律することができる場合に限られる（たとえば，Killick & Allan, 2001）。このような調律を実現するために，Van Werde and Pörtner (1998/2002) は，このような扱いの難しい母集団に対して「コンタクト・リフレクション (*contact reflection*)」を使用することを奨励している。コンタクト・リフレクションというのは，身体志向的で，非常に具体的，字義的，複製的なリフレクションのことであり，それは同時に，クライエントの言語的および非言語的な行動の顕在的な表象でもある。たとえば，セラピストは「メアリは床に座っている」あるいは「あなたの腕は空中にある」のように言うことができる。もっと具体的にするのであれば，セラピストは自分自身の腕を同じ場所にもっていくこともできる。1人のセラピストが，あるいはその病棟のスタッフ全員が一貫してそれを継続し続けるならば（Van Werde, 2005)，こうした反応によってそのクライエントを，「コンタクトの網」にかけることが可能となり，そのことが，クライエント自身のコンタクトの努力を促進することにつながることになる。

3. セラピストの共感的調律

ほとんどのケースでは，クライエントとセラピストは自然に共感的共鳴の状態になっていくのであるが，セラピストが共感に従事していくプロセスについ

ては，別の説明が必要である。クライエントと効果的に共鳴していくことは，セラピストの課題の一部である。共感的調律というのは，セラピストが意識的に共感的共鳴の状態になることを指している（Bohart & Greenberg, 1997; Elliott, Watson, et al., 2004; Vanaerschot, 1990）。次に，セラピストの側の共感プロセスを取り上げ，共感的調律の現象学や機能・効用について説明することにしよう。

セラピストの共感に関する現象学

共感的調律について解説するときには，我々はまず，セラピスト自身の共感体験に関する現象学的な説明からはじめることにしている。この説明の出発点は，共感というものが，概念的なプロセスなのではなく，本質的にイメージによる身体的な体験なのだということを理解することである。この体験を説明するのに用いられる言葉の種類は非常に幅広いのだが，主要な側面をとらえる5つの身体的なメタファーがある。それが，「手放す（letting go）」，「共鳴する（resonating）」，「入り込む（moving toward or into）」，「発見する，または認識する（discovering or discerning）」，「つかむ（grasping or taking hold）」である（Elliott, Watson, et al., 2004）。これらのメタファーの一つ一つによって得られるのは，共感的調律のプロセスの部分的な近似だけである。我々がこれらのメタファーを提示したのは，この非常に重要な態度について理解し，それを発展させるのに有効な様々な方法を提供するためである。共感的なスタンスを深めるのに有効なアプローチは，クライエントを理解するためのプロセスを身体化するのに，これらのメタファーを使い続けることである。

共感に関するセラピストの体験の第1の側面をとらえているのが，「手放す（*letting go*）」という手のイメージである。これは，相手に対して，以前から形成されていた考え・信念・期待，あるいは，相手に対するこれまでの理解といったものを，脇に置いておくというメタファーである（Vanaerschot, 1990）。このイメージは，「～させておく」，「適応させる」，「疑念を棚上げする」，「括弧書きにする」（フッサールの用語「エポケー（*epoché*）」を参照），オープンにするといった言葉の中に反映されている。セラピストは，そのクライエントに対する自分自身の見方や先入観に気づき，それらを手放すことで，今現在クライエントが話していることや表しているものに対して，もっとオープンになろうとする。さらに，セラピストは自分自身が現在抱えている個人的な問題につい

ても（一時的にせよ）手放す必要がある。そうしなければ，クライエントの内的参照枠に対して完全にオープンになることができないからである。この「手放す（letting-go）」のプロセスをサポートするために，多くのセラピストは，セッションの合間に身体志向的な気づきのための訓練(エクササイズ)を行い，そうすることで，そのクライエントの体験のための「スペースを確保」するのである（Nagels & Leijssen, 2004）。

　第2に，相手の中へと入り込む，という言葉に示されているとおり，セラピストは相手の世界の中に積極的に「入って（enter）」いこうとする。したがって，セラピストは，クライエントの体験の中に，参加する，没入する，入り込んでとどまる，感情移入する（つまり，「共感」の語源），あるいは，中に足を踏み入れる（step under つまり「理解 understand」の語源）ように努めるのである。Chartrand and Bargh（1999）や Sonnby-Borgström（2002）は，他者の視点を取得することに慣れている人が，相手の話を聞いている最中に姿勢や癖や身振りを模倣する傾向のあることを示している。セラピストによっては，クライエントの運動反応に対する反応性を高めるために，セッションの前にストレッチ訓練を行う者もいる。また，セラピストは，積極的にクライエントと「一緒になる」または「歩調を合わせる」ために，クライエントの言語および非言語的な表現，強さ，テンポ，表現された内面の感覚に意図的に一致させようとするかもしれない（Nagels & Leijssen, 2004）。さらに進んで，クライエントの空間に字義通り入り込むために触覚を用いて，クライエントが筋肉レベルで行っていることに対する直接的な身体感覚を得るセラピストもいる（Leijssen, 2006）。言い換えると，クライエントに共感する際には，そのクライエントの世界の中に入り込むために，セラピストは積極的な接触（reaching out）を体験するのである。このような接触には，クライエントが語っているものに対する軽い関心や関与といったものから，「深い共感的没入（deep empathic immersement）」という激しい状態に至るまで，その程度には幅があるかもしれない（Mahrer, 1989; Wertz, 1983）。

　第3に，セラピストの共感体験には，相手と身体的に「共鳴（resonating）」しているというイメージが含まれる（Barrett-Lennard, 1981）。それはセラピストを音叉としてとらえるものである。このメタファーは，クライエントの体験に対して「調律する」「波長を合わせる」「一緒に感じる（つまり，思いやり compassion）」「同じように感じる（つまり，同情 sympathy）」「調和するように

歌う」「追随または一致させる」といった言葉に反映されている。セラピストは，クライエントに対して緊密な注意を払いながら，セラピスト自身のなかに沸き起こってくる感覚・行為・感情・思考・記憶に対してオープンになる (Cooper, 2001)。セラピストはまた，クライエントが明示的に表現しているのとは別の，クライエントの根底にある感情に対しても体験的な理解を感じるようになる。たとえば，自分の胃が収縮することで，セラピストは，クライエントが表現している怒りによって覆い隠されてしまっている恐怖を自分が感じていることに気づくことができる。相手に入っていくこと（moving toward）と共鳴することとは，互いに補足し合うようである。共鳴の方がどちらかといえば受動的で，入り込むことの方が本質的に能動的である。共感的共鳴において感覚知覚が中心的な役割を果たすことを考えれば，様々な方面において経験豊富なセラピストが，セッションの間，身体志向的な注意を維持しているというのは驚くにあたらない (Geller, Lehman, & Farber, 2002; Ross, 2000)。

第4のメタファーは，大量に積み重ねられた何かを物理的に「整理する (sorting through)」という能動的な知覚的イメージである。それは，相手の複数の側面を発見あるいは識別することであり，提示されているものに対して，「気づき」「見つけ出し」「弁別し」「正確に指摘し」「分化する」ことである。このイメージは，セラピストがしばしば直面する複雑性の体験をとらえている。セラピストは時折，クライエントによって明かされる膨大で多様な情報のせいで，迷いを感じたり，混乱したり，圧倒されてしまうことがある。それはしばしば，干し草の中の1本の針のように，大切な感情やメッセージが隠されているかのようにも，ただ単に見失ってしまったかのようにも感じられる。このような状況において，多くのセラピスト達は方向感覚を見つけ出すために身体的な注意を持続させる (Gendlin, 1980; Nagels & Leijssen, 2004)。セラピストの仕事は，クライエントにとって最も重要，最も緊急，最も心を動かすものが何であるかを見極めることなのである。

最後のイメージ，あるいは要素となる体験は，クライエントの世界において大切なものを積極的に「つかまえる (grasping)」または「把握する (taking hold)」というものである (Vanaerschot, 1990)。それは，「とらえる (apprehending)」「理解する (comprehending)」「（核心を）つかむ」「吸収する (assimilating)」「知覚する」といった言葉で示唆されるものである。言い換えると，クライエントの世界へと入り込んでから，セラピストは，中心的なもの，

決定的なもの，生き生きとしたもの，あるいは，痛烈なものをつかむことになる。それは，相手に対する突然の洞察を伴う場合もある。その印象は，クライエントの体験の何らかの要素を自分自身の中に取り込み，自分自身の一部とするような感じである。これに基づいて，セラピストは，クライエントにとって大切だと考えていることを表現しようとしたり，セラピストが理解したものに基づいて，意味のあるような反応をしたりするようになる。クライエントの反応を，調律のプロセスのための連続的なフィードバックとして受け取ることができれば，共感の精度はもっと増大することになるだろう（Marangoni et al., 1995）。

心理療法における共感的調律の役割

　共感的調律には治療的価値があるという信念は，もともと，カール・ロジャーズ（1957）をはじめとする人間性心理学者達によって提唱されたものであったが，今なお，心理療法に対する人間性アプローチにとって，それは根本理念であるといっていい（Greenberg, Elliott, & Lietaer, 2003）。ロジャーズは，セラピストがクライエントを共感的に理解しようと努力し続けることが，治療的変化のために必要であると主張した。セラピストによるこの共感的態度は，クライエントの体験に対する徹底的な受容を伝えることになる。それは，自己受容をしたり，（時には痛みを伴うことになるが）自分自身や自分の生活状況をより正確に知覚したりするのを促進するための1つの条件でもある（Greenberg, Elliott, & Lietaer, 2003）。人間性心理学や精神力動論では伝統的に，クライエントは，セッションのほとんどすべてを通して，現在または過去の体験を探索するよう促される。セラピストにできることは，クライエントを圧倒するような体験や「壊れやすい」体験を調節するのをサポートしながら，浮かび上がってくる体験や目をそらされているものを見つけ出すのを手助けすることである（Elliott, Watson, et al., 2004; Paivio & Laurent, 2001）。この自己志向的なプロセスによって，より正確な自己理解と自己表現や，現在の状況へのより創造的な適応や，もっと効果的な他者との相互作用や，もっと高度な自己主体性の感覚や，究極的にはパーソナリティの発展へとつながっていくと考えられている（Bozarth, 2001; Greenberg, Elliott, & Lietaer, 2003）。

　効果的な作業関係を形成するのに共感が重要であるということは，今では，心理療法に関するほとんどの学派において受け入れられている（Castonguay

& Beutler, 2005; Lambert & Ogles, 2004)。クライエントの自己志向的プロセスをサポートする以外に，共感的調律は，セラピストの逆転移に対処するための重要な方法でもある（Van Wagoner et al., 1991; Gelso & Hayes, 1998）。古典的な精神分析の定式化では，クライエントに関連したポジティブおよびネガティブな感情や反応の全てが逆転移であるとされる（Heimann, 1950）。もし調律されないままにされていたら，これらの反応は治療の進展を妨げてしまう可能性がある。しかしながら，それらの反応がセラピストによって適切に探求されていたならば，それまで意識されないままであった，個人的プロセスや対人的プロセスに対する手がかりをそこから得ることができる。共感的理解（Decety & Jackson, 2004）にせよ，逆転移への対処（Gelso & Hayes, 1998）にせよ，いずれも，自己の気づき，心的柔軟性（自己と他者の区別），情動制御，そして概念化のスキルを慎重に適用することが必要とされる。

セラピストの共感と治療結果

Bohart ら（2002）は，共感と心理療法の結果との関連性を扱っている利用可能な研究を対象にメタ分析を行った。関連する文献，すなわち，過去のレビューや研究データベース，関連する学術雑誌に対する徹底的な検索を行って，対象となる 47 の研究を特定した。そこには，共感と治療結果との関連に関する 190 の独立した検定と，合計 2036 名のクライエントが含まれていた。多くの場合，このような研究には，感情障害（affective disorder）や不安障害（anxiety disorder）を対象とした，混合的・折衷的・非特定的な型の個別治療が含まれていた。共感の測定は，セラピストによる測度や，共感の正確さの測度（正確さの測度とは，セラピストの知覚をクライエントの体験の報告と比較することで共感の程度を測定する）よりも，クライエントによる測定や観察者による測定のほうが一般的であった。ピアソンの相関係数 r が，効果量の指標として用いられ，複数の研究にわたって平均する前に研究内の効果をプールするなど，非独立性および小標本バイアスに関する様々な標準の補正が行われた。

共感と治療結果の関連に関する最も良い推定が，標本サイズに対する重み付けをして，小標本バイアスの修正を加えて研究内でプールされたデータから得られた。平均相関係数は $r=.32$ であった。この相関の効果量は驚くべきである。なぜならばそれは，一般的に，治療結果の分散のおよそ 10% が共感によって説明される，という中程度の効果量を意味するからである。この効果量は，作

業同盟（クライエントとセラピスト間の）と治療結果との間の関係に関する過去の分析で見出されたもの（たとえば，Horvath & Symmonds, 1991 では，$r=.26$; Martin, Garske, & Davis, 2000 では，$r=.22$）と同じくらいの規模である。全体的に，共感は，個々の研究のなかで使用された特定の介入技法と比べても，治療結果の分散のより多くの部分を説明している。この価値は，治療結果の分散のうち，1～8％がセラピストによる介入のモードに帰属可能であるとする Wampold（2001）による推定に匹敵するものである。この知見は，治療に関する一般的な標本から引き出されたものではあるが，パーソン・センタードや体験的アプローチのような，明確に共感的な治療に効果があることを支持する重要な収束的証拠を提供しているといえる（Elliott, Greenberg, & Lietaer, 2004）。

　おそらく共感は，関係に基づく心理療法よりも，介入に基づく心理療法の場合のほうがより重要であろう。なぜならば，介入ための効果的な「基盤」は，共感によって提供されるからである。Bohart ら（2002）は，共感が，共感を強調するタイプの治療よりも，認知行動療法での治療結果にとってより重要でありうるという結果を見出した[訳注6]。彼らはまた，共感の測度のなかでは，クライエントによる測定が治療効果を最もよく予測し，次いで観察者による評定とセラピストによる測度が続くことを示していた。対照的に，共感精度の測度は治療結果とは関連が見られなかった。結局のところ，セラピストが効果的に共鳴しているかどうかは，そのクライエントが一番よく知っている，ということのようである（Barrett-Lennard, 1981; Ickes, 2003; Rogers, 1957）。

　最後に，経験のあるセラピストは，セラピスト自身の体験を探索することにも，クライエントの非言語的な行動を解釈することにも優れていることが示されている（Gesn & Ickes, 1999; Machado, Beutler, & Greenberg, 1999）。Bohart ら（2002）は，セラピストの共感が，経験の少ないセラピストの治療結果との間には大きな関係があるが，経験のあるセラピストの治療結果との間の関係はより小さいものであることを見出した。これは，経験の少ないセラピストのほうが共感のばらつきが大きいことや，経験のあるセラピストでの小さな相関が天井効果を反映したものである可能性が考えられる。逆に，経験あるセラピスト達は，共感以外の熟練した援助スキル（個人のプレゼンス[訳注7]あるいは効果的な問題解決）も獲得しているために，いくらか共感的調律をし損なうことがあったとしても，それらを埋め合わせることができるのかもしれない。

4. 結　論

　我々は，共感に対する認知的アプローチと共感的アプローチを統合する1つのケースについて概観してきた。それは，身体的な状態が自動的に収束することに根ざしたものである。我々は，共感というものを，単にセラピストだけが意識的に行うプロセスとしてとらえるのではなく，共感というものが本質的に対人的なものであるという見方について説明を試みてきた。このような対話的で身体志向的な見方をすることには2つの利点がある。第1に，それは，心理療法と，その他の人間同士の関係や相互作用との間には連続性があるということを強調するものであり，それによって我々は関連する学問領域での研究を促進することができる。第2に，そのような見方は，共感に対する，より豊かでより完全な理解を提供することにつながり，それによって，クライエント側の主体的な作用が強調され，心理療法や心理療法の訓練のための重要な手掛かりを得ることができる。これらの手がかりには，深刻なコミュニケーション障害のある患者と作業をすすめるための新たな方向性，より深い共感的反応を学習するための身体に基づくメタファーの利用，共感の源としての自分の身体の利用などが含まれる。治療的な共感に対する対話的で身体志向的な視点というのは，より生き生きとした体験に基づいていると同時に，関係性や社会的相互作用といった，より幅広い人間的な文脈にこそよりよく位置づけられるものなのである。

引用文献

Adams, C. (2001). Clinical diagnostic and intervention studies of children with semantic-pragmatic language disorder. *International Journal of Language and Communication Disorders*, 36, 289-305.

Alfred, C., Green, J., & Adams, C. (2004). A new social communication intervention for children with autism: Pilot randomised controlled treatment study suggesting effectiveness. *Journal of Child Psychology and Psychiatry*, 45, 1420-1430.

Bänninger-Huber, E. (1992). Prototypical affective microsequences in psychotherapeutic interaction. *Psychotherapy Research*, 2, 291-306.

Barrett-Lennard, G. T. (1981). The empathy cycle: Refinement of a nuclear concept. *Journal of Counseling Psychology*, 28, 91-100.

Blair, R. J. (2005). Responding to the emotions of others: Dissociating forms of empathy through the study of typical and psychiatric populations. *Consciousness and Cognition*, **14**, 698-718.

Bohart, A. C., Elliott, R., Greenberg, L. S., & Watson, J. C. (2002). Empathy. In J. C. Norcross (Ed.), *Psychotherapy relationships that work: Therapist contributions and responsiveness to patient needs* (pp. 89-108). New York: Oxford University Press.

Bohart, A. C., & Greenberg, L. S. (1997). *Empathy reconsidered: New directions in psychotherapy*. Washington, DC: American Psychological Association.

Bozarth, J. D. (2001). An addendum to Beyond reflection: Emergent modes of empathy. In S. Haugh & T. Merry (Eds.), *Rogers' therapeutic conditions: Evolution, theory and practice* (Vol. 2, pp. 144-154). Ross-on-Wye, UK: PCCS Books.

Castonguay, L., & Beutler, L. (Eds.). (2005). *Principles of therapeutic change that work*. Oxford: Oxford University Press.

Chartrand, T. L., & Bargh, J. A. (1999). The chameleon effect: The perception-behavior link and social interaction. *Journal of Personality and Social Psychology*, **76**, 893-910.

Cooper, M. (2001). Embodied empathy. In S. Haugh & T. Merry (Eds.), *Rogers' therapeutic conditions: Evolution, theory and practice* (Vol. 2, pp. 218-229). Ross-on-Wye, UK: PCCS Books.

Decety, J., & Jackson, P. L. (2004). The functional architecture of human empathy. *Behavioral and Cognitive Neuroscience Reviews*, **3**, 71-100.

Diamond, N. (2001). Towards an interpersonal understanding of bodily experience. *Psychodynamic Counselling*, **7**, 41-62.

Dodds, P., Morton, I., & Prouty, G. (2004). Using pre-therapy techniques in dementia care. *Journal of Dementia Care*, **12** (2), 25-28.

Elliott, R., Greenberg, L. S., & Lietaer, G. (2004). Research on experiential psychotherapies. In M. J. Lambert (Ed.), *Bergin and Garfield's Handbook of psychotherapy and behavior change* (5th ed., pp. 493-540). New York: Wiley.

Elliott, R., Watson, J., Goldman, R., & Greenberg, L. S. (2004). *Learning emotion-focused therapy: The process-experiential approach to change*. Washington, DC: American Psychological Association.

Geller, J. D., Lehman, A. K., & Farber, B. A. (2002). Psychotherapists' representations of their patients. *Journal of Clinical Psychology*, **58**, 733-745.

Gelso, C. J., & Hayes, J. A. (1998). *The psychotherapy relationship: Theory, research, and practice*. New York: Wiley.

Gendlin, E. T. (1968/1980). The experiential response. In E. Hammer (Ed.), *Interpretation in therapy: Its role, scope, depth, timing and art* (pp. 208-227). New York: Grune & Stratton.

Gergely, G., & Watson, J. (2002). The social bio-feedback model of parental affect-mirroring. In P. Fonagy, G. Gergely, E. L. Jurist, & M. Target (Eds.), *Affect regulation, mentalization and the development of the self* (pp. 145-202). New York: Other

Press.
Gesn, P. R., & Ickes, W. (1999). The development of meaning contexts from empathic accuracy: Channel and sequence effects. *Journal of Personality and Social Psychology*, **77**, 746–761.
Greenberg, L. S., Elliott, R., & Lietaer, G. (2003). Humanistic-experiential psychotherapy. In G. Stricker & T. Widiger (Eds.), *Handbook of psychology: Vol. 8. Clinical psychology* (pp. 301–326). Hoboken, NJ: Wiley.
Hauk, O., Johnsrude, I., & Pulvermüller, F. (2004). Somatotopic representation of action words in human motor and premotor cortex. *Neuron*, **41**, 301–307.
Heimann, P. (1950). On counter-transference. *International Journal of Psycho-Analysis*, **31**, 81–84.
Hermans, D., & Raes, F. (2001). De behandeling van wanen en hallucinaties: Gedragsanalytische en cognitieve benaderingen. *Gedragstherapie*, **34**, 181–204.
Hood, B. M., Willen, J. D., & Driver, J. (1998). Adult's eyes trigger shifts of visual attention in human infants. *Psychological Science*, **9**, 131–134.
Horvath, A. O. (2001). The alliance. *Psychotherapy: Theory, Research, Practice, Training*, **38**, 365–372.
Horvath, A. O., & Symmonds, B. D. (1991). Relation between working alliance and outcome in psychotherapy: A meta-analysis. *Journal of Counseling Psychology*, **36**, 223–233.
Iacoboni, M., Molnar-Szakacs, I., Gallese, V., Buccino, G., Mazziotta, J. C., & Rizzolatti, G. (2005). Grasping the intentions of others with one's own mirror neuron system. *Public Library of Science Biology*, **3**, 529–535.
Ickes, W. (2003). *Everyday mind reading: Understanding what other people think and feel*. Amherst, NY: Prometheus Books.
Killick, J., & Allan, K. (2001). *Communication and the care of people with dementia*. Buckingham, UK: Open University Press.
Krause, R., Steimer-Krause, E., Merten, J., & Ulrich, B. (1998). Dyadic interaction regulation, emotion and psychopathology. In W. F. Flack, Jr., & J. D. Laird (Eds.), *Emotions in psychopathology: Theory and research* (pp. 70–80). New York: Oxford University Press.
Ladisich, W., & Feil, W. B. (1988). Empathy in psychiatric patients. *British Journal of Medical Psychology*, **61**, 155–162.
Lambert, M. J., & Ogles, B. M. (2004). The efficacy and effectiveness of psychotherapy. In M. J. Lambert (Ed.), *Bergin and Garfield's handbook of psychotherapy and behavior change* (5th ed., pp. 139–193). New York: Wiley.
Leijssen, M. (2006). Validation of the body in psychotherapy. *Journal of Humanistic Psychology*, **64**, 126–146.
Levenson, R. W., & Ruef, A. M. (1992). Empathy: A physiological substrate. *Journal of Personality and Social Psychology*, **63**, 234–246.
Machado, P. P., Beutler, L. E., & Greenberg, L. S. (1999). Emotion recognition in psychotherapy: Impact of therapist level of experience and emotional awareness. *Jour-*

nal of Clinical Psychology, 55, 39–57.
Mahrer, A. (1989). How to do experiential psychotherapy. Ottawa: University of Ottawa Press.
Marangoni, C., Garcia, S., Ickes, W., & Teng, G. (1995). Empathic accuracy in a clinically relevant setting. Journal of Personality and Social Psychology, 68, 854–869.
Martin, D. J., Garske, J. P., & Davis, M. K. (2000). Relation of the therapeutic alliance with outcome and other variables: A meta-analytic review. Journal of Consulting and Clinical Psychology, 68, 438–450.
McCabe, R., & Priebe, S. (2003). Are therapeutic relationships in psychiatry explained by patients' symptoms? Factors infl uencing patient ratings. European Psychiatry, 18, 220–225.
Nagels, A., & Leijssen, M. (2004). De benadering van het lichaam in experiëntiële psychotherapie. In N. Stinckens & M. Leijssen (Eds.), Wijsheid in cliëntgericht-experiëntiële gesprekstherapie (pp. 63–82). Leuven, Belgium: Leuven University Press.
Paivio, S. C., & Laurent, C. (2001). Empathy and emotion regulation: Reprocessing memories of childhood abuse. Journal of Clinical Psychology, 57, 213–226.
Peters, H. (2005). Pre-therapy from a developmental perspective. Journal of Humanistic Psychology, 45, 62–81.
Preston, S. D., & de Waal, F. B. M. (2002). Empathy: Its ultimate and proximate bases. Behavioral and Brain Sciences, 25, 1–72.
Prouty, G., Van Werde, D., & Pörtner, M. (1998/2002). Pre-therapy: Reaching contact-impaired clients. Ross-on-Wye, UK: PCCS Books.
Rhodes, R. H., Hill, C. E., Thompson, B. J., & Elliott, R. (1994). Client retrospective recall of resolved and unresolved misunderstanding events. Journal of Counseling Psychology, 41, 473–483.
Rogers, C. R. (1957). The necessary and sufficient conditions of therapeutic personality change. Journal of Consulting Psychology, 21, 95–103.
Ross, M. (2000). Body talk: Somatic countertransference. Psychodynamic Counselling, 6, 451–467.
Safran, J. D., Muran, J. C., Samstag, L., & Winston, A. (2005). Evaluating an alliance focused treatment for potential treatment failures. Psychotherapy, 42, 512–531.
Shaw, R. (2004). The embodied psychotherapist: An exploration of the therapist's somatic phenomena within the therapeutic encounter. Psychotherapy Research, 14, 271–288.
Sonnby-Borgström, M. (2002). Automatic mimicry reactions as related to differences in emotional empathy. Scandinavian Journal of Psychology, 43, 433–443.
Stern, D. N. (1985). The interpersonal world of the infant. New York: Basic Books.
Vanaerschot, G. (1990). The process of empathy: Holding and letting go. In G. Lietaer, J. Rombauts, & R. Van Balen (Eds.), Client-centered and experiential psychotherapy in the nineties (pp. 269–293). Leuven, Belgium: Leuven University Press.
Vanaerschot, G. (2004). It takes two to tango: On empathy with fragile processes. Psychotherapy: Theory, Research, Practice, Training, 41, 112–124.

訳 注　　　171

Van Wagoner, S., Gelso, C. J., Hayes, J. A., & Diemer, R. (1991). Countertransference and the reputedly excellent therapist. *Psychotherapy*, 28, 411–421.
Van Werde, D. (2005). Facing psychotic functioning: Person-centred contact work in residential psychiatric care. In S. Joseph & R. Worseley (Eds.), *Person-centered psychopathology: A positive psychology of mental health* (pp. 158–168). Ross-on-Wye, UK: PCCS Books.
Wampold, R. E. (2001). *The great psychotherapy debate: Models, methods, and findings*. London: Erlbaum.
Wentura, D., Rothermund, K., & Bak, P. (2000). Automatic vigilance: The attention-grabbing power of approach- and avoidance-related social information. *Journal of Personality and Social Psychology*, 78, 1024–1037.
Wertz, F. J. (1983). From everyday to psychological description: Analyzing the moments of a qualitative data analysis. *Journal of Phenomenological Psychology*, 14, 197–241.
Wynn, R., & Wynn, M. (2006). Empathy as an interactionally achieved phenomenon in psychotherapy. *Journal of Pragmatics*, 38, 1385–1397.

■訳注■

1　ネガティブな（望ましくない）刺激に対して自動的に（無意識的に）注意が向けられること，またはそのメカニズムのこと。
2　この章で用いられている「身体化」という表現は，「embody」または「embodiment」の訳である。精神医学における「身体化 somatization」とは全く別の概念であることに注意されたい。
3　Decety and Jackson (2004) に，「interpersonal priming」という表現が出てくるわけではない。おそらく，感情プライミングのように，特定の感情状態にある他者というプライム刺激によって観察者側も同じ感情状態が促進される，つまり，感情状態を共有することを指していると思われる。
4　ロジャーズの心理療法における治療的変化のための6つの必要十分条件の中の第1条件のこと。
5　たとえば，Alfred, Green, & Adams (2004) では，28人の自閉症の子どもを対象とした社会コミュニケーションの介入の効果を検証することを目的としているが，以下のような除外のための基準を設けて，あらかじめ治療対象を限定している。

> 除外の基準は以下の通りである。深刻な発達上の遅れのある者，乳幼児期に深刻な環境的剥奪のあった者，英語以外を母語とする者，聴覚障害の診断がある者，視覚障害の診断がある者，親に慢性的な精神医学的また身体的疾患のある者，成人とやりとりしようという欲求の形跡を一切示さない者（Alfred, Green, & Adams, 2004, p. 1423）。

6　Bohartら (2002) のメタ分析では，認知行動療法の理論に基づく治療において，共感と治療効果との平均相関係数が，$r=.32$ と最も高かった。「体験的／人間性」に基づく治療の平均相関係数は，$r=.20$，「精神力動的」にもとづく治療の平均相関係数は，$r=.16$，その他が $r=.19$ であり，理論間に有意差は認められなかった（$F(3, 186)=.64$, $n.s.$）。

7 「プレゼンス」について，ロジャーズ（Rogers, 1986）は，以下のように述べている。

> セラピストまたはグループ・ファシリテーターとして調子の良いときに，もう1つの別の特徴があることを発見した。私の内的な，直感的な自己に最も近いところにいるとき，私の中の未知なるものにいくらか触れるとき，関係性においてわずかに異なった意識状態にあるとき，そういうときには，私のすることは何であれ癒しに満ちているように思われる。ただ単に私のプレゼンス（そこに存在していること）だけで相手を解放し援助することができるということだ。

Thorne（1992）は，このプレゼンスが，「一致」「受容」「共感」というセラピストの3条件に匹敵するとし，『第4条件（A Forth Condition）』という見出しをつけて紹介している。

プレゼンスに関する日本語での議論については，岡村・保坂（2004/2015）を参照されたい。

岡村達也・保坂亨（2004）プレゼンス（いま－ここに－いること）――治療者の「もう1つの態度条件」をめぐって．村瀬孝雄・村瀬嘉代子（編）ロジャーズ：クライエント中心療法の現在（pp. 70-92）．日本評論社．

第10章　共感的共鳴：神経科学的展望

ジーン・C・ワトソン
レズリー・S・グリーンバーグ

　数十年の間，精神分析，人間性心理学，認知行動の理論家達はみな，心理療法における変化を促進する治療的共感の役割を強調してきた。ほとんどの理論家は，共感の機能や表現に注目してきた。共感を促進の条件とみる学派もあれば，変化のための本質的な要素であると考える学派もある。初心者と経験豊富なセラピストが共感的スキルを高めるために何ができるかについてはあまり強調されてこなかったのであるが，認知神経科学における最近の発展によって，共感の性質や共感を構成する様々なプロセスに関するより多くの洞察が得られている。そのような洞察のおかげで，共感という構成概念に対する理解をどのように洗練させ，心理療法におけるクライエントの変化を促すセラピストの共感能力を発達・成長させることができるようになるのか，ということに関する示唆が得られている。

　人間性心理学のセラピスト達は，共感を，心理療法における能動的な変化の主体としてとらえている（Barrett-Lennard, 1993; Bohart & Greenberg, 1997; Bozarth, 1997; Elliott et al., 2003; Greenberg & Watson, 2006; Rogers, 1965; Warner, 1997）。ロジャーズ（1965）訳注1にとって共感は情動的かつ認知的なプロセスであり，また，共感は，あたかも自分がその相手であるかのように，ただし「あたかも」という条件を失うことなく，相手の意味と情動的要素に関する相手の内的な視点を正確に知覚する能力，と定義されている。ロジャーズは共感を，クライエントの感情を能動的に体験し，相手の中に入り込もうとする試み（attempt）であると考えた。それは，相手の意味と態度を吸収しようとする試みである（Rogers, 1951）。ロジャーズは注意深く，境界の喪失の現れである「同一化」を共感と区別している。心理療法において共感を供給されることで，クライエントは自分自身について探索し熟慮する機会が与えられ，それによっ

て自己志向的な変化が促進されることをロジャーズは示唆した。

　Barret-Lennard（1993）は，治療的共感について，共感的共鳴，共感的なコミュニケーション，そしてそれらの結果として生じる受容・知覚された共感，という3つの段階によって特徴づけられる，能動的で循環的なプロセスであると説明している。第1に，セラピストはクライエントの体験に共鳴する。その際，クライエントが自身の体験をどう感じているのか，そしてそれがクライエントにとってどのような意味をもつのかを理解するために，セラピスト自身の身体と内的体験を用いる。第2に，セラピストは自らの理解をクライエントに伝える。そして第3に，クライエントはセラピストの共感を受け取り，理解されていることに気づくことになる。

1. 共感と神経科学

　これまでの研究では，心理療法におけるクライエントの変化に，共感が影響するのかどうか，また，どのように影響するのかに焦点があてられてきたが，共感的共鳴のプロセスに対してはあまり注意が払われてこなかった。認知神経科学の最近の知見から，人間性心理学や精神分析における共感の概念と，人々が共感を体験するときに賦活される認知的プロセスと感情的プロセスとが，ある程度類似性をもっているということが示唆されている。神経科学者達は，共感を「他者の個人的体験を，認知的・評価的・感情的プロセスを通して理解することを可能にする複雑な形式の心理学的推論」と定義している（Danziger, Prkachin, & Willer, 2006）。作家，映画制作者，音楽家，広告主達は，他者の感情に共鳴する我々の生得的な能力についてよく知っており，長い間それらを利用してきた。しかしながら，いまや，我々は共感に含まれる諸過程に関わるそれぞれの脳部位を把握し，そのニューロン構造を記述し，脳内の共感回路を特定することができる（Rankin et al., 2006; Ferrari et al., 2003）。脳を画像化し，異なる活動中の異なる部位の賦活を同定することを可能にする技術を用いて，心理学的理論と体験的知識と共感的理解と生理学的プロセスとの間の結びつきの解明に取りかかるための重要な手段が作り出されたのである。脳機能マッピングによる主要な知見の1つがミラー・ニューロンの発見である。それは神経科学における最近の出来事の中でも最も刺激的なものの1つとして知られている。

ミラー・ニューロンに関する研究は，特定の感覚——たとえば，苦痛・音・接触——を経験している，あるいは，特定の行為を遂行している時に，経験・遂行している人物で賦活されるのと同じような脳部位が，それを観察している者の脳内でも賦活されることを示している（Rankin et al., 2006）。Gazzola, Aziz-Zadeh, and Keysers（2006）は，サルが聴覚的課題を遂行している時と，聴覚課題が遂行されているのを聴取している時と，聴取課題が遂行されているのを観察している時に，聴覚的ミラー・ニューロンが賦活することを見出した。したがって，観察または想像するというプロセスが，その課題の観察者または想像者の内部に，その状態を示す表象を作り出しているのである。この現象は，情動の処理の場合も同じように関連している。特定の情動体験と関連している脳部位は，その情動を他者が経験しているのを見ることによって，あるいは，情動を誘発するような状況に他者がいるのを目撃することによって賦活される。注意すべきなのは，こうした賦活パターンの再現が，一対一対応するようなシミュレーションではないということだ。我々自身の個人的な体験の場合に警告を発するような特定の脳部位は，観察者である場合には賦活されないのである。このように，ロジャーズ（1965）やその他の心理療法家達が共感に関する著書の中で強調してきた「あたかも」という条件が保持されているのである。

　共感に関する神経科学の文献のレビューでは，心理療法の実践家にとって特に関連のある数多くの重要な知見が示されている。第1に，ミラー・ニューロンによって，他者の行為を理解する能力が得られるということ，第2に，人が他者を模倣する能力が生得的に備わっていること，第3に，行為が生じる文脈が，他者の行為を理解し解釈する際にきわめて重要な役割を果たすということ，第4に，他者の苦痛に対する反応が，自己志向的もしくは他者志向的のいずれかであるということ，そして第5に，共感する能力には個人差があること，である。

　研究者によっては，ミラー・ニューロンの発見が「心の理論」に生理学的基盤を提供することになったと考えている。これまでの研究が示しているのは，共感があらかじめ組み込まれている，つまり，生得的な能力であり，その先駆的なものが誕生の時点から確認されているということである（Decety & Jackson, 2004）。乳幼児には他者の意図を推定（外挿[訳注2]）する能力が備わっていることが示されている。他者の行為を観察することで，乳幼児は，開始された課題を完了させたり，成功していない行為を見て，その課題に対する正しい遂行

が何であるかを理解できる（Decety & Jackson, 2004 訳注3）。これらの知見から，人々が，自分自身と他者に関する心の理論を発達させる能力があらかじめ組み込まれており，この能力が社会的相互作用とコミュニケーションのための重要な基礎になるということが示唆される。

　ミラー・ニューロンは無差別に発火するわけではない。発火が生じるのは，あくまでも目標指向的な行為に限られている（Ferrari et al., 2003）。他者の目標指向的な行為に反応するミラー・ニューロンの発火は，その他者の意図を観察者に知らせ，それによって観察されている行為の情動的・動機的な意味を明らかにする。Wilson and Knoblich（2005）は，行為の理解というものが，第1に，特定の行為を認識し分類すること，第2に，他者の行為の目的論的・目標指向的な目的をとらえること，そして第3に，他者の心的状態を表象すること，に基づいているとしている。これらの能力によって，将来に向けて諸々の行為を計画し，将来何が起こるかを予測することができる。Gazzola, Aziz-Zadeh, and Keysers（2006）による研究は，個人の運動ミラーシステムと共感との間のリンクを示唆している。彼らは，自己報告による共感尺度で高得点の個人が，低得点の者よりも，聴覚ミラー・ニューロンがより強く賦活することを見出した。

　共感の神経学的基盤は，脳内に広く分布しており，右下頭頂葉の他に，前帯状皮質・島皮質・視床・体性感覚皮質等の脳内の情動に関する部位を含んでいる（Meltzoff & Decety, 2003; Ferrari et al., 2003）。右下頭頂皮質は，相手の主観的状態を感知することで他者を他者として認識するのに重要な役割を果たしていると考えられている。さらに，脳内の複数の異なる部位が，視点が一人称であるか三人称であるかに依存して賦活する。

　苦痛の状態にある他者を見て人がどのように反応するかを検討した一連の研究では，苦痛そのものとの関連ではなく，苦痛の情動的な文脈と関連した脳部位の賦活を明らかにしている（Danziger, Prkachin, & Willer, 2006; Morrison et al., 2004; Jackson, Meltzoff, & Decety, 2005; Singer et al., 2004）。したがって，共感するときに，我々が我々自身の内部でシミュレートするのは，他者の体験の一部の側面であって，決して全ての側面をシミュレートしているわけではない。我々は，その苦痛そのものを体験するわけではないのである（Preston & de Waal, 2002; Singer et al., 2004）。特定の情動的状態にある他者を観察・注視することによって，観察者内部のその情動状態に関する表象が，関連する自律

的・身体的反応と共に自動的に賦活される（Preston & de Waal, 2002）。このプロセスは，実際の観察を通しても，物語を聞くことを通しても，様々なシナリオの視覚化ないし想像を通しても，賦活されうる（Danziger, 2006; Jackson & Decety, 2004）。ただし，感覚モダリティごとに誘発電位の違いが存在する。たとえば，Jackson and Decety（2004）訳注4 は，想像する方が観察する場合よりも誘発電位が低いこと，また映像によって喚起された情動と記憶によって喚起された情動は，内側前頭前皮質と視床における類似した賦活の増大を生じることを報告している。映像を観察することは，視床下部・扁桃体・前側頭皮質・後頭－側頭－頭頂接合部の賦活につながる。同様に，ある情動を体験することと関連した部位が，同じ情動の表情表出を見ることによっても賦活される。これは，感情に関連した表情表出や姿勢をとることによって，我々がそれらの感情を体験できるようになるのと同じようなプロセスなのかもしれない。共感は身体運動に依存しているが，それらは必要条件ではない。共感は運動ネットワークの賦活とは独立しても生じうる（de Vignemont & Singer, 2006）。

2. セラピストの共感能力を向上させる方法

　共感の生理学的基盤に関する神経科学的研究は，セッション中に共感的になろうとするときのセラピストの主観的な体験に対する根拠を提供するとともに，セラピストの共感的スキルを向上・増進させる方法を示唆している。セラピストは，クライエントに共感する能力を最大限にするために，数多くの認知的共感のプロセスに取り組むことが可能である。第1に，セラピストは，「視覚化（visualization）」の技法を用いて，クライエントの生活における体験や出来事を積極的に想像することが可能である。第2に，セラピストは，賦活されている感情または感覚を認識するために，自身の身体に密接に注意を払うことができる。第3に，セラピストは，クライエントの生活体験の詳細と文脈とを注意深く聴くことができる。第4に，セラピストは，自分自身の体験から離れて，他者の視点を採用するように努力することができる。第5に，セラピストは，自己の気づきや自己の内省を深めることができる。そして，第6に，セラピストは，他者の語りや非言語的行動からその人の情動を正しく特定することを学習することができる。経験豊富なセラピストがクライエントの体験に共感的に共鳴しようとするときのセラピストの主観的体験に関する，Greenberg and

Rushanski-Rosenberg (2002) の研究は，セラピストが，自身の共感能力を向上させるためにこれらの活動に取り組んでいることを示唆している。しかしながら，もっと意識的に，これらの特定の諸プロセスに熟達し注力することによって，セラピストは，セッションのなかで，よりよく共鳴し，自らの共感的理解をよりよく表現することができるようになるのであろう。これらの諸プロセスの一つ一つと，それらの根拠となる神経学的研究について，ここでレビューしよう。

視覚化

共感のプロセスにおいて視覚化の果たす重要な役割は，周りの人々の意図・感覚・情動を模倣する観察者のミラー・ニューロンに関する研究によって明らかにされている (Ferrari et al., 2003; Rizzolatti, 2005; Gallese, 2005)。Decety and Jackson (2004) は，意図的に想像するという行為が，ただ観察する場合と比べて，ニューロンの共感回路における強い反応を生じることを指摘している訳注5。したがって，セラピストが他者の状態に関する自身の理解を向上させることができる1つの方法は，語られる話の詳細を積極的に視覚化することである。セラピストは異なる複数の状況に関する心的イメージを発達させるよう努力することができる。自身の反応を増幅することによって，クライエントの話や人生の経験に受動的に耳を傾けるよりも，クライエントにとって何が起こっているのかに関するよりよい感覚をセラピストは得ることができるようになると思われる。

模 倣

ミラー・ニューロンは，いろいろな行為の記録器であることから，模倣のための前段階であると見なすことができる。ミラー・ニューロンの働きによって，他者の行為や意図を受容して符号化することができるわけであるが，それに加えて，他者とのコミュニケーションの促進にもつながる可能性がある。他者の行為を自動的に模倣することで，相手を見ていることや話を聞いていることが相手に伝わるからである (Wilson & Knoblich, 2005)。誰かの行為を見るとき，ミラー・ニューロンの発火によって，観察者の同様の生理学的プロセスが刺激され，その行為者と同様の体験の感覚が観察者にもたらされる。クライエントの行為を自動的に模倣するという自分自身の体験に注意を向けるセラピストは，

クライエントが体験しているものをより的確に感じ取ることができるであろう。セラピストはこうして得られた情報をクライエントにフィードバックすることによって，クライエントの体験に対する共感を伝え，クライエントが自身の体験を言語化するのを助けることができる。

クライエントの体験に感情移入できるように，セラピストが他者を模倣する自動的な能力を利用する方法が，もう1つある。それは，セッションの中でもっと意識的にクライエントを模倣し，クライエントがそれらの行為で何を伝えているのかを尋ねることである。より意識的な模倣をすることは，クライエント自身の情動に対するクライエントの気づきを高め，その主観的な状態をより明確に表現する言葉をクライエントとセラピストが見つけるのを助けることになる（Elliott et al., 2003; Kennedy-Moore & Watson, 1999）。あるいは，他者の行為を視覚化したり，他者の立場にいる自分を想像したりすることによって生じる自動的な模倣のプロセスに注意を向けることによって，セラピストは，この賦活状態から外挿的推論を行い，クライエントの情動的体験に関する共感的な推測をクライエントに対して，とりあえず提案する，ということも可能である。

観察者の内部に類似した状態が再現されることによって，その身体は，異なる体験が他者にどのように影響を及ぼしているのかについての重要な情報源となる。セラピストは，クライエントの語りに耳を傾けながら，自分自身の身体から得られる情報を使って，異なる状況におかれていることがどのようなものであるか，特定の出来事を体験することがどのようなものであるか，について想像をすることができる。Wilson and Knoblich（2005）は，運動ミラー・ニューロンの賦活によって，我々は，自分自身の身体の暗黙の知識を用いることで，他者の行為をとらえることができるということを示唆した。彼らは，観察・視覚化・聴取を通して生じる運動ニューロンの賦活によって，ミラー・ニューロンが賦活するだけでなく，他者の行為を予測できるようになるという知覚エミュレータ・モデルを提案している。

文　脈

神経回路は自動的に賦活されるわけではなく，文脈に依存して選択的に反応するということを示す研究がある（Wilson & Knoblich, 2005）。Iacoboni らは，行為がおこなわれる状況に依存して，ミラー・ニューロンが異なる発火を生じ

ることを示している (Iacoboni et al., 2005)。彼らは，手がティーカップを持ち上げるところが映っているビデオを参加者に見せた。最初のビデオでは，ティーカップは，テーブルの上のティーポットとクッキーをのせた皿の隣に置かれており，ティーパーティの最中であることを示していた。第2のビデオでは，ティーカップは，同じくテーブルの上に置かれているが，テーブルは汚れていて食べかすが散らばっていた。第3のビデオでは，ティーカップは，テーブルの上に置かれているが，テーブルの上にはティーカップ以外は何もなかった。これらの映像を見た参加者のミラー・ニューロンは，文脈手がかりが何もないシーンよりも，ティーパーティの文脈でのティーカップに対してより強く反応した。この結果は，人が，他者の行動をその文脈に沿って解釈・理解しているのだということを示唆している。

もしセラピストが最大限に共感的になろうとするならば，セラピストにとって重要なのは，クライエントの現在および過去の文脈と生活史に対して敏感になり，クライエントにとって情動的に重要であるものが何であるかについての適切な理解を構築し，何がクライエントの行為を動機づけているのかの理解を得ることである。人間性心理学のセラピスト達は，セッション内で生じる瞬間瞬間の反応を強調しているが，クライエントの生活史の完全な記述についてはあまり強調していない。時折，クライエントが自身について語ろうとすることがあっても，体験過程心理療法（experiential psychotherapy 訳注6）においては，それは逆効果であると見なされることもある。それは時折，情動処理から注意をそらそうとしていると見なされることがある。このような見解は，生活史の詳細の必要性を強調する，精神分析の理論家のものとは対照的である。

異なる状況に対して我々の脳が共感的に反応するために文脈が重要なのだとすれば，最大限に共感的なセラピストになるためには，クライエントの感情や行為の仕方に影響を及ぼしている特定の状況について，非常に優れた感覚をもつことが必要とされる。体験過程療法のセラピストは，クライエントの自分達について語るときの話し方が，セッション内の情動処理の重要な指標であることに気づいていた (Elliott et al., 2003; Watson & Bohart, 2001)。体験過程療法のセラピストは，クライエントが出来事について，何度も繰り返されたような叙述を行っているのか，それとも，ダラダラととりとめもなく話しているのかどうかについて注意深く耳を傾ける。そうしながら，体験過程療法のセラピストは，クライエントがクライエント自身の情動処理に，より密接に接触できる

ように援助する。この作業を実行するための1つの方法が，クライエントに対して，もっと詳細で特定的で鮮明にその状況を説明するように求めることである。これらの記述によって，クライエントの世界の内的な視点が提供されることになり，セラピストは，クライエントが感じているものに関するより適切な感覚を発達させることが可能となる。そして，セラピストは，この推測についてクライエントに確認することができ，クライエントがクライエント自身の情動に，より密接に接触するのを助けることになるのである。

内的な視点とクライエントの語りに関する明晰な感覚を手に入れることは，クライエントにとって重要であるのと同様に，セッション中のセラピストの処理にとっても重要であろう。詳細で鮮明で明晰な語りを聴くことによって，セラピストは，クライエントの体験に共感できる可能性が高くなり，クライエントの世界観に対するよりよい理解に至る。共感的共鳴を向上させるために，セラピストは，状況の詳細をクライエントに求め，クライエントの生活の文脈に関するよりよい感覚を得ることができる。あるいは，セラピストが体系的で感情を喚起するような展開を動機づけることによって，クライエントが「情景の映像を再生」するのを促進し，結果的に，状況は，そのセッションに参加する2人（セラピストとクライエント）にとって生き生きとしたものになる（Rice & Saperia, 1984; Watson & Rennie, 1994; Watson & Greenberg, 1996）。もっと最近では，体験過程療法の研究者は，生活史を手に入れることや，情動的に生きている特徴のある出来事やクライエントの生活における状況を同定することの重要性を認識している。このような作業は，特定の出来事の情動的な重要性や，クライエントがそのように感じたり振る舞ったりする理由に関する理解を提供することによって，ケース・フォーミュレーションを促進することになる（Watson, Goldman, & Greenberg, 2007）。

脱中心化

苦痛の状況にある他者に対する個人の反応というのは，自己志向的にも他者志向的にもなりうることが見出されており，その範囲は，他者の状態に対する個人的動揺から，他者の経験の完全な理解に至るまで，連続体に沿って変動すると考えられている。Jackson, Meltzoff, and Decety（2005）は，人類のデフォールトモードが自己中心的であることを示唆している。しかしながら，他者に向けて共感を表出するためには，「脱中心化」の能力が必要である。相手に

没入してしまうと，結果的に情動感染が生じる可能性がある。その場合，人は他者の苦悩に際して自らも苦悩を体験・表出することになるが，他者の体験を完全に理解するわけではない。他者の体験を完全に理解するためには，自他が区別されたままでいることが重要である。とは言え，たとえ動揺しているときであっても，脳が個人的苦痛を他者の苦痛と区別できていることは明らかである。他者の苦痛に対する個人の反応を調べた研究では，その個人が苦痛体験の当人であるか観察者であるかに依存して，脳の異なる部位が反応することが示されている（Jackson, Meltzoff, & Decey 2005）。

Gazzola ら（2006）は，音が出る行為を誰かが行っているのを聞いたり，見たり，想像したりする時の聴覚ミラー・ニューロン・システムの賦活が，自己報告による「視点取得」得点の高いほうが大きいことを見出した。興味深いことに，「共感的配慮」，「ファンタジー」，「個人的苦悩」といった共感尺度の他の下位尺度は，ミラー・ニューロンの賦活とは相関しなかった。そのかわり，「共感的配慮」は島皮質の賦活と相関しており，共感の認知的側面と情動的側面とを区別することが重要であることが示唆される。認知的共感や，他者がどう感じているか，あるいは，他者が何を体験しているか，に関する感覚を手に入れることは，他者の視点を取得する能力と結びついているのであろう。それはおそらく，他者の苦痛に際して，配慮または苦悩を感じることとは異なっているであろう。さらに，他者の苦痛を知覚したり共感を経験したりするのに，個人的に苦痛を体験する必要はないように思われる（Danziger, 2006）。特定の神経ネットワークの賦活は，個人が，他者にとって苦痛であるような出来事を認識し，苦痛な出来事への他者の反応を記録することが可能であることを示しているようである（de Vignemont & Singer, 2006）。そのため，研究者によっては，共感に含まれる異なる複数の側面が，異なる複数の神経基盤に依存していると考えている（Gazzola et al., 2006; Jackson et al., 2006）。

心理療法家達が指摘しているように，共感の体験と表出は，他者に没入してしまうことを必要とはしていない（Jackson et al., 2006）。むしろ，脱中心化する能力のほうが，人が他者の体験に完全に共感可能となるためには欠かせないことのように思われる。ロジャーズによる，心理療法における共感に関する初期の記述では，セラピストがクライエントの体験に対して個人的な判断をせず，受容することの必要性が強調されていた。セラピストが真に個人的判断を避けるために，ロジャーズは，セラピストは自分自身の視点・世界観・価値観・好

みを脇に置いて，クライエントの世界に完全に入り込み，クライエントが体験するようにその世界を体験しなければならないと示唆している。人が自由に他者の視点に立つことができるのは，相手に対する判断を保留にしているときだけである。

3. 共感を調節する諸要因

　共感は，苦痛の強さ，共感する側とされる側の感情的なつながり，その苦痛が正当な治療かどうか，といった要因に依存して，自発的に調節可能であることを示す研究がある（de Vignemont & Singer, 2006）。これらの要因は，セラピーについて考える上でも重要である。De Vignemont and Singer（2006）は，恐怖や悲しみといった一次的情動のほうが，嫉妬のような二次的情動よりも共感しやすいであろうと主張している。このことは，クライエントに対して，二次的情動を表出している状態から，一次的情動の体験と表出へと積極的にシフトさせるように取り組むという，体験過程療法のセラピストの見解を支持している。体験過程療法のセラピスト達は，クライエントやそのパートナーが，二次的情動に対してよりも一次的情動に対してのほうが共感的に反応しやすいということを認識しているのである。同じように，セラピストにとっても，二次的情動よりも一次的情動に対してのほうが，共感的に反応することは容易であろう。したがって，クライエントの表出する情動を二次的情動から一次的情動へとシフトするのを促進することができれば，セラピストの共感能力を向上させることができるということである。実際，体験過程療法のセラピスト達は，クライエントの体験に対して，自分自身のもともと持っているレベルの共感を用いて，クライエントが二次的情動と一次的情動を区別できるように促すのであろう。

　第2の要因である，共感する側と共感対象との関係性は，人が他者に共感することになるかどうかを決定する上で非常に重要である。De Vignemont and Singer（2006）は，共感対象と共感者との類似性や親密さ，共感対象が養育・保護・世話を必要としているとみられるかどうか，共感者や誰か別の人に向けて情動表出されているかどうか，など，共感を調節しうる多くの要因について提案している。ロジャーズ（1959）は，クライエントに対する肯定的配慮の重要性を強調している。肯定的配慮は，共感的な治療関係を構築するための本質

的な構成要素と見なされている。したがって，セラピストは，ネガティブな感情によって共感能力が喪失してしまうことがないように，クライエントに対する肯定的な感情を維持しながら取り組む必要がある。精神分析家は，セラピーにおける逆転移の役割に多くの注意を払ってきた。逆転移は，役に立つ可能性があると同時に治療成果に対する障害と見られている（Gelso & Hayes, 2001; Richards, 1990）。クライエントに共感する能力に対して作用するネガティブな感情の影響を緩和できるように，共感を調節する諸要因にセラピストが気づいていることがいかに重要であるか，ということを神経科学的研究の知見は強調している。

　共感に影響を及ぼすもう1つの重要な要因を構成しているのが共感する側の特性である。Rankinら（2006）は，共感の認知的要素と情動的要素とを区別している。共感に関連した認知能力には，視点取得・抽象的推論・認知的柔軟性が含まれている。「視点取得（*perspective taking*）」という用語は，他者の視点を採用する能力，あるいは，視覚的・聴覚的・状況的手がかりに基づいて他者の認知的・情動的状態を想像することによって心の理論を発達させる能力が必要であることを示唆している。抽象的推論には，他者の視点・動機・意図について，解釈や高次の推論を行う能力が必要とされる。第3の認知的要素である「認知的柔軟性（*cognitive flexibility*）」は，「自発的な柔軟性（*spontaneous flexibility*）」と「反作用的な柔軟性（*reactive flexibility*）」に分けられる。自発的柔軟性というのは，個人の言語的流暢性または，他者の認知的情動的状態について素早く容易に思いつくことができる能力を指す。反作用的柔軟性というのは，注意を柔軟にシフトさせる個人の能力のことであり，それによって，自分自身や他者の情動および認知状態に関する情報を比較・対比して，様々な仮説を整理し，他者の情動および認知状態に関する作業モデルを素早く更新することが可能となる。共感の情動的要素には，他者の情動を認識する能力，すなわち情動的反応性と，自分自身の情動的および認知的状態を正しく認識する能力とが含まれている。

　これらの特性のうちのいくつかは生得的と思われるが，それ以外はトレーニングと自己内省とによって向上させることが可能である。これらの能力のレベルはおそらく人によって異なっているであろう。共感の認知的側面に優れている人もいるであろうし，情動的な要素に熟達している人もいるであろう。理想的なのは，共感的なセラピストが，共感の認知的側面と感情的側面の両方の能

力を有していることであろう。しかしながら，これらの技能は向上可能であるように思われる。初心者のセラピストに対しては，より正確に感情を読みとり，感情的な手がかりにもっと注意を向けるようにと教えることができる。初心者のセラピストには，セラピスト自身の感情とクライエントの感情とをよりよく区別することが可能となるように，自己の気づきと洞察のレベルを増大させるために自己内省に努めるよう促すことができる。セラピストは，多くの苦痛を体験しているクライエントを相手にする際に，セラピスト自身が不当な苦悩や情動感染を被ることがないよう，自身の情動を効果的に制御することを訓練できる。認知的な技能の育成は，初心者のセラピストに対して，脱中心化し，様々な視点や異なる方法で問題を見ることができるように促すことで可能となる。

共感を作りあげる複雑な特性は，我々が，認知的共感と情動的共感と認知的情動的共感とを区別可能であることを示唆している。認知的共感には，ミラー・ニューロンを含む異なる複数の神経系と，視点取得を可能にするシステムとが含まれている可能性がある。それは，情動的神経ネットワークとは独立した共感的理解の１つの形である。それに対して情動的共感の方は，情動的神経回路に基づいている。情動的共感は，他者の情動表出によって賦活され，様々な情動反応を刺激する特定の状況に関する我々の理解に基づいている。共感の情動的側面と認知的側面が組み合わされることによって，他者の視点や他者にとっての物事の意味を把握することと，出来事に関する情動的意味を理解することとが組み合わされた，最も包括的な形の共感的理解を生じる。

心理療法のなかではあらゆる形式の共感が表現されているが，エモーション・フォーカスト・セラピーのセラピストが，クライエントの「在り方（ways of being）」における変化を促進するために取り組もうとしているのは，認知的共感と情動的共感の組合せである。共感の働きによって，何がクライエントを駆り立て，なぜクライエントがそのように振る舞うのかということに関して，メタレベルで理解するだけでなく，セッション中に生じている瞬間瞬間のクライエントの体験をとらえて，自身の体験を処理するクライエントに共鳴し続けようとするのである。このようにして，体験過程療法のセラピストは，クライエントが，自身の感情体験を処理し，自身の行動について理解するのを助ける。それによって，クライエントは，自身の情動をどう処理し，自分自身をどう扱い，他者とどう相互作用するかに関する新たな方法を獲得することが

できるのである。

4. 結　論

　共感は，心理療法の単なる随伴現象や背景条件というだけではなく，それ以上の高次の複雑なプロセスである。共感的理解というのは，様々な情報源からの情報を統合し，異なる個人にとっての体験の個性記述的な意味をとらえることである。共感的なコミュニケーションは，脳内で生じる無数のプロセスから生じる。それは，人間の相互作用と生存を促進する多重レベルでの複雑な情報処理から構成されている。共感は，あらゆる関係性における対人コミュニケーションにとって本質的なものであると同時に，心理療法の文脈で適用・使用される場合には，非常に治療的に有効となる，高度に洗練された技術である。共感的共鳴に関する理解は，共感を伝えることや共感を受け取ることが，どのようにクライエントの生理学および神経学的な変化を促進するかを探索するために重要なものとなるであろう。

引用文献

Barrett-Lennard, G. T. (1993). The phases and focus of empathy. *British Journal of Medical Psychology*, 66, 3–14.
Barrett-Lennard, G. T. (1997). The recovery of empathy: Toward others and self. In A. C. Bohart & L. S. Greenberg (Eds.), *Empathy reconsidered: New directions in psychotherapy* (pp. 103–121). Washington, DC: American Psychological Association.
Bohart, A. & Greenberg, L. S. (1997). *Empathy reconsidered: New directions in psychotherapy* (pp. 3–31). Washington, DC: American Psychological Association.
Bozarth, J.D. (1997). Empathy from the framework of client-centered theory and the Rogerian hypothesis. In A. Bohart & L. S. Greenberg (Eds.), *Empathy reconsidered: New directions in psychotherapy* (pp. 81–102). Washington, DC: American Psychological Association.
Bucci, W. (1984). Linking words and things: Basic processes and individual variation. *Cognition*, 17, 137–153.
Burns, D. D., & Nolen-Hoeksema, S. (1992). Therapeutic empathy and recovery from depression in cognitive-behavioral therapy: A structural equation model. *Journal of Consulting and Clinical Psychology*, 60, 441–449.
Damasio, A. (1994). *Descartes' error: Emotion, reason, and the human brain*. New York: Putnam.

Danziger, N., Prkachin, K. M., & Willer, J. C. (2006). Is pain the price of empathy? The perception of others' pain in patients with congenital insensitivity to pain. *Brain*, **129**, 2494–2507.
Decety, J., & Jackson, P. L. (2004). The functional architecture of human empathy. *Behavioral and Cognitive Neuroscience Reviews*, **3**, 71–100.
De Vignemont, F., & Singer, T. (2006). Empathic brain: How, when and why? *Trends in Cognitive Sciences*, **10**, 35–41.
Elliott, R., Watson, J. C., Goldman, R. N., & Greenberg, L. S. (2003). *Learning emotion-focused therapy: The process-experiential approach to change*. Washington, DC: American Psychological Association.
Ferrari, P. F., Gallese, V., Rizzolatti, G., & Fogassi, L. (2003). Mirror neurons responding to the observation of ingestive and communicative mouth actions in the monkey premotor cortex. *European Journal of Neuroscience*, **17**, 1703–1714.
Fosha, D. (2001). The dyadic regulation of affect. *Journal of Clinical Psychology*, **57**, 227–242.
Gallese, V. (2005). "Being like me": Self-other identity, mirror neurons, and empathy. In S. Hurley & N. Chater (Eds.), *Perspectives on imitation: From neuroscience to social science: Vol. 1. Mechanisms of imitation and imitation in animals* (pp. 101–118). Cambridge, MA: MIT Press.
Gazzola, V., Aziz-Zadeh, L., & Keysers, C. (2006). Empathy and the somatotopic auditory mirror system in humans. *Current Biology*, **16**, 1824–1829.
Gelso, C. J., & Hayes, J. A. (2001). Countertransference management. *Psychotherapy*, **38** (4), 418–422.
Greenberg, L. S., Rice, L. N., & Elliott, R. (1993). *Facilitating emotional change: The moment-by-moment process*. New York: Guilford Press.［岩壁 茂（訳）(2006). 感情に働きかける面接技法：心理療法の統合的アプローチ．誠信書房．］
Greenberg, L. S., & Rushanski-Rosenberg, R. (2002). Therapist's experience of empathy. In J. C. Watson, R. N. Goldman, & M. S. Warner (Eds.), *Client-centered and experiential psychotherapy in the 21st century: Advances in theory, research and practice* (pp. 168–181). Ross-on Wye, UK: PCCS Books.
Greenberg, L. S., & Watson, J. C. (2006). *Emotionally focused therapy for depression*. Washington, DC: American Psychological Association.
Iacoboni, M., Molnar-Szakacs, I., Gallese, V., Buccino, G., Mazziotta, J. C., & Rizzolatti, G. (2005). Grasping the intentions of others with one's own mirror neuron system. *PLoS Biology*, **3**, 529–536.
Jackson, P. L., Brunet, E., Meltzoff, A. N., & Decety, J. (2006). Empathy examined through the neural mechanisms involved imagining how I feel versus how you feel pain. *Neuropsychologia*, **44**, 752–761.
Jackson, P. L., & Decety, J. (2004). Motor cognition: A new paradigm to study self-other interactions. *Current Opinion in Neurobiology*, **14**, 259–263.
Jackson, P. L., Meltzoff, A. N., & Decety, J. (2005). How do we perceive the pain of others? A window into the neural processes involved in empathy. *NeuroImage*, **24**,

771-779.
Kennedy-Moore, E., & Watson, J. C. (1999). *Expressing emotion: Myths, realities and therapeutic strategies.* New York: Guilford Press.
Khan, E. (2002). Heinz Kohut's empathy. In J. C. Watson, R. N. Goldman, & M. S. Warner (Eds.), *Clientcentered and experiential psychotherapy in the 21st century: Advances in theory, research, and practice* (pp. 99-104). Ross-on-Wye, UK: PCCS Books.
Klein, M. H., Mathieu-Coughlan, P. L., & Kiesler, D. J. (1986). The Experiencing Scales. In L. S. Greenberg & W. M. Pinsof (Eds.), *The psychotherapeutic process: A research handbook* (pp. 21-71). New York: Guilford Press.
Kohut, H. (1977). *The restoration of self.* New York: International University Press. ［ハインツ・コフート（著）本城秀次・笠原嘉（監訳）本城美恵・山内正美（共訳）(1995). 自己の修復. みすず書房.］
Meltzoff, A. N., & Decety, J. (2003). What imitation tells us about social cognition: A rapprochement between developmental psychology and cognitive neuroscience. *Philosophical Transactions of the Royal Society, London, B,* **358,** 491-500.
Morrison, I., Lloyd, D., di Pellegrino, G., & Roberts, N. (2004). Vicarious responses to pain in anterior cingulated cortex: Is empathy a multisensory issue? *Cognitive, Affective, & Behavioral Neuroscience,* **4,** 270-278.
Preston, S. D., & de Waal, F. B. M. (2002). Empathy: Its ultimate and proximate bases. *Behavioral and Brain Sciences,* **25,** 1-72.
Rankin, K. P., Gorno-Tempini, M. L., Allison, S. C., Stanley, C. M., Glenn, S., Weiner, M. W., & Miller, B. L. (2006). Structural anatomy of empathy in neurodegenerative disease. *Brain,* **129,** 2945-2956.
Rice, L. N., & Saperia, E. (1984). Task analysis and the resolution of problematic reactions. In L. N. Rice & L. S. Greenberg (Eds.), *Patterns of change: Intensive analysis of psychotherapy process.* New York: Guilford Press.
Richards, J. (1990). Countertransference as a complex tool for understanding the patient in psychotherapy. *Psychoanalytic Psychotherapy,* **4** (3), 233-244.
Rizzolatti, G. (2005). The mirror neuron system and imitation. In S. Hurley & N. Chater (Eds.), *Perspectives on imitation: From neuroscience to social science: Vol. 1. Mechanisms of imitation and imitation in animals* (pp. 55-76). Cambridge, MA: MIT Press.
Rogers, C. R. (1951). *Client-centered therapy.* Boston: Houghton-Mifflin.［カール・R. ロジャーズ（著），保坂亨・末武康弘・諸富祥彦（訳）(2005). クライアント中心療法（ロジャーズ主要著作集）. 岩崎学術出版社.］
Rogers, C. R. (1959). A theory of therapy, personality, and interpersonal relationships, as developed in the client-centered framework. In S. Koch (Ed.), *Psychology: The study of a science* (Vol. 3, pp. 184-256). New York: McGraw-Hill.［ロージァズ, R.（著）畠瀬稔他（訳）(1967). 第5章 クライエント中心療法の立場から発展したセラピィ，パースナリティおよび対人関係の理論. 伊東博（編訳）ロージァズ全集第8巻 パースナリティ理論 (pp. 165-278). 岩崎学術出版社.］

Rogers, C. R. (1965). *Client-centered therapy: Its current practice, implications and theory.* Boston: Houghton-Mifflin. 訳注1

Rogers, C. R. (1975). Empathic: An unappreciated way of being. *Counseling Psychologist,* 5, 2–10. [カール・ロジャーズ（著），畠瀬直子（訳）(1988). 第7章 共感——実存を外側から眺めない係わり方——. 畠瀬直子（監訳）人間尊重の心理学——わが人生と思想を語る——(pp. 128–152). 創元社.]

Singer, T., Seymour, B., O'Doherty, J. P. Stephen, K. E., Dolan, R. J., & Frith, C. D. (2006). Empathic neural responses are modulated by the perceived fairness of others. *Nature,* 439, 465–469.

Singer, T., Seymour, B., O'Doherty, J., Kaube, H., Dolan, R. J., & Frith, C. D. (2004). Empathy for pain involves the affective but not sensory components of pain. *Science,* 303, 1157–1162.

Vanaerschot, G. (1990). The process of empathy: Holding and letting go. In G. Lietaer, J. Rombauts, & R. Van Balen (Eds.), *Client-centered and experiential psychotherapy in the nineties* (pp. 269–294). Leuven, Belgium: Leuven University Press.

Warner, M. S. (1997). Does empathy cure? A theoretical consideration of empathy, processing, and personal narrative. In A. C. Bohart & L. S. Greenberg (Eds.), *Empathy reconsidered: New directions in psychotherapy* (pp. 125–140). Washington, DC: American Psychological Association.

Watson, J. C., Goldman, R. N., & Greenberg, L. S. (2007). *Case studies in the emotion focused treatment of depression: A comparison of good and poor outcome.* New York: American Psychological Association.

Watson, J. C. (2001). Revisioning empathy: Theory, research and practice. In D. Cain & J. Seeman (Eds.), *Handbook of research and practice in humanistic psychotherapy* (pp. 445–472). New York: American Psychological Association.

Watson, J. C., & Bohart, A. (2001). Integrative humanistic therapy in an era of managed care. In K. Schneider, J. F. T. Bugenthal, & F. Pierson (Eds.), *The handbook of humanistic psychology* (pp. 503–520). Newbury Park: Sage Publications

Watson, J. C., Goldman, R., & Vanaerschot, G. (1998). Empathic: A postmodern way of being. In L. S. Greenberg, J. C. Watson, & G. Lietaer (Eds.), *Handbook of experiential psychotherapy* (pp. 61–81). New York: Guilford Press.

Watson, J. C., & Greenberg, L. S. (1996). Emotion and cognition in experiential therapy: A dialecticalconstructivist position. In H. Rosen & K. Kuelwein (Eds.), *Constructing realities: Meaning-making perspectives for psychotherapists* (pp. 253–276). San Francisco: Jossey-Bass.

Watson, J. C., & Rennie, D. (1994). A qualitative analysis of clients' reports of their subjective experience while exploring problematic reactions in therapy. *Journal of Counseling Psychology,* 41, 500–509.

Wilson, M., & Knoblich, G. (2005). The case for motor involvement in perceiving conspecifics. *Psychological Bulletin,* 131, 460–473.

■訳注■

1 引用文献で Rogers（1965）とされている文献のタイトルは，Rogers（1951）のものである。Rogers（1965）として本文中に記載されている内容は，Rogers（1959）からの引用だと思われる。
2 既知のデータに基づいて関数を仮定し，その関数に基づいて，既知のデータの範囲外の数値を予測することを外挿（extrapolation）という。この場合，自分自身の内的状態に関する理解に基づいて，本来未知である他者の内的状態を推定することを指していると思われる。
3 Decety & Jackson（2004）には，本文に記述されているような研究に関する記載は見られない。おそらく，Meltzoff & Decety（2003）の誤りだと思われる。
4 Jackson & Decety（2004）には，本文に記述されているような研究に関する記載は見られない。おそらく，Decety & Jackson（2004）の誤りだと思われる。ただし，Decety & Jackson（2004）では，Clark, Tremblay, & Ste-Marie（2003）の行った運動誘発電位の結果が紹介されているが，想像条件の方が観察条件も誘発電位が低いという事実はない。Clark ら（2003）では，「模倣－観察条件と想像条件は受動的観察条件よりもわずかに大きな振幅を生じたが，有意差はなかった」と報告されている。
5 Decety & Jackson（2004）には，本文に記述されているような研究に関する記載は見られない。「意図的に想像するという行為が，ただ観察するだけよりも強い反応を生じる」という表現は，Stotland（1969）の研究の紹介部分で見られるが，「強い反応」が見られたのは，「共感に関する生理学的測度（つまり，手掌の発汗と血管収縮）および言語的な測度」であり，「ニューロンの共感回路」における直接の反応についてではない。
6 「体験過程心理療法（experiential psychotherapy）」は，ジェンドリンによるフォーカシングを中心とした心理療法で，ロジャーズのクライエント中心療法の流れを汲んでいる。また，ゲシュタルト療法やエンカウンターグループなど，感情の解放や自己実現などに焦点をあてた心理療法のカテゴリーを「体験過程療法（experiential therapy）」と呼ぶ場合がある。なお，本章は，第1著者による下記の論文の記述とかなり重複が見られ，本章で，「体験過程療法のセラピスト（experiential therapist）」と記載されている箇所は，下記論文では，「EFT therapist」（エモーション・フォーカスト・セラピーのセラピスト）と記載されている。第1著者の Watson は，エモーション・フォーカスト・セラピーも含めた広義の体験過程療法のセラピストに該当する特徴について述べていると思われる。
Watson, J. C. (2007). Facilitating empathy. *European Psychotherapy*, **7** (1), 61-76.

第11章 共感と道徳と社会的慣習：サイコパスやその他の精神障害からの証拠

R・J・R・ブレア
カリナ・S・ブレア

　共感と道徳的発達との間には何らかの関連性があると考えられてきた（たとえば，Hoffman, 1970）。しかしながら，それがどのように関連するのかといったことや，共感や道徳的推論という構成概念そのものについては，曖昧にしか定義されていない。本章の目的は，最新の文献に基づいて，特定の神経認知システムによって媒介される特定の形式の共感と，特定社会規範適合的な行動との間の関係について詳細に説明することである。

　我々はまず，共感の性質について，そして，道徳的違反と慣習的違反との違いについて検討する。次に，異なる複数の情動的共感反応が，道徳的推論を行う場合と慣習的推論を行う場合に果たす役割について，そして，このような推論が，違反者の心的状態に関する情報（つまり認知的共感）によってどのように調節されるかについて検討する。そして，道徳的違反や慣習的違反のあとに他者が示す罪悪感・恥・気恥ずかしさに対する反応について検討し，本章を締めくくる。

1. 共感の定義

　共感という用語は，観察対象である人物の内的状態に関する情報を観察者が利用することを可能にする，複数のプロセスを指すのに用いられてきた。共感と呼ぶことができるような処理には少なくとも3つの種類があり，それらは，神経レベルでも認知レベルでもある程度独立したものである（Blair, 2005）。この見解における3種類の共感とは，情動的共感，認知的共感（心の理論として知られている），そして，運動的共感（観察される人物の姿勢を模倣してしまうこと）である。現時点では，運動的共感と，道徳的・社会的規則の発達とを関連

づけるようなデータはないため，本章ではもっぱら情動的共感と認知的共感について検討する。

情動的共感

情動的反応は，報酬や罰刺激（つまり，無条件および条件性の欲求性および嫌悪性刺激）に対する脳の反応として定義されている（Rolls, 1999）。情動表出は，観察者に特定の情報を伝えるという特定の伝達機能をもった強化子（reinforcer）と見なすことができる（Blair, 2005）。この見解では，情動的共感というのは，観察者によるコミュニケーションの解釈と定義される。

多くの研究が，情動表出に反応する神経認知システムについて検討してきた（この文献のレビューについては，Adolphs, 2002 を見よ）。本稿で取り扱われる主要な関心は3つある。第1に，情動表出に反応する皮質下システム（subcortical system）が存在するかどうか，第2に，異なる情動表出の処理に関与する，独立した神経認知システムが存在するかどうか，そして第3に，情動表出への反応が，自動的であるのか，それとも注意の制御下にあるのかどうか，である。

皮質下システムの問題に関していえば，表情表出が，視覚皮質から側頭皮質を経て辺縁領域に至る経路で処理されているだけでなく，皮質下（つまり，視床からと，辺縁領域，特に扁桃体へ，Adolphs, 2002）においても処理されていると主張されている。この問題には議論の余地がある。しかしながら，Vuilleumier ら（2003）は，視床枕（pulvinar）と上丘（superior colliculus）が，空間周波数の低い表情表出には反応するが空間周波数の高い表情表出には反応しない，つまり大雑把な情報には反応するが肌理の細かい情報には反応しないことを観察した。要するに，表情表出に関する大雑把な情報を扁桃体に伝達するような皮質下経路はあるが，それは恐怖の表出に限定されているということである（Vuilleumier et al., 2003; Luo et al., 2007）。この経路は，情報を素早く——脳磁図（MEG）で示されたところでは40ms 未満で——扁桃体に伝達する（Luo et al., 2007）。

異なる情動表出を処理するための独立した複数の神経認知システムが存在しているのかどうかに関しては，かなり議論の余地がある。すべての情動表出が同じような神経応答を賦活することを示す研究がいくつかあるものの（Winston et al., 2003; Fitzgerald et al., 2006），多くの他の研究はこの見解を支持していない（Blair, 2005を参照）。このような混乱は，部分的には，方法論上の違い

1. 共感の定義

に原因がある。単一の応答を見出している研究は，4つ以上の表出を同時に検討しており，そこに含まれる参加者の数（Fitzgeralde et al., 2006 では 20 人，Winston et al., 2003 では 12 人）では，差異を検出するのに十分な検定力をもたない。

もし私が主張しているように，表情の表出が特定のコミュニケーション機能をもつ強化子であるならば（Blair, 2005），あらゆる表出に対して単一のシステムが応答するということはなさそうである。異なるタイプの強化子に対する反応には異なる脳部位が含まれているからである。たとえば，扁桃体は恐怖に基づく条件づけに不可欠である（LeDoux, 2000）。したがって，恐怖の表出が選択的に扁桃体を賦活することは驚くにあたらない。恐怖表出の1つの役割は，新奇刺激が嫌悪的・回避すべきであるという情報を他の個体に迅速に伝えることであろう（Mineka & Cook, 1993）。

同様に，島皮質は，情動処理において他の役割も担ってはいるものの，味覚嫌悪学習にとって不可欠である。したがって，嫌悪の表出が選択的に島皮質を賦活することは驚くにあたらない（Blair, 2005 を見よ）。嫌悪の表出は，食物に関する感情価の情報を提供する強化子なのである（この主張の詳細については Blair, 2005 を見よ）。

怒りの表情表出に対する反応は，第2の形式の共感を表しているように思われる。怒りの表出は，社会的規則が破られたり，社会的期待が侵害されたりした時に，他者の行動を抑制させるために用いられる（Averill, 1982）。それは，観察者に対して，現在の行為をやめるよう告知する役割を果たしているように思われる。それらは必ずしも，将来にわたってその行為が開始されるべきかどうかについての情報を伝える必要はない。言い換えるならば，怒りの表出は，反応の逆転を開始するトリガーと見なすことができる（Blair, 2005）。腹外側前頭前皮質が，反応逆転にとって重要である（Budhani et al., 2007）。また，興味深いことに，外側眼窩前頭皮質の同様の領野が，怒りの表出によるだけでなく，反応逆転によって，随伴性変化の関数としても賦活する（Blair, 2005）。

情動表出に対する反応が自動的であるのか，それとも注意の制御下にあるのかといった問題に関しても，議論の余地がある。情動表出は「自動的」に処理されるという見方がある。たとえば，扁桃体は，注意のための処理資源が利用可能かどうかにかかわらず，恐怖の表出に応答して賦活することが示されている（Vuilleumier et al., 2001）。もう1つの見方は，情動表出を処理するには，

中立的な刺激を処理するのと同じように，注意のための処理資源を必要とすることを示唆している（Pessoa, Padmala, & Morland, 2005）。初期の知見は，「自動的」であるとする見方を支持しており，注意を向けられていない刺激に対して扁桃体が有意に賦活することを指摘している（Vuilleumier et al., 2001）。しかしながら，これらの結果は驚くべきことであった。これらの結果は，扁桃体が皮質下経路を経由して完全な賦活が生じる（注意の調節がなくても容易に生じる）か，あるいは，情動的刺激というものが，何らかの理由によって，表象的競合の原理が適用されないようなタイプの刺激である，ということを示唆しているからである。Desimone and Duncan（1995）によって開発された注意のモデルによれば，個人が注意を向けるのは，神経学的な表象に対する競合のプロセスの結果である。もし，自動的であるという見方が正しいのだとすれば，情動表出以外の刺激の表象は，情動表出と競合することもなければ干渉することもない，ということになる。しかしながら，その後の研究によって，顔の表情表出に対する情動反応も，その他の情動刺激に対する情動反応も，注意を操作することによって影響を受けることが示されており（Pessoa, Padmala, & Morland, 2005），情動表出もまた表象として競合するという見方が支持されている。

認知的共感（心の理論）

認知的共感とは，個人が他者の内面にある心的状態を表象するためのプロセスを指す。これはまた，心の理論（Premack & Woodruff, 1978）の定義でもある。心の理論によって，自己と他者の心的状態の帰属が可能になる。神経学的レベルでは，fMRIを用いた研究によって，内側前頭前皮質（特に前傍帯状皮質）・側頭頭頂接合部・側頭極が，この能力と関連していることが示唆されている（レビューについては，Frith & Frith, 2006を参照）

2. 道徳性と社会的慣習

前節では，情動的共感について検討し，情動表出が，特定の種類の情動的学習を生じさせるための強化子であると主張した。重要な情動的表示のあとに学習が生じるという社会的相互作用があるが，そのなかの1つの形式が，社会的規則の違反である。さらに，このタイプの情動的反応と，それに対応する周囲

の観察者による共感的反応は，規則違反のタイプによって異なっている（Nucci & Turiel, 1978）。本節では，2つのタイプの規則違反，すなわち道徳的違反と慣習的違反との間の重要な違いについて手短に考察する。

道徳的違反（たとえば，殺人や窃盗）は，その行為が，他人の権利や福利に及ぼす結果によって定義される。それに対して，社会的慣習の違反（たとえば，教室の中でお喋りする，あるいは，自分とは異なる性別の服を着る）は，社会的な体系のなかで社会的相互作用を構築する行動的画一性に対する侵害として定義される（Turiel et al. 1987）。

健常な個人の場合，月齢39ヶ月から（Smetana, 1981），そして複数の文化にわたって（Song, Smetana, & Kim, 1987），道徳的違反と慣習的違反とは区別される。道徳的違反と慣習的違反との間には3通りの区別の仕方がある。第1に，子どもも大人も通常，道徳的違反を慣習的違反よりも深刻なものと判断する。第2に，道徳的違反と慣習的違反とでは，判断の仕方が異なっている。たとえば，道徳的違反は，慣習的違反と違って，規則には左右されない。つまり，禁止する規則がなかったとしても，道徳的違反が許されると主張されることはほとんどない。第3に，道徳的違反と慣習的違反とでは，それらがなぜ悪いのかに関する理由づけが異なっている。誰かを傷つけたり損害を与えたりすることがなぜ悪いのかを尋ねられると，参加者は，被害者の苦しみについて言及することが多い（Smetana, 1981; Song, Smetana, & Kim, 1987; Turiel, Killen, & Helwig, 1987）。それに対して，教室内のお喋りや自分とは異なる性別の服を着ること（慣習的違反）がなぜ悪いのかを尋ねられると，参加者は，明示化されているもの（その行為がこの学校で禁止されている）であれ，明示化されていないもの（その行為が「社会的に受け入れられない」）であれ，確立された規則に言及するだろう。

道徳的違反と慣習的違反とを区別するのは被害者の有無である（Smetana, 1985）。もし，ある違反が被害者を生じることになると参加者が信じているのであれば，その参加者はその違反を道徳的なものとして処理するだろう。もし，ある違反が被害者を生じないと参加者が信じているのであれば，その参加者はその違反を慣習的なものとして処理するだろう。たとえば，Smetana（1985）は，未知の違反（それは，たとえば，Xは「ドゥール」を行った，のように，無意味語で示される）が，その行為の特定の結果に従って，道徳的あるいは慣習的なものとして処理されることを見出した。したがって，「Xはドゥールを行っ

た。そして，Yは泣いた」という場合には，それは道徳的なものとして処理され，「Xはドゥールを行った。そして先生は彼を叱りつけた」という場合には，それは慣習的なものとして処理されるということである。

3. 情動的共感と道徳的および慣習的推論

上で述べたように，道徳的違反と慣習的違反とでは，社会情動的な結果が異なっている。特に，大人は，それら2つの違反に対して異なった反応をする。道徳的違反は，被害者の苦悩（恐怖や悲しみ）と関連しており，それを気にかける人による共感的反応を誘発する傾向がある。それに対して，慣習的違反は，それを気にかける人による，怒りのような，力に訴える表現や行動を生じさせる傾向がある（Nucci & Turiel, 1978）。ここで展開した議論は，このような相異なる社会情動的な結果が，道徳的違反と慣習的違反の間の子どもによる区別の起源であるということを主張している。

道徳的推論，そして被害者に対する情動的共感反応

恐怖と悲しみの表出には，これらの表出と連合された刺激が回避すべきものであるという情報を他者に迅速に伝えるという効果があるのだと我々は仮定してきた。この説明によれば，被害者の苦悩を，その苦悩を引き起こす行為に結びつけるということが，道徳的社会化には伴われていることになる。共感を導出する技法は，道徳的社会化において特に効果的であることが示されている（Hoffman, 1970）が，そのような技法が機能するのは，そのような技法が個人の注意を被害者の苦悩に向けさせるからである。先に示したように，情動刺激に向けられる注意を増大させることは，その刺激に対する情動的反応を増大するはずである（Pessoa et al., 2002）。この見解からは，他者の苦悩に対する情動的反応が有意に少ないような母集団では，道徳的社会化に困難が示されるであろうことが予測される。我々は，精神病質（サイコパシー）である個人がそのような母集団の代表であると考えている。

精神病質（サイコパシー）は，部分的には，冷淡さ（callousness）——つまり，良心の呵責の能力が乏しい——衝動性，行動制御の困難，によって特徴づけられる障害である（Hare, 1991）。この障害には，2つの中心的な要素がある。1つは，情動的な機能不全（罪悪感，共感性，重要な他者への愛着，が乏しい）であり，もう1

つは反社会的行動である (Hare, 1991)。それは子ども時代から現れ，生涯にわたって継続する (Harpur & Hare, 1994)。

精神病質の個人は，他者の恐怖や悲しみの処理に明らかな障害を示す。したがって，精神病質の子どもと大人は典型的に，恐怖表情や（程度は低いが）悲しみの表情表出 (Blair et al., 2001) や声の表出 (Blair et al., 1997) の認識に障害を示す。また，他者の苦悩に対する注意バイアスが減退している (Kimonis et al., 2006)。

他者の苦悩に対する適切な情動反応——つまり共感的反応——が道徳的社会化にとって不可欠であるという主張と一致するように，精神病質の子どもと成人は，道徳と慣習とを弁別する課題において道徳的違反と慣習的違反の間の区別が有意に困難であることが示されている (Blair, 1995)。彼らはまた，道徳的潜在連合課題パラダイムを用いて吟味されたときに，ネガティブな感情と道徳的違反との適切な連合を示すことができなかった (Gray et al., 2003)。そのようなパラダイムは，感情価の一致した反応選択肢（つまり，不道徳な項目と気味の悪い動物に対して左に反応する）と感情価の一致しない反応選択肢（つまり，不道徳な項目とかわいらしい動物に対して左に反応する）のどちらに対しても同じように反応することが参加者に求められる。感情価の一致した反応選択肢よりも，感情価の一致しない反応選択肢に対する同じ反応選択肢を用いた場合の干渉の度合い（反応時間の遅延）が，その項目グループ間の潜在的な連合の個人の水準の指標と見なされる。その他の研究は，精神病質と関連した情動機能障害の水準の高い個人が，社会化技法に対する応答性に乏しいことを示している。したがって，情動機能障害は直接的に道徳的社会化を妨害するようである (Wootton et al., 1997)。

ここで展開した主張に従えば，道徳的社会化に関わる重要な共感的プロセスというのは，被害者の苦悩を解釈することである。それによって，刺激強化学習が生じるのである。被害者の苦悩というのは，健常な個人にとっては嫌悪刺激となるため，健常な個人は，他者を傷つけることにつながるような行為を避けることを学習する。先に述べたように，扁桃体は，刺激強化学習において非常に重要である (LeDoux, 2000)。多くのデータが，精神病質における扁桃体の機能障害を示唆している（レビューについては，Blair, et al., 2005 を参照）。たとえば，精神病質の個人では，嫌悪条件づけ (Flor et al., 2002) や，扁桃体の重要な機能 (LeDoux, 1998) に障害があり，実際に，嫌悪条件づけ (Birbaumer et al., 2005) やその他の情動学習 (Kiehl et al., 2001) の最中の扁桃体の賦活が減少している。さらに，精神病質の個人は，刺激強化に基づく道具的学習に障害を示す (Blair, Leonard, et al., 2006)。そのような課題の遂行には，扁桃体が完全に機能している必要がある (Blair, Marsh, et al., 2006)

扁桃体は，内側前頭前皮質との間に多くの相互結合があり (Amaral et al., 1992)，扁桃体は，刺激強化学習のあとで，強化期待に関する情報を内側前頭皮質へとフィードフォワードしている可能性がある (Blair, 2004)。内側前頭皮質の働きによって，この強化情報の表象が可能となり，それによって，対象または行為に対して接近あるいは回避するように，個人は傾性づけられる (Blair, Marsh, et al., 2006)。

道徳性の潜在連合課題など，様々な方法を用いた最近の神経画像研究では，扁桃体と眼窩前頭皮質内側部との両方が関与していることが示唆されている (Greene et al., 2001; Luo et al., 2006)。我々は，違反（対人的暴力）に関する表象を，被害者の恐怖または悲しみに連合させるという，道徳性における1つの役割を扁桃体が果たしているのだと考えている (Blair, 1995)。内側眼窩前頭皮質の賦活によって，強化の予期（扁桃体によってもたらされる情報）を表象することが可能となり，そして，その情報に従って，そのような対象または行為に接近するか回避するかといった個人の傾向が形成されるのだと我々は考えている (Blair, 2004)。簡単に言うと，その情報があることによって，個人は道徳的意思決定ができるのである。扁桃体と眼窩前頭皮質の統合された反応が，個人の「道徳的直観」の神経基盤なのである。

これまで展開してきた説明は，道徳的違反に対する情動的反応と，この情動的反応がどうやってそのような違反をしないように行動を導くのか（そして，そのような違反に対するネガティブな態度を生じるのか）について記述しているが，それは，自然災害による被害者の苦悩と，人間の行為による被害者の苦悩の違いを区別していない。簡単に言うと，これまで説明してきたシステムでは，他者に危害をおよぼすものは，自然災害に対しても人間の行為者に対しても同じように嫌悪的な態度を形成することになるはずである。したがって，そのようなシステムによって可能となるのは，あくまでも「よくなさ (badness)」の判断であって，不道徳性の判断ではない (Nichols, 2002 を参照)。不道徳性の判断を理解するためには，我々は認知的共感について考える必要がある。次節では，認知的共感と道徳的推論との間の関係について吟味する。しかしながら，その

前に，我々は社会的慣習について考察することにしよう。

他者の怒りに対する情動的共感反応および慣習に関する推論

かつて，道徳性と慣習とが区別されるのは単に道徳性が情動反応と連合するからであると主張されたことがあった（Kagan & Lamb, 1987）。しかしながら，慣習的違反と連合されるような明らかな情動的な反応がある。たとえば，授業中に1人の生徒がお喋りを続けていたとしたら，その教師は怒りを感じるであろう。要するに，道徳的違反と慣習的違反とは，単に前者が情動的反応を誘発するという理由で区別することはできない。しかしながら，道徳的違反と慣習的違反は，それらが異なる情動的反応と連合するということから，区別することが可能である。

我々は先に，怒りの表出に対する反応が，共感の形式の1つであることを示唆した。我々は，Averill（1982）に従って，社会的規則や社会的期待が破られたときに，怒りの表出が他者の行動を抑制すると考えている。怒りの表出によって，現在行っている行為をやめるか，行為によって引き起こされる結果に直面させるように，相手に告知することになるである。我々はまた，怒りの表出が，腹外側前頭前皮質の関与を通してこのような行動修正を生じさせるという考えを支持する研究についても言及している（Blair, 2005 を見よ）。

慣習的違反は，社会秩序を乱すという理由から「よくない（bad）」と考えられている（Turiel et al., 1987）。慣習的違反に関する社会的規則は，高い地位の個人が低い地位の個人の行動を強制できるように機能する。それらの働きによって，社会的規則は，階層性を強化することで同種内の葛藤を減少するように機能する。実際，人間の怒りの表出は，高い地位のもの，つまり支配的な顔を模倣するように進化したことが示唆されている（Marsh, Adams, & Kleck, 2005）。さらに，高い地位の者の非言語的な手がかりが賦活する脳部位，特に腹外側前頭前皮質は，怒りの表出やその他の行動修正手がかりにも反応する。

嫌悪的な社会的手がかり（特に，怒りの表出——に限ったわけではないが）やそのような手がかりを予期することによって，腹外側前頭前皮質が賦活すると，我々は考えている。（嫌悪的な社会的手がかりの予期は，嫌悪的な手がかりと以前に結びつけられた表象，たとえば，他者を怒らせるような行為に関する表象，によって生じる。）この腹外側前頭前皮質の賦活によって，(1)個人は，慣習的違反をしないように仕向けられる（特に，地位の高い個人がその場にいる場合），また(2)

目撃した慣習的違反に対する反応（特に，地位の低い者が，慣習的違反に関与していた場合），たとえば，服従あるいは怒りが編成される（Blair, 2005 を見よ）。要するに，社会的慣習に関する推論によって，腹外側前頭前皮質が賦活されるはずであり，それは実際に賦活することが確認されている（Berthoz et al., 2002）。

このような立場は，腹外側前頭前皮質に障害のある個人が，慣習的違反に関する推論をする際に障害を示すであろうことを予測する。このような予測と明らかに関係している患者母集団が2つある。1つは，眼窩前頭前皮質および腹外側前頭前皮質に損傷のある神経学的な患者である。そのような患者は，表情認知に困難を示す（Blair & Cipolotti, 2000）。この予測と一致して，そのような損傷のある患者は，慣習的違反を処理するのにも困難を示す。たとえば，そのような違反に対する適切な反応を求める課題での成績に表れる（Blair & Cipolotti, 2000 を見よ）。

もう1つの患者母集団は，双極性障害の子ども達である。小児双極性障害は，情緒不安定と過敏性によって特徴づけられる（Leibenluft et al., 2003）。神経心理学および神経画像データから，このような子ども達に見られる病理の少なくとも一部は，腹外側前頭前皮質の機能不全と関連することが示唆されている（Gorrindo et al., 2005）。さらに，双極性障害の子どもたちは，表情認知（McClure et al., 2003）や，慣習的規則の処理が重要とされるような社会的認知課題で障害を示す（McClure et al., 2005）。

4. 認知的共感と道徳的および慣習的推論

かつて，情動的共感反応には，他者の心的状態を表象する能力が必要であると仮定されていた（Feshbach, 1978）。このような見解は，他者の心的状態を表象する能力に障害のある母集団（心の理論を欠く母集団）では，共感および道徳的推論の障害が示されるはずであることが示唆している。

自閉症は，APA の診断統計マニュアル（DSM-IV）において「社会的相互作用とコミュニケーションにおける顕著な異常または障害のある発達，顕著に限局された活動と興味との存在（American Psychiatric Association, 1994, p. 66）」と記述されている，重篤な発達障害である。DSM-IV における主要な診断基準は，社会的コミュニケーションの質的な障害と，行動と興味の限局され

た反復的なパターンとして要約することができる。

　多くのデータから，自閉症者には他者の心的状態を表象することに障害のあることが示唆されている（レビューについて，Hill & Frith, 2003 を見よ）。さらに，神経画像研究では，他者の心的状態の表象に不可欠な脳部位（つまり，内側前頭前皮質，側頭頭頂接合部，側頭極；Castelli et al., 2002）の賦活が，自閉症スペクトラム障害の個人では減退していることが示されている。

　自閉症における情動的共感の問題については，文献においていくらか混乱がある。比較的古い研究では，一貫して，自閉症者が他者の情動表出を認識するのに困難のあることが報告されている（たとえば，Hobson, 1986）。しかしながら，これらの研究に対しては，精神年齢での群間対応がなされていないという批判がある。精神年齢の対応を行った場合には，群間差は消失する（Adolphs, Sears, & Piven, 2001）こともあるが，常にそうであるというわけではない（Humphreys et al., 2007）。自閉症の子どもが，他者の苦悩に対して自律的な反応（皮膚電気反応）を示すという証拠（Blair, 1999）や，少なくとも，もっと認知的な能力が高い場合には，他者の苦悩に対して適切に情動的に反応できる，という証拠がある（Corona et al., 1998）。要するに，基本的な情動的共感反応——つまり，情動表出の呈示の後に続く情動的学習システムの働き——については，自閉症者は無傷だということである。この見解と一致して，自閉症者は，基本的な道徳的直観を持っているようである。彼らは，道徳と慣習を区別するテストにおいて有意な障害を示してはいない（Blair, 1996）。

　しかし，このことは，心の理論が道徳的推論と無関係であることを意味するわけではない。Piaget 以来，非常に多くの研究が，道徳的非難や称賛をする際に人は過失者の意図に関する情報を重視することを指摘している（Piaget, 1932）。ただ単によくないこと（bad thing）が起こってしまったというのではなく，それが不道徳な行為であると我々が判断するために必要となるのがこの情報である。その人が誰かの顔めがけて野球のバットを意図的に振ったのだとすれば，その人は，振ったバットが偶然に誰かの顔にあたってしまう場合よりも，はるかに「不道徳」な行動をしたということになる。心の理論が意図に関する情報を道徳的推論に統合するのに不可欠であるという考えに一致して，自閉症者は，そのような情報を道徳的推論へと統合することが減退していることが示されている（Steele, Joseph, & Tager-Flusberg, 2003）。

　要するに，単に「よくない（bad）」だけではなく「悪質（wrong）」な行為

というのは，危害を加えようとする意図がある行為である。他者に危害を加えようとする意図を持った行為者の行為は「悪質」なのである。意図しない行為者の行為（自然災害を含む，ただし神の意図に帰属するのでない限り）は単に，「よくない」のである。被害者の苦悩の水準が増大するにつれて，その行為はより「悪質」もしくはより「よくない」と見なされることになる。違反者の意図が危害を加えようとするものだったことが明らかになるにつれて，その行為は漸進的に，「よくない」ではなく「悪質」とみなされるようになる。同様に，他者の心的状態に関する情報は，社会的慣習の明白な違反に対する反応に影響を及ぼす可能性がある。列車で誰か他の人の座席を意図的に奪いとる人の方が，列車で誰か他の人の座席に間違って座ってしまった人よりも，ずっと大きな苛立ちを引き起こすのである。

5. 宥和表示に対する共感的反応

　罪悪感・恥・気恥ずかしさ訳注1 は，他者に対して宥和訳注2 や償いたいという欲求を示すという重要な社会的機能を果たしているのだと，様々な分野の研究者は考えている（Keltner & Buswell, 1997）。ある人物が何か厄介な行動をしてしまい，それによって，ある重要な社会集団におけるその人の地位が脅かされてしまうような場合，罪悪感・恥・気恥ずかしさを目に見えるような形で表示することが，共有された社会的規範の非言語的な告解（acknowledgement）として機能する。どの情動が表示されるのかは，違反の内容によってある程度変わってくる。道徳的違反が罪悪感・恥・気恥ずかしさと結びついているのに対して，慣習的違反は，単に気恥ずかしさや恥だけと結びついている（Finger et al., 2006）。人間および人間以外の霊長類の両方の研究で得られている多くの経験的証拠から，このような社会的情動のもつ「宥和」ないし修復的機能というものが支持されている（Keltner & Buswell, 1997）。

　もし社会的情動が，宥和を表示することで重要な社会的機能を果たすのだとすれば，それらの情動が表示されるかどうかには，その人物の知覚された意図が関係しているはずである。もし誰かが意図的に違反したのだとすれば，我々は，その人が後になって罪悪感や恥や気恥ずかしさを示すことはないと思うだろう。もしその違反が意図的なものだったとしたら，その違反者は社会的関係が破られることには関心をもっていない可能性が高い。それに対して，もし社

会的慣習を意図せず破ってしまったのだとしたら，我々は，その違反の性質に従って，宥和的な情動がはっきりと表示されることを期待するだろう。その人は違反を認識し，その社会的関係を修復したいと望んでいるだろう。少なくとも気恥ずかしさに関する研究は，実際にそうであることを示唆している（Berthoz et al., 2002）。

　道徳的違反や慣習的違反を誰かがしているのを見聞きすることや，自分自身でそのような違反をしてしまうことは，反応調節（response modulation）と，それに関連した腹外側前頭前皮質の賦活につながるはずである。他者に宥和や償いの行為を促したい，あるいは，自分自身，そのような行為をしたいという欲求は，現在の課題要求によって取り組まれている運動反応とは競合するはずである。既存のデータはこの考えと一致している（Berthoz et al., 2002; Finger et al., 2006）。現時点では未検証ではあるものの，違反者による宥和ないし償いによって，この脳部位の賦活は減少することが予測される。しかしながら，違反をしている最中に第三者がいるかどうかが，腹外側前頭前皮質の賦活に影響すること，そしてその影響が違反特定的であることが知られている（Finger et al., 2006）。健康な個人の場合の道徳的違反は，第三者の有無にかかわらず宥和や償い行動を生じさせるはずである，なぜならば，それによって被害者が傷つけられているからである。それに対して，慣習的違反は，第三者がいる場合にのみ，そのような行動を生じさせる。この推論は，道徳的違反の場合には，第三者がその行為を目撃しているかどうかにかかわらず腹外側前頭前皮質の賦活が生じるが，慣習的違反がこの部位の賦活を生じさせるのは，第三者が存在する場合のみ，ということを予測する。このような予測が最近の研究で確認されている（Finger et al., 2006）。

6. 結　論

　本章では，共感と道徳性との間の関連が単純なものではないことを主張してきた。むしろ，異なる複数の共感プロセスと，異なる複数の社会的規則との間の関連がある。具体的にいうと，恐怖と悲しみの表出に対する共感的反応が，道徳的違反に対する禁止の発達と関連しているのに対して，怒りの表出に対する共感的反応は，慣習的違反に対する規制の発達と関連している。さらに，情動的共感反応が，このような社会的規則に対する規制の発達にとって重要であ

るのに対して,認知的共感反応,つまり他者の意図を表象化することは,その違反者に向けられる観察者の態度に多くの影響を及ぼす。道徳的規則や慣習的規則に対する意図しない違反は,意図的な違反よりも深刻ではないと見なされる。最後に,宥和の表示(違反のタイプに依存するが,罪悪感・恥・気恥ずかしさの表出)に対する共感的反応は,違反者に対する個人の態度を有意に調整する働きがある。

引用文献

Adolphs, R. (2002). Neural systems for recognizing emotion. *Current Opinion in Neurobiology*, **12** (2), 169-177.

Adolphs, R., Sears, L., & Piven, J. (2001). Abnormal processing of social information from faces in autism. *Journal of Cognitive Neuroscience*, **13** (2), 232-240.

Amaral, D. G., Price, J. L., Pitkanen, A., & Carmichael, S. T. (1992). Anatomical organization of the primate amygdaloid complex. In J. P. Aggleton (Ed.), *The amygdala: Neurobiological aspects of emotion, memory, and mental dysfunction* (pp. 1-66). New York: Wiley.

American Psychiatric Association. (1994). *Diagnostic and statistical manual of mental disorders* (4th ed.). Washington, DC: American Psychiatric Association.

Averill, J. R. (1982). *Anger and aggression: An essay on emotion*. New York: Springer.

Berthoz, S., Armony, J., Blair, R. J. R., & Dolan, R. (2002). Neural correlates of violation of social norms and embarrassment. *Brain*, **125** (8), 1696-1708.

Birbaumer, N., Veit, R., Lotze, M., Erb, M., Hermann, C., Grodd, W., & Flor, H. (2005). Deficient fear conditioning in psychopathy: A functional magnetic resonance imaging study. *Archives of General Psychiatry*, **62** (7), 799-805.

Blair, K. S., Leonard, A., Morton, J. & Blair, R. J. R. (2006). Impaired decision making on the basis of both reward and punishment information in individuals with psychopathy. *Personality and Individual Differences*, **41**, 155-165.

Blair, K. S., Marsh, A. A., Morton, J., Vythilingham, M., Jones, M., Mondillo, K., Pine, D. S., Drevets, W. C., & Blair, R. J. R. (2006). Choosing the lesser of two evils, the better of two goods: Specifying the roles of ventromedial prefrontal cortex and dorsal anterior cingulate cortex in object choice. *Journal of Neuroscience*, **26** (44), 11379-11386.

Blair, R. J. R. (1995). A cognitive developmental approach to morality: Investigating the psychopath. *Cognition*, **57**, 1-29.

Blair, R. J. R. (1996). Brief report: Morality in the autistic child. *Journal of Autism and Developmental Disorders*, **26**, 571-579.

Blair, R. J. R. (1999). Psycho-physiological responsiveness to the distress of others in children with autism. *Personality and Individual Differences*, **26**, 477-485.

Blair, R. J. R. (2004). The roles of orbital frontal cortex in the modulation of antisocial behavior. *Brain and Cognition*, 55 (1), 198-208.

Blair, R. J. R. (2005). Responding to the emotions of others: Dissociating forms of empathy through the study of typical and psychiatric populations. *Consciousness and Cognition*, 14 (4), 698-718.

Blair, R. J. R., & Cipolotti, L. (2000). Impaired social response reversal: A case of "acquired sociopathy." *Brain*, 123, 1122-1141.

Blair, R. J. R., Colledge, E., Murray, L., & Mitchell, D. G. (2001). A selective impairment in the processing of sad and fearful expressions in children with psychopathic tendencies. *Journal of Abnormal Child Psychology*, 29 (6), 491-498.

Blair, R. J. R., Jones, L., Clark, F., & Smith, M. (1997). The psychopathic individual: A lack of responsiveness to distress cues? *Psychophysiology*, 34, 192-198.

Blair, R. J. R., Mitchell, D. G. V., & Blair, K. S. (2005). *The psychopath: Emotion and the brain.* Oxford: Blackwell.［ジェームズ・ブレア　デレク・ミッチェル　カリナ・ブレア（著）福井裕輝（訳）(2009)．サイコパス－冷淡な脳－．星和書店．］

Blair, R. J. R., Mitchell, D. G. V., Richell, R. A., Kelly, S., Leonard, A., Newman, C., & Scott, S. K. (2002). Turning a deaf ear to fear: Impaired recognition of vocal affect in psychopathic individuals. *Journal of Abnormal Psychology*, 111 (4), 682-686.

Budhani, S., Marsh, A. A., Pine, D. S., & Blair, R. J. (2007). Neural correlates of response reversal: Considering acquisition. *NeuroImage*, 34 (4), 1754-1765.

Castelli, F., Frith, C., Happe, F., & Frith, U. (2002). Autism, Asperger syndrome and brain mechanisms for the attribution of mental states to animated shapes. *Brain*, 125, 1839-1849.

Corona, C., Dissanayake, C., Arbelle, A., Wellington, P., & Sigman, M. (1998). Is affect aversive to young children with autism? Behavioural and cardiac responses to experimenter distress. *Child Development*, 69 (6), 1494-1502.

Desimone, R., & Duncan, J. (1995). Neural mechanisms of selective visual attention. *Annual Review of Neuroscience*, 18, 193-222.

Feshbach, N. D. (1978). Studies of empathic behavior in children. In B. A. Maher (Ed.), *Progress in experimental personality research* (pp. 1-47). New York: Academic Press.

Finger, E. C., Marsh, A. A., Kamel, N., Mitchell, D. G., & Blair, J. R. (2006). Caught in the act: The impact of audience on the neural response to morally and socially inappropriate behavior. *NeuroImage*, 33 (1), 414-421.

Fitzgerald, D. A., Angstadt, M., Jelsone, L. M., Nathan, P. J., & Phan, K. L. (2006). Beyond threat: Amygdala reactivity across multiple expressions of facial affect. *NeuroImage*, 30 (4), 1441-1448.

Flor, H., Birbaumer, N., Hermann, C., Ziegler, S., & Patrick, C. J. (2002). Aversive Pavlovian conditioning in psychopaths: Peripheral and central correlates. *Psychophysiology*, 39, 505-518.

Frith, C. D., & Frith, U. (2006). The neural basis of mentalizing. *Neuron*, 50 (4), 531-534.

Gorrindo, T., Blair, R. J., Budhani, S., Dickstein, D. P., Pine, D. S., & Leibenluft, E. (2005). Deficits on a probabilistic response-reversal task in patients with pediatric bipolar disorder. *American Journal of Psychiatry*, **162** (10), 1975–1977.

Gray, N. S., MacCulloch, M. J., Smith, J., Morris, M., & Snowden, R. J. (2003). Forensic psychology: Violence viewed by psychopathic murderers. *Nature*, **423**, 497–498.

Greene, J. D., Sommerville, R. B., Nystrom, L. E., Darley, J. M., & Cohen, J. D. (2001). An fMRI investigation of emotional engagement in moral judgment. *Science*, **293**, 1971–1972.

Hare, R. D. (1991). *The Hare Psychopathy Checklist—Revised*. Toronto: Multi-Health Systems.

Harpur, T. J., & Hare, R. D. (1994). Assessment of psychopathy as a function of age. *Journal of Abnormal Psychology*, **103**, 604–609.

Hill, E. L., & Frith, U. (2003). Understanding autism: Insights from mind and brain. *Philosophical Transactions of the Royal Society, London, B*, **358** (1430), 281–289.

Hobson, P. (1986). The autistic child's appraisal of expressions of emotion. *Journal of Child Psychology and Psychiatry*, **27**, 321–342.

Hoffman, M. L. (1970). Conscience, personality and socialization techniques. *Human Development*, **13**, 90–126.

Humphreys, K., Minshew, N., Leonard, G. L., & Behrmann, M. (2007). A fine-grained analysis of facial expression processing in high-functioning adults with autism. *Neuropsychologia*, **45** (4), 685–695.

Kagan, J., & Lamb, S. (1987). *The emergence of morality in young children*. Chicago: University of Chicago Press.

Keltner, D., & Buswell, B. N. (1997). Embarrassment: Its distinct form and appeasement functions. *Psychological Bulletin*, **122** (3), 250–270.

Kiehl, K. A., Smith, A. M., Hare, R. D., Mendrek, A., Forster, B. B., Brink, J., & Liddle, P. F. (2001). Limbic abnormalities in affective processing by criminal psychopaths as revealed by functional magnetic resonance imaging. *Biological Psychiatry*, **50**, 677–684.

Kimonis, E. R., Frick, P. J., Fazekas, H., & Loney, B. R. (2006). Psychopathy, aggression, and the processing of emotional stimuli in non-referred girls and boys. *Behavioral Sciences and the Law*, **24** (1), 21–37.

LeDoux, J. E. (1998). *The emotional brain*. New York: Weidenfeld & Nicolson. [ジョセフ・ルドゥー（著）松本元（訳）(2003). エモーショナル・ブレイン——情動の脳科学——. 東京大学出版会.]

LeDoux, J. E. (2000). The amygdala and emotion: A view through fear. In J. P. Aggleton (Ed.), *The amygdala: A functional analysis* (pp. 289–31). Oxford: Oxford University Press.

Leibenluft, E., Blair, R. J., Charney, D. S., & Pine, D. S. (2003). Irritability in pediatric mania and other childhood psychopathology. *Annals of the New York Academy of Sciences*, **1008**, 201–218.

Luo, Q., Holroyd, T., Jones, M., Hendler, T., & Blair, J. (2007). Neural dynamics for facial threat processing as revealed by gamma band synchronization using MEG. *NeuroImage*, **34** (2), 839–847.

Luo, Q., Nakic, M., Wheatley, T., Richell, R., Martin, A., & Blair, R. J. (2006). The neural basis of implicit moral attitude: An IAT study using event-related fMRI. *NeuroImage*, **30** (4), 1449–1457.

Marsh, A. A., Adams, R. B., & Kleck, R. E. (2005). Why do fear and anger look the way they do? Form and social function in facial expressions. *Personality and Social Psychology Bulletin*, **31**, 1–14.

McClure, E. B., Pope, K., Hoberman, A. J., Pine, D. S., & Leibenluft, E. (2003). Facial expression recognition in adolescents with mood and anxiety disorders. *American Journal of Psychiatry*, **160** (6), 1172–1174.

McClure, E. B., Treland, J. E., Snow, J., Schmajuk, M., Dickstein, D. P., Towbin, K. E., Charney, D. S., Pine, D. S., & Leibenluft, E. (2005). Deficits in social cognition and response flexibility in pediatric bipolar disorder. *American Journal of Psychiatry*, **162** (9), 1644–1651.

Mineka, S., & Cook, M. (1993). Mechanisms involved in the observational conditioning of fear. *Journal of Experimental Psychology: General*, **122**, 23–38.

Nichols, S. (2002). Norms with feeling: Towards a psychological account of moral judgment. *Cognition*, **84** (2), 221–236.

Nucci, L. P., & Turiel, E. (1978). Social interactions and the development of social concepts in preschool children. *Child Development*, **49**, 400–407.

Pessoa, L., McKenna, M., Gutierrez, E., & Ungerleider, L. G. (2002). Neural processing of emotional faces requires attention. *Proceedings of the National Academy of Sciences USA*, **99**, 11458–11463.

Pessoa, L., Padmala, S., & Morland, T. (2005). Fate of unattended fearful faces in the amygdala is determined by both attentional resources and cognitive modulation. *NeuroImage*, **28** (1), 249–255.

Piaget, J. (1932). *The moral development of the child*. London: Routledge & Kegan Paul.

Premack, D., & Woodruff, G. (1978). Does the chimpanzee have a theory of mind? *Behavioral and Brain Sciences*, **1** (4), 515–526.

Rolls, E. T. (1999). *The brain and emotion*. Oxford: Oxford University Press.

Smetana, J. G. (1981). Preschool children's conceptions of moral and social rules. *Child Development*, **52**, 1333–1336.

Smetana, J. G. (1985). Preschool children's conceptions of transgressions: The effects of varying moral and conventional domain-related attributes. *Developmental Psychology*, **21**, 18–29.

Song, M., Smetana, J. G., & Kim, S. Y. (1987). Korean children's conceptions of moral and conventional transgressions. *Developmental Psychology*, **23**, 577–582.

Steele, S., Joseph, R. M., & Tager-Flusberg, H. (2003). Brief report: Developmental change in theory of mind abilities in children with autism. *Journal of Autism and Developmental Disorders*, **33**, 461–467.

Turiel, E., Killen, M., & Helwig, C. C. (1987). Morality: Its structure, functions, and vagaries. In J. Kagan & S. Lamb (Eds.), *The emergence of morality in young children* (pp. 155–245). Chicago: University of Chicago Press.

Vuilleumier, P., Armony, J. L., Driver, J., & Dolan, R. J. (2001). Effects of attention and emotion on face processing in the human brain: An event-related fMRI study. *Neuron*, **30** (3), 829–841.

Vuilleumier, P., Armony, J. L., Driver, J., & Dolan, R. J. (2003). Distinct spatial frequency sensitivities for processing faces and emotional expressions. *Nature Neuroscience*, **6** (6), 624–631.

Winston, J. S., O'Doherty, J., & Dolan, R. J. (2003). Common and distinct neural responses during direct and incidental processing of multiple facial emotions. *NeuroImage*, **20** (1), 84–97.

Wootton, J. M., Frick, P. J., Shelton, K. K., & Silverthorn, P. (1997). Ineffective parenting and childhood conduct problems: The moderating role of callous-unemotional traits. *Journal of Consulting and Clinical Psychology*, **65**, 292–300.

■訳注■

1 「shame (恥)」と「embarrassment (気恥ずかしさ)」は，日本語にすると，互いの違いが非常にわかりにくくなってしまう概念である。英語においても，両者は類似したものとして扱われることもあるが，研究者によっては明確に区別する者もいる（たとえば，Tangney, Miller, Flicker, & Barlow, 1996)。「embarrassment (気恥ずかしさ)」は，誰かに見られることによって生じる「きまり悪さ」と関連しており，その感情を生じさせる自らの行為自体はそれほど深刻なものではない。一方，「shame (恥)」の方は，誰かに見られているかどうかとはあまり関係なく，自分自身や自身の行為を強く責めるような感情と関連しており，原因となる行為は，「embarrassment」の場合と比べると一般に深刻である。

2 宥和 (appeasement) とは，相手に攻撃的な反応を思いとどまらせるために，相手をなだめたり，怒りを和らげたりすること。

第12章 他者の苦痛を知覚する：共感の役割に関する実験的・臨床的証拠

リーズベット・グーベルト
ケネス・D・クレイグ
アン・バイス

　人間の生活は複雑であり，他者の行動に対して敏感であることが必要とされることが多い。おそらく個人の生存や集団の生存にとって最も重要なのは，身体的な危機や苦痛に直面した人達の体験に注意を向けることである。目の前で起こっている状況で他者の感情・思考・行動的反応がわかるということは，観察している人が自分の身を守る場合にも，その他者に対するケアをする場合にも，欠かせないことであろう。他者が苦痛を経験しているのを目撃した観察者には，不安・恐怖といった感情など，自分自身の個人的な安全性への関心から，思いやり・同情・いたわりの気持ちといった他者に対する関心にいたるまで，多岐にわたる反応が生じる可能性がある。共感能力の原型といえるようなものは，生物学的にも行動学的にも人間以外の生物種にも備わっていることが認められてはいるが（たとえば，Preston & de Waal, 2002; Langford et al., 2006 を見よ），本章では，あくまでも人間の観察者による共感的反応の性質や決定因，そして，そのような共感的反応が，臨床現場や日常生活において，観察者および苦しんでいる人の両方に及ぼす影響について扱った研究をレビューする。

1. 定義に関する問題

　苦痛に対する共感というものを概念化するためには，苦痛と共感の両方の概念について慎重に考慮する必要がある。共感的反応を多次元的なもの（Davis, 1996）と見なした上で，我々は，共感の本質を，他者の個人的な体験をわかるという感覚として理解することが可能であると提案した（Goubert et al., 2005）。その感覚とは，感情的反応と行動的反応の両者を伴った認知的理解のことである。

多次元的構成概念としての共感

　他者の思考・感情・動機がわかるという感覚をもつことは，共感の認知的な要素と見なすことができる。しかしながら，共感の感情的な要素もまた不可欠な要素であり，そのような体験を形づくるのに貢献している。認知的要素は，観察者が，相手の思考と感情をどのくらい理解しているかということと関係している。この話題については，以下で詳しく述べる。苦痛の状態にある他者を観察することに対する感情的な共感反応には2つの主要なカテゴリーがある。それは，自己に向けられる反応（自己志向的反応）と，相手に向けられる反応（他者志向的反応）である。自己志向的な感情反応というのは，他者のネガティブな体験を目撃したときに生じる苦悩と不安の感情である。それに対して，他者志向的反応には，対象となる人物に対する思いやりや同情など，相手の幸福度（well-being）に焦点化した感情が含まれる（Davis, 1996）。これら2種類の感情的反応は同時に起こることもあり得るが，両者は質的に異なっている。それぞれの反応には，異なる動機的な行動傾向が含まれる。それぞれ，自分自身の苦悩を減らしたいというものと，相手の欲求に向けられた，相手を助けたいという動機である（Batson, 1991）。苦痛に対する共感として成立するためには，観察者の自己志向的反応の中には，少なくとも，観察されている人物が経験している苦痛に満ちた苦悩の感情と類似した何らかの要素が含まれている必要がある。相手が苦しんでいるときに生じる快感情（たとえば，シャーデンフロイデやサディスティックな反応）など，相手の経験している苦痛とは一致しないような感情的反応を想定することもできるからである。あるいは，相手の苦境について知ったとしても，何の情動的苦悩も感じないということもあり得る（たとえば，精神病質的な反応）。

苦痛の複雑さ

　苦痛というのは，その言葉の日常的な使い方からもわかるとおり，単一次元の体験ではない（Williams & Craig, 2006）。苦痛には，多種多様な感覚入力だけでなく，思考や感情も含まれている。そして，思考や感情は，その人固有の人生経験が反映されているために，必然的に非常に個人的なものである。この現象の幅広い性質をとらえているのが，苦痛に関する以下の標準的な定義である。すなわち，「実際の組織損傷または組織損傷の可能性に伴われるか，その

ような損傷について表現される，不快な感覚および情動体験」（Merskey & Bogduk, 1994）である。したがって，苦痛に関するこの複雑さは，他者の苦痛をわかりたいと思う観察者にとっては大きな問題となる。

2. 正確な共感の効用と限界

「わかるという感覚（sense of knowing）」という表現には，必ずしも正確（accurate）にわかるという意味が含まれているわけではないが，対人関係の分野における多くの研究では，個人の内的な体験と，それに対する観察者による推定との間の一致が検討されている（たとえば，Ickes, 2001）。一般的には，「わかるという感覚」がある程度正確であることや，感情的反応がある程度類似しているということが，向社会的行動（Charbonneau & Nicol, 2002）や効果的なケアにとって，十分条件ではないが必要条件であるということが仮定されている。

苦痛に対する共感に関して言えば，苦痛の状態にある人物の体験と，その人物を観察している人物の体験とが同一である程度には限界がある（Goubert et al., 2005; Jackson, Rainville, & Decety, 2006）。他者の苦痛の知覚というのは，たいていの場合，知覚者自身が苦痛を不完全に表象しているにすぎない（Jackson, Brunet, et al., 2006）。機能的磁気共鳴断層撮像法（fMRI）を用いた研究では，苦痛を経験している人物とは違って，観察者の場合には，感覚に関する脳部位ではなく感情的反応に含まれる脳部位だけが賦活することが示されている（Singer et al., 2004）。つまり，観察者側には，苦痛の体験にとって基本となるはずの身体的入力が欠けているのである。同様に，苦痛の状態にある他者を観察したときの感情的な反応（特に，苦悩の反応）と，苦しんでいる人自身の反応との一致に関する正確さの度合いにはバラツキのあることが予測される。なぜならば，個人的な危害の脅威がどこから生じるかが異なっているからである。

苦痛の状態にある人にとって自己の関心はその痛みを克服することであり，自分自身の苦痛の感覚に注意が向けられている。おそらく，その怪我または病気による影響についての思考と感情が伴われている。しかしながら，観察者の場合には，注意が向けられるのは，相手の苦痛の表出に対してである。そして，苦悩の反応には，情動感染のプロセスが反映される。情動感染では，観察者は，他者の内的体験に対する気づきがなかったとしても，他者の苦悩と同じような

状態になってしまう。こうした感染のようなプロセスは，ほとんどの場合自動的に生じるものであるが（おそらく，ミラー・ニューロンのメカニズムが関与している；たとえば，Gallese, Keysers, & Rizzolatti, 2004 を見よ），相手が経験している苦痛に関する観察者の思考といった，高次の認知的要因によって調節される可能性がある。

　他者の（苦痛に関する）思考・感情・動機に関する観察者の判断がどのくらい正確であるか，そして，正確な推定をすることが，苦しんでいる人物や観察者，そして両者の関係にとってどのくらい有益となる可能性があるのかを測定するために，様々な方法が開発されてきた。Ickes（2003）は，対人的な判断の精度が完璧からは程遠いことを示している。共感対象となる人物が報告した思考と感情を相互作用の相手（観察者）がどのくらい正確に推定するかを測定する，「共感精度（empathic accuracy）」の方法を用いた場合，多くの研究から得られたデータは，共感精度の平均が 15〜35％ であることを示している（W. Ickes, 私信，2005 年 2 月 2 日）。このような数字は，他者が考えたり感じたりしていることを，ある程度正確に推定する能力が観察者にはあるということを示唆しているが，あまり成功しているとは言えない。多くの社会的相互作用において，人々は，他者の主観的な体験を「完全に正確に」知覚しているのではなく，「ほどよく」知覚しているだけなのである（Fiske, 1993）。

　苦痛研究の分野では，苦痛の状態にある人物による苦痛の評価と，観察者による苦痛の評価とが一致しないことが，多くの研究によって示されている。苦痛の状態にある人物と観察者とによって自己報告された単一次元の判断を用いた場合，過大評価を示す研究もあるものの（たとえば，Redinbaugh et al., 2002），ほとんどの研究では，観察者が苦痛を過小評価することを示している（Chambers et al., 1998）。常識的に考えるならば，効果的な苦痛治療をするためには，苦痛を正確に評価しなければならないように思われる。実際，苦痛が過小評価されてしまうと，苦痛の状態にある人は，不適切なケアを受けてしまい，誤解されていると感じるというリスクを伴う。それは結果的に，苦痛の状態にある人をさらに苦しめることになる。一方，苦痛を過大評価することは，不必要な投薬や過度に保護的な行動をするというリスクを観察者側に負わせることになる（Goubert et al., 2005）。

　他者の苦痛を評価するときの正確さや，感情的反応（たとえば，苦悩）の類似度の高さが，効果的な援助行動の励起に関連しているかどうかという問題も

また重要である。確かに，医療などの現場では，客観的なケアのために，患者に対する冷静な配慮というものが奨励されている。感情的反応の類似度が大きいほど苦痛の状態にある人の内的体験をより正確に評価できるのかどうか，そしてそれが援助行動に影響をおよぼすのかどうかについては，研究する価値があるだろう（Levenson & Ruef, 1992 を見よ）。

一方，効果的な行為を可能にするのに適した推定を行うことによって，完璧なレベルの正確さよりもやや劣るレベルを維持する方が有益である可能性がある（Jussim, 1991）。他者の体験をわかるときの正確さを「最大限」にすることは，観察者に大きな認知的負荷と感情的負荷をかけることになる（Hodges & Klein, 2001）。非常に正確な観察者が，敏感すぎるために必要以上に苦しむことになり（Schaller & Cialdini, 1988），効果的な援助行動を提供するのが困難になってしまうということは想像に難くない。正確さが高くなりすぎると，観察者にとっても，苦痛の状態にある人物にとっても，苦悩と無力感の連鎖反応を引き起こしてしまう可能性がある（Goubert et al., 2005 を見よ）。専門家やボランティアにとって，高い水準の苦痛や苦しみにさらされることは，代理的な心的外傷につながる可能性がある。それは，重症熱傷のように絶え間のない苦痛が深刻な問題となる臨床場面において職業上の「バーンアウト」の水準が高いということからも明らかである（Palm, Polusny, & Follette, 2004）。したがって，場合によっては，苦痛の状態にある他者を知覚することに反応して強い苦悩を示すような観察者は，自分自身の苦悩を堪えられる範囲に抑えようとして，観察した人物の苦痛を過小評価するか（Goubert et al., 2005），あるいは，相手の苦痛に関連した情動表出を見ないようにする（Herbette & Rimé, 2004）ように動機づけられてしまう可能性がある。

要約すると，共感精度のスコアが平均的，つまり，他者の苦痛体験に対する「わかるという感覚」が人並みであるような観察者の方が，社会的に良好な適応を維持したままで，最も効果的にケアを提供できる可能性がある。正確な共感に関する費用対効果の分析を行うことや，苦痛の状態にある人物とその観察者，それぞれの結果に影響を及ぼすような要因を特定することは，非常に興味深い。

効果的なケアを提供するためには，観察者は自分自身の情動喚起と嫌悪的な自己志向的情動（たとえば，苦悩）を制御する能力を有していなければならない。というのも，自己志向的情動によって，観察者は主に自分自身の欲求の方

に集中してしまう可能性があるからである (Eisenberg, 2002 を見よ)。自己志向的情動に対する効果的な制御，たとえば，苦悩を穏やかなレベルに維持することなどは，他者志向的な感情反応を促進するはずである。他者の幸福度に対する同情や思いやりによって，観察者は自身の行動がもたらす結果に対してより敏感になり，それによって，苦痛の状態にある他者の欲求に合わせた特定の援助行動を選択し，実行する際の柔軟性を促進するようになる可能性がある (Goubert et al., 2008)。介護の専門家は，患者の苦痛体験の細部に注意を払って患者の体験に共鳴しながら，同時に，効果的な医療マネジメントができなくなったり，バーンアウトにつながったりするような形で情動的に巻き込まれてしまったりしないように，バランスをとるという大きな課題に直面しているのである (Larson & Yao, 2005)。

3. 苦痛に共感する成人の能力に関するモデル

　他者の苦痛に共感する成人の能力というのは，生物学的な成熟と，それまでに経験してきた（社会的な）出来事に関する個人の来歴との間の複雑な相互作用の産物である。乳幼児期に見られるような，他者の苦痛に対する自動的で，生得的で，あらかじめ組み込まれているような共感的反応は，（学習メカニズムを通して）高次の認知機能によって調節されるようになり，究極的には，より年齢の高い子どもや成人における，目標指向的で意図的な行動をもたらすようになる。苦痛の状態にある他者に対する反射的な反応も有効なままである。それは，予期せぬ急な傷を受けた他者に対する「直観的 (gut level)」な反応からも明らかである。こうした反応は主に，辺縁系という情動処理に含まれる部位に依存している (Jackson, Rainville, & Decety, 2006)。こうした反応には，たとえば，急患治療の現場にいる看護師のように，ケアを必要とする相手の世話をかなり経験しているような人の場合には，過剰学習されて自動化された反応が伴われるであろう。高次の認知機能が関与しているような熟慮的な共感反応というのは，自動的な諸反応のあとに続くか，あるいは，もっと抑制された苦痛表示に対する反応としての役割を果たすのであろう。特に，苦痛に関する言語的なコミュニケーションには，主観的体験に関する非常に細かく区別された説明が含まれており，それらを聞く側は，苦しんでいる人の体験の微妙なニュアンスについて，複雑な認知的理解や深い情動的理解を得ることができる。

表12.1 苦痛の表出のタイプ（自動的／反射的 対 熟慮的／意図的）と観察者側の共感的反応（制御されていない／自動的 あるいは 熟慮的／思慮的）

		苦痛の表出	
		自動的な反応 (例．反射的な逃避，顔をしかめる，泣く)	熟慮的な行動 (例．自己報告，目的的行為)
観察者の反応	自動的な反応 (例．不随意，直観的に経験される，運動準備)	激しい苦痛に対する制御されていない反応によって，不随意的な共感反応が生じやすい	自発的な共感はあまり生じない。
	熟慮的な行動 (例．熟考，または，能動的な意思決定)	熟慮的・静観的な検討が一時的に生じる。	熟考や，信憑性についての疑問が生じやすい。

注．苦痛の共感に関するGoubertら（2005）のモデルでは，「ボトムアップ」の要因のなかでも顕著とされるのが，苦しんでいる人物の苦痛の表出である。それに対して，「トップダウン」の要因には，観察者による高次の情報処理（必ずしも意識的である必要はない）が含まれる。

しかしながら，言葉による表出というのは意図的なコントロールの支配下にある。そのため，非言語的な苦痛行動を直接観察する場合と違い，相手の痛みに信憑性があるのかどうかといった判断が必要になってくる（Craig, 2007）。苦痛の状態にある人が示す苦痛反応の種類と，観察者による共感反応の性質（自動的か制御されている）との間の相互作用が，表12.1に示されている。

　急性の苦痛の状況の場合にとっさに生じる苦痛の表出というのはほぼ自動的（叫び・号泣・苦痛の表情・逃避など）である（Hadjistavropoulos & Craig, 2002）。こうした反応は，観察者の側にも自動的な共感的反応を起こさせる。このことは，中枢の脳の状態の神経画像研究でも示されている（たとえば，Lamm, Batson, & Decety, 2007; Singer et al., 2004; Simon et al., 2006）。苦痛が持続する場合には，事態はもっと複雑になり，苦痛のコミュニケーション（たとえば，苦痛の言語化）のなかにコントロールされたプロセスが入り込むことになる。弱い人間だと思われたくないという理由や，社会的によくない影響が生じることを恐れるという理由から，苦痛について語りたがらない人々もいる（Morley, Doyle, & Beese, 2000; Herbette & Rimé, 2004を見よ）。このような状況では，利用可能な幅広い情報に基づいて慎重な判断を下すように観察者を訓練する必要がある。

　苦痛への共感に関する我々のモデルでは，他者の苦痛の知覚に対する観察者

側の認知的・感情的・行動的反応の決定因が，ボトムアップ要因，トップダウン要因，文脈的・関係的要因の3つにグループ分けされている（Goubert et al., 2005）。他者の苦痛に対する観察者の共感的反応は，以下の複数の要因によって決定されると仮定されている。(1)苦痛の状態にある人物の特性と苦痛を知らせる手がかりの利用可能性（これらはボトムアップ要因であり，観察される側の苦痛行動の特徴である）。(2)観察者側の特性（このようなトップダウンの決定因には，個人的な学習経験を反映した高次の意思決定が含まれる）。(3)文脈的特徴（たとえば，その場面に，血や傷や危険が存在しているかどうか）。(4)観察する側と観察される側との間の関係性（たとえば，専門家なのか，家族なのか，見ず知らずの他人なのか）。こうした複数の要因が相互作用することによって，観察者による共感的反応が決定されることになる。

観察される側（苦痛の状態にある人）に関連した諸要因

　身体的な危害に対するとっさの反応の特徴には，苦痛とその激しさに関する証拠（観察される人物のボトムアップ的な特徴）が含まれているが，そうした特徴は，他者の共感的反応を引き出す傾向がある。他者がひどい外傷を負っているのを目撃するときに，人が入手できる複雑な手がかりがどのようなものであるかを想像することができるであろう。その手がかりとは，たとえば，事故や悪意のある攻撃のような出来事であったり，それによって生じる傷や怪我，怪我を負った人が逃れようとしたり，身を守ろうとしたりする行動であったり，他者に対して苦痛を表現するような行動（たとえば，泣くことやその他の非言語的な音声表出，苦痛や苦悩を言葉で表すこと，表情による苦痛の表示）などである。観察者は，他者の行動や感情的な表出を手がかりにして，他者の内的な体験に関する帰納的な推論を行う。しかしながら，このようなボトムアップ経路によって推定が成功する確率というのは，ボトムアップ手がかりを伝える手段がどのくらい表現豊かで情報量が多いかに依存して大きく異なる可能性がある。

　他者の苦痛を示す非常に多様な手がかりは，どのようにして他者に対する共感を引き起こすのであろうか。我々は，無意識に生じる自動的な手がかりのほうが，著しい影響力をもつだろうと考えている。それとは逆に，苦痛に関する自己報告というのは，個人的な熟考を通して出てくるものであり，回想的な説明になりがちであるために，インパクトは小さいことが多い。もちろん，優れた文章や叙述的な説明によって，読み手が涙するということもあろうが，苦痛

に関する非言語的な表出の方が極めて強力な影響力をもっているであろう。苦痛の表情表出に対する反応を調べた最近の神経画像研究（たとえば，Botvinick et al., 2005; Simon et al., 2006）は，苦痛に対する共感の神経生理学的基盤の存在を示唆しているという点で重要である（Jackson, Rainville, & Decety, 2006）。これまでに指摘してきた多くの非言語的な手がかりのなかでも，表情表出というのは最も具体的な情報を提供しているようである。苦痛を代理的に経験する際に，感覚的要素よりも情動的な要素の方がかなり強力な神経生理学的反応を示すということは特筆すべきである（Singer et al., 2004）。

　苦痛をどのように表示するかには個人差があり，それは，明らかに観察する側の共感的反応に大きな影響を及ぼすはずである。同じくらいの苦痛を生じるような事態に対しても，かなり激しい苦痛行動を示して反応する人もいれば，ほとんど反応しない人もいる。前者のタイプは，自分自身の苦痛の状況を誇大化（まるで大惨事であるかのように大騒ぎ）している可能性がある（つまり，ネガティブな側面にばかり過度に集中しているか，そのような側面を大げさに言っている可能性がある；Sullivan et al., 2006a; Vervoort et al., 2008）。それに対して，後者の方は，潜行性の病気や怪我に気づいていないか，痛みの感覚を無害なものと誤解しているか，治療を受けないことの代償や治療を受けることのメリットを理解してないかのいずれかであろう。時々，人は苦痛のことを意図的に人に伝えずにいることがあり，そのせいで周囲にいる人達が正確な共感を示すことができなくなる場合がある。子ども達は，仲間達の前で恥をかくのを避けるためや，親に心配させないため，あるいは，遊びを禁止されるのを避けるために，痛みを我慢するということを素直に認めている（Larochette, Chambers, & Craig, 2006）。苦痛の表出は，複雑な表示規則[訳注1]によって制限されたり，調節されたりもする（Zeman & Garber, 1996）。発達障害のある人々は，他者からのケアを効果的に受けるために必要なスキルを学習することができていない可能性がある（Oberlander & Symons, 2006; Craig, 2006）。Morley, Doyle, and Beese（2000）は，苦痛の状態にある人が自分の苦痛を打ち明けるかどうかが重要であると指摘し，慢性的な苦痛のある患者があまり打ち明けたがらないことを観察している。よく報告されているような，他者の苦痛に対する過小評価（Chambers et al., 1998）というのは，苦痛を伝えることや，苦痛を露わにするような行動を積極的に隠そうとしてしまうことを反映しているのかもしれない。それは結果的に，観察者が苦痛を推定するのをよりいっそう困難にしてしまっ

ている。人はまた，個人的な利益のために苦痛を装ったり，大げさに示したりするように動機づけられている場合もある（Craig & Hill, 2003）。そのために，観察する側が本物の苦痛表示と偽りの苦痛表示とを見分けなければならないという大きな問題が生じてしまっている（Hill & Craig, 2004）。

観察者側に関連した諸要因

　苦痛への共感に関する我々のモデルでは，トップダウン的な特徴――観察者側の特性――によって，ボトムアップの効果を大きく調節することが可能であり，ボトムアップ的な特徴に何らかの欠損があったとしても，トップダウン的特徴が，他者の苦痛に向けられた反応の重要な決定因となりうることを仮定している（Goubert et al., 2005 を見よ）。第1に，特定の苦痛の状況を以前に経験したことがあれば，観察者は，そのような状況に関するより精緻な表象を作りあげることができる（Preston & de Waal, 2002 を見よ）。その結果として，他者が同じような状況にいるのを知覚した場合には共感的反応が生じやすくなる。このような影響は，一般的な刺激導出による苦痛をほとんど感じない先天性無痛症の患者が，統制群の被験者と比べて，苦痛を生じさせる出来事のビデオ・クリップで観察した苦痛を（特に情動手がかりがない場合）大幅に過小評価するという知見によって確認されている（Danziger, Prkachin, & Willer, 2006）。しかしながら，架空の苦痛状況を言語的に呈示された場合[訳注2]には，（先天性無痛症）患者達の評定と統制群被験者による評定との間には差のないことが示されており，他者の苦痛を知覚したり，他者の苦痛に共感を経験したりするのに，必ずしも本人自身の正常な苦痛体験が必要なわけではないことが示唆される。

　有効なボトムアップ情報を検出し弁別するという観察者側の能力は，場面状況に対する共感に影響を及ぼすと考えられる。たとえば，自分自身の情動への気づきというのはボトムアップ情報への感度を増大させるはずである。なぜならば，自分自身の感情を認識することは他者の感情を同定するための基盤になっているからである（Decety & Jackson, 2004）。アレキシサイミア（自分自身の情動状態を同定したり表出したりするのが困難という特徴をもつ）の尺度で高得点の人々は，写真で示された場面の苦痛に対する評定が低く，共感能力を査定する質問紙（特に，認知的な視点取得と，他者志向的な情動反応の能力）の得点も低かった。彼らはまた，情動制御能力が乏しく，他者の苦痛への認知的共感に含まれる脳部位の神経活動も低かった（Moriguchi et al., 2007）。

観察者による評価のプロセスもまた，観察した他者の苦痛に対する情動反応に影響を及ぼす（Lamm, Batson, & Decety, 2007）。末期癌のような脅威的な状況では，介護する家族達は，患者の苦痛を過大評価する（Redinbaugh et al., 2002）。自分自身の苦痛を誇大化することは，他者の苦痛をより高く推定することと関連することが見出されている（Sullivan et al., 2006b）。自分の配偶者（Leonard & Cano, 2006）や自分の子ども達（Goubert et al., 2006; Goubert et al., 2008）の苦痛を誇大化する人では，情動的苦悩の高いことが見出されている。

　最後に，共感には，性別が大きな役割を果たすことが仮定されていることが多い。女性は男性よりも，思いやりがあり（Hermann, 2007），他者の思考や感情を「読む」のが優れていると多くの人々が信じている。実際の証拠では，男性の観察者と女性の観察者では共感能力が同じくらいであることが示されている。ただし，それは，両者とも十分に動機づけられたときに限られている（Ickes, Gesn, & Graham, 2000; Hodges & Klein, 2001）。

関係性に関する諸要因

　苦痛の状態にある人と観察者との間の関係性もまた，他者の（観察・推定された）苦悩に対する観察者の反応を決定する重要な要因と見なされている（Craig, Lilley, & Gilbert, 1996; Vervoort et al., 2008）。親密な関係性（たとえば，親子またはその他の家族関係）は，見知らぬ人や敵対する関係と比べて，共感的反応を生じやすいと考えられる。Pillai Riddell and Craig (2007) は，親（ただし，提示されるビデオに出てくる乳児の親というわけではない）の方が，小児科医よりも，注射針に対してより多くの苦痛を乳児達が感じていると判断した。看護師の反応は，親と小児科医の中間であり，親とも小児科医とも有意には異ならなかった。小児科医や看護師の中にも親である者はいたが，（親であっても）専門家のほうが苦痛の評定が低かったのは，医療専門職ではない親のグループとは違って，乳幼児が苦痛の状態にあるのを繰り返し目にする機会があることに原因があるのかもしれない。

　苦しんでいる人に対して観察者が一体感を感じたり類似性を知覚したりする程度が大きいほど，個人的な「ミラーリング」の感覚も大きくなる可能性がある。社会的なモデリングに関する文献では，類似性が高いほどモデリング効果が大きくなることが示されている（Bandura, 1986）。進化生物学者達は，遺伝形質の共通度に関する「親和性連続体（affinity continuum）」を仮定している

(Dawkins, 1976)。この見解によれば，共感的反応の強さは，血縁の程度にそって変動し，自分の親戚で最も強いということが期待される。（この連続体に沿った）共感的反応の一方の端にあるのが，依存的な血縁者（たとえば，自分の子ども達や，場合によっては自分の親達）に対する反応ということになる。親和性連続体というのは，このような共感的反応の端から，より距離の遠い血縁を経て，利他的な配慮や行為で結びつけられているコミュニティのメンバーにまで拡張されると考えられる。こうしたカテゴリーはすべて，あたかも自分自身の延長であるかのように同一視しうる人々を示している。それと正反対になるのが，見知らぬ人達，利害関係のない第三者，競争相手，敵対者，を含むような他者のカテゴリーである。ほとんどの場合，家族のメンバーの間では強力な絆とお互いの来歴とを共有しており，互いに強い親近感を抱いているために，お互いのことを「わかって」おり，心的状態に関する推定をより精緻化し，より個別化することが可能であり，それらが共感につながっているのだと我々は直観的に仮定することできるかもしれない。

　しかしながら，果たして本当にそうなのだろうか。家族のメンバーは，実際に，見知らぬ相手よりも，互いの思考や感情を正確に「読みとる」ことができるのだろうか。Iceksらによる研究（たとえば，Simpson, Oriña, & Ickes, 2003）は，観察者と対象人物との間の関係性が，対象人物の思考と感情を推定する際の正確さに及ぼす影響について調査を行い，ほどほどの効果のあることを見出している。さらに，最近，苦痛とは異なる文脈ではあるが，家族のメンバーが対象人物の思考や感情を推定する際に，親類の知識または「内部」情報には依存しないということを我々は見出した（De Corte et al., 2007）。したがって，家族のメンバーは，見知らぬ人よりも正確というわけではなかった。観察者と被観察者の間の関係性よる調節効果に関する我々の知識は，まだまだ断片的で限られている。これはさらなる研究を必要とする分野である。

4. 結　論

　他者の苦痛に対して共感することには，危険な可能性のある事象に関する情報を提供するとともに，コミュニティ内の仲間同士の思いやりを促進するといった適応的な利点がある。これまでの研究に見られるように，他者の苦痛に対する過小評価の報告が多いことから，他者の苦痛を「わかる」という能力が完

璧からは程遠いことがうかがえる。他者の苦痛体験を完全にわかるということは，──苦しんでいる人の思考・感情・感覚のすべてを理解し体験できるという意味では──合理的かつ実際的な理由から不可能であるように思われる。苦痛にはさまざまな側面があり，観察者は自分が観察したものを単純化し，統合し，要約する必要がある。しかしながら，苦痛に関連した他者の苦悩に関する手がかりというのは曖昧であることが多く，観察者は，利用可能なはずの有用な情報を見落としてしまうことが多い（Prkachin & Craig, 1995）。さらに，他者の苦痛に満ちた苦悩を完全に模倣してしまうと，観察する側を衰弱させるような認知的・情動的な影響を及ぼしてしまう可能性があることから，我々は，ほどほどの正確さを示す（苦痛の状態にある他者の体験をわかっているという感覚をもった）観察者のほうが，効果的なケアができるであろうと考えている。

他者の苦痛について推定する際の重要な決定因や，そのような推定を行う際のプロセスを明らかにすることは，診断や主要な健康問題の管理における含意という観点から非常に重要な課題である。観察する側と観察される側との間の関係性の違い（たとえば，医療提供者か親か，同僚か恋人か，など）が，苦痛の知覚や共感的に反応する能力にどのような影響を及ぼすのかを明らかにするために，今後の研究では，関係性の要因について考慮する必要があるだろう。

引用文献

Bandura, A. (1986). *Social foundations of thought and action: A social cognitive theory*. Englewood Cliffs, NJ: Prentice Hall.

Batson, C. D. (1991). *The altruism question: Toward a social-psychological answer*. Hillsdale, NJ: Erlbaum.

Botvinick, M., Jha, A. P., Bylsma, L. M., Fabian, S. A., Solomon, P. E., & Prkachin, K. M. (2005). Viewing facial expressions of pain engages cortical areas involved in the direct experience of pain. *NeuroImage*, 25, 312–319.

Chambers, C. T., Reid, G. J., Craig, K. D., McGrath, P. J., & Finley, G. A. (1998). Agreement between child and parent reports of pain. *Clinical Journal of Pain*, 14, 336–342.

Charbonneau, D., & Nicol, A. A. M. (2002). Emotional intelligence and prosocial behaviors in adolescents. *Psychological Reports*, 90, 361–370.

Craig, K. D. (2006). The construct and definition of pain in developmental disability. In F. J. Symons & T. F. Oberlander (Eds.), *Pain in individuals with developmental disabilities* (pp. 7–18). Baltimore: Paul H. Brookes.

Craig, K. D. (2007). Assessment of credibility. In R. F. Schmidt & W. D. Willis (Eds.), *Encyclopedia of pain* (pp. 491-493). New York: Springer-Verlag.

Craig, K. D., & Hill, M. L. (2003). Detecting voluntary misrepresentation of pain in facial expression. In P. Halligan, C. Bass, & D. Oakley (Eds.), *Malingering and illness deception* (pp. 336-347). Oxford: Oxford University Press.

Craig, K. D, Lilley, C. M., & Gilbert, C. A. (1996). Social barriers to optimal pain management in infants and children. *Clinical Journal of Pain*, 12, 232-242.

Danziger, N., Prkachin, K. M., & Willer, J. (2006). Is pain the price of empathy? The perception of others' pain in patients with congenital sensitivity to pain. *Brain*, 129, 2494-2507.

Davis, M. H. (1996). *Empathy: A social psychological approach*. Madison, WI: Westview Press.［マーク・H・デイヴィス（著）菊池章夫（訳）(1999). 共感の社会心理学：人間関係の基礎. 川島書店.］

Dawkins, R. (1976). *The selfish gene*. Oxford: Oxford University Press.［リチャード・ドーキンス（著）日高敏隆・岸由二・羽田節子・垂水雄二（訳）(1991). 利己的な遺伝子. 紀伊國屋書店.］

Decety, J., & Jackson, P. L. (2004). The functional architecture of human empathy. *Behavioral and Cognitive Neuroscience Reviews*, 3, 71-100.

De Corte, K., Buysse, A., Verhofstadt, L. L., & Devoldre, I. (2007). Empathic accuracy in families: Can family members empathize better with their intimates than strangers can? Unpublished manuscript.

Eisenberg, N. (2002). Distinctions among various modes of empathy-related reactions: A matter of importance in humans. *Behavior and Brain Sciences*, 25, 33-34.

Fiske, S. T. (1993). Controlling other people: The impact of power on stereotyping. *American Psychologist*, 48, 621-628.

Gallese, V., Keysers, C., & Rizzolatti, G. (2004). A unifying view of the basis of social cognition. *Trends in Cognitive Sciences*, 8, 396-403.

Goubert, L., Craig, K. D., Vervoort, T., Morley, S., Sullivan, M. J. L., Williams, A. C. deC., Cano, A., & Crombez, G. (2005). Facing others in pain: The effects of empathy. *Pain*, 118, 285-288.

Goubert, L., Eccleston, C., Vervoort, T., Jordan, A., & Crombez, G. (2006). Parental catastrophizing about their child's pain: The parent version of the Pain Catastrophizing Scale (PCS-P) ; A preliminary validation. *Pain*, 123, 254-263.

Goubert, L., Vervoort, T., Sullivan, M. J. L., Verhoeven, K., & Crombez, G. (2008). Parental emotional responses to their child's pain: the role of dispositional empathy and parental catastrophizing about their child's pain. *Journal of Pain*, 9, 272-279.

Hadjistavropoulos, T., & Craig, K. D. (2002). A theoretical framework for understanding self-report and observational measures of pain: A communications model. *Behaviour Research and Therapy*, 40, 551-570.

Herbette, G., & Rimé, B. (2004). Verbalization of emotion in chronic pain patients and their psychological adjustment. *Journal of Health Psychology*, 9, 661-676.

Hermann, C. (2007). Modeling, social learning and pain. In R. F. Schmidt & W. D. Wil-

lis (Eds.), *The encyclopedic reference of pain* (p. 13). Heidelberg, Germany: Springer.
Hill, M. L., & Craig, K. D. (2004). Detecting deception in facial expressions of pain: Accuracy and training. *Clinical Journal of Pain*, **20**, 415–422.
Hodges, S. D., & Klein, K. J. K. (2001). Regulating the costs of empathy: The price of being human. *Journal of Socio-Economics*, **30**, 437–452.
Ickes, W. (2001). Measuring empathic accuracy. In J. A. Hall & F. J. Bernieri (Eds.), *Interpersonal sensitivity: Theory and measurement* (pp. 219–241). Mahwah, NJ: Erlbaum.
Ickes, W. (2003). *Everyday mind reading: Understanding what other people think and feel*. New York: Prometheus Books.
Ickes, W., Gesn, P. R., & Graham, T. (2000). Gender differences in empathic accuracy: Differential ability or differential motivation? *Personal Relationships*, **7**, 95–110.
Jackson, P. L., Brunet, E., Meltzoff, A. N., & Decety, J. (2006). Empathy examined through the neural mechanisms involved in imagining how I feel versus how you feel in pain. *Neuropsychologia*, **44**, 752–761.
Jackson, P. L., Rainville, P., & Decety, J. (2006). To what extent do we share the pain of others? Insight from the neural bases of pain empathy. *Pain*, **125**, 5–9.
Jussim, L. (1991). Social perception and social reality: A reflector-construction model. *Psychological Review*, **98**, 54–73.
Lamm, C., Batson, C. D., & Decety, J. (2007). The neural substrate of human empathy: Effects of perspective-taking and cognitive appraisal. *Journal of Cognitive Neuroscience*, **19**, 42–58.
Langford, D. J., Crager, S. E., Shehzad, Z., Smith, S. B., Sotocinal, S. G., Levenstadt, J. S., Chanda, M. L., Levitin, D. J., & Mogil, J. S. (2006). Social modulation of pain as evidence for empathy in mice. *Science*, **312**, 1967–1970.
Larochette, A. C., Chambers, C. T., & Craig, K. D. (2006). Genuine, suppressed and faked facial expressions of pain in children. *Pain*, **126**, 64–71.
Larson, E. B., & Yao, C. (2005). Clinical empathy as emotional labor in the patient-physician relationship. *Journal of the American Medical Association*, **293**, 1100–1106.
Leonard, M. T., & Cano A. (2006). Pain affects spouses too: Personal experience with pain and catastrophizing as correlates of spouse distress. *Pain*, **126**, 139–146.
Levenson, R. W., & Ruef, A. M. (1992). Empathy: A physiological substrate. *Journal of Personality and Social Psychology*, **63**, 234–246.
Moriguchi, Y., Decety, J., Ohnishi, T., Maeda, M., Mori, T., Nemoto, K., Matsuda, H., & Komaki, G. (2007). Empathy and judging others' pain: An fMRI study of alexithymia. *Cerebral Cortex*, **17**, 2223–2234.
Morley, S., Doyle, K., & Beese, A. (2000). Talking to others about pain: Suffering in silence. In M. Devor, M. C. Rowbotham, & Z. Wiesenfeld-Hallin (Eds.), *Proceedings of the Ninth World Congress on Pain* (vol. 16, pp. 1123–1129). Seattle, WA: International Association for the Study of Pain.

Merskey, H., & Bogduk, N. (1994). Part III: Pain Terms, A current list with definitions and notes on usage. In H. Merskey, & N. Bogduk (Eds.), *Classification of chronic pain, second edition, IASP Task Force on Taxonomy* (pp. 209-214). Seattle: IASP Press.

Oberlander, T. F., & Symons, F. J. (2006). Pain in children with developmental disabilities. Baltimore, MD: Brookes.

Palm, K. M., Polusny, M. A., Follette, V. M. (2004). Vicarious traumatization: Potential hazards and interventions for disaster and trauma workers. *Prehospital and Disaster Medicine*, **19**, 73-78.

Pillai Riddell, R. R., & Craig, K. D. (2007). Judgments of infant pain: The impact of caregiver identity and infant age. *Journal of Pediatric Psychology*, **32**, 501-511.

Preston, S. D., & de Waal, F. B. M. (2002). Empathy: Its ultimate and proximate bases. *Behavioral and Brain Sciences*, **25**, 1-72.

Prkachin, K. M., & Craig, K. D. (1995). Expressing pain: The communication and interpretation of facial-pain signals. *Journal of Nonverbal Behavior*, **19**, 191-205.

Redinbaugh, E. M., Baum, A., DeMoss, C., Fello, M., & Arnold, R. (2002). Factors associated with the accuracy of family caregiver estimates of patient pain. *Journal of Pain and Symptom Management*, **23**, 31-38.

Schaller, M., & Cialdini, R. D. (1988). The economics of empathic helping: Support for a mood management motive. *Journal of Experimental Social Psychology*, **24**, 163-181.

Simon, D., Craig, K. D., Miltner, W. H. R., & Rainville, P. (2006). Brain responses to dynamic facial expressions of pain. *Pain*, **126**, 309-318.

Simpson, J. A., Oriña, M. M., & Ickes, W. (2003). When accuracy hurts, and when it helps: A test of the empathic accuracy model in martial interactions. *Journal of Personality and Social Psychology*, **85**, 881-893.

Singer, T., Seymour, B., O'Doherty, J., Kaube, H., Dolan, R. J., & Frith, C. D. (2004). Empathy for pain involves the affective but not sensory components of pain. *Science*, **303**, 1157-1162.

Sullivan, M. J. L., Martel, M. O., Tripp, D. A., Savard, A., & Crombez, G. (2006a). The relation between catastrophizing and the communication of pain experience. *Pain*, **122**, 282-288.

Sullivan, M. J. L., Martel, M. O., Tripp, D. A., Savard, A., & Crombez, G. (2006b). Catastrophic thinking and heightened perception of pain in others. *Pain*, **123**, 37-44.

Vervoort, T., Craig, K. D., Goubert, L., Dehoorne, J., Joos, R., Matthys, D., Buysse, A., & Crombez, G. (2008). Expressive dimensions of pain catastrophizing: A comparative analysis of school children and children with clinical pain. *Pain*, **134**, 59-68.

Williams, A. C. deC., & Craig, K. D. (2006). A science of pain expression? *Pain*, **125**, 202-203.

Zeman, J., & Garber, J. (1996). Display rules for anger, sadness, and pain: It depends on who is watching. *Child Development*, **67**, 957-973.

■訳注■

1 顔の表情などの情動表出は,基本的には文化によらず普遍的であると考えられているが,どのような場面でどのような感情表出をすべきか(あるいは,すべきでないか)については文化的な規範や慣習という「表示規則(display rule)」があり,実際の場面での表情表出は,本人の情動状態と表示規則の両方の影響を受けることになる。

2 Dangizerら(2006)は,状況的苦痛質問紙(Situational Pain Questionnaire; Clark and Yang, 1983)の30項目版をフランス語に翻訳したものを用いている。その質問紙では,苦痛と考えられるような15の事象(「麻酔なしで歯をドリルで削られる」「沸騰している熱湯を自分の手にこぼす」)と苦痛のない15の事象(「バスに間に合うように息を切らせて走る」「蚊に刺される」)とを言語的に提示して,1(気にならない)から10(起こりうる最悪の痛み)の10段階で評定させる。Dangizerら(2006)の実験の参加者は,自分自身であればどう感じるか,と自分と同じ年齢・性別の健常者であればどう感じるか,の2つのバージョンを用いて測定されている。

第4部　共感に関する進化的視点および神経科学的視点

第13章　共感に関する神経学的および進化的視点

C・スー・カーター
ジェームズ・ハリス
スティーヴン・W・ポージェス

　本章では，人間の共感を反映していると考えられているものを含めて，社会的行動や情動状態に関わる自律神経および神経内分泌系のプロセスについて検討する。「共感（empathy）」という語はギリシャ語に由来し，字義的には「受難（suffering）」を意味する訳注1。しかしながら，心理学的な構成概念としての共感は，他者の情動状態を認識・知覚し，適切に反応することを可能にするような感情・表出・行動といった幅広い範囲のものを指すために用いられている。共感は，人間の意識に固有の特徴であると主張されてきたものの，情動感染（本書の第2章 Hatfield, Rapson, & Le）や慰めといったものは，特にボノボ・チンパンジーなどの社会的な霊長類を含む，他の哺乳類にも見られることが明らかにされている（Preston & de Waal, 2002）。

　もし共感というものを，他の個体の苦痛や恐怖や飢餓の情動表出（孤立した個体の叫び声や，お腹を空かせた個体の鳴き声）に対する社会的な反応といったものを含めるように操作的に定義するのであれば，共感は，あらゆる哺乳類の行動レパートリーに含まれる重要な適応的行動ということになる。共感は，人間や他の哺乳類との間で共有される特徴であり，爬虫類から哺乳類へと進化する過程で出現した神経回路に依存していると我々は主張する。共感を支えている神経学的基盤および化学的基盤は，進化の過程で保存され，哺乳動物種に共有されているが，それらは，我々の祖先にあたる爬虫類のものとは著しく異なっているのである。

　共感は，現代の認知神経科学では，大脳皮質を含む高次脳構造の機能として示されることが多い（Decety & Jackson, 2004; Lamm, Batson, & Decety, 2007）。しかしながら，共感の表出に必要とされる生理学的基盤のうち少なくともいくつかは，社会性や生殖や情動性のもっと一般的な側面と共有されており，それ

らは，もっと下位の脳構造や自律神経系に依存している。感情や情動を理解するには，身体的状態の検知および身体的状態への反応，それらの両方に必要な神経および内分泌系への気づきが必要とされる（Porges, 1997, 2007）。したがって，身体的状態・情動・反応性を調節する神経調節システムにおける変化を含む，適応的な神経内分泌および自律神経系のプロセスという観点から，共感をとらえることができる。

　社会的行動は，進化という枠組みでとらえることによって最もよく理解することができる。ある生物種の個体間の相互援助にしても適者生存にしても，いずれも進化の産物として生じるものである。相互援助や社会的支援に従事するような個体が，遺伝的に最適あるいは生殖的に最も成功した個体であるという可能性もある（Kropotkin, 1989）。こうした立場は，初期のロシアの進化論者によるものである。彼らは個体の生存よりも相互援助や協力行動の方を強調すべきであると主張したのだった（Todes, 1989; Harris, 2003）。

　20世紀という時代には，他者，特に血縁でない者に対する利益や社会的行動といったものを，進化の主要な要因とみなすことには抵抗があった。しかしながら，近年では，選択（淘汰）が個体レベルと同様に集団レベルでも作用するという考え方に対する支持が増えてきている（Wilson & Sober, 1989; MacLean, 1990）。今では，社会的行動や社会性の利益は進化にとって中心的なものであると理解されている（Nowak, 2006; Harris, 2007）。生物種特有の社会性のパターンやそのメカニズムというのは進化の産物である。人間の社会的行動の系統発生的な起源を分析することによって，共感を理解するための極めて重要な視点を得ることができる。

1. 進化する自律的・社会的神経系

　どのくらい多様な情動表出がなされるか，そして感情への気づきがあるかどうか（人間の場合には可能であるが）といったことは，神経系の進化的状態（特に，脳と自律神経系，そして脳と自律神経系との間の双方向的な神経経路）の影響を受ける。このような能力のスペクトラムによって，社会的コミュニケーションの質が決定されることになる（Porges, 2007）。社会的行動のための生物学的メカニズムは，生存に必要な自律神経系や内分泌系，そしてその他のホメオスタシスのプロセスに支えられているとともに，そうしたプロセスと絡み合った

1. 進化する自律的・社会的神経系

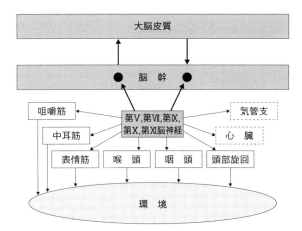

図 13.1 社会従事システム。社会的コミュニケーションは，皮質 – 延髄経路を経由した延髄神経核に対する皮質の調節によって決定される。社会従事システムは，身体運動の要素（すなわち，顔と頭の横紋筋を調節する特殊な内臓遠心性経路）と内臓運動の要素（すなわち，心臓と気管支を制御する有髄迷走神経）から構成されている。実線で描かれた長方形は身体運動的要素を示し，破線で描かれた長方形は内臓運動的要素を示す。

ものとなっている。外界からの脅威やストレッサーに対して反応し，組織の酸素化や身体への栄養分の供給といった生命維持のプロセスに必要な内臓のホメオスタシス的状態を維持する能力というのは，生存にとって基本である。こうした理由から，社会的相互作用に含まれる神経回路というのは，健康を支える内臓的なホメオスタシスを調節する神経回路と重複しているのである。

　自律神経系は，感情的体験・情動表出・顔のジェスチャー・音声コミュニケーション・随伴的な社会的行動にとって欠かせないものである。哺乳動物のコミュニケーションや選択的な社会性の要求を支えるように，洗練された神経経路が発達したのである（図 13.1 は，このシステムを図式的に表したものである）。

　表 13.1 に示されている自律神経系の神経学的調節における変化は，これらの系統発生的な変化と対応している。

　特に，爬虫類の祖先から哺乳類が現れた時，増大する代謝要求を支えるように，自律神経系は変化した。哺乳類の進化に伴って，新たな腹側の迷走遠心経路が出現し，心臓の調節に主要な役割を果たすようになった。比較的新しいこの迷走経路によって，脳幹による顔の横紋筋の調節と，自律神経系の調節との間に，神経解剖学的および神経生理学的なつながりがもたらされたのである。

表 13.1 多重迷走神経理論（ポリヴェーガル理論）の系統発生的状態

段 階	自律神経系の要素	行動上の機能
III	有髄迷走神経 （腹側迷走複合体）	社会的コミュニケーション 自己鎮静化（Self-soothing and calming） 交感神経 – 副腎系の影響の抑制
II	交感神経 – 副腎系 （交感神経系）	可動化（闘争／逃走，能動的回避）
I	無髄迷走神経 （背側迷走複合体）	不動化（擬死，受動的回避，行動的停止）

人間の頭部と顔面の進化

　単弓類（哺乳類型爬虫類）訳注2 から現存する哺乳類への進化の過程で，頭蓋内の進化的修正によって，社会的コミュニケーションに必要とされる神経解剖学的な構造が現実のものとなった。これらのシステムにおいて中心的な役割を果たしていたのが，脳幹に起源をもつ脳神経（cranial nerve）である。顔のジェスチャーや聴覚コミュニケーションに必要とされる神経や筋肉を含む人間の顔の身体的要素もそうであるが，自律神経系もまた，原始的な鰓弓（gill arches）訳注3 から進化したものである。血液の酸素化を支える自律神経系によって哺乳類の大脳皮質はより大きく発達することが可能になったのであるが，そのような哺乳類の自律神経系の出現こそが，複雑な社会的行動を可能にしたのである。

　哺乳動物の社会的コミュニケーションは，かなり聴覚に依存している。哺乳類の聴覚システムに特有なのが，特殊化された哺乳類の中耳である。それは，原始的な脊椎動物の鰓弓から進化したものである。大脳皮質が拡張していくにつれて，より大きくより柔軟な頭蓋骨が必要になり，中耳にある3つの耳小骨が顎弓訳注4 から分離していった。哺乳類の中耳を形成するように変化したこれらの耳小骨は，振幅の小さい音波を増幅して内耳に伝える役割を果たす。この中耳の働きによって，音響的な環境が低周波音によって支配されている場合であっても，空気を伝わってくる高い周波数の音（つまり，人間の音声の周波数の音）を検出することが可能となる訳注5。哺乳類の中耳の発達もまた，社会性の進化史において決定的なものであった。なぜならば，それによって母親は，ものを食べたり，子どもの世話をしながらも，同時に，同種の声に耳を傾ける

ことができるようになったからである。

　こうした進化的な修正に合わせて，顔面および頭部の筋肉と末梢神経は，発声と聴取に対する制御を可能にする機能を獲得した（図13.1）。進化によって，顔面および頭部の筋肉に対する神経的調節と，有髄化された新たな迷走神経（無髄鞘の神経よりも速い伝達が可能）との間にも結合が生じたのだった。迷走神経に含まれるこの比較的新しい要素によって，交感神経や視床下部－脳下垂体－副腎（HPA; hypothalamic-pituitary-adrenal）軸の反応性を抑え，沈静化した行動状態を効果的に促進することができるようになった（Porges, 2007）。こうして，社会性によって恐怖の状態を克服するということが可能になったのである。

頭部と心臓の結びつき

　哺乳類の神経系は，苦痛・苦悩・喜びといった状態を示す音声を発したり，そのような音声を検知したりできるように進化してきた。咽頭と喉頭の神経調節は中耳の機能と対応しており，「迷走神経ブレーキ」によって内臓の状態を調節することが可能となった[訳注6]。このように，明確に定義された機能的な「顔面と心臓」の結合を伴う協調システムが存在している（Porges, 2003）。哺乳類の場合には，このシステムによって，特に聴覚モダリティを通して発信される外部手がかりに対して全身的な反応をすることが可能となった。このような適応の結果として，苦痛と喜びに対応した音響的な特徴に対して随伴的に反応するという特有の能力を有しているのである。哺乳類の行動における聴覚的コミュニケーションの役割の重要性というのは十分に確認されているものの，情動における聴覚手がかりの役割についてはあまり知られていない。その理由は，情動に関する実験室的な研究のほとんどが，共感的行動における視覚的刺激の嫌悪的性質の評価に焦点を当ててきたことによるのであろう。

2. 共感と哺乳動物における社会的気づきの進化

　共感というものは，他者（通常は我々の同種）に対する反応によって定義される。仮説的構成概念としての共感では，同種の個体と無生物とを区別する能力が仮定されている。同種の個体に対する反応と，物体に対する反応との間のこのような区別は，哺乳類の社会神経系に関する文脈で共感性について議論す

るための神経学的基礎を提供してくれる。社会的なコミュニケーションのためには，随伴的な行動だけでなく，心的機能や内臓的機能がその役割を果たすことが必要とされるが，哺乳類の社会神経系（「顔面と心臓」の結合など）が系統発生的に出現したことによって，社会的コミュニケーションのための神経生理学的基盤が備えられることになったのだった。協力行動を促進する上でこのようなシステムが系統発生的に有利であるということが，共感の概念によって説明される。協力行動によって，危険を検知する責任を集団で共有することが可能になり，さらに，安全な環境内で社会的コミュニケーションや社会的相互作用を促進することが可能となるからである。それこそが，環境における危険に関する情報を共有するという能力であり，それによって，社会集団や社会そしてそれらの産物が発展するための基礎が提供されることになるのである。このように，共感の神経生物学を明らかにしていくと，それが，他者の安否の手がかりとなる特徴を検知したり反応したりすることを可能にする神経回路へとつながっていることがわかる。

　共感は，他者の苦悩の検知に伴われる感情と結びついていることから，感情の表出と他者感情の検知とを仲介する神経メカニズムを検討することによって，共感の概念をさらに理解することができる。顔の表情表出や声の抑揚を可能にするための哺乳類に固有の神経回路が存在している。さらに，他者のこうした特徴を検知し反応する能力というのは，特殊化された神経回路に依存しており，それらによって，他者の感情に対する迅速で随伴的な反応が可能となっている（Adolphs, 2006）。

　共感の概念を理解する上で決定的となるのは，社会的環境に関する諸特徴を検知・評価する神経系の能力について知ることである。哺乳動物の生存にとって欠かせないのが，安全性に関する概念と，環境が安全かどうかを識別し，他者が味方か敵かを識別する能力である。

　ある哺乳動物がどのくらい接近をゆるすのか，そして，コミュニケーションできるかどうか，あるいは新たな関係性を築けるかどうか，といったことを決定する特定の神経行動的状態は，生存やホメオスタシスを調節するのと同じ神経系に関連している。他の個体を正確に評価するためには，他者の特徴を詳細に吟味する必要がある。もしその結果がポジティブだった場合には，その哺乳動物の神経系は，社会従事的な方略をとるように，防衛的反応の方を抑制しなければならない。しかしながら，その環境がいつ安全で，いつ危険で，いつ生

命にとって脅威であるのかといったことを，その神経系はどうやって知るのだろうか。どのような神経系がその環境におけるリスクを評価するのだろうか。

神経系によるリスク評価は迅速で，意識的な気づきなしに生じうる。そのような理由から，安全-脅威検知システムとして機能する神経回路が，安全な状況，危険な状況，生命に脅威のある状況とをどうやって区別できているのかを記述するために，「ニューロセプション（neuroception）」という用語が導入されたのである（表 13.1）（Porges, 2003）訳注7。

安全であると知覚された状況では，皮質下の辺縁構造に依存したメカニズムを用いて，闘争／逃走またはすくみ行動を制御する原始的な辺縁構造は抑制される。哺乳動物では，皮質による皮質下構造の制御を含む新たな神経系が進化しており，多くの場合，原始的な構造の防御機能を利用して，生殖行動や選択的な社会的相互作用を含むその他の諸機能をサポートするようになったのだった（Porges, 1998）。次節で議論するように，複数のホルモンによって，かつて防御機能に含まれていた神経系を向社会的な行為のために用いることが可能となったのである。

機能的にいうと，環境が安全と知覚された時に2つの重要な特徴が表出されることになる。第1に，成長・回復・内臓ホメオスタシスを促進するように，身体的状態が効果的に調節される。これは，有髄化された進化的に新しい迅速な迷走神経の経路が心臓の「ペースメーカー（房室結節）」に及ぼす影響が増大することによって実現された。このメカニズムが賦活すると，心拍数は低下し，交感神経系の闘争／逃走メカニズムは抑制され，HPA（視床下部-下垂体-副腎）軸でのストレス反応（たとえば，コルチゾル）は低下する。このシステムは，免疫反応（たとえば，サイトカイン）を調節することによって炎症反応をも減少させる。第2に，進化のプロセスを通して，有髄化された迷走神経を調節する脳幹の神経核は，顔や頭の筋肉を調節する神経核と統合されるようになった。この結合によって，自発的な社会従事的行動と身体的状態との双方向的な連結が生じることになったのである。特に，成長と回復を促進する内臓状態は，目の凝視・顔の表情表出・聴取・プロソディに関わる諸要素を調節する筋肉と，神経解剖学的にも神経生理学的にも結びつけられている（図 13.1）（Porges, 2001, 2007）。

機能的神経画像技法によって，リスク検知に含まれる特定の神経系が同定されている。このような研究によって，側頭皮質に含まれる紡錘状回と上側頭溝

という2つの部位が，生物学的な運動と意図（運動や音声や顔といった特徴を検出することを含めて）の評価に含まれていることが示唆されている。それらは，ある人を安全もしくは信頼できると知覚することに貢献しているのである（Adolphs, 2006）。こうした刺激における微細な変化が，脅威を伝えたり，安全であることを知らせたりすることになる。側頭皮質におけるこれらの部位と扁桃体との間に結合があることから，顔の特徴の処理におけるトップダウン的な制御が，防御方略の表出に含まれる構造の賦活を能動的に抑制しうることが示唆される。

　人間の神経系は，他の哺乳動物の神経系と同じように，ただ安全な環境を生き残るために進化したのではなく，危険を克服し，生命に脅威のある文脈での生存を進めるように進化してきたのである。こうした適応上の柔軟性を達成するために，人間の神経系には，防御方略（つまり，闘争／逃走行動とすくみ行動）を調節するための，より原始的な2つの神経回路が残されている。社会的行動や社会的コミュニケーションや内臓的ホメオスタシスといったものが，防御方略を支える2つの神経回路によって賦活される神経生理学的な状態や行動とは相容れないものであるということについて言及しておくことは重要であろう。

　系統発生的に組織化された階層のなかで，3つの神経回路が進化してきた。その中で最も新しい回路が，共感の特徴を含んでいるものであり，この回路が最初に用いられることになる。この回路を用いても安全が確保されなかった場合，我々は進化的により古い防御回路である，闘争／逃走，ついで，すくみ／不動化という方略を順に採用することになる。哺乳類は進化するにつれて，社会的な手がかりや他の個体（通常は同種の個体）に依存するようになっていった。社会的行動によって，生存と生殖との両方が促進され，哺乳動物は，より安全に，食べ，消化し，眠り，つがい，依存的な幼子の世話をすることができるようになった。これら同じ要因は，哺乳類の社会的コミュニケーションの進化につながるものであり，霊長類の自律神経系の進化にも含まれている。そしておそらく，共感的感情に含まれる様々な情動を体験したり，共感的な反応を表出する能力のなかで1つの役割を果たしているのであろう。

3. 社会性の神経内分泌的基盤

　幼い哺乳動物は母親に栄養を依存している。そのような関係の結果として生じる母子間の相互作用は，哺乳類にとって，社会性のための生理学的・神経内分泌的な原型となっているのかもしれない。自分の子に対する母親の反応のように，同種の特定の個体に対する選択的な反応を可能にする回路というのは，哺乳類に最も近い祖先である爬虫類には存在していなかったものである。

　オキシトシンやバソプレシンを含む，哺乳類のニューロペプチド・ホルモンは，社会的行動，情動的感情や情動的反応，自律神経系を含む多くのプロセスを統合するために，脳と身体の至るところで作用する。
オキシトシンは哺乳類にとって特に重要である。なぜならばそれは，哺乳動物の誕生と授乳，そして母性的行動や社会的絆の発達を促進するからである。これらの神経内分泌的なプロセスは，もっと一般的な社会性や社会的コミュニケーションに関与するとされている様々な部位で作用し，共感にとって必要な行動的状態や反応の基盤となっているというのが我々の仮説である。

　このような文脈で考えると，社会的相互作用や孤立によって，強力な生理学的な影響が生じるとしても驚くにあたらない。数多くの証拠から，社会的相互作用の必要性が裏づけられており，社会的なサポートがあると知覚している個人のほうが，孤独であるか孤独感を経験している個人と比べると，その他の点では同じであったとしても，病気を回避したり，病気になっても生存する可能性が高く，より長生きすることが示唆されている（Cacioppo et al., 2006）。孤立中に変化する諸々のプロセスは，共感に含まれるプロセスと関連しているようである。

　霊長類以外，特に，神経生物学的研究において最も一般的な研究対象である齧歯類の場合だと，人間に見られるような共感は，存在するかもしれないし，存在しないかもしれない。しかしながら，（防御的反応と対立する）社会性あるいは社交性の基盤となっている生理学的基盤そのものは，哺乳類の動物種の間では共有されている。共感に特有の神経内分泌プロセスの多くはまだ説明されていないままではあるが，様々な形式の哺乳類の社会性が共通の生理学的基質を共有している可能性は十分にある。たとえば，成体同士の社会的絆というものは，母性的行動や選択的な母性的絆そしてストレス経験の管理に必要とされ

るのと(少なくとも部分的には)同じプロセスに基づいているのである(Carter & Keverne, 2002)。

　親としての行動,成体間の社会性,共感,といったものを含む社会的な行動にとって基本となるのが,他の個体に対する接近-回避行動を調節するプロセスである。最も基本的なレベルでは,感覚系,自律神経系,情動系,運動系が賦活することによって,その生体は接近したり逃避したりすることが可能となる。感覚および情動プロセスは,社会的な手がかりの特徴を検知・解釈し,自律神経系の反応や適切な運動パターンで反応するように調整されている。そして,社会的な関係性のために必要なものも含めて,共感の表出における,選択的な社会的反応や情動的反応といったものは,通常,潜在的に行われる。

4. 高度に社会的な哺乳動物と向社会的行動の分析

　ポジティブな社会的行動に関する神経生物学を理解するための1つのアプローチが,哺乳動物における異種間での社会性の違いを検討することである。社会的に一雌一雄(一夫一婦)の種の場合には,社会的な絆を形成し,拡張された家族(通常,雄と雌のペアとその子らからなる)を発達させる能力を含む,一連の生理学的および行動学的特徴が,人間と共通している(Carter, DeVries, & Getz, 1995)。プレーリーハタネズミのような,社会的に一雌一雄の齧歯類は,社会的環境に対して特に敏感であり,ポジティブな社会的経験を可能にするメカニズムを理解するための特に強力なモデルを提供してくれる。

ニューロペプチドと選択的社会性
　プレーリーハタネズミにおける社会的絆の形成に関する研究は,オキシトシンとバソプレシンという,哺乳類の社会性にとって重要な2つのニューロペプチド・ホルモンによる,行動的・神経内分泌的・自律神経的な効果を理解する上で有用である。オキシトシンは,おそらく霊長類の進化において中心的な役割を果たしてきたのであろう。霊長類の中枢神経系と頭蓋骨とが大きくなっていくにつれて,誕生と誕生後の乳児の養育とを促進するようにいくつかのメカニズムが進化した(Carter & Altemus, 1997)。オキシトシンは出産時の強力な子宮の収縮を通して誕生のプロセスを促進する。それは誕生中に胎児の神経を保護するものであるかもしれない(Tyzio et al., 2006)。オキシトシンはまた,

母乳の分泌と授乳を促進する。そして、授乳ができることによって、未熟な乳児の誕生が可能となった。幼体は、食事と世話との両方を母親に依存しながら、出産後に皮質および知的な発達をすることが可能だからである。

　オキシトシンはまた、社会的行動や、さまざまなストレッサーに対する協力行動を調節する神経内分泌ネットワークの中心に位置しており、一般にストレッサーに対する反応性を低減するように作用する (Carter, 1998)。オキシトシンは、恐怖と不安を減少させ、ストレス刺激に対する耐性を増大させる傾向がある。オキシトシンは、哺乳類の脆弱な神経系が、より低次の脳幹支配という原始的な状態（たとえば、高次の神経プロセスの機能停止を伴う「爬虫類的」なフリーズ・パターン）へと退行してしまわないように保護しているのかもしれない。哺乳動物は、大脳皮質が比較的大きく、それに対応して多くの酸素を必要とするために、長時間にわたる低酸素状態には耐えられないのである (Porges, 2007)。同時に、オキシトシンは様々な形式の社会性を促進するようである (Carter, 2007)。

　オキシトシンは放出されると、バソプレシンとして知られる関連したニューロペプチドと共に機能する。バソプレシンは構造的にはオキシトシンと似ており、9つのアミノ酸のうち2つのみが異なっている。これらのペプチドの合成を調節する遺伝子は、1つの共通した先祖遺伝子から派生したものである。オキシトシンとバソプレシンは、分子構造が類似していることから、互いの受容体に影響し合うことが可能となっている。オキシトシンとバソプレシンはしばしば——常にではないが——反対方向に作用する。オキシトシンはストレス経験に対する行動および自律神経系の反応性を減少させる傾向があるのに対して、バソプレシンは喚起や覚醒(ビジランス)と関連している。バソプレシンはまた、社会的行動において1つの役割を果たしており、行動および生理学的ストレッサーに直面した際に適応的な機能を果たす (Carter, 2007)。

　脳幹の様々な神経系は、オキシトシンやバソプレシンのようなペプチドに依存しているものも含め、接近－回避反応や、哺乳動物を不動化させる傾向を調節する役割を果たす (Porges, 1998)。オキシトシンとバソプレシンは視床下部で合成され、視床下部に特に多く存在しているものの、大脳皮質や、より低次の脳幹領域（たとえば、自律機能に関与する背側運動神経核）を含む遠隔部位の受容体に到達し、行動反応と情動反応を統合する役割を果たしている可能性がある。

オキシトシンとバソプレシンには，シナプスを通して作用したり，循環器系（血管）による移送を必要とするだけでなく，拡散（diffusion）によって脳内を移動する能力がある。このため，これらのニューロペプチドは，中枢神経系の広範にわたって影響を及ぼす。オキシトシンは特に独特で，知られている受容器は1種類しかないが，同じ受容体を多くの機能のために用いることによって，行動と生理に対する影響を調整することができる。バソプレシンの受容体は3種類あり，そのうちの1つであるV1a受容体は，多様な社会的行動や防御行動に関与している。それはまた血圧を調節する役割を果たす。オキシトシンとバソプレシンの間の動的な相互作用は，社会性の中でも接近的な要素や回避的な要素にとって特に重要である可能性がある。鼻腔内へのオキシトシンの投与は，コンピュータ・ゲームで測定される「信頼」行動（Kosfeld et al., 2005）や，眼の写真から微妙な手がかりを検知する能力を促進する（Domes et al., 2007）。これらの研究は，オキシトシンが，共感に必要な行動的反応において1つの役割を果たしているという仮説を支持している。

　社会的相互作用が重要であることは，動物達を社会的孤立状態におくことによってどういう結果になるかを検討することである程度理解することができる。たとえば，長期間の孤立はオキシトシンの増大と関連している（Grippo, Gerena, et al., 2007）。こうした状況で増大したオキシトシンは，孤立によって生じるネガティブな影響から個体を保護しているようである。オピオイドとドーパミンは，おそらくオキシトシンやバソプレシンとの相互作用を通して，社会的行動や特に社会的絆に影響を及ぼすという証拠がある（Carter and Keverne, 2002; Aragona et al., 2006）。このように，社会的相互作用には，報酬系に対する強い影響力があり，おそらく共感的反応と関連した情動的影響に貢献しているのであろう。

　プレーリーハタネズミにも，人間のような自律神経系があり，心臓を調節するための有髄化された迷走神経経路による高度な遠心性迷走神経活動があるという特徴がある（Grippo, Lamb, et al., 2007）。飼育されているマウスやラット（心臓と迷走神経の感受性が比較的低い種）とは違って，プレーリーハタネズミは，「顔面と心臓」の結合に含まれる迷走神経の分枝によって自律的状態が制御されるという1つのモデルとなりうる。このように，プレーリーハタネズミのような高度に社会的な哺乳動物は，自律神経系と内臓的反応性が社会的行動において果たす役割を理解するためのモデルとして役に立つ可能性がある。このよ

うな期待と一致するように，プレーリーハタネズミでは，孤立の結果として，迷走神経による心臓の制御は大きく減退し，交感神経の喚起は増大し，特に社会的なストレスに直面した場合のストレス後の回復能力が減退する（Grippo, Gerena, et al., 2007）。オキシトシンを投与することによって，孤立による心臓への効果を逆転させることが可能である（Grippo, Carter, & Porges, 未公刊データ）。

　オキシトシンとバソプレシンの受容体は，拡張扁桃体[訳注8]を含む多くの辺縁構造にも見られる。扁桃体とその結合部位は，様々な種類の感覚刺激に対する反応（接近および回避など）を統合する役割を果たしている（Davis, 2006）。人間の男性の場合，鼻腔内のオキシトシン投与によって，扁桃体の賦活は抑制され，自律神経系の調節に関わる脳幹構造と扁桃体との関連性が減退した（Kirsch et al., 2005）。バソプレシンはおそらく，中枢（分界条床核［BNST］，扁桃体，中隔外側部を含む領域内）で作用し，覚醒と防御性(ビジランス)を高めさせ，場合によっては，オキシトシンの効果に対する拮抗薬（antagonist）として機能する。扁桃体中心核によって仲介される行動が刺激特定的な恐怖に関連しているのに対して，BNST の方は不安に関連した経験と関係している。「ストレスフル」な経験中に放出される，コルチコトロピン放出因子（CRF）のようなその他のペプチドは，不安を引き起こすのかもしれない。それは，BNST を含む拡張扁桃体に作用し，危険または脅威の手がかりに対する反応に影響を及ぼす（Davis, 2006）。CRF やバソプレシンによる恐怖に関連した行為や防御的な行為の少なくともいくつかは，オキシトシンによって中和される。このように，オキシトシンには恐怖を減退させ，ストレス刺激に対する交感神経系の反応を沈静化する能力があるようである。

社会性または共感における性差のメカニズム

　女性の方が男性よりも共感的であるということが報告されている（レビューについては，Chakrabarti and Baron-Cohen, 2006 を見よ）。一般に，性差に関する説明はステロイド・ホルモンに注目しているが，ニューロペプチドもまた関係している可能性がある。たとえば，視床下部におけるバソプレシンの合成はアンドロゲンに依存しているが，この分子は男性の行動にとって特に重要なものである。オキシトシンはエストロゲンに依存しているが，男性と女性の両方で複数の機能を果たしている。これらの分子が協同して機能することで，社会

的絆を形成したり共感を示したりしながら，同時に防御的または攻撃的な行動を表出するといった，相反する感情状態を伴うような課題に対する性的に二形な（sexually dimorphic，性別によって異なる）反応を可能にする。さらに，オキシトシン受容体は，防御的運動反応と自律的状態をまとめる中脳領野にも見出されており，安全な条件下でこれらの回路を調節していると仮定される。こうした知見やその他の知見などから，共感の生理学的基盤における性差のあることが予測される。

プレーリーハタネズミの孤立期間中のオキシトシンの上昇もまた性的に二形であり，雄よりも雌の方がオキシトシンの上昇を示しやすい（Grippo, Gerena, et al., 2007）。人間の女性の場合，オキシトシンの増大は「社会的関係の欠損」と関連していた（Taylor et al., 2006）。孤立と関係したオキシトシン上昇の重要性については今後実証的に確認される必要があるものの，オキシトシンは孤立やその他のストレスフルな経験に対処するのを助けるホメオスタシス・プロセスの要素の1つのようである。そうした反応は，社会的従事のための準備性を促進したり，共感の感情を高めたりするのかもしれない。これらの機能は，女性において特に適応的かもしれない。女性は，男性と比べると孤立に対処するのがあまり得意ではないように思われる。個人的に安全な状況であれば，オキシトシンの放出は，他者の情動または体験を検知してそれらに反応するといった社会的相互作用を促進している可能性がある。

拡張扁桃体および中隔外側部におけるバソプレシンのレベルが性的二形である（男性の方が高い）ことから，バソプレシンもまた共感における性差を説明する役割を果たす可能性がある。たとえば，男性と女性では，性的に二形な神経経路を用いて，共感誘発刺激を体験したり共感誘発刺激に反応しているのかもしれない。

5. 要約と予測

情動および内臓的な状態というのは，我々が他者をどう感じて他者にどう反応するかに影響をするのであるから，それらは我々の共感能力にも影響するはずである。情動的反応や感情を調節する様々な要因を知ることによって，我々は，進化による共感の神経生物学をより深く理解することができる。たとえば，内臓感覚もまた共感のための重要な要素を構成している。内臓感覚というもの

5. 要約と予測

は，内臓器官（たとえば心臓や消化器官）と脳幹との間のコミュニケーションの役割を果たしている。自律神経系は双方向的なシステムであり，感覚入力と運動出力との両方の要素が含まれている。自律的状態の調節に関与する脳幹構造は，内臓の状態と感情の監視役であり，情動的な手がかりを含む防御に関する信号を末梢へと伝える。脳幹はまた感覚情報のための入口を提供し，社会的手がかりなどの末梢感覚はそこを通って大脳皮質を含む高次脳構造の一般的な賦活に貢献する。このように，心臓や消化器官を制御する脳幹システムによって内臓の調節が仲介され，また，感覚情報が脳幹へと伝えられる。脳幹構造は次に，島皮質のような脳部位へと情報を伝達する。島皮質は自律的状態を制御すると共に，より高次の脳構造へとこの賦活の特徴を伝えるのである（Critchley et al., 2006）。

選択的な社会的行動は，安全性と情動的な安心感とを高めることによって，生存と生殖とを促進する。社会性は，人間という存在にとって欠かせないものである。したがって，共感を可能にする神経基盤やホルモン条件というのが，他者への自発的な接近や「信頼」（Kosfeld et al., 2005）や，他者の情動状態に対する敏感さ（Domes et al., 2007）といったその他の形式の社会性を可能にする神経基盤やホルモン条件と共通している可能性は十分にある。信頼感や社会的手がかりに対する敏感さというのはおそらく共感の要素である。オキシトシンやバソプレシンのような脳幹ニューロペプチドに依存した，自律的機能を含む神経系が，共感の基盤となっている可能性が高い。オキシトシンは共感の仲介物であると考えられる。行動的反応のなかに，恐怖によらない不動化[訳注9]が含まれているような場合には，特にそうであろう（Porges, 1998）。それに対して，バソプレシンは，効果的な反応のためにもっと積極的な方略が必要とされるような状況で共感に関与してくると思われる。それ以外の状況では，バソプレシンは男性と女性で異なる効果を示すという証拠がある（Thompson et al., 2006）。バソプレシンは女性よりも男性において，より重要なものであるかもしれない（Carter, 2007）。

脳幹ニューロペプチドに依存した神経系を検討することを通して共感について明らかにしようという方略は，遺伝学的レベルの分析にまで拡張することが可能であろう。たとえば，オキシトシンやバソプレシンの受容体の生成に関与する遺伝的基盤は，自閉症のような障害と関連づけられている（Jacob et al., 2007）。こうしたシステムの遺伝学における個人差や性差は，共感能力や共感

体験の個人差と関連しているかもしれない。ここで示唆されたような関連性については,さらなる実験的検証が必要である。

引用文献

Adolphs, R. (2006). How do we know the minds of others? Domain-specificity, simulation, and enactive social cognition. *Brain Research*, **1079**, 25–35.

Aragona, B. J., Liu, Y., Yu, Y. J., Curtis, J. T., Detwiler, J. M., Insel, T. R., & Wang, Z. (2006). Nucleus accumbens dopamine differentially mediates the formation and maintenance of monogamous pair bonds. *Nature Neuroscience*, **9**, 133–139.

Cacioppo, J. T., Hughes, M. E., Waite, L. J., Hawkely, L. C., & Thisted, R. A. (2006). Loneliness as a specific risk factor for depressive symptoms: Cross-sectional and longitudinal analysis. *Psychology of Aging*, **21**, 140–151.

Carter, C. S. (1998). Neuroendocrine perspectives on social attachment and love. *Psychoneuroendocrinology*, **23**, 779–818.

Carter, C. S. (2003). Developmental consequences of oxytocin. *Physiology and Behavior*, **79**, 383–397.

Carter, C. S. (2007). Sex differences in oxytocin and vasopressin: Implications for autism spectrum disorders? *Behavioural Brain Research*, **176**, 170–186.

Carter, C. S., & Altemus, M. (1997). Integrative functions of lactational hormones in social behavior and stress management. *Annals of the New York Academy of Sciences*, **807**, 164–174.

Carter, C. S., DeVries, A. C., & Getz, L. L. (1995). Physiological substrates of mammalian monogamy: The prairie vole model. *Neuroscience and Biobehavioral Reviews*, **19**, 303–314.

Carter, C. S., & Keverne, E. B. (2002). The neurobiology of social affiliation and pair bonding. In D. Pfaff, A. Etgan, et al. (Eds.), *Hormones, Brain, and Behavior* (Vol. 1, pp. 299–335). San Diego, CA: Academic Press.

Chakrabarti, B., & Baron-Cohen, S. (2006). Empathizing: Neurocognitive developmental mechanisms and individual differences. *Progress in Brain Research*, **156**, 403–417.

Critchley, H. D., Wiens, S., Rotshtein, P., Öhman, A., & Dolan, R. J. (2004). Neural systems supporting interoceptive awareness. *Nature Neuroscience*, **7**, 189–195.

Davis, M. (2006). Neural systems involved in fear and anxiety measured with fear-potentiated startle. *American Psychologist*, **61**, 741–756.

Decety, J., & Jackson, P. L. (2004). The functional architecture of human empathy. *Behavioral and Cognitive Neuroscience Reviews*, **3**, 71–100.

Domes, G., Heinrichs, M., Michel, A., Berger, C., & Herpertz, S. C. (2007). Oxytocin improves "mindreading" in humans. *Biological Psychiatry*, **61**, 731–733.

Grippo, A. J., Gerena, D., Huang, J., Kumar, N., Shah, M., Ughreja, R., & Carter, C. S. (2007b) Social isolation induces behavioral and neuroendocrine disturbances rele-

vant to depression in female and male prairie voles. *Psychoneuroendocrinology*, **32**, 966–980.
Grippo, A. J., Lamb, D. G., Carter, C. S., & Porges, S. W. (2007a). Cardiac regulation in the socially monogamous prairie vole. *Physiology and Behavior*, **90**, 386–393.
Harris, J. C. (2003). Social neuroscience, empathy, brain integration, and neurodevelopmental disorders. *Physiology and Behavior*, **79**, 525–531.
Harris, J. C. (2007). The evolutionary neurobiology, emergence and facilitation of empathy. In T. F. D. Farrow & P. W. R. Woodruff, *Empathy in mental illness*. New York: Cambridge University Press.
Jacob, S., Brune, C. W., Carter, C. S., Leventhal, B. L., Lord, C., & Cook, E. H., Jr. (2007). Association of the oxytocin receptor gene (OXTR) in Caucasian children and adolescents with autism. *Neuroscience Letters*, **417**, 6–9.
Kirsch, P., Esslinger, C., Chen, Q., Mier, D., Lis, S., Siddhanti, S., Gruppe, H., Mattay, V. S., Gallhofer, B., & Meyer-Lindenberg, A. (2005). Oxytocin modulates neural circuitry for social cognition and fear in humans. *Journal of Neuroscience*, **25**, 11489–11493.
Kosfeld, M., Heinrichs, M., Zak, P. J., Fischbacher, U., & Fehr, E. (2005). Oxytocin increases trust in humans. *Nature*, **435**, 673–676.
Kropotkin, P. I. (1989). *Mutual aid: A factor in evolution*. Montreal: Black Rose.
Lamm, C., Batson, C. D., & Decety, J. (2007). The neural substrate of human empathy: Effects of perspective-taking and cognitive appraisal. *Journal of Cognitive Neuroscience*, **19**, 42–58.
MacLean, P. D. (1990). *The triune brain in evolution: Role in paleocerebral functions*. New York: Plenum Press.［ポール・D・マクリーン（著）法橋登（編訳・解説）(1994). 三つの脳の進化：反射脳・情動脳・理性脳と「人間らしさ」の起源. 工作舎.］
Nowak, M. A. (2006). Five rules for the evolution of cooperation. *Science*, **314**, 1560–1563.
Porges, S. W. (1997). Emotion: An evolutionary by-product of the neural regulation of the autonomic nervous system. *Annals of the New York Academy of Sciences*, **807**, 62–77.
Porges, S. W. (1998). Love: An emergent property of the mammalian autonomic nervous system. *Psychoneuroendocrinology*, **23**, 837–861.
Porges, S. W. (2001). The polyvagal theory: phylogenetic substrates of a social nervous system. *International Journal of Psychophysiology*, **42**, 123–146.
Porges, S. W. (2003). Social engagement and attachment: A phylogenetic perspective. *Annals of the New York Academy of Sciences*, **1008**, 31–47.
Porges, S. W. (2007). The polyvagal perspective. *Biological Psychology*, **74**, 116–143.
Preston, S. D., & de Waal, F. B. (2002). Empathy: Its ultimate and proximate bases. *Behavioral and Brain Sciences*, **25**, 1–20.
Taylor, S. E., Gonzaga, G. C., Klein, L.C., Hu, P., Greendale, G. A., & Seeman, T. E. (2006). Relation of oxytocin to psychological stress responses and hypothalamic-pituitary-adrenocortical axis activity in older women. *Psychosomatic Medicine*, **68**,

238-245.
Thompson, R. R., George, K., Walton, J. C., Orr S. P., & Benson, J. (2006). Sex-specific influences of vasopressin on human social communication. *Proceedings of the National Academy of Sciences USA*, **103**, 7889-7894.
Todes, D. P. (1989). *Darwin without Malthus: The struggle for existence in Russian evolutionary thought.* New York: Oxford University Press.
Tyzio, R., Cossart, R., Khalilov, I., Minlebaev, M., Hubner, C. A., Represa, A., Ben-Ari, Y., & Khazipov, R. (2006). Maternal oxytocin triggers a transient inhibitory switch in GABA signaling in the fetal brain during delivery. *Science*, **314**, 1788-1792.
Wilson, D. S., & Sober, E. (1989). Reviving the superorganism. *Journal of Theoretical Biology*, **136**, 337-345.

■訳注■

1 「共感（empathy）」の語源であるギリシア語の「エンパテイア（ἐμπάθεια）」は、前置詞「エン（ἐν）」と「パトス（πάθος）」に由来する。「パトス（πάθος）」は、「身の上に降りかかってくること／外部から受けた作用」を意味する。英語だと、suffering, passion, emotion, などの単語に相当する。
2 単弓類（synapsid）とは、脊椎動物のうち、哺乳類およびその祖先となった「哺乳類型爬虫類」を含めた生物の総称。ただし、本章では、哺乳類を含めず、哺乳類に進化する前の竜弓類（石炭紀からペルム紀に生息）や獣弓類（ペルム紀から三畳紀に生息）など、いわゆる「哺乳類型爬虫類」を指していると思われる。かつては爬虫類の一種であると考えられていたが、現在では、爬虫類や鳥類などの他の有羊膜類とは、早い段階から分岐したものと考えられている。
3 鰓弓（gill arches）は、脊椎動物の胚発生の過程でできる構造物で、魚類の場合には鰓に分化する部分に相当する。人間の場合には、咽頭・中耳・顎などに分化する。咽頭弓（pharyngeal arch）・内臓弓（visceral arch）ともよばれる。
4 顎弓（mandibular arch）は、6対ある鰓弓の第一対にあたる
5 爬虫類の聴覚器官は、耳小骨が1つのみで外耳（耳介や外耳道）はほとんど発達しておらず、爬虫類の聴力範囲（ヘビで150-600Hz、トカゲで100-5,000Hz）は、哺乳類のもの（人間で20-20,000Hz、マウスで1000-70,000Hz）と比べると、低い周波数に限られている。
6 迷走神経ブレーキ（vagal brake） 延髄から心臓にいたる迷走神経は、副交感神経として心拍数を下げる役割を果たしている。心臓にいたる迷走神経は有髄化されており、ポリヴェーガル理論における「II 可動化（闘争／逃走）」の状態と「III 鎮静」の状態を素早く切り替えることが可能である。Porgesら（1996）は、この働きを「迷走神経ブレーキ」と呼んでいる。

  Porges, S.W., Doussard-Roosevelt, J.A., Portales, A.L., Greenspan, S.I., (1996). Infant regulation of the vagal "brake" predicts child behavior problems: a psychobiological model of social behavior. *Developmental Psychobiology*, **29**, 697-712.

7 「ニューロセプション（neuroception）」とは、他の個体を含む環境の特徴を検知して、

防御方略をとるか抑制するかを決定するメカニズム。外界の刺激をとらえて評価するという意味では，知覚の働きに近いのであろうが，このプロセス自体が意識的な気づきなしに神経レベルのみで生じうることから「知覚（perception）」ではなく，「ニューロセプション（neuroception）」という表現を採用しているのだと思われる。

8 拡張扁桃体（extended amygdala）とは，分界条床核，扁桃体中心核，扁桃体内側核，側坐核，レンズ核下無名質を含む領域を指す。これらの領域は，形態学的特徴や免疫細胞化学的特徴，結合などが共通しており，マクロ構造を形成していると仮定されている。

9 フリージング（すくみ）などの不動化は，代謝を低下させ苦痛閾を上昇させるという，恐怖に関連した防御方略であり，系統発生的には古いものと考えられている。Porges (2004) によれば，恐怖に関連した防御方略としての不動化のほかに，哺乳類の場合には，生殖・授乳・つがいに関連した不動化行動があるとしている（たとえば，齧歯類などの交尾時の雌の姿勢や授乳時の姿勢など）。このような，恐怖によるのではない不動化行動もまた，恐怖に関連した不動化と同様に PAG（中脳水道周囲灰白質）の支配を受けている。

第14章 「鏡よ，鏡，心の中の鏡よ」：共感と対人能力とミラー・ニューロン・システム

ジェニファー・H・ファイファー
ミレーラ・ダープレトー

　小学生の成績表には「社会的スキル」の項目があり，子ども達が，他の子ども達とどのくらいうまくやっているか，どのくらい向社会的な行動を示すか，対人場面において共感を含め適切な情動的反応をどのくらい示すか，といったことに関する意見を親達へと伝えている。現在の政治的風潮では社会的スキルの発達よりも学業的な成功の方が重視されているものの，共感性や対人能力の基盤となるシステムというのは，発達心理学・社会心理学・臨床心理学の領域で，さらに最近では神経科学の領域においても，継続的に研究の対象となっている。こうした異なる分野間の共同研究によって，新たな方向性が進展しつつある。本章では，多くの下位分野にわたる多様な共感の定義について手短に議論し，共感に関するこうした異なる複数の特徴が神経科学における研究にどのような影響を及ぼしてきたのかについて説明する。そして，共感に関する発達的定義について焦点をあて，この構成概念が，特定の神経メカニズム，すなわちミラー・ニューロン・システム（MNS）によってどのように実現されているのかについて検討する。自閉症を含む，社会的な発達障害においてミラー・ニューロン・システムが果たしている役割の可能性についても検討する。最後に，共感に対する発達社会神経科学的アプローチの将来の方向性について概説する。

1. 共感に関する定義の問題

　共感の定義は，歴史的にみて，その分野が多岐にわたっていることに加えて，その形式もまた様々である（Preston & de Waal, 2002）。非常に初期の定義では，Lipps（1903）が，他者の情動状態に「感情移入（*Einfühlung*）」することと表

現している。では，この「感情移入」の根底には，具体的にどのようなプロセスがあるのだろうか。そして，これらのプロセスは定型発達した成人の脳内でどのように具現化されているのだろうか。多くの研究者達は，共感を，他者の視点を取得したり，特定の状況におかれたときにどのように感じるかを想像したりする認知プロセスであると考えている（たとえば，Deutsch & Maddle, 1975; Lamm, Batson, & Decety, 2007）。また，共感には，他者と同じ情動状態になるという特徴があるのと同時に，自己焦点化された苦悩を阻止し他者志向的な配慮を抱くためには，その情動が他者に由来していることに意識的に気づいている必要があると指摘する研究者もいる（たとえば，de Vignemont & Singer, 2006; Gallup, 1982）。こうした一般的な定義にはすべて，ある程度顕在的ないし意図的な要素が含まれている。つまり，「他者の立場に自分の身を置く」という自由意志に基づく行為が含まれているということである。しかしながら，こうした定義もまた，自己と他者との間で感情が共有されることを基礎にしている。このような，共感の基本的な側面は，発達心理学の文献の定義に反映されていることが多い。この領域では，共感は「他者の情動状態を理解した結果として生じる，その他者が経験している（あるいは経験していることが期待される）のと同一の（またはよく似た）感情的な反応（Eisenberg & Fabes, 1998, p. 702），あるいは「自分自身よりも，他者の状況にとってふさわしい感情的反応（Hoffman, 2000, p. 4）と見なされている。

　共感におけるこの体験的な中核——つまり，自己と他者との間の感情の共有——はしばしば情動感染と結びつけられる。情動感染というのは，他者の情動を知覚すること（Hatfield, Cacioppo, & Rapson, 1994）や，他者の表情・音声・身体表現の無意識的な行動的模倣によって，自分自身の情動状態が生じることである（「カメレオン効果」ともよばれる；Chartrand & Bargh, 1999）。情動感染や無意識的な模倣は，相互作用するパートナー同士の間で行動と情動が調和するのを促進し，おそらくコミュニケーション機能に貢献する（Bavelas et al., 1996）。重要なことは，自発的な社会的模倣や感情的共鳴をより多く示す個人は，自己報告による共感行動を査定する尺度でも高い得点を示すということである。こうした潜在的なプロセスによって，情動の理解（Niedenthal et al., 2001）だけでなく，ポジティブな感情や向社会的な傾向（Chartrand & Bargh, 1999; van Baaren et al., 2004）も増大するようである。

　興味深いことに，模倣は発達の非常に初期においても明らかである。乳児は，

1. 共感に関する定義の問題

誕生のわずか数時間以内に実験者による表情や行為を模倣しはじめ（Meltzoff & Moore, 1977），生後6週間までに，記憶内にある表象に基づいて，もっと複雑な模倣課題を遂行する（Meltzoff & Moore, 1994）。このことは，乳幼児にも，共感に類する原初的な反応があることを意味しているのだろうか（それとも，本書の第1章でBatsonが示唆しているように，他の赤ちゃんが泣いているときに赤ちゃんが泣きだすのは，ただ単に気を引くための競い合いによるものなのだろうか）。Meltzoffらは次のように提案している。乳幼児の模倣能力というものが，自分の見た（他者によって遂行された）行為に，（自分の遂行する）体感される行為を対応させるような生得的なシステムによって支えられており，それによって乳幼児は，他者の行動を自分自身の心的表象へとマッピングする。このようにして，自己に対する「類推」を通して他者の内的状態を推定する。つまり，「乳児は，他者の行為に『体感される意味』を吹き込むのである。なぜならば，他者というのは本質的に『自分のようなもの』として認識されているからである」（Meltzoff & Decety, 2003, p. 497）。こうしたアプローチの証拠というのは，主に単純な行為に関して示されているのみではあるが，他者の意図や情動に関する理解の発達を説明するように概念的に拡張されてきた。

別の文脈では，共感と対人能力との間の一般的な関係に関心を持つ発達心理学者達がいる。このような下位分野では，共感によって引き起こされる向社会的な反応（たとえば，援助行動や思いやりの表出；Eisenberg & Fabes, 1998; Eisenberg & Miller, 1987; Hoffman, 2000）や，共感性の欠如による社会的な機能不全（たとえば，自閉症スペクトラム障害，精神病質_{サイコパシー}，社会病質_{ソシオパシー}，外在化やその他の反社会的行動；Miller & Eienberg, 1988; Preston & de Waal, 2002）によって，共感を定義している。こうした視点からすれば，無意識的模倣や，乳幼児に見られる感情の共有を共感と結びつけることは困難であろう（Meltzoff & Moore, 1977; Sagi & Hoffman, 1976）。なぜならば，共感的行動——援助行動や思いやりの表出など——は，生後2年目になって初めて見られるものであり，自他の分化や自己認識の増大と関連しているからである（Zahn-Waxler et al., 1992; Lewis et al., 1989 も見よ）。しかしながら，共感の情動的・感情的側面に焦点をあてることは，共感との関連性や適切な社会的相互作用と並んで，発達心理学の文献において重要な位置を占めている。

共感への発達的アプローチにおいて，認知よりも情動や感情の共有の方を強調することには，おそらく2つの要因が反映されていると思われる。第1に，

情動や感情を強調することによって，もっと一般的な心の理論の能力と共感とを区別することができる。共感というのは，他者の心的状態に関する認知的な推論プロセスというよりも，他者の情動と一致するといった主に感情的な反応であると考えられているからである (Premack & Woodruff, 1978; Wellman, 1991)。第2に，心の理論は5歳までに獲得されるということがよく主張されているものの，認知の発達プロセスというのは少なくとも生後10年間は伸び続けることが知られている (Wellman & Liu, 2004)。たとえば，能動的で独立した主体としての心の概念は，一般的に10歳前では見られない (Wellman & Hickling, 1994)。したがって，共感の基盤となる神経メカニズムは発達に伴って変化すると仮定することができるだろう。つまり，子ども達は，「心内化 (mentalizing)」の能力を洗練させていくにつれて，視点取得を含む意識的な認知プロセスに大きく依存するようになっていくのであろう。言い換えると，他者が感じているものを自ら感じ取ることができるという能力は，他者が感じているものを通して推論をするという，より顕在的な推論のプロセスのための，系統発生的および個体発生的な前駆体であるのかもしれない。先に議論したように，情動感染や感情の共有などの共感における自動的な感情的側面というのは乳児や幼児にも見られるものである。これは，視点取得などの共感の顕在的・認知的な要素が，小学生の期間を通して洗練されていくのと比べると，明らかに先行している (Hoffman, 2000; Litvack-Miller, McDougall, & Romney, 1997)。

2. 共感の神経基盤

　共感の定義の多様性を考えると，最も議論の少ない穏当な立場というのはおそらく，共感には感情的側面と認知的側面の両方の側面があるということを認めることである。感情的な要素には，感情の共有または情動的な共鳴といったものが含まれるであろう。これらは意識的であるかもしれないし，そうではないかもしれない。重要なのは，この感情的な要素が共感の認知的な要素を生じさせる可能性もあれば，この感情的な要素が共感の認知的な要素の結果として生じる可能性もあるし，また，それら2つの要素が同時に生じる可能性もあるということである。共感の認知的要素には，自他の区別を維持しながら相手の情動状態に関する顕在的な推論を行うことが含まれる。過去数年の間に，こう

した要素——認知的な視点取得や自他の区別，そして感情の共有——に関する神経科学的な証拠によって，この領域の研究者達の関心が大いに高められてきた。

共感の認知的要素を検討する研究では，典型的に，自分自身の身に起こる情動的または苦痛の状況（噂話をしているところを見つかる，または電気ショックを受けるなど）の想像・観察と，他者の身に起こる状況の想像・観察とが比較される。こうしたタイプの研究において一貫して賦活することが確認されている部位が，下頭頂小葉（IPL）である。これは，複数の感覚の統合に関わる部位である。この部位における賦活の側性化（自己視点の場合には左半球の賦活が強く，他者視点の場合には右半球の賦活が強い）は，自他の区別や，主体の帰属に関するプロセスの基盤になっている可能性がある（Decety & Grèzes, 2006; Farrer et al., 2003; Lamm, Batson, & Decety, 2007; Ruby & Decety, 2003, 2004）。その近くにあって，神経画像研究では区別するのが難しいのが，側頭頭頂接合部（TPJ）である。TPJ の賦活，特に右半球の賦活は，他者の心的状態の内容の決定に関わっている（たとえば，Saxe & Kanwisher, 2003; Saxe & Wexler, 2005）。さらに，視点取得または心内化の課題との関連がしばしば見出されている2つの部位が，側頭極と内側前頭前皮質（MPFC; Amodio & Frith, 2006）である。視点取得に特化した部位に加えて，脳は，内的な個人的体験と外的な体験とを次の2つの方法で区別している可能性がある。1つは，(a)反応潜時によって——時系列データを見ると，自他どちらの視点に対しても同じような反応を生じる脳部位であっても，その体験に他者ではなく自己を含んでいたり，自己に向けられている場合にはより早く反応することが示されている。そして，(b)反応の大きさによって——これらの部位はまた，他者の視点に対してよりも自己視点に対しての方がより強く反応する（Decety & Grèzes, 2006）。

このように，視点取得や自他の区別の神経基盤を検討することによって，比較的顕在的で認知的な手段を通して脳がどのように共感を支えているのかが強調されることになる。このような認知的手段は，その他の社会的および非社会的な認知を支えるプロセスとは異なるものである。こうしたアプローチは，心内化——他者の心的状態に関する推論が素朴な心理学理論によって実現されているという行動的アプローチと近似している。この素朴な心理学理論というのは，生得的な領域特定的モジュールから引き出されるか（Baron-Cohen, 1995; Leslie, 1987），子ども時代を通して発達する（Gopnik & Meltzoff, 1997; Wellman, 1991）という可能性があるが，最も重要なことは，それが，他の人々について（つまり，動物や物体などではなく）考えることに特化しているということである。もう1つの別なアプローチでは，心内化というものを，他者について考えるために用いられる特定の規則やプロセスという観点からとらえるのではなく，自分自身の考えや感情に関する知識を利用してシミュレーションを通して他者を理解するという観点からとらえている。その場合，自分自身を潜在的にモデルとして利用することもあれば（Gallese, 2006; Gallese & Goldman, 1998），顕在的にモデルとして利用することもある（Decety & Grèzes, 2006）。

このように，自分自身の体験する様々な情動的または感情的状況や，他者のそのような状況を目撃する場合に共通する賦活パターンについて，多くの神経画像研究が検討しているが，それらは典型的に，共感の感情的側面に焦点をあてている。たとえば，前帯状皮質（ACC）や前島皮質における神経ネットワークが共有されていることから，それらの部位が，自分自身が苦痛を感じることと，他者が苦痛を体験しているのを観察することの両方に関与していることが示唆される（Botvinick et al., 2005; Jackson et al., 2006; Jackson, Meltzoff, & Decety, 2005; Lamm, Batson, & Decety, 2007; Morrison et al. 2004; Saarela et al., 2006; Singer et al., 2004）。同様に，自分自身が嫌悪の感情を抱くことと，他者が嫌悪を抱いているのを観察することは，いずれも前島皮質や下前頭回（IFG）周辺部の賦活と関連している（Keysers & Gazzola, 2007; Wicker et al., 2003）。本章に最も中心的に関わってくるのは，何に由来するかとは関係なしに（特定の情動または感情体験ではなく）行為全般の心的表象の共有に含まれると考えられている特定のネットワーク，すなわちミラー・ニューロン・システム（MNS）である。それでは，MNSについてより詳細に見ていくことにしよう。

3. ミラー・ニューロン・システムと情動理解

MNSは，マカクザルの脳について記述されたのが最初であった。目標に関連した行為をそのサル自身が遂行する場合にも，他者（他のサルや人間）が同じ行為をするのをただ観察する場合にも，腹側運動前皮質（F5野）と下頭頂小葉（PF野）のニューロンが発火する（Gallese et al., 1996; Rizzolatti et al., 1996）。人間の場合には単一セルの記録をとるのは容易ではないが，下前頭回

の背側部（つまり，弁蓋部，ブロドマンの44野と推定される部位で，マククのF5に相当）と下頭頂葉の吻側部（つまり，縁上回，ブロドマンの40野と推定される部位で，マククのPF野に相当）との両方において，ミラー・ニューロンに関連した反応が，機能的磁気共鳴断層撮像法（fMRI；たとえば，Iacoboni et al., 1999, 2005），経頭蓋磁気刺激法（TMS；たとえば，Fadiga, Craighero, & Olivier, 2005），そして脳波（EEG；たとえば，Oberman, Pineda, & Ramachandran, 2007）といった異なる複数の脳画像技法で確認されている。こうした研究の結果によって，他者の行為の理解だけでなく，その意図や心的状態の理解においてもこのシステムが重要な役割を果たしていることが強調されてきた（レビューについては，Rizzolatti & Craighero, 2004, and Iacoboni & Dapretto, 2006 を見よ）。共感の神経基盤に直接関係しているのが，MNSによって提供される神経基盤によって我々は他者の情動を理解することできる，という考え方である。つまり，そのような神経基盤が他者に共感する能力のための明らかな必要条件になっているということである。以下に詳述するが，そのようなモデルによれば，前島皮質が，辺縁系とミラー領野とを結合し情動表象を可能にする上で重要な役割を果たしている（Augustine, 1996; Carr et al., 2003）。

　このシステムの働きによって，我々がどうやって他者の情動を理解するかについて，非常に身体化された視点が提供される。この見解では，特定の情動表出を示す表情筋のパターン（たとえば，眉をひそめる，鼻に皺を寄せる，口をすぼめる，など）というのは，自分自身が怒りの表情をする場合にも他者の怒りの表情を観察する場合にも——弁蓋部のミラー・ニューロンの発火によって——賦活される1つの運動プランに関連した，ありふれた行為でしかない。この行為の表象は，前島皮質を介した扁桃体との結合を経ることによって，情動の表象，つまり怒りの感情と関連づけられるのである。言い換えると，私が，あなたが怒った顔をしているのを見る場合には，その顔が，私自身が怒っている時に賦活するのと同じ神経回路を賦活させ，それによって，私は，あなたの行為を，怒りの心内表象——この状態が何を意味するのか，どうやってそれを引き起こされるのか，どうやればそれを解消できるのか，等々——に結びつけることができるのである。このようなモデルは，情動表出を模倣する場合にも観察する場合にも，弁蓋部と腹側運動前皮質の隣接部位に加えて，島皮質と扁桃体における賦活が増大することを示す複数の研究によって支持されている（Carr et al., 2003; Dapretto et al., 2006; Leslie, Johnson-Frey, & Grafton, 2004）。

本質的に，他者の行為を観察している最中のミラー・ニューロンの発火によって，自分自身と他者との間の等価性がコード化されている可能性がある。このような対応づけがなされていれば，自分自身の情動や意図に関する理解を利用することによって，他者の行動を理解するための情報を提供することが可能となる。このように，MNS は，他者に共感する能力（Carr et al., 2003; Leslie, Johnson-Frey, & Grafton, 2004）だけでなく，もっと一般的な社会的認知や対人能力（Gallese, Keysers, & Rizzolatti, 2004）においても重要な役割を果たしている可能性がある。

4．ミラー・ニューロン・システムと共感

我々自身の研究において，MNS が実際に共感を支える感情的なプロセスと関連していることを示唆する強力な証拠を見出した（Pfeifer, Iacoboni, Mazziotta, & Dapretto, 2008）。我々は，16 人の子ども達（平均 10.2 歳で，男児 9 名と女児 7 名）に様々な情動表出を模倣または単なる観察をさせ，fMRI で 2 回のスキャンを行った。また，修整版の対人反応性指標（IRI; Davis, 1983; Litvack-Miller, McDougall, & Romney, 1997）を用いて，子ども達の自己報告による共感傾向を測定した。我々は，自己報告された子ども達の共感能力が，情動表出を観察する場合でも模倣する場合でも，ミラー・ニューロン（下前頭回の弁蓋部）と情動表象（扁桃体）の賦活と正の相関を示すことを見出した（相関係数は，下前頭回および扁桃体で，それぞれ，$rs\,(14)=.81$ および .54。扁桃体では，全ての最大値に対して，$t>4.10, p<.05$, small-volume correction を伴うクラスタ・レベルの多重比較の補正による）。共感と MNS の賦活との間の有意な相関があることから，他者の感情的な反応を内的にミラーリングすることによって，他者が感じていることをまさに字義通りに感じることを可能にするメカニズムが構築されることが示唆される。

この研究はまた，共感に含まれる異なる複数の側面の神経基盤についてもある程度明らかにした。IRI には，対人反応性の異なる側面を測定する 4 つの下位尺度，すなわち，「共感的配慮（他者に向けられた同情や関連したポジティブな情動を体験する傾向）」，「個人的苦悩（共感を喚起するような状況において不安や関連したネガティブな自己志向的情動を体験する傾向）」，「ファンタジー（架空の人物の情動または行為に向けられた共感を伴う反応をする程度）」，そして「視点取

得（他者の視点を採用する傾向）」が含まれている。興味深いことに，我々は，ミラー・ニューロンや辺縁部位の賦活とIRIの最初の3つの下位尺度（つまり，共感のなかでもどちらかといえば感情的な側面を測定するもの）との間に有意な相関を見出したが，視点取得との間には有意な相関は見られなかった。最近行われた別の研究では，成人では，共感の感情的な要素（IRIによって測定されるファンタジーおよび共感的配慮）との間に，右に側性化されたMNSの賦活が見出された（Kaplan & Iacoboni, 2006）。しかしながら，（IRIによって測定された）視点取得は，成人で行われた別の研究では，左に側性化したMNSの賦活との間に相関が見られた（Gazzola, Aziz-Zadeh, & Keysers, 2006）。我々の研究において，発達途上の参加者でMNSの賦活と視点取得との間の相関が見られなかったのは，子ども達の心内化のスキルが十分に発達していないことを反映しているのかもしれないが，成人を対象とした2つの研究の間で一致が見られなかったことから，ミラー・ニューロンの賦活を誘発するために用いられた刺激の性質によって，共感における複数の側面とMNSの賦活との間に見られる関係性が影響されることが示唆される。

　他者の苦痛に共感する際のMNSの役割というのはどのようなものであろうか。他者の顔の表情から苦痛を読みとることを検討した研究では，感情の共有に関する様々な指標（つまり，IRIで測定される個人的苦悩と，情動的共感尺度[訳注1]（BEES; Mehrabian & Epstein, 1972）によって測定される共感的配慮／対人的肯定感）と，前島皮質を含むクラスタと下前頭回（ただし，この部位の賦活は背側にある弁蓋部ではなく，三角部を含むものであったが）における賦活との間に正の相関が見出された（Saarela et al., 2006）。愛する人の苦痛を知覚している最中には，BEESやIRIの共感的配慮によって測定される性格特性的な共感スコアがより大きいほど，前島皮質や前帯状皮質における賦活がより大きいという関係が見られた。ただし，弁蓋部との関係は見られなかった（Singer et al., 2004）。しかしながら，最近行われた別の研究（Lamm, Batson, & Decety, 2007）では，苦痛を観察することと関連した神経活動と，共感特性の複数の指標（IRI, Davis, 1983; 共感指数 Empathy Quotient, Baron-Cohen & Wheelwright, 2004; 情動感染尺度, Doherty, 1997; 情動制御尺度 Emotion Regulation Scale, Gross & John, 2003）との関連が調査され，情動感染尺度の得点と，MNSの前頭要素と頭頂要素の両方における賦活との間に有意な相関が見出された（ただし，これらの部位の賦活は，ミラー・メカニズムと関連したものではなく，運動制

御の役割によるものであると考察されている訳注2)。

　苦痛に関するこれらの研究では，複数の異なる情動に焦点をあてた研究 (Carr et al., 2003; Dapretto et al., 2006; Leslie, Johnson-Frey, & Grafton, 2004) と比べると，見出された MNS の関与は限定的であるが，それは方法論上の違いによる可能性がある。サルの単一セル記録（たとえば，Gallese et al., 1996) の場合でも，神経画像データ（たとえば，Iacoboni et al., 1999）の場合でも，行為遂行中と比べて行為を観察している時の方が「ミラー」の反応（神経発火および血中酸素濃度依存［BOLD］活動）は弱いことが，はっきりと示されている。さらに，行為遂行中に発火するニューロンのうち，行為観察中にも発火するのは，比較的わずかなニューロン（20〜25%）のみである（Rizzolatti & Craighero, 2004）。したがって，同じ情動表出を繰り返し呈示するような神経画像研究の場合には，ミラー・ニューロンに関連した活動を検出することは難しいのかもしれない（つまり，厳格な統計学的閾値を超えられない可能性がある）。なぜならば，反復呈示することによって馴化が生じ，BOLD 反応が減衰してしまうからである（ただし，反復的な刺激呈示によって BOLD 活動を抑制させるのは，実際には，特定の課題に関与する脳部位を特定するために利用可能な 1 つの技法でもある ; Hamilton & Grafton, 2006）。

5. ミラー・ニューロン・システムと対人能力

　まとめると，これまでに示してきた証拠から，定型発達した子ども達や成人において，MNS が共感のいくつかの側面の基盤となっていることが示唆される。しかしながら，MNS がもっと一般的な社会的能力の基盤となっているという仮説（Gallese, Keysers, & Rizzolatti, 2004）についてはどうだろうか。また，共感と対人能力との間の関係について発達心理学で強調されていること (Eisenberg, 2000) についてはどうだろうか。これらの関係を直接検討するために，MNS の活動と共感との関係について調べた（前節で記述した）研究において，我々は，「対人能力尺度」(ICS; Cairns et al., 1995) を用いて，子ども達の社会的スキルおよび社会的行動のより一般的な側面についても測定を行った。我々が用いた標本では，IRI の得点と ICS の得点との間には有意な相関はなかったものの（$r(14)=.32$, n.s.），子ども達の対人スキル（親によって報告された ICS を指標とする）の得点が高いほど，MNS の前頭要素（弁蓋部）や扁桃体お

よび前島皮質で観察される活動がより大きいことを見出した（全脳解析で，全ての最大値に対して $t > 3.84$, $p < .05$ クラスタ・レベルでの多重比較補正による）。この結果のパターンは，MNS——および前島皮質を介した辺縁系との接続——を基盤とする自動的なシミュレーション・メカニズムが，日常生活における社会的な機能において重要な役割を果たしているとする考え方（Gallese, Keysers, & Rizzolatti, 2004）と完全に一致している。

　この仮説をさらに支持する証拠が，急速に拡大してきた，自閉症のMNS機能の異常に関する研究から得られている。自閉症とは，社会的な領域における際立った障害によって特徴づけられる発達障害である。実際，自閉症者におけるMNSの機能不全を示す証拠は，異なる複数の研究室および異なる複数の技法にわたって驚くほど一貫している（レビューについて，Oberman & Ramachandran, 2007を見よ）。先に述べた定型発達の子ども達を対象とした研究（Pfeifer et al., 2008）と同じfMRIのパラダイムを用いて，我々は，自閉症スペクトラム障害のある高機能の子ども達の標本におけるMNSの機能について調査を行った。定型発達の子ども達の標本（Pfeifer et al., 2008）や健常な統制群（年齢・性別・IQを対応）で我々が観察したのとは異なり，自閉症スペクトラム障害の子どもたちの群では，情動表出の模倣や観察とMNSの有意な活動との間には関連は見られなかった。もちろん，彼らは定型発達群の子ども達と同じように刺激に注意を向けて課題を遂行していたのである（Dapretto et al., 2006）。社会的認知や行動におけるMNSの役割に関して言えば，個人レベルでは，自閉症スペクトラム障害の子どもたちのMNSの活動は，自閉症診断のための最も信頼できる方法である，「自閉症診断面接（ADI; Lord, Rutter, & Le Couteur, 1994）」および「自閉症診断観察検査（ADOS; Lord et al., 2000）」の社会性に関する複数の下位尺度によって独立に測定された，社会性に関する障害の程度と強い負の相関を示すことを我々は見出した。言い換えると，自閉症児の示す社会性の障害の程度が小さいほど，MNSの前頭要素（下前頭回の弁蓋部）における活動は増大した。逆に，社会的障害の程度が大きいほど，MNS領野で観察された活動はより小さかった。

　我々の知る限り，健常な個人を対象としてMNSと対人能力との関係を調べた研究というのは1つだけである（Lawrence et al., 2006）。その研究では，共感指数（Empathy Quotient; Baron-Cohen & Wheelwright, 2004）を用いて測定された自己報告による社会的スキルが，社会的知覚課題遂行中の三角部（弁蓋

部の隣接部位）における賦活の小さなクラスタと正の相関をすることが示された。MNS が社会的認知において果たす役割の問題については現在のところ決着がついておらず（たとえば，Saxe, 2005），この分野における将来の研究が必要なことは明らかである。

6. 結論，そして将来への方向性

まとめると，これまで議論してきた多くの機能神経画像研究によって，人間の MNS が，共感の感情的要素——情動状態の共有——や，もっと一般的な社会的能力の個人差と関連しているという説得力のある証拠が提供されている。このような関連性は，特に子ども達に顕著であるように思われる。これは，感情の共有が，対人的理解のための神経学的および行動学的な基礎を提供するという考え方に則している。視点取得のような，共感のもっと認知的な要素に関しては，MNS の果たす役割についてはあまり明らかになっていない。このような顕在的な側面に MNS が関係するのかどうかは，そのプロセスに用いられる情報が，MNS を介して集められたものなのか（たとえば，あなたを見ただけであなたが悲しんでいるのがわかる），それとも，その他のメカニズムを介したものなのか（あなたが飼い犬を安楽死させなければならないことを聞いたので私はあなたが悲しんでいるのがわかる）に依存するのであろう。もし共感のような複雑な構成概念の神経基盤を完全に理解しようとするのであれば，MNS によって供給されるもっと自動的な形式の共感と，顕在的な視点取得によって供給されるもっと自由意志に基づく共感との間の相互作用について探索していくことが将来必要になるであろう。機能的結合解析（functional connectivity analyses）や動的因果モデリング（dynamic causal modeling）といった技法が，社会脳のネットワーク内にある数多くの「ノード」の果たす役割を解明するのに有効であることが明らかになるであろう。

もう1つの重要な疑問は，MNS の機能と共感との関係に影響を及ぼすのは，どのような集団または個人差なのかということである。たとえば，子どもの世話に対する進化的な反応として，女性の方が概してより強い MNS の関与を示すといった性差が存在する可能性がある。これは，男性の方が概して共感的というよりも分析的であり女性の方はその逆のパターンを示すことを示唆する，自閉症に関する「超男性脳」理論と一致している。さらに，サルの場合と同様

に，子どもの場合も成人の場合も，種族・パーソナリティ・年齢・性別のような要因に基づいて，自分自身と対象者との間の類似性が大きくなるほど行動的共感も増大することが知られている（レビューについては，Preston & de Waal, 2002 を見よ）。このように，MNS によって達成される対人的な理解の基礎は自分自身の内部に根ざしていると考えられているものの，相互作用の相手の様々な特徴といったものが，ミラーリングのプロセスに重要な影響を及ぼしている可能性がある。実際に，ミラー・ニューロンにこのような感受性があることを示す証拠が存在する。fMRI を用いたある研究では，同種（つまり他の人間）によって遂行される行為を観察する方が，サルやイヌによる行為を観察するよりも MNS の活動がより大きいことが示されている（Buccino et al., 2004）。MNS の働きに影響を及ぼす第 1 の重要な社会的集団というのが性別であろう。なぜならば，(a)遊び相手に関する同性への強い選好性が幼い頃に発達し，思春期までの間，男女に分かれて遊ぶということが続く（たとえば，Ruble & Martin, 1998）ものであるし，(b)性別はまた，行為と遊びのスタイル（たとえば，Maccoby & Jacklin, 1987）や体型（Ruff, 2002）や顔の構造（Ferrario et al., 1993）の違いと関連しているからである。

最後に，共感とその他の社会認知発達との間の関係について，もっと綿密に発達社会神経科学的な視点から見ていくことが重要である。たとえば，情動制御の発達は，共感の感情的側面や，ミラー・ニューロンおよび辺縁部位における関連した賦活とどのように関連しているのであろうか。自己を認識する能力や，他者が異なる欲望や信念を持っている可能性のあることを理解する能力が現れてくることで，MNS の機能にどのように影響を及ぼすのであろうか。そして，内集団バイアス[訳注3]が発達することによって，外集団の成員に対する MNS の反応に影響があるのだろうか。究極的には，共感の感情的要素と認知的要素の両方を支える神経系をより詳細に理解することによって，自閉症のような広汎的な社会的発達障害と診断された子ども達に対する効果的な介入方法や，共感性や関連した向社会的行動が欠けているせいで成績表の社会的スキルの欄で良い評価を得られないような多くの定型発達の子ども達のための訓練プログラムを計画するのに役立つことになるであろう。

引用文献

Amodio, D. M., & Frith, C. D. (2006). Meeting of minds: The medial frontal cortex and social cognition. *Nature Reviews Neuroscience*, **7** (4), 268-277.

Augustine, J. R. (1996). Circuitry and functional aspects of the insular lobe in primates including humans. *Brain Research Reviews*, **22**, 229-244.

Baron-Cohen, S. (1995). *Mindblindness: An essay on autism and theory of mind.* Cambridge, MA: MIT Press. ［サイモン・バロン＝コーエン（著）長野敬・長畑正道・今野義孝（訳）(1997). 自閉症とマインド・ブラインドネス. 青土社.］

Baron-Cohen, S. (2002). The extreme male brain theory of autism. *Trends in Cognitive Sciences*, **6** (6), 248-254.

Baron-Cohen, S., & Wheelwright, S. (2004). The empathy quotient: An investigation of adults with Asperger syndrome or high functioning autism, and normal sex differences. *Journal of Autism and Developmental Disorders*, **34** (2), 163-175.

Bavelas, J. B., Black, A., Lemery, C. R., & Mullett, J. (1996). "I show you how you feel": Motor mimicry as a communicative act. *Journal of Personality and Social Psychology*, **50**, 322-329.

Botvinick, M., Jha, A. P., Bylsma, L. M., Fabian, S. A., Solomon, P. E., & Prkachin, K. M. (2005). Viewing facial expressions of pain engages cortical areas involved in the direct experience of pain. *NeuroImage*, **25**, 312-319.

Buccino, G., Vogt, S., Ritzl, A., Fink, G. R., Zilles, K., Freund, H. J., & Rizzolatti, G. (2004). Neural circuits underlying imitation learning of hand actions: An event-related fMRI study. *Neuron*, **42** (2), 323-334.

Cairns, R. B., Leung, M.-C., Gest, S. D., & Cairns, B. D. (1995). A brief method for assessing social development: Structure, reliability, stability, and developmental validity of the interpersonal competence scale. *Behaviour Research and Therapy*, **33**, 725-736.

Carr, L., Iacoboni, M., Dubeau, M. C., Mazziotta, J. C., & Lenzi, G. L. (2003). Neural mechanisms of empathy in humans: A relay from neural systems for imitation to limbic areas. *Proceedings of the National Academy of Sciences USA*, **100** (9), 5497-5502.

Chartrand, T. L., & Bargh, J. A. (1999). The chameleon effect: The perception-behavior link and social interaction. *Journal of Personality and Social Psychology*, **76** (6), 893-910.

Dapretto, M., Davies, M. S., Pfeifer, J. H., Scott, A. A., Sigman, M., Bookheimer, S. Y., et al. (2006). Understanding emotions in others: Mirror neuron dysfunction in children with autism spectrum disorders. *Nature Neuroscience*, **9** (1), 28-30.

Davis, M. H. (1983). The effects of dispositional empathy on emotional reactions and helping: A multidimensional approach. *Journal of Personality*, **51** (2), 167-184.

Decety, J., & Grèzes, J. (2006). The power of simulation: Imagining one's own and other's behavior. *Brain Research*, **1079**, 4-14.

Deutsch, F., & Maddle, R. A. (1975). Empathy: Historic and current conceptualizations, measurement, and a cognitive theoretical perspective. *Human Development*, **18**, 267–287.

De Vignemont, F., & Singer, T. (2006). The empathic brain: How, when and why? *Trends in Cognitive Sciences*, **10** (10), 435–441.

Doherty, R.W. (1997). The emotional contagion scale: A measure of individual differences. *Journal of Nonverbal Behavior*, **21**, 131–154.

Eisenberg, N. (2000). Emotion, regulation, and moral development. *Annual Review of Psychology*, **51**, 665–697.

Eisenberg, N., & Fabes, R. A. (1998). Prosocial development. In W. Damon & N. Eisenberg (Eds.), *Handbook of child psychology* (pp. 701–778). New York: Wiley.

Eisenberg, N., & Miller, P. A. (1987). The relation of empathy to prosocial and related behaviors. *Psychological Bulletin*, **101** (1), 91–119.

Fadiga, L., Craighero, L., & Olivier, E. (2005). Human motor cortex excitability during the perception of others' actions. *Current Opinion in Neurobiology*, **15**, 213–218.

Farrer, C., Franck, N., Georgieff, N., Frith, C. D., Decety, J., & Jeannerod, M. (2003). Modulating the experience of agency: A positron emission tomography study. *NeuroImage*, **18** (2), 324–333.

Ferrario, V. F., Sforza, C., Pizzini, G., Vogel, G., & Miani, A. (1993). Sexual dimorphism in the human face assessed by euclidean distance matrix analysis. *Journal of Anatomy*, **183** (3), 593–600.

Gallese, V. (2006). Intentional attunement: A neurophysiological perspective on social cognition and its disruption in autism. *Brain Research*, **1079** (1), 15–24.

Gallese, V., Fadiga, L., Fogassi, L., & Rizzolatti, G. (1996). Action recognition in the premotor cortex. *Brain*, **119**, 593–609.

Gallese, V., & Goldman, A. I. (1998). Mirror neurons and the simulation theory of mind-reading. *Trends in Cognitive Sciences*, **2** (12), 493–501.

Gallese, V., Keysers, C., & Rizzolatti, G. (2004). A unifying view of the basis of social cognition. *Trends in Cognitive Sciences*, **8** (9), 396–403.

Gallup, G. G., Jr. (1982). Self-awareness and the emergence of mind in primates. *American Journal of Primatology*, **2** (3), 237–248.

Gazzola, V., Aziz-Zadeh, L., & Keysers, C. (2006). Empathy and the somatotopic auditory mirror system in humans. *Current Biology*, **16** (18), 1824–1829.

Gopnik, A., & Meltzoff, A. N. (1997). *Words, thoughts, and theories*. Cambridge, MA: MIT Press.

Gross, J. J., & John, O. P. (2003). Individual differences in two emotion regulation processes: Implications for affect, relationships, and well-being. *Journal of Personality and Social Psychology*, **85**, 348–362.

Hamilton, A. F., & Grafton, S. T. (2006). Goal representation in human anterior intraparietal sulcus. *Journal of Neuroscience*, **26** (4), 1133–1137.

Hatfield, E., Cacioppo, J. T., & Rapson, R. L. (1994). *Emotional contagion*. Paris: Cambridge University Press.

Hoffman, M. L. (2000). *Empathy and moral development: Implications for caring and justice.* New York: Cambridge University Press. [ホフマン, M. L. (著) 菊池章夫・二宮克美 (訳) (2001). 共感と道徳性の発達心理学. 川島書店.]

Iacoboni, M., & Dapretto, M. (2006). The mirror neuron system and the consequences of its dysfunction. *Nature Reviews Neuroscience*, 7, 942–951.

Iacoboni, M., Molnar-Szakacs, I., Gallese, V., Buccino, G., Mazziotta, J. C., & Rizzolatti, G. (2005). Grasping the intentions of others with one's mirror neuron system. *PLoS Biology*, 3, 529–535.

Iacoboni, M., Woods, R. P., Brass, M., Bekkering, H., Mazziotta, J. C., & Rizzolatti, G. (1999). Cortical mechanisms of human imitation. *Science*, 286 (5449), 2526–2528.

Jackson, P. L., Brunet, E., Meltzoff, A. N., & Decety, J. (2006). Empathy examined through the neural mechanisms involved in imagining how I feel versus how you feel pain. *Neuropsychologia*, 44 (5), 752–761.

Jackson, P. L., Meltzoff, A. N., & Decety, J. (2005). How do we perceive the pain of others? A window into the neural processes involved in empathy. *NeuroImage*, 24 (3), 771–779.

Kaplan, J. T., & Iacoboni, M. (2006). Getting a grip on other minds: Mirror neurons, intention understanding and cognitive empathy. *Social Neuroscience*, 1, 175–183.

Keysers, C., & Gazzola, V. (2007). Integrating simulation and theory of mind: From self to social cognition. *Trends in Cognitive Sciences*, 11, 194–196.

Lamm, C., Batson, C. D., & Decety, J. (2007). The neural substrate of human empathy: Effects of perspective-taking and cognitive appraisal. *Journal of Cognitive Neuroscience*, 19 (1), 42–58.

Lawrence, E. J., Shaw, P., Giampietro, V. P., Surguladze, S., Brammer, M. J., & David, A. S. (2006). The role of "shared representations" in social perception and empathy: An fMRI study. *NeuroImage*, 29 (4), 1173–1184.

Leslie, A. (1987). Pretense and representation: The origins of a "theory of mind." *Psychological Review*, 94, 412–426.

Leslie, K. R., Johnson-Frey, S. H., & Grafton, S. T. (2004). Functional imaging of face and hand imitation: Towards a motor theory of empathy. *NeuroImage*, 21 (2), 601–607.

Lewis, M., Sullivan, M. W., Stanger, C., & Weiss, M. (1989). Self development and self-conscious emotions. *Child Development*, 60 (1), 146–156.

Lipps, T. (1903). Einfühlung, innere Nachahmung, und Organempfindungen. *Archiv für die gesamte Psychologie*, 1, 465–519.

Litvack-Miller, W., McDougall, D., & Romney, D. M. (1997). The structure of empathy during middle childhood and its relationship to prosocial behavior. *Genetic, Social, and General Psychology Monographs*, 123 (3), 303–324.

Lord, C., Risi, S., Lambrecht, L., Cook, E. H., Jr., Leventhal, B. L., DiLavore, P. C., et al. (2000). The Autism Diagnostic Observation Schedule—Generic: A standard measure of social and communication defi cits associated with the spectrum of autism. *Journal of Autism and Developmental Disorders*, 30 (3), 205–223.

Lord, C., Rutter, M., & Le Couteur, A. (1994). Autism Diagnostic Interview—Revised: A revised version of a diagnostic interview for caregivers of individuals with possible pervasive developmental disorders. *Journal of Autism and Developmental Disorders*, **24** (5), 659–685.

Maccoby, E. E., & Jacklin, C. N. (1987). Gender segregation in childhood. *Advances in Child Development and Behavior*, **20**, 239–287.

Mehrabian, A., & Epstein, N. (1972). A measure of emotional empathy. *Journal of Personality*, **40** (4), 525–543.

Meltzoff, A. N., & Decety, J. (2003). What imitation tells us about social cognition: A rapprochement between developmental psychology and cognitive neuroscience. *Philosophical Transactions of the Royal Society, London, B*, **358**, 491–500.

Meltzoff, A. N., & Moore, M. K. (1977). Imitation of facial and manual gestures by human neonates. *Science*, **198**, 74–78.

Meltzoff, A. N., & Moore, M. K. (1994). Imitation, memory, and the representation of persons. *Infant Behavior and Development*, **17** (1), 83–99.

Miller, P. A., & Eisenberg, N. (1988). The relation of empathy to aggressive and externalizing/antisocial behavior. *Psychological Bulletin*, **103** (3), 324–344.

Morrison, I., Lloyd, D., di Pellegrino, G., & Roberts, N. (2004). Vicarious responses to pain in anterior cingulate cortex: Is empathy a multisensory issue? *Cognitive, Affective, and Behavioral Neuroscience*, **4** (2), 270–278.

Niedenthal, P. M., Brauer, M., Halberstadt, J. B., & Innes-Ker, A. H. (2001). When did her smile drop? Facial mimicry and the influences of emotional state on the detection of change in emotional expression. *Cognition and Emotion*, **15** (6), 853–864.

Oberman, L. M., Pineda, J. A., & Ramachandran, V. S. (2007). The human mirror neuron system: a link between action observation and social skills. *Social, Cognitive, and Affective Neuroscience*, **2**, 62–66.

Oberman, L. M., & Ramachandran, V. S. (2007). The simulating social mind: The role of the mirror neuron system and simulation in the social and communicative deficits of autism spectrum disorders. *Psychological Bulletin*, **133** (2), 310–327.

Pfeifer, J. H., Iacoboni, M., Mazziotta, J. C., & Dapretto, M. (2008). Mirroring others' emotions relates to empathy and interpersonal competence in children. *NeuroImage*, **39**, 2076–2085.

Premack, D., & Woodruff, G. (1978). Chimpanzee problem-solving: A test for comprehension. *Science*, **202** (4367), 532–535.

Preston, S. D., & de Waal, F. B. (2002). Empathy: Its ultimate and proximate bases. *Behavioral and Brain Sciences*, **25** (1), 1–20; discussion 20–71.

Rizzolatti, G., & Craighero, L. (2004). The mirror-neuron system. *Annual Review of Neuroscience*, **27**, 169–192.

Rizzolatti, G., Fadiga, L., Gallese, V., & Fogassi, L. (1996). Premotor cortex and the recognition of motor actions. *Cognitive Brain Research*, **3** (2), 131–141.

Ruble, D. N., & Martin, C. L. (1998). Gender development. In W. Damon & N. Eisenberg (Eds.), *Handbook of child psychology* (pp. 933–1016). New York: Wiley.

Ruby, P., & Decety, J. (2003). What you believe versus what you think they believe: A neuroimaging study of conceptual perspective-taking. *European Journal of Neuroscience*, **17** (11), 2475–2480.

Ruby, P., & Decety, J. (2004). How would you feel versus how do you think she would feel? A neuroimaging study of perspective-taking with social emotions. *Journal of Cognitive Neuroscience*, **16** (6), 988–999.

Ruff, C. (2002). Variation in human body size and shape. *Annual Review of Anthropology*, **31**, 211–232.

Saarela, M. V., Hlushchuk, Y., Williams, A. C., Schurmann, M., Kalso, E., & Hari, R. (2006). The compassionate brain: Humans detect intensity of pain from another's face. *Cerebral Cortex*, **17**, 230–237.

Sagi, A., & Hoffman, M. L. (1976). Empathic distress in the newborn. *Developmental Psychology*, **12**, 175–176.

Saxe, R. (2005). Against simulation: The argument from error. *Trends in Cognitive Sciences*, **9**, 174–179.

Saxe, R., & Kanwisher, N. (2003). People thinking about thinking people. The role of the temporoparietal junction in "theory of mind." *NeuroImage*, **19** (4), 1835–1842.

Saxe, R., & Wexler, A. (2005). Making sense of another mind: The role of the right temporo-parietal junction. *Neuropsychologia*, **43** (10), 1391–1399.

Singer, T., Seymour, B., O'Doherty, J., Kaube, H., Dolan, R. J., & Frith, C. D. (2004). Empathy for pain involves the affective but not sensory components of pain. *Science*, **303**, 1157–1162.

Van Baaren, R. B., Holland, R. W., Kawakami, K., & van Knippenberg, A. (2004). Mimicry and prosocial behavior. *Psychological Science*, **15** (1), 71–74.

Wellman, H. M. (1991). From desires to beliefs: Acquisition of a theory of mind. In A. Whiten (Ed.), *Natural theories of mind: Evolution, development and simulation of everyday mindreading* (pp. 19–38). Cambridge, MA: Blackwell.

Wellman, H. M., & Hickling, A. K. (1994). The mind's "I": Children's conceptions of the mind as an active agent. *Child Development*, **65**, 1564–1580.

Wellman, H. M., & Liu, D. (2004). Scaling of theory-of-mind tasks. *Child Development*, **75** (2), 523–541.

Wicker, B., Keysers, C., Plailly, J., Royet, J. P., Gallese, V., & Rizzolatti, G. (2003). Both of us disgusted in my insula: The common neural basis of seeing and feeling disgust. *Neuron*, **40** (3), 655–664.

Zahn-Waxler, C., Radke-Yarrow, M., Wagner, E., & Chapman, M. (1992). Development of empathic concern for others. *Developmental Psychology*, **28**, 126–136.

■訳注■

1 原文では,「Balanced Emotional Empathy Scale (BEES; Mehrabian & Epstein, 1972)」と書かれているが, Mehrabian & Epstein (1972) の尺度は「BEES」ではなく,「EETS (または QMEE)」である。「BEES」は, Mehrabian による新しい版 (Mehrabian, 2000)

の名称ではあるが，1972年の尺度をBEESと呼ぶ場合もある．ちなみに，Saarela et al. (2006) では，Mehrabian (2000) が引用されている．また，EETSとBEESでは項目も異なってはいるが，両者の間には $r=.77$ の相関が報告されている．
2 Lamm et al. (2007) は，被験者が意図的に模倣しようとしたことや，他者の苦痛を見て，苦痛から逃避しようという無意識的な運動反応が生じたことが，これらの部位の賦活につながった可能性があると考察している．
3 自分自身の所属する集団内のメンバーを，その集団以外の人よりも，よりポジティブに評価する傾向のことを内集団バイアス (intergroup bias) または「内集団びいき (in-group favoritism)」という．

第15章 共感と個人的苦悩：神経科学からの最新の証拠

ジャン・デセティ
クラウス・ラム

　哲学者および社会心理学者や発達心理学者達は，共感の本質とは何か（たとえば，Batson et al., 1991; Eisenberg & Miller, 1987; Thompson, 2001），そして，他者と情動を共有したり，他者の情動を理解する能力が人間固有のものなのかどうか（たとえば，de Waal, 2005）といった問題について，長い間議論を重ねてきた。ここで我々は，共感を，自分が体験している感情と相手が体験している感情とを混乱することなく類似していると感じることができることを説明する構成概念と見なす（Decety & Jackson, 2004; Decety & Lamm, 2006）。共感の体験は，同情（sympathy; 相手の情動状態に関する理解に基づいた，他者への配慮）へとつながることもありうるが，自己と他者との間に混乱がある場合には，個人的苦悩（つまり，他者の情動状態の理解に対する，自分自身に向けられた嫌悪的な情動的反応）につながる可能性もある。共感的行動について知ることは，人間の社会的発達や道徳的発達を理解するのに欠かせない（Eisenberg et al., 1994）。さらに，さまざまな精神病理が共感の欠損によって特徴づけられているだけでなく，数多くの心理療法アプローチにおいて，治療のための基本的な要素としての臨床的共感の重要性が強調されている（Decety & Moriguchi, 2007; Farrow & Woodruff, 2007）。
　近年，共感に関する神経画像研究が急増している。こうした研究のほとんどが社会神経科学という新しいアプローチを反映している。それは，社会心理学で用いられている研究計画や行動的測度に神経生理学的な指標を組み合わせたものである（Decety & Keenan, 2006）。そのようなアプローチは，一般に社会心理学における対立した複数の理論の曖昧さを解決する上で重要な役割を果たしている。特に共感に関連した研究において重要な役割を果たしてきた（Decety & Hodges, 2006）。たとえば，社会心理学者達の間で議論されてきた重要

な疑問には，視点取得の教示によって共感的配慮や個人的苦悩が誘発されるのかどうか，そして，自分自身と他者が一致しているとどのくらい向社会的な動機が沸き起こるのか，といったものが挙げられる。

本章では，他者の苦痛に対して人がどのような行動的・神経学的反応をするのかを探索した最近の社会神経科学研究に焦点をあてる。苦しんでいる他者を知覚するというのは，共感の体験の基盤となるメカニズムを調査するための生態学的に妥当な方法の1つである。こうした研究の知見から，苦痛の状態にある他者を知覚するだけで，その観察者には，直接体験される苦痛の処理に関わる神経ネットワークの賦活が生じることが明らかになっている。他者の苦痛を知覚するのに必要な神経回路と，自分自身の苦痛体験の基盤となる神経回路とが緊密に重複しているということは，社会的認知に関して表象が共有されているとする理論を支持している。この理論では，他者の情動を知覚して，情動的反応をしたり主観的な感情状態になったりすることが，本質的に同じ計算プロセスを利用しており，かつ，体性感覚および運動表象に依存していることが仮定されている。しかしながら，我々は，自分自身と他者が完全に一致してしまった場合には個人的苦悩につながってしまい，共感的配慮にとってはむしろ有害となる可能性があると考えている。個人的苦悩は，たとえば，ストレスの原因となっているものから退避することによって自分自身の苦悩を減少させようという，もっと自己中心的な動機づけを生じさせかねない。それは，向社会的な行動の可能性をむしろ減少させるものである（Tice, Bratslavsky, & Baumeister, 2001）。

我々はまず，他者の苦痛を観察している時と，自分自身が苦痛を体験している時とで共通の神経回路が関与していることを示している最近の神経画像研究の結果を紹介する。次に，視点取得と，自己と他者を区別する能力とが，この共有されたメカニズムにどのように影響を及ぼすかについて議論する。最後の節では，対人関係に関する諸変数が，共感的配慮と個人的苦悩をどのように調節するのかについて検討する。

1. 自己と他者の間の共有された神経回路

共感には他者の無意識の感情に共鳴することが含まれている，と長い間示唆されてきた。たとえば，Basch（1983）は，同種の生物では個々の自律神経系

が同じように反応するように遺伝的にプログラムされているために，ある特定の生物種によってある特定の感情表出がなされると，同種の他の個体でも同じような反応が引き起こされると考えた。ある対象を無意識に自動的に模倣することによって，身体状態や顔の表情と関連した自律的反応が生じるのだとするこのような見解は，その後，様々な行動学的・生理学的研究によって経験的な支持を受けてきた。こうした研究では，Preston and de Waal（2002）によって提案された，知覚－行為の連結メカニズムについて調査を行ってきた。共感に関する知覚－行為モデルの中核にあるのは，他者の状態を知覚することによって，観察者の内部における，その状態に対応する表象が自動的に賦活し，それが身体的・自律的反応を賦活するという仮説である。ある行為を自分で遂行する時にも，他者によって同じ行為が遂行されるのを知覚する時にも発火する，運動前皮質と後部頭頂皮質における感覚運動ニューロン（ミラー・ニューロンとよばれている）を発見したことによって，知覚と行為との間の直接的なリンクのための生理学的なメカニズムが提供されることになった（Rizzolatti & Craighero, 2004）。

　顔の表情を見ることによって，たとえその刺激を意識的に認知していなかったとしても，自分自身の顔に同じような表情を引き起こすことを，行動学的な研究が示している。機能的磁気共鳴断層撮像法（fMRI）を用いたある実験では，参加者が様々な情動を示している顔の表情を観察または模倣するように求められた時，運動前皮質の特定の部位だけでなく，それらの情動の表出に関わっている脳部位（上側頭溝，前島皮質，扁桃体）における神経活動の増大が見出された（Carr et al., 2003）。

　「ミラーリング」や共鳴のメカニズムが，自分自身の感覚や感情を体験する場合にも，他者の感覚や感情を知覚する場合にも活動していることを，数多くの証拠が示している。体性感覚皮質のレベルでさえも，他者の首や顔が触れられるのを見ることで，観察者の脳内に体制化された体部位局在的（somatotopic）訳注1 な賦活が生じる（Blakemore et al., 2005）。感情状態を知覚するのに共有された神経回路が含まれているということが，最近の神経画像研究や経頭蓋磁気刺激法（TMS）を用いた研究によって，確実に支持されている。たとえば，嫌悪を直接体験する場合でも，他者の嫌悪の表情を見る場合でも，いずれも前島皮質が賦活する（Wicker et al., 2003）。同じように，ある情動を伴った手や顔の動きを観察することによって，情動やコミュニケーションの知覚と体

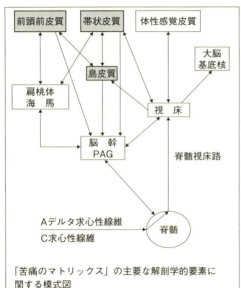
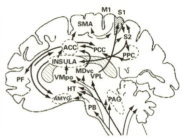

→ 一次感覚皮質 (S1) と二次感覚皮質 (S2) は，身体の位置や刺激強度といった，苦痛の感覚的・弁別的側面に関与する。

→ 前帯状皮質 (ACC) と島皮質 (INSULA) は，感情的・動機的な要素，つまり，苦痛や嫌悪刺激のある状況で，不快の主観的な評価や，反応の準備に関与する。

「苦痛のマトリックス」の主要な解剖学的要素に関する模式図

図 15.1 苦痛に関する神経生理学的研究では，苦痛の処理に関する感覚-弁別的な側面と，感情的・動機的な側面とが区別されている。これら2つの側面は，独立しながらも相互作用する神経ネットワークによって支えられている。（ACC 前帯状皮質，AMYG 扁桃体，HT 視床下部，INSULA 島皮質，M1 一次運動皮質，MDvc 背内側核腹側部，PAG 中脳水道周囲灰白質，PB 傍小脳脚核，PCC 後帯状皮質，PF 前頭前皮質，PPC 後部頭頂皮質，S1 一次体性感覚皮質，S2 二次体性感覚皮質，SMA 補足運動野，VMpo 腹内側核後部，VPL 後外側腹側核）

験とに関与する脳部位が賦活する（Grosbras & Paus, 2006）。

　最近では，他者の苦痛を観察することによって，直接的な苦痛の知覚に関する感情的・動機的処理に主に関わっている脳部位が賦活されることが，多くの神経画像研究によって示されている（図 15.1 に示されているように）。

　ある研究では，参加者はスキャナの中で，自分自身が苦痛刺激を受ける試行と，同室内にいる参加者のパートナーが苦痛刺激を受けていることを示す信号を観察する試行を経験した（Singer et al., 2004）。いずれの試行でも，中帯状皮質および前帯状皮質（MCC および ACC）と前島皮質が賦活した（Morrison et al., 2004 も見よ）。これらの部位は，不快刺激に対する感情的・動機的処理，つまり，苦痛の処理のうち，苦痛体験を回避したり終わらせたりしようという欲求や衝動と関連した側面に貢献している。同じような結果が，Jackson,

Meltzoff, and Decety（2005）においても報告されている。その実験では，参加者が，苦痛のある状況もしくは中立的な日常生活の状況にある，人の手や足の写真を見せられた。苦痛処理の感情的側面に関連した部位（中帯状皮質・前帯状皮質・前島皮質）で有意な賦活が見出されたが，Singer ら（2004）による研究と同様に，体性感覚皮質に信号変化は見られなかった。しかしながら，最近行われた TMS を用いた研究では，人間のモデルの手足に針が挿入されるのを観察しているときに，観察者の手の筋肉の皮質脊髄の運動表象に変化のあることが報告されており（Avenanti et al., 2005），苦痛を観察することには感覚運動表象が含まれている可能性のあることがうかがえる。

　まとめると，現在の神経科学における証拠から，苦痛の状況にある他者を観察するだけで，自分自身における苦痛の動機的・感情的次元の処理に関連した神経ネットワークに反応が生じることが示唆されている。一方で，複数の神経画像研究に対する最近のメタ分析の結果は，この重複が完全なものではないことを示している（Jackson, Rainville, & Decety, 2006）。他者の苦痛を知覚する場合には，苦痛を直接体験する場合と比べて，島皮質においても帯状皮質においても，より吻側[訳注2]の賦活が生じる。また，代理的に引き起こされた場合の苦痛マトリックスの賦活は，必ずしも苦痛の情動体験のみに特化しているわけではない。身体のモニタリング，ネガティブな刺激の評価，嫌悪に関する適切な骨格筋動作の選択といった処理とも共有されている。したがって，苦痛のマトリックスにおける感情的・動機的な部分の神経表象が共有されていることは，苦痛に関する感覚的な質に特有なものではなく，嫌悪や退避といった一般的生存メカニズムと関連している可能性がある。

　他者の苦痛を観察することによって，ネガティブな情動体験に含まれる脳の構造が賦活するというこの発見には，他者の窮状を観察することによって共感的配慮と個人的苦悩のどちらが生じるのかという疑問について重要な含みがある。評価理論（appraisal theory）では，情動は，外部または内部の刺激によって引き起こされる生理学的反応に関する評価（appraisal）の結果として生じると考えられている（Scherer, Schorr, & Johnstone, 2001）。他者の情動を知覚することは，生理学的な反応を強力に引き起こし，中枢神経系と自律神経系の両方に明確な変化を生じさせる。興味深いことに，心拍や皮膚電気反応といった精神生理学的な指標で，観察者と対象人物との間により高度な結びつきがある場合には，対象人物の情動状態をよりよく理解できていることを予測する

(Levenson & Ruef, 1992)。他者の苦痛を観察している最中に賦活する島皮質や中帯状皮質といった部位が，内臓や身体的な反応といった身体的変化のモニタリングに貢献しているということにも注目すべきである。したがって，こうした反応を自分自身に帰属するのか，それとも他者に帰属するのかによって，多かれ少なかれ，自己志向的な情動か他者志向的情動かのいずれかが生じることになる，ということは十分にありそうである。

2. 視点取得，自他の区別，そして共感

　他者の心理学的視点を採用して心に抱くという能力には数多くの社会的な重要性がある，という点で多くの理論家の意見はおおむね一致している。適切に発達した視点取得能力のおかげで，我々は，自己中心性を克服し，他者の期待に沿うように我々自身の行動を調整することができる（Davis et al., 1996）。さらに，役割取得をうまくこなすことは，道徳的推論や利他性とも関連している（Batson et al., 1991）。他者の視点を取得するために心的イメージを用いることは，相手の置かれている状況やその人物の情動状態に自分自身の身を置いてみるための有効な手段である。心的イメージのおかげで，我々は，相手の目を通して，あるいは相手の立場に立って，我々の同胞の世界を眺めることができるようになるだけでなく，その相手と同じような感覚を得ることもできるようになる可能性がある（Decety & Grèzes, 2006）。

　社会心理学者達は長い間，他者をイメージすることと自分自身をイメージすることとの違いについて，特に，これら2種類の視点のもつ情動的・動機的な意味について関心を抱いてきた。関連した多くの研究において，他者の感情に注目すること（他者をイメージすること）がより強い共感的配慮を引き起こすのに対して，意識して対象人物の立場に自分自身の身を置くこと（自己をイメージすること）は，共感的配慮だけでなく個人的苦悩をも生じさせることが示されてきた。そのような研究の1つで，Batson, Early, and Salvarini（1997）は，両親の死後に苦しい生活を強いられている若い大学生ケイティ・バンクスの物語を参加者に聞かせて，それを聞いている際の視点取得に関する教示の違いによって生じる感情的な影響について調査を行った。この研究では，対象人物の置かれた状況に対する参加者の知覚が，教示の違いによって異なる影響を受けるということが示されている。自分自身がケイティの立場に置かれている

ように想像した参加者達は，対象人物の反応や感情に注目した参加者（他者イメージ群）や，客観的で公平な視点に立つように教示された参加者と比べて，明らかに，より強い不快と個人的苦悩の徴候を示したのだった。さらに，他者イメージ群と自己イメージ群はいずれも，客観的視点の条件とは異なり，より大きな共感的配慮を示した。この結果は，困窮した状況を観察することがなぜいつも向社会的行動につながるわけではないのかを説明する助けとなるであろう。もし，他者が情動的ないし身体的に苦しい状況にいるところを知覚することによって個人的苦悩が生じてしまったならば，その観察者は相手の体験に対して完全に気を配ることはなくなり，その結果として同情的な行動を示すこともなくなってしまうかもしれない。

認知神経科学における研究では，人が他者の視点を採用するとき，一人称の体験の基盤となる神経回路と共通した神経回路も同様に賦活することが示されている。しかしながら，他者の視点を採用する場合には，それに加えて，実行機能，特に抑制制御に関与している前頭皮質の特定の部位にも賦活が生じる（たとえば，Ruby & Decety, 2003, 2004）。これらの知見を合わせると，前頭葉は，複数の視点を識別する働きをし，他者の主観的な視点を採用している時に，自分自身の視点による干渉を防ぐ役割を果たしている可能性がある（Decety & Jackson, 2004）。こうした能力は，特に他者の苦悩を観察している時に重要である。なぜならば，対象人物に完全に没入してしまったとしたら，そのネガティブな情動を体験しているのが誰なのかということについて混乱が生じてしまい，そのために，誰を援助的行動の対象とすべきなのかについて，異なる動機づけが生じてしまうことになるからである。

我々は最近，2つの関連するfMRI研究を通して，他者の苦痛を知覚している際に視点取得の効果を支えている神経メカニズムについて調査を行った。第1の研究では，参加者は，苦痛の状況にある手足の写真を呈示され，自分自身がこうした状況にあるところ，または，他者がこうした状況を経験しているところを想像し，その状況によって生じる苦痛のレベルを評定するように求められた（Jackson, Brunet, et al., 2006）。自己視点の場合も他者視点の場合も，苦痛の処理に含まれる神経ネットワークの賦活と関連していた。この知見は，社会的な知覚が神経表象の共有の機能によるものであるとする，上で議論した説明と一致している。しかしながら，自己視点の場合には，苦痛の評定はより高く，反応時間も短かった。また，苦痛のマトリックスの関与はより広範であり，

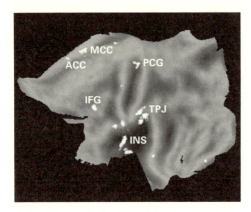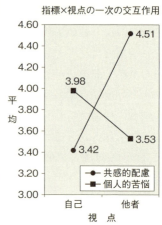

図 15.2 2つの異なる視点取得教示による神経学的および行動上の結果（Lamm, Batson, & Decety, 2007 より転載）。左半球の平面図が，自己視点教示中の辺縁／傍辺縁部（中帯状皮質および前帯状皮質［MCC および ACC］，島［INS］）および皮質脳構造（側頭頭頂接合部［TPJ］，下前頭回［IFG］，後中心回［PCG］）における高い賦活を示している。平面化された皮質表面への機能的賦活のオーバーレイは，Caret（http://brainmap.wustl.edu/caret）および Van Essen et al., 2001 を用いて作成された。

二次体性感覚皮質や中帯状皮質の一部，そして島皮質が含まれていた。

第2の神経画像研究では，さらに多くの行動指標と，広範にわたって生態学的妥当性の検証された動画刺激を用いて，共感的配慮と個人的苦悩との間の区別がより詳細に調査された（Lamm, Batson, & Decety, 2007）。参加者達は，苦痛を伴う医学的治療を受ける患者を描写した一連のビデオクリップを観た。参加者は，意識的に自分自身をその患者の立場に置くか（自己イメージ条件），その患者の感情や感情表出に注目する（他者イメージ条件）ように教示された。行動データによって，意識的に自分自身を嫌悪的な状況に投影することがより高い個人的苦悩につながるのに対して，他者の情動的反応や行動的反応に注目することが，より高い共感的配慮とより低い個人的苦悩につながることが確認された（図15.2 を見よ）。神経画像データは，この知見と一致しており，こうした異なる行動的反応の神経基盤に関するいくつかの洞察を提供した。自己視点の方は，苦痛の動機的・感情的次元の処理に含まれる脳部位（両側の島皮質・中帯状皮質前部・扁桃体および行動制御に関与する様々な構造が含まれる）のより強い血流反応を生じさせた。扁桃体は，現実の脅威や脅威の可能性の評価

といった，恐怖に関連した行動において重要な役割を果たしている。したがって，苦痛のある危険な可能性のある状況に，自分自身がいるところを想像することは，同じ状況に誰か他の人がいるところを想像するよりも，より強い恐怖または嫌悪的な反応を生じさせたのであろう。

JacksonとBrunetら（2006）による知見と一致して，ここでの島皮質の賦活は，より後部の中背側部に位置していた。島皮質の中背側部は，苦痛刺激の感覚運動的な側面の処理において役割を果たしており，大脳基底核との強い結びつきがある。大脳基底核もまた自己視点の教示中により高い賦活があった部位である。以上をまとめると，自己視点の際に生じる島皮質の賦活は，苦痛体験のうちの感覚的な側面の刺激を反映していることが示唆される。そのようなシミュレーションは，運動野を賦活して防御または回避行動を準備させると共に，シミュレーションのプロセスを生じさせる自律的変化と関連した内受容性刺激のモニタリングを引き起こすのであろう（Critchley et al., 2005）。そのような解釈は，体性感覚皮質で見られた賦活の違いを説明する。最後に，運動前野の構造に高い賦活が見られたことは，よりストレスフルで不快な一人称の視点によって，運動表象がより強く賦活されることと関係しているのであろう。この解釈をさらに支持しているのが，状況的な共感精度と脳の賦活との間の関連について調べた，陽電子断層撮像法（PET）を用いた研究の結果である。その研究では，参加者が他者の苦悩を目撃している際に，中帯状皮質の一部にまで広がる運動前野内側部での強い賦活が見出された（Shamay-Tsoory et al., 2005）。その研究もまた，苦悩を理解する際の前頭前野の重要性を指摘している。

まとめると，利用可能な経験的知見から，一人称視点と三人称視点とでは，関与する神経系に重要な違いのあることが明らかになっており，共感の体験では自分自身と他者が完全に融合するという概念とは矛盾している。苦痛のマトリックスの感情的側面においても体性感覚的側面においても特定の賦活の差異のあることは，苦痛や苦悩の評定が高いことと共に，自己視点には，より直接的で個人的な没入が必要であることを反映しているように思われる。自他の区別を促進すると思われる重要な部位が，右の側頭頭頂接合部（TPJ）である。TPJは，共感に関するほとんどの神経画像研究で賦活が見られており（Decety & Lamm, 2007），自己の気づきや自己主体性の感覚において決定的に重要な役割を果たしているようである。自己主体性の感覚（つまり，行為・欲望・思考・

感情の主体として自分自身を意識すること）は，自己と他者の間で共有される表象をうまく制御するために必要不可欠なものである（Decety, 2005; Decety & Lamm, 2007）。

このように，自己意識と自己主体性の感覚はいずれも，共感において中心的な役割を果たしており，社会的相互作用にとって重要な貢献をしている。こうした能力は，情動感染と共感的反応との区別に関与している可能性が高い。情動感染は，他者の情動を知覚することと，同じ情動を自分自身で体験することとの間の自動的なリンクにかなり依存しているのに対して，共感的反応の方は，もっと客観的な関係を必要とする。自己視点と他者視点とでは重複していない神経反応が見出されているが，こうした神経反応は，他者を思いやるような適切な将来の行為を計画するために，有効な処理能力を利用していることによるのかもしれない。我々は，自分自身の感情を意識し，自分自身の情動を意識的に制御することによって，他者に対する共感的な反応を，我々自身の個人的な苦悩から切り離すことが可能となる。そして，前者のみが向社会的行動につながるのである。

3. 共感的反応の調節

他者の行動をただ知覚するだけで自分自身の対応する回路が賦活し，他者の苦痛の状況を知覚することで，苦痛の直接体験に含まれる神経回路が賦活する。しかしながら，こうした無意識的に生じる共感的な反応は，様々な状況変数や個人の特性変数によって調節されうるという証拠がある。社会心理学の研究において，対象人物と共感者との間の関係，共感者の性格特性，社会的相互作用が生じる文脈といった，数多くの要因が同定されてきた。したがって，親しい友人の苦悩を観察した場合に，共感的配慮や援助行動が生じるのか，それともその状況からの退避が生じるのかといったことは，これら全ての要因の複雑な相互作用に依存することになる。

情動の制御というのは，おそらく社会的相互作用において特に重要な役割を果たしており，個人にとっても種全体にとっても明らかに適応的な機能となっている（Ochsner & Gross, 2005）。興味深いことに，自分自身の情動を調節できる人の方が，共感を体験し，道徳的に望ましいやり方で他者と相互作用する傾向のあることが示されている（Eisenberg et al., 1994）。対照的に，自分自身

の情動，特にネガティブな情動を強く体験する人は，他者の情動状態に基づく嫌悪的な情動反応（たとえば，不安や不快）という，個人的苦悩に陥りやすい。

　苦痛の状況にある他者を知覚する場合では，対象人物の苦悩が抗しがたいものであるときに自分自身の情動を抑える能力が特に重要となる。たとえば，自分の赤ちゃんの夜泣きに悩まされる母親は，困窮しているわが子を適切に世話するために，自分自身の不快感に対処しなければならない。自分自身の情動を制御するための1つの方略が，認知的再評価（cognitive reappraisal）に基づくものである。認知的再評価とは，我々が刺激に反応する方法を変えるために，その刺激の感情価を再解釈することを意味する。そのような再評価は意図的に達成することも可能であるし，情動誘発刺激に関する付加的な情報を処理することによっても可能となる。

　上で述べた，苦痛を伴う医学的治療の映像を参加者が視聴するという fMRI 実験では，Lamm, Batson, and Decety（2007）は，観察される苦痛によって生じる結果について異なる情報を与えることによって，認知的評価が共感体験に及ぼす影響について調べた。観察される対象の患者は，2つのグループのいずれかに属しており，一方のグループでは，その苦痛を伴う治療の結果，健康と生活の質が改善されるのに対して，もう一方のグループでは，その治療が何の役にも立たないというものだった。したがって，同じように刺激的でネガティブな感情価の情動的な内容を参加者は観たわけであるが，その患者の苦痛を評価するための文脈については異なるものが与えられたのである。その結果，仮説は支持され，嫌悪的な出来事に関する個人の評価によって，その出来事に対する反応は大きく変化しうることが示されたのだった。効果のない治療を施されている患者が経験している苦痛のレベルは，より高いと判断され，このような患者のビデオを観ているときには，観察者の個人的苦悩がより著しくなった。脳の賦活は，眼窩前頭皮質（OFC）の2つの下位領域および中帯状皮質の吻側部で変化が見られた。眼窩前頭皮質は，正の強化と負の強化を評価する上で重要な役割を果たすことが知られており，情動の再評価にも関与している。したがって，眼窩前頭皮質の賦活は，呈示された刺激の感情価の評価を反映している可能性がある。興味深いことに，効果的な治療を受けた患者を観るときと効果のない治療を受ける患者を観る時とでは，視感覚領野も島皮質でも血流の賦活に変化は見られなかった。このことから，どちらの患者の映像も同じ情動的反応を引き起こしたこと，そして，トップダウンメカニズムによって知覚

の初期段階での刺激の処理が変化させられたわけではないことが示唆される。

　共感的反応に影響を及ぼすもう1つの対人的な要因が，観察者の背景にある情動状態である（Niedenthal et al., 2000）。たとえば，抑うつ気分というのは，他者による情動表出を知覚する方法に影響を及ぼす可能性がある。最近の発達神経科学研究では，小児双極性障害のある患者が顔の情動表出に注意を向けた時に，扁桃体や側坐核といった辺縁構造の活動が活発になることが見出された（Pavuluri et al., 2008）。同じように，全般性社交恐怖の患者は，怒りまたは軽蔑の表情を呈示された場合に扁桃体の賦活の増大を示した（Stein et al., 2002）。

　特性としての共感および個人的苦悩の個人差が，自己中心的な反応や他者中心的な反応の生起や強度に影響するかどうかといったことが，現在，議論の対象になっている。最近行われたいくつかの神経画像研究では，脳の賦活と共感に関する質問紙尺度との間に特定の関係のあることが示されている。たとえば，Singerら（2004）とLammら（2007）では，いずれも，知覚中に自己報告によって高い共感性を示した参加者達の島皮質および帯状皮質において有意に高い賦活が見出されている。こうした知見は，他者の苦悩に対する感情的な反応の処理に関与する，まさにその脳部位において神経活動が変化することを示している。しかしながら，同じような研究でもそのような相関が見られないものもあることには注意する必要がある（Jackson, Meltzoff, & Decety, 2005）。また，自己報告された個人的苦悩との間には，Lammら（2007）においてもJackson, Brunet, Meltzoff, and Decety（2006）においても，相関は見られていない。しかしながら，Lawrenceら（2006）は，対象人物の心的および感情的状態を推定した参加者の帯状皮質および前頭前野における賦活との間にそのような相関のあることを報告している。神経科学的研究と性格特性に関する尺度との間に不一致が生じる理由の1つは，実際の共感的行動を予測する上での自己報告尺度の妥当性の低さに関係しているのかもしれない（Davis & Kraus, 1997; Ickes, 2003）。脳と行動との相関関係は注意深く扱われるべきであり，性格特性尺度の神経基盤についてであれ，その質問紙が実際に測定しているものについてであれ，特定の仮説を定式化するのには慎重にならなければならない，というのが我々の信念である。たとえば，対人反応性指標（IRI; Davis, 1996）の「個人的苦悩」下位尺度の得点は，実験的に引き出された苦悩の測度との間の相関は0に近く，脳の賦活との間にも有意な相関はなかった。このような結果は，この下位尺度が，他者の苦悩を観察することによって引き起こされる状況

3. 共感的反応の調節

的な不快感の測度としてはおそらく適切ではないということを示している。

共感者と対象人物との間の類似性や親密度といった対人的要因の効果が，行動学的レベル，精神生理学的レベル，そして神経学的レベルで研究されている。たとえば，Cialdini ら（1997）は，知覚された一体性——自分自身と他者との間で知覚された一致度——が，援助行動の重要な予測因子であり，また共感的配慮と強く相関することを報告している。Lanzetta and Englis（1989）は，態度が社会的相互作用に及ぼす効果に関する興味深い観察を行っている。彼らの研究は，競合する関係にある場合には，相手の喜びを観察することによって苦悩が生じ，競争相手の苦痛はポジティブな情動につながることを示した。こうした知見は，共感のなかでも重要でありながらしばしば無視されてしまう側面を反映している。つまり，共感能力というものは悪意のある方法で使用することもできるということである。たとえば，競争相手の情動的ないし認知的状態に関する知識を使って，相手を傷つける場合などがそうである。Singer ら（2006）による最近の研究では，そのような反共感的な反応と神経基盤が明らかにされた。その研究では，参加者はまず，逐次的な囚人のジレンマゲームに参加する[訳注3]。その相手は，そのゲームでフェアに振る舞う，あるいはアンフェアに振る舞うサクラである。このような行動的操作の後，フェアな相手とアンフェアな相手が苦痛刺激を受けるのを観察しているところを fMRI によって測定される。フェアな相手を観察している時と比べて，アンフェアな相手を観察している時には，苦痛の感情的要素を処理する脳部位の賦活が有意に減少した。ただし，この効果は男性の参加者に限られており，また，報酬に関連した部位の賦活の増大も見られた。

まとめると，共感や個人的苦悩の体験が，多くの社会的および認知的要因によって調節される可能性のあることを示す強力な行動的証拠がある。さらに，最近の神経科学的研究は，そのような調節が，社会的情報を処理する神経系における賦活の変化につながることを示している。共感反応の調節に関連する様々な要因やプロセス，そして（神経学的および行動学的）効果に関する我々の知識を拡大していくためにはさらなる研究が必要である。この知識によって，どのようにして共感を向社会的行動や利他的行動につなげていくことができるのかを我々は知ることができるようになるであろう。

4. 結　論

　機能的神経画像研究の結果をまとめると，苦痛または苦悩の状態にある他者を知覚する際に，自分自身が苦痛の状況にいるときに用いるのと同じ神経メカニズムを用いているということが示されている。そのように神経メカニズムが共有されているということは，間主観性に関する興味深い基礎を提供してくれる。なぜならば，それは，自他の等価性に基づいて，一人称の情報と三人称の情報の間の橋渡しをするからである（Decety & Sommerville, 2003; Sommerville & Decety, 2006）。それによって，類推することが可能となり，他者を理解するための手段が提供されるのである。しかしながら，自他の間の最小限の区別もまた，一般の社会的な相互作用においても，特に共感にとっても欠かせないものであり，自己と他者が行動レベルにおいても神経レベルにおいても区別されていることが，社会神経科学における新たな研究によって示されている。最後に，最新の認知神経科学の研究によって，苦痛の状態にある他者に対する神経学的反応が，様々な状況的変数や性格特性的変数によって変動しうることが示されている。

　以上のことをまとめると，これらのデータは，共感が意識的プロセスと自動的プロセスとによって作用するという見解を支持している。これらのプロセスは独立して機能しているわけではなく，共通したメカニズムの異なる表現を表しているのである。共感に関するこのような説明は，認知的表象と認知的操作とが，基本的に身体的状態や脳の感覚様相特定的(モダリテイ・スペシフイツク)なシステムに根ざしているとする，身体化された認知に関する理論（Niedenthal et al., 2005）と調和するものである。

謝　辞

　本章の執筆にあたり，Jean Decety への National Science Foundation による交付金（BCS 0718480）の支援を受けた。

引用文献

Avenanti, A., Bueti, D., Galati, G., & Aglioti, S. M. (2005). Transcranial magnetic stimulation highlights the sensorimotor side of empathy for pain. *Nature Neuroscience* **8**, 955–960.

Basch, M. F. (1983). Empathic understanding: A review of the concept and some theoretical considerations. *Journal of the American Psychoanalytic Association*, **31**, 101–126.

Batson, C. D., Batson, J. G., Singlsby, J. K., Harrell, K. L., Peekna, H. M., & Todd, R. M. (1991). Empathic joy and the empathy-altruism hypothesis. *Journal of Personality and Social Psychology*, **61**, 413–426.

Batson, C. D., Early, S., & Salvarini, G. (1997). Perspective taking: Imagining how another feels versus imagining how you would feel. *Personality and Social Personality Bulletin*, **23**, 751–758.

Blakemore, S. J., Bristow, D., Bird, G., Frith, C., & Ward, J. (2005). Somatosensory activations during the observation of touch and a case of vision-touch synaesthesia. *Brain* **128**, 1571–1583.

Carr, L., Iacoboni, M., Dubeau, M. C., Mazziotta, J. C., & Lenzi, G. L. (2003). Neural mechanisms of empathy in humans: A relay from neural systems for imitation to limbic areas. *Proceedings of the National Academy of Sciences USA*, **100**, 5497–5502.

Cialdini, R. B., Brown, S. L., Lewis, B. P., Luce, C., & Neuberg, S. L. (1997). Reinterpreting the empathy-altruism relationship: When one into one equals oneness. *Journal of Personality and Social Psychology*, **73**, 481–494.

Critchley, H. D., Wiens, S., Rotshtein, P., Öhman, A., & Dolan, R. D. (2005). Neural systems supporting interoceptive awareness. *Nature Neuroscience*, **7**, 189–195.

Davis, M. H., Conklin, L., Smith, A., & Luce, C. (1996). Effect of perspective taking on the cognitive representation of persons: A merging of self and other. *Journal of Personality and Social Psychology*, **70**, 713–726.

Davis, M. H. (1996). *Empathy: A social psychological approach.* Madison, WI: Westview Press.

Davis, M. H., & Kraus, L. A. (1997). Personality and empathic accuracy. In W. Ickes (Ed.), *Empathic accuracy* (pp. 144–168). New York: Guilford Press.

Decety, J. (2005). Perspective taking as the royal avenue to empathy. In B. F. Malle and S. D. Hodges (Eds.), *Other minds: How humans bridge the divide between self and other* (pp. 135–149). New York: Guilford Press.

Decety, J., & Grèzes, J. (2006). The power of simulation: Imagining one's own and other's behavior. *Brain Research*, **1079**, 4–14.

Decety, J., & Hodges, S. D. (2006). A social cognitive neuroscience model of human empathy. In P. A. M. van Lange (Ed.), *Bridging social psychology: Benefits of transdisciplinary approaches* (pp. 103–109). Mahwah, NJ: Erlbaum.

Decety, J., & Jackson, P. L. (2004). The functional architecture of human empathy. Be-

havioral and Cognitive *Neuroscience Reviews*, **3**, 71–100.
Decety, J., & Keenan, J. P. (2006). Social neuroscience: A new journal. *Social Neuroscience*, **1**, 1–4.
Decety, J., & Lamm, C. (2006). Human empathy through the lens of social neuroscience. *Scientific World Journal*, **6**, 1146–1163.
Decety, J., & Lamm, C. (2007). The role of the right temporoparietal junction in social interaction: How low-level computational processes contribute to meta-cognition. *Neuroscientist*, **13**, 580–593.
Decety, J., & Moriguchi, Y. (2007). The empathic brain and its dysfunction in psychiatric populations: Implications for intervention across different clinical conditions. *BioPsychoSocial Medicine*, **1**, 22–65.
Decety, J., & Sommerville, J. A. (2003). Shared representations between self and others: A social cognitive neuroscience view. *Trends in Cognitive Sciences*, **7**, 527–533.
De Waal, F. (2005). Primates, monks and the mind. *Journal of Consciousness Studies*, **12**, 1–17.
Eisenberg, N., Fabes, R. A., Murphy, B., Karbon, M., Maszk, P., Smith, M., O'Boyle, C., & Suh, K. (1994). The relations of emotionality and regulation to dispositional and situational empathy-related responding. *Journal of Personality and Social Psychology*, **66**, 776–797.
Eisenberg, N., & Miller, P. A. (1987). The relation of empathy to prosocial and related behaviors. *Psychological Bulletin*, **101**, 91–119.
Farrow, T., & Woodruff, P. W. (2007). *Empathy in mental illness and health*. Cambridge: Cambridge University Press.
Grosbras, M. H., & Paus, T. (2006). Brain networks involved in viewing angry hands or faces. *Cerebral Cortex*, **16**, 1087–1096.
Ickes, W. (2003). *Everyday mind reading: Understanding what other people think and feel*. Amherst, NY: Prometheus Books.
Jackson, P. L., Brunet, E., Meltzoff, A. N., & Decety, J. (2006). Empathy examined through the neural mechanisms involved in imagining how I feel versus how you feel pain. *Neuropsychologia*, **44**, 752–761.
Jackson, P. L., Meltzoff, A. N., & Decety, J. (2005). How do we perceive the pain of others? A window into the neural processes involved in empathy. *NeuroImage*, **24**, 771–779.
Jackson, P. L., Rainville, P., & Decety, J. (2006). From nociception to empathy: The neural mechanism for the representation of pain in self and in others. *Pain*, **125**, 5–9.
Lamm, C., Batson, C. D., & Decety, J. (2007). The neural basis of human empathy: Effects of perspective-taking and cognitive appraisal. *Journal of Cognitive Neuroscience*, **19**, 42–58.
Lanzetta, J. T., & Englis, B. G. (1989). Expectations of cooperation and competition and their effects on observers' vicarious emotional responses. *Journal of Personality and Social Psychology*, **56**, 543–554.

Lawrence, E. J., Shaw, P., Giampietro, V. P., Surguladze, S., Brammer, M. J., & David, A. S. (2006). The role of "shared representations" in social perception and empathy: An fMRI study. *NeuroImage*, **29**, 1173–1184.

Levenson, R. W., & Ruef, A. M. (1992). Empathy: A physiological substrate. *Journal of Personality and Social Psychology*, **63**, 234–246.

Morrison, I., Lloyd, D., di Pellegrino, G., & Roberts, N. (2004). Vicarious responses to pain in anterior cingulate cortex: Is empathy a multisensory issue? *Cognitive and Affective Behavioral Neuroscience*, **4**, 270–278.

Niedenthal, P. M., Barsalou, L. W., Ric, F., & Krauth-Gruber, S. (2005). Embodiment in the acquisition and use of emotion knowledge. In L. Feldman Barrett, P. M. Niedenthal, & P. Winkielman (Eds.), *Emotions and consciousness* (pp. 21–50). New York: Guilford Press.

Niedenthal, P. M., Halberstadt, J. B., Margolin, J., & Innes-Ker, A. H. (2000). Emotional state and the detection of change in the facial expression of emotion. *European Journal of Social Psychology*, **30**, 211–222.

Ochsner, K. N., & Gross, J. J. (2005). The cognitive control of emotion. *Trends in Cognitive Sciences*, **9**, 242–249.

Pavuluri, M. N., O'Connor, M. M., Harral, E., & Sweeney, J. A. (2008). Affective neural circuitry during facial emotion processing in pediatric bipolar disorder. *Biological Psychiatry*, **162**, 244–255.

Preston, S. D., & de Waal, F. B. M. (2002). Empathy: Its ultimate and proximate bases. *Behavioral Brain Science*, **25**, 1–72.

Rizzolatti, G., & Craighero, L. (2004). The mirror-neuron system. *Annual Review in Neuroscience*, **27**, 169–192.

Ruby, P., & Decety, J. (2003). What you believe versus what you think they believe? A neuroimaging study of conceptual perspective taking. *European Journal of Neuroscience*, **17**, 2475–2480.

Ruby, P., & Decety, J. (2004). How would you feel versus how do you think she would feel? A neuroimaging study of perspective taking with social emotions. *Journal of Cognitive Neuroscience*, **16**, 988–999.

Scherer, K. R., Schorr, A., & Johnstone, T. (2001). *Appraisal processes in emotion*. New York: Oxford University Press.

Shamay-Tsoory, S. G., Lester, H., Chisin, R., Israel, O., Bar-Shalom, R., Peretz, A., Tomer, R., Tsitrinbaum, Z., & Aharon-Peretz, J. (2005). The neural correlates of understanding the other's distress: A positron emission tomography investigation of accurate empathy. *NeuroImage*, **15**, 468–472.

Singer, T., Seymour, B., O'Doherty, J., Kaube, H., Dolan, R. J., & Frith, C. D. (2004). Empathy for pain involves the affective but not the sensory components of pain. *Science*, **303**, 1157–1161.

Singer, T., Seymour, B., O'Doherty, J. P., Stephan, K. E., Dolan, R. J., & Frith, C. D. (2006). Empathic neural responses are modulated by the perceived fairness of others. *Nature*, **439**, 466–469.

Sommerville, J. A., & Decety, J. (2006). Weaving the fabric of social interaction: Articulating developmental psychology and cognitive neuroscience in the domain of motor cognition. *Psychonomic Bulletin and Review*, **13** (2), 179-200.

Stein, M. B., Goldin, P. R., Sareen, J., Zorrilla, L. T., & Brown, G. G. (2002). Increased amygdala activation to angry and contemptuous faces in generalized social phobia. *Archives of General Psychiatry*, **59**, 1027-1034.

Thompson, E. (2001). Empathy and consciousness. *Journal of Consciousness Studies*, **8**, 1-32.

Tice, D. M., Bratslavsky, E., & Baumeister, R. F. (2001). Emotional distress regulation takes precedence over impulse control: If you feel bad, do it! *Journal of Personality and Social Psychology*, **80**, 53-67.

Van Essen, D. C., Dickson, J., Harwell, J., Hanlon, D., Anderson, C. H., & Drury, H. A. (2001). An integrated software system for surface-based analyses of cerebral cortex. *Journal of the American Medical Informatics Association*, **41**, 1359-1378.

Wicker, B., Keysers, C., Plailly, J., Royet, J. P., Gallese, V., & Rizzolatti, G. (2003). Both of us disgusted in my insula: The common neural basis of seeing and feeling disgust. *Neuron*, **40**, 655-664.

■訳注■

1 感覚野や運動野において，体の各部位に対応する領野が体部位を再現するように配置されていることを体部位局在性（Somatotopy）という。感覚皮質や運動皮質に沿って体の各部位が描かれているペンフィールドのホムンクルスの図をイメージするとわかりやすい。
2 「吻側（rostral）」は，解剖学において方向を示す表現の1つで，口のある方向を意味するが，脳部位の場合には，より前方にあることを意味する。「尾側（caudal）」の反対。
3 オリジナルの「囚人のジレンマ」では，相手がどのような選択をするのかがわからない状態で，参加者は同時に行動の選択を行うが，逐次的囚人のジレンマでは，一方の参加者が行動を選択した後に，それを受けてもう一方参加者が行動を選択する，という形で交互に自分の行動を選択する。

第16章　共感的処理：認知的次元・感情的次元と神経解剖学的基礎

シモーヌ・G・シャマイ＝ツーリィ

　共感は，心理科学における中心的な概念であるだけでなく，今日では神経科学においても活発に研究が進められている。認知心理学者や精神力動的な心理学者達が，脳内メカニズムよりも心理学的プロセスの方に注目しているのは当然のことであろう。しかしながら，最近の実験的研究によって，神経学的な患者および精神医学的な患者の母集団において観察される様々な障害が，共感の障害によって説明されうることが示されてきた。このことは，共感が，それに特化した神経ネットワークによって仲介されていることを示唆している（Brothers, 1990）。

1. 認知的共感と感情的共感

　共感は，最も広い意味では，観察された他者の経験に対して生じる個人の反応のことである（Davis, 1994）。研究者によっては，共感を認知的な現象と見なしており，他者の心理学的視点を採用する認知プロセスに関する能力を強調している。そのような研究は，他者を正確に知覚するといった知的なプロセスに焦点を当てている（DeKosky et al., 1998）。このプロセスは認知的共感と呼ばれるものであり，視点取得（Eslinger, 1998）や心の理論（Shmay-Tsoory et al., 2004）が含まれる。そして，それは，いくつもの認知能力に依存することが報告されている（Davis, 1994; Eslinger, 1998; Grattan et al., 1994）。それに対して，共感の感情的な諸側面を強調する定義を用いている研究者もいる。彼らは概して，援助行動のような側面を研究し，観察された他者の経験に対する感情的反応を経験する能力のことを感情的共感と呼んでいる（Davis, 1994）。
　認知的共感と感情的共感（または情動的共感）との間の決定的な違いは，前

者には他人の視点に関する認知的理解が含まれているのに対して，後者には，他者と感情を共有すること（快不快など少なくとも大まかなレベルで；Mehrabian & Epstein, 1972）が含まれていることである。共感におけるこれら異なる2つの側面は，発達を通して互いに関連し，相互作用することがこれまでに示唆されている（Hoffman, 1978）。そのため，共感に関する最近の諸理論では，多次元モデル（Davis, 1994）や，共感の諸側面と共感に関連した行動とを結びつける統合的なモデル（Decety & Jackson, 2004; Preston and De Waal, 2002）が導入されてきた。

共感については，互いに矛盾した複数の定義があり，それらに対応するように，他者の行動を我々がどのように理解するかについても，互いに競合する理論的見解が提案されている。我々が他者の行動を表象・予測するために用いている能力の基盤となる認知メカニズムを説明する2つの異なるアプローチがある。心の理論説を唱える理論家達（「心の理論」理論家）は，他者の行動を説明・予測するために，他者の内面にあると仮定される心的状態を，科学的理論と同様に直接観察不可能な理論的仮説として用いているのだと主張している（Gopnik & Meltzoff, 1998）。Wellman and Wooley（1990）をはじめとする，その他の心の理論の支持者達は，この種のプロセスが実際に心に関する「理論」であるとしている。その理由は，我々が，信念や欲求によって形成される基本的な理論的構成概念を規則体系に基づいて結合し，他者の行動・思考・感情を予測・説明するからである。

それに対して，シミュレーション的見解（Gallese & Goldman, 1999）は，一人称の視点を強調している。シミュレーション的見解では，他者の心的状態を表象するために，人が観察者として，自分自身の共鳴された状態をその他者の状態に一致させる，ということを示唆している。したがって，他者の心の状態を推定する者は，潜在的かつ無意識的に，ターゲットとなる人物の心的状態を模倣しようとするのである。シミュレーション的見解は，サルの腹側運動皮質における「ミラー」ニューロンに関する知見によって支持されている。サルの腹側運動皮質は，記録されているサルが特定の行為を遂行する時にも，そのサルが他のサルによる同じ行為の遂行を観察している時にも反応する（Gallese & Godman, 1999）。

心の理論とシミュレーションという2つのアプローチの間の根本的な違いは以下の通りであろう。心の理論アプローチでは，共感を徹底的に「客観的」な

理論的分析と見なしており，心的状態の帰属中に賦活する皮質領野が関与しているものと考えられている。それに対して，シミュレーション・アプローチの方では，情動処理に関わる神経ネットワークを用いて他者の感情的な心的状態を再現しようとする試みを取り入れることであると記述されている。共感に関する認知的定義と情動的定義に関していえば，認知的共感には心の理論の処理がより多く含まれるのに対して，感情的共感にはシミュレーション処理がより多く含まれているという可能性がある。

2. 共感の神経解剖学的基礎：前頭葉の役割

現代の神経心理学的研究の多くの他の領域と同じように，共感の研究も，まずは，脳損傷を負っている患者達の単一症例報告によって特徴づけられていた。脳損傷によって障害された社会的認知に関する初期の記述の1つが，ハーロウ (Harlow, 1868) によるものである。彼の有名な症例報告の中で，ハーロウは，前頭葉を貫いた鉄棒によってひどい損傷を負った，鉄道作業員フィニアス・ゲイジの症例について描写している。彼は生き延びて，身体的には回復し，多くの認知機能を保持していたにもかかわらず，彼の社会的行動にひどい障害があらわれ，彼の知り合いは彼が「もはやゲイジではない」と語った。ハーロウはゲイジの共感能力については言及してはいないものの，ゲイジのことを「気まぐれで，不適切で，甚だしい冒瀆にふけり，仲間に対する敬意をほとんど示さなかった」(Harlow, 1868) と記述している。

その後，同じような複数の臨床報告によって，情動制御や社会的認知における前頭葉の役割に関する証拠が蓄積されてきた。複数の研究が一貫して，前頭前皮質への後天的な損傷によって対人行動における深刻な障害が引き起こされる可能性を示唆している (Stuss & Benson, 1986; Damasio, Tranel, & Damasio, 1991; Stuss, Gallup, & Alexander, 2001)。特に，腹側前頭前皮質の損傷は，社会的状況に関する解釈の誤りや社会的に不適切な行動と関連している (Rolls, 1996)。Eslinger and Damasio (1985) は，眼窩前頭皮質と内側前頭皮質の両側を切除された1人の患者 (EVR) が，フィニアス・ゲイジと同様に，広範囲にわたる行動的変化を被ったことを記述している。EVR はかつて職業的に成功し，幸福に結婚し，2児の父であったと報告されている。腹内側 (VM) 前頭前野を損傷した後，彼は，個人的および職業的責任を果たすことが非常に困

難になった。彼はいくつもの職を繰り返し解雇され、そして彼の妻は17年間の結婚生活の後に家を出て行った。これらの行動上の問題にもかかわらず、彼は優れた知性を持つ者として記述されている。彼は社会的規範を覚えており、道徳的判断も無傷であったにもかかわらず、彼の行動については極めて不適切であったことが報告されている。

この症例と同様に、Priceら（1990）は、若い頃に両側の前頭前野に損傷を受けた2人の患者について記述している。この患者達は、いくつもの常軌を逸した行動を起こした後、精神医学的な注目を受けることとなった。神経心理学的な検査によって、道徳的判断や洞察および先の見通しの欠如、社会的判断の障害、共感の障害、そして複雑な推論に困難のあることが明らかにされた。

腹内側前頭前野への早期の損傷後の社会的認知の障害に関する同様の証拠が、Andersonら（1999）によって報告されている。彼らは、生後16ヶ月になる前に前頭前野に損傷を負った2人の成人の、早期の前頭前皮質損傷による長期的な影響について記述した。この2人の患者達は、基本的な認知能力が正常のままであったにもかかわらず、社会的行動に障害を示した。この患者達は、意思決定に伴って生じる将来の結果に対して鈍感で、罰の随伴性に対する自律的反応も欠損しており、行動的介入も効果がなかった。しかしながら、EVRのような患者とは対照的に、この患者達は道徳的推論にも深刻な障害があった。このように、腹内側前頭前野を早期に損傷することで、社会的行動だけでなく社会的知覚や道徳的判断も障害を受けることが示唆される。

前述の事例研究は、社会的相互作用に関する行動を、腹内側皮質が仲介していることを明らかに示している。これらの患者達の共感能力が直接検討されているわけではないものの、事例の記述をみる限り、彼らの共感的行動には障害のあることがうかがえる。

3. 前頭前皮質の損傷による共感能力の障害

共感に関する様々な定義があるように、いくつもの損傷研究を通して、脳損傷患者の共感に関する諸能力について研究が行われてきた。その端緒ともいえる研究において、Grattan and Eslinger（1989）は、認知的共感能力が認知的柔軟性と相関することを見出している。認知的柔軟性は、前頭前皮質によって仲介されると考えられている実行機能の一側面である。これらの結果から、

Grattan らは，共感的行動の障害が前頭葉損傷と関連するという仮説を考え出した（Grattan et al., 1994）。興味深いことに，前頭前皮質のみに損傷のある患者と，その他の皮質に損傷のある患者との間には，共感的能力に関する全体的な自己報告尺度に有意な差が見出されたわけではなかった（Grattan et al., 1994）。しかしながら，前頭前皮質を下位領域（眼窩部，内側部，および背外側部）に分けた場合には，共感と認知的柔軟性に関する解離可能な障害のパターンが現れた。一見したところ，背外側部（DLC）に損傷のある患者の場合，共感の障害と認知的柔軟性とが有意に関連していたが，眼窩前頭皮質（OFC）や内側部に損傷ある患者では，そのような関連性はなかった。内側部損傷群では，認知的柔軟性に障害はあっても共感能力は保持されており，逆に，眼窩前頭皮質損傷群では，認知的柔軟性は保持されていても共感能力には障害があった。Grattan らは，この患者群における共感の障害が，認知的柔軟性とは独立したものであり，共感的処理に必要とされる身体的・自律的状態を賦活する能力の障害を反映したものである，と結論づけた。

こうした初期の取り組みを拡張すべく，我々は，前頭前皮質のみに損傷のある患者の共感的反応と，より後部の皮質に損傷のある患者の反応，および健常な統制被験者の反応とを比較した（Shamay-Tsoory et al., 2003）。共感能力の基盤となる認知プロセスを明らかにするために，対人反応性指標（IRI, 共感能力の自己報告尺度）による共感得点と，認知的柔軟性・感情認知・心の理論といったプロセスを査定する諸課題の成績との間の関連性についても検討した。

その結果，前頭前皮質にのみ損傷のある患者と，右半球に損傷のある患者では，認知的共感尺度（IRI の「視点取得」下位尺度と「ファンタジー」下位尺度）を用いて査定される共感能力に有意な障害のあることが報告された。さらに，腹内側部の損傷が，自己報告による共感のより大きな障害と関連していることが明らかとなった。健常な統制群と比較した場合には，前頭前皮質に損傷のある患者は，この研究で用いられた認知的柔軟性に関する様々な測度で障害のあることが示された。しかしながら，それ以上に興味深いのは，認知的共感得点と，認知的柔軟性・感情認知・心の理論（社会的失言（Faux Pas）課題[訳注1]で測定されるもの）との関連が，前頭前皮質損傷患者の2つの下位グループの間で異なるパターンを示すという知見であった。背外側部に損傷のある患者群では，認知的共感能力は認知的柔軟性とは関連していたが，心の理論との関連はなく，それとは逆に，腹内側部に損傷のある患者では認知的共感能力は心の理

論とは関連していたが，認知的柔軟性とは関連していなかった。実際，腹内側部損傷群は，自己報告による認知的共感の得点が最も低く，心の理論課題でのエラーも最も多かった。これらの結果から，腹内側損傷群で見られる認知的共感能力の得点の低さは，他者の心的状態について推論する能力の障害によるものであることが示唆される。

続く調査のなかで，我々は，前頭前皮質に損傷のある患者達が，頭頂皮質損傷患者や健常統制群と比較して，自己報告された認知的共感と感情的共感の両方に有意な障害のあることを明らかにした（Shamay-Tsoory, Tomer, et al., 2004）。前頭前皮質の特定の部位および頭頂皮質が感情的および認知的共感の仲介と関連しているかどうかを検討するために，我々は前頭前皮質および頭頂皮質損傷群を，損傷の厳密な局在に従って下位グループ（眼窩前頭皮質，内側前頭前皮質，背外側皮質）に分割した。驚くべきことに，群間で有意な差が見られたのは認知的共感でのみであり，感情的共感では見られず，眼窩前頭皮質損傷群と内側前頭前皮質損傷群が，頭頂皮質損傷群と比べて認知的共感の得点が有意に低いことが示唆された。さらに，認知的パフォーマンスと共感との間の関連のパターンから，認知的共感が認知的柔軟性と相関するのに対して，感情的共感が顔の表情の認知と相関することが示唆された。

4. 心の理論と認知的共感の関係

上で述べたように，心の理論と認知的共感能力との間には密接な関連があり，無傷な腹内側前頭前皮質に依存しているようである。それに対して，感情的共感の方の神経学的基盤についてはあまり明確ではない。心の理論は，他者の心的状態，すなわちその人の知識，欲求，意図，そして感情に関する推論を行う認知的能力である（Premack & Woodruff, 1978）。実際のところ，認知的共感は，感情的共感とは異なり，他者の心的状態や情動的状態といった，心に関する認知的な理論を作り出すことと関連している。さらに，認知的共感と心の理論とでは，同じような脳部位が関与していることが示唆されている。神経画像研究では主に，心の理論における内側前頭前皮質の役割が指摘されている。独立した複数の研究において，FletcherとGoelおよびその同僚達は，陽電子断層撮像法（PET）を用いて，心の理論の課題遂行中に左内側前頭部が賦活することを見出した（Fletcher et al., 1995; Goel et al., 1995）。機能的磁気共鳴断層

撮像法（fMRI）を用いた場合でも，参加者が物語課題やマンガ課題を遂行している最中に，左内側前頭前皮質における同様の賦活パターンが示されている（Gallagher et al., 2000）。

Gallagher and Frith（2003）は，複数の画像研究に基づいて，心の理論の基盤となる神経ネットワークには，内側前頭前皮質，上側頭溝（STS），両側の側頭極が含まれるという仮説を立てた。ただし，Gallagherは，心内化（mentalizing）にとって鍵となる固有の部位はあくまでも内側前頭前皮質であり，上側頭溝や側頭極は心の理論だけに関連しているわけではないと指摘している。

損傷研究も同様に，心の理論における前頭前皮質の役割を明らかにしている。Roweら（2001）は，左右いずれかの前頭前皮質に損傷のある被験者が，一次的および二次的誤信念テストで査定された心の理論の能力に障害のあることを報告している。Stone, Baron-Cohen, and Knight（1998）は，複数の異なる心の理論課題を用いて，眼窩前頭皮質に損傷のある患者の成績と，背外側前頭前皮質に損傷のある患者の成績とを比較した。背外側部に損傷のある被験者が全ての課題を問題なく遂行したのに対して，眼窩前頭に損傷のある患者は，アスペルガー症候群の個人に似ており，一次および二次の誤信念課題ではよい成績を示したものの，社会的失言課題では障害を示した（Stone et al., 1998）。

Stussら（2001）は，「視点取得」課題[訳注2]や「欺き」課題[訳注3]といった，心の理論を必要とする課題を遂行する上で，前頭前皮質，特に右の前頭葉と内側前頭前野が重要であることを強調している。

それに対して，Birdら（2004）は，最近の症例研究で，心の理論における内側前頭前皮質の役割について異論を唱えている。彼らは，前大脳動脈領域の脳卒中によって内側前頭前皮質に広範な両側の損傷を受けた患者，G. T. について記述している。この患者は，遂行機能障害を示すと同時に，「絵画配列」[訳注4]，「ストレンジ・ストーリー」課題[訳注5]，「アニメーション」課題[訳注6]といった，心の理論に関する課題遂行は無傷であった。患者G. T. は，「規範違反」[訳注7]と「社会的失言」課題では，いくらか障害を示していたものの，Birdらは，この症例が，内側前頭前皮質が心の理論に必要なわけではないことを示していると結論づけた。Birdの主張と一致するように，Samsonら（2005）は，他者の信念に関する推論には側頭頭頂接合部が必要であることを示す，複数の脳損傷患者からの証拠を最近報告した。Samsonらはさらに，前頭前皮質損傷患者によ

る信念推論のエラーが遂行機能の障害から生じるのに対して，側頭頭頂接合部損傷患者の信念推論のエラーがその他の認知障害とは独立していることを示唆している (Samson et al., 2005)。

　こうした一連の証拠を考えると，心の理論や心の理論と共感との関連において，前頭前皮質が厳密にどのような役割を果たしているのかは，いまだに解明されているとはいえないようである。我々は最近，上に挙げたような報告間の不一致が，これらの研究における課題要求の違いと，それに伴う心内化プロセスの多様性を反映したものであると提案した (Shamay-Tsoory, Tomer, et al., 2005)。たとえば，二次的誤信念課題を遂行するには，話者の知識と聞き手の知識との間の違いに関する認知的な理解 (cognitive understanding 信念に関する知識) が必要とされるのに対して，社会的失言を同定するためには，そのような認知的理解に加えて，その聞き手の情動状態に関する共感的な理解 (empathic appreciation 情動に関する知識) も必要とされる。

　Stone, Baron-Cohen, and Knight (1998) によって開発された心の理論課題と，アイロニーの検出を含む課題を用いて，我々は，右の腹内側部を含む脳損傷のある患者達が，感情的な心の理論を査定する課題 (社会的失言とアイロニーを同定する課題) の遂行には障害を示すが，認知的な心の理論 (二次的誤信念課題) を査定する課題では障害を示さないことを以前に報告した (Shamay-Tsoory, Tomer, et al., 2005)。さらに，心の理論と認知的および感情的共感との間の関連性を検討することによって，感情的な心の理論課題での成績の低さと認知的共感の障害との間には有意な相関関係のあることが明らかになり，感情的な「マインド・リーディング」が，実際には認知的な共感的反応であるということが示唆されている。感情的な心の理論と認知的共感の間に有意な相関関係のあること (および，感情的共感との間には有意な相関のないこと) は，他者の感情や情動的経験に関する推論には感情的なプロセスが含まれているにもかかわらず，それらはあくまでも認知的なものであるということを示唆している。これらの結果から，感情的な心の理論は，他者の情動に関する推論に含まれる，認知的共感の処理と関係しているはずだと仮定されるであろう。

　他者の心的状態に対して行われる推論は，その人物の情動状態や感情に関する共感的な理解だけでなく，その人物の思考や信念に関する知識にも基づいている。腹内側前頭前野に損傷のある個人の行動的欠損は，心の理論の全般的な障害と関連しているのではなく，心の理論と認知的共感における感情的な側面

の障害と特定的に関連している，という可能性がある。この考え方は，Hynes, Baird, and Grafton（2006）による最近の知見によっても支持されている。彼女らは，fMRIを用いて，内側眼窩前頭葉が，認知的視点取得よりも情動的な視点取得と，より関連していることを示した。感情的な心の理論と認知的な心の理論との間の同様の区別について，Brothers and Ring（1992）は，心の理論の「冷たい（cold）」側面と「熱い（hot）」側面と呼んでいる。Brothers and Ringはさらに，心の理論の「熱い」側面は，内側および眼窩前頭前皮質によって仲介されている可能性があることを示唆している。このように，認知的および感情的な心的表象に関する個々の能力には，解離可能な心理学的および神経学的メカニズムが含まれており，おそらく前頭前野にある別々の神経回路が関与していると考えることができるかもしれない。

この仮説を直接検証するために，我々は最近，2つの新たな心の理論課題を開発した。図16.1に示されている，第1の課題は，Baron-Cohen（1995）によって以前に記述された課題に基づいており，被験者は言語および視線による方向手がかりを用いて，他者の心的状態を判断する。我々が用いた，コンピュータ化された課題は，感情的および認知的な心的状態の一次的および二次的な帰属を行う能力を査定するためにデザインされており，課題は，単純な言語および視線による手がかりを頼りにして行われ，言語および遂行機能上の負荷が最小ですむようになっている。全部で64試行からなり，各試行では，マンガ風に描かれた1つの顔（ヨニと名づけられている）と，単一のカテゴリー（たとえば，フルーツやイスなど）に属する物体あるいは顔のカラー画像がコンピュータスクリーンの四隅に表示される。被験者の課題は，スクリーン上部に現れる文と，ヨニの視線が指している方向，ヨニの表情，ヨニが言及している顔の視線と表情のような，利用可能な手がかりに基づいて，正解（ヨニが指している画像）を指示することである（図16.1）。

認知的な心の理論条件および物理的統制条件では，正確さに有意な群間差のないことが明らかとなった。それに対して，感情的な心の理論条件では，腹内側部に損傷のある患者の成績に最も障害があった。感情的な心の理論条件では，全ての患者がよりよい成績（高い正確さと短い反応時間）を示していたが，腹内側部損傷の患者は，これらの条件での遂行が障害されていることを示した（Shamay-Tsoory & Aharon-Peretz, 2007）。

続く調査において，我々は，経頭蓋磁気刺激法（TMS）を用いて，感情的な

一次的課題	二次的課題 絵の方を向いている（視線あり）	二次的課題 正面を向いている（視線なし）
認知的 心の理論（24試行）		
認知的1　12試行	認知的2　6試行	認知的2　6試行
ヨニは，＿＿のことを考えています。	ヨニは，＿＿が欲しがっている フルーツのことを考えています。	ヨニは，＿＿が欲しがっている オモチャのことを考えています。
感情的 心の理論（24試行）		
感情的1　12試行	感情的2　6試行	感情的2　6試行
ヨニは，＿＿のことが好きです。	ヨニは，＿＿が好きなオモチャの ことが好きです。	ヨニは，＿＿が好きじゃないオモ チャのことが好きです。
物理的な判断（16試行）		
物理的1　8試行 （視線あり4，視線なし4）	物理的2　4試行	物理的2　4試行
ヨニは，＿＿の近くにいます。	ヨニは，＿＿が持っているイスを 持っています。	ヨニは，＿＿が持っているフルーツ を持っています。

図16.1 アイテムの例。認知的および感情的な心的推論と，目の方向に関する心理的な意味。認知的条件および感情的条件には，心的推論が含まれており，それに対して，物理的条件では，そのキャラクターの物理的属性に基づいた選択が要求される。認知的条件・感情的条件・物理的条件の各では，一次的推論（32試行）または二次的推論（32試行）のいずれかが要求される。認知的条件では，ヨニの顔の表情と言語的手がかりは情動的に中立（認知的1）であるが，感情的条件では，両方の手がかりによって感情的情報が示されている（感情的1）。二次的条件（認知的2，感情的2，物理的2）では，4つの刺激は，顔の画像で構成されており，正しい反応の選択をするためには，これらの画像の各々とヨニの心的状態との間の相互作用に関する理解が必要となる。

心の理論にとって腹内側部が重要であるという仮説を検討した。この研究（Lev-Ran et al., 投稿中）では，13人の健康な被験者が，同じ感情的心の理論課題（ヨニの画像を用いたもの）を，腹内側部に対するランダムな低周波反復TMS（rTMS）の後，または偽のTMSの後に遂行した。我々は，腹内側部に対するrTMSが，感情的心の理論刺激の処理に有意に影響を及ぼすこと（偽

のrTMSは影響を及ぼさないこと）を見出した。感情的心の理論の働きを必要としない統制課題での遂行は，腹内側皮質へのrTMS（または偽のrTMS）の適用後も有意に影響を受けることはなかった。

　先に触れた神経画像データ（Gallagher & Frith, 2003）とこれらの損傷研究に基づいて，我々は，認知的および感情的な心内化能力が，上側頭溝，側頭極，および前頭前皮質を含む神経ネットワークによって制御されていると主張する。基本的な認知的心の理論の能力が，このネットワーク全体の無傷な機能に依存しているのに対して，感情的な心の理論の方は，認知および感情プロセスの統合が行われる，眼窩前頭内側部の貢献に特定的に依存している。このことから，腹内側部に損傷のある個人が，感情的な心的状態の帰属といった，情動と認知の統合を含むような課題で特に障害を受けることが示唆される（Shamay-Tsoory, Tibi-Elhanany, & Aharon-Peretz, 2006）。このような障害は，こうした患者達の共感能力と関連しているようであり，彼らの行動的欠損の根底には，このような障害があるのかもしれない。実際に，腹内側部は，前島皮質・側頭極・下頭頂部・扁桃体と密接に結合しており，行動を抑制したり，情動を調節したり，他者の体験に共感したりするのに利用可能な，辺縁系からの入力情報を評価したり制御したりするのに最適な位置にある。

　このような推論と一致するように，Mitchell, Banaji, and Macrae（2005）は最近，感情的な心内化を含む課題において腹内側部が賦活することを報告している。彼らの研究では，被験者は，ある写真に写っている人物が写真を撮られることをどのくらい喜んでいるかを推定するように求められた。Mitchellらは，腹内側前頭前野が「シミュレーション」の処理を通して他者の心的状態の理解を可能にするのに対して，背内側前頭前皮質の方は，心内化に関わるもっと一般に適用可能な社会認知的プロセスを実現している可能性を示唆している[訳注8]。内側前頭前皮質の関与を示す神経画像研究のほとんどは，非常に認知的な心内化の課題を用いているように思われる。(Baron-Cohen et al., 1994; Fletcher et al., 1995; Goel et al., 1995; Gallagher et al., 2000; Vollm et al., 2006)。全ての証拠を考慮すれば，腹内側部は，背内側前頭前皮質と比べて，心内化の中でもより感情的な側面を仲介していると推測できるだろう。

5. 共感における前頭前皮質の役割に関するさらなる証拠：神経変性および精神医学的疾患をもつ患者を対象とした研究

　これまでレビューしてきた損傷研究と一致するように，前頭葉に変性疾患のある患者を対象とした研究からの最近の証拠は，共感と心の理論における前頭前皮質の役割を支持している。共感性の重篤な喪失は，前頭側頭葉変性症（FTLD）に共通の特徴である。Lough, Gregory, and Hodges（2001）は，前頭側頭型認知症の前頭異型と診断された47歳の男性JMの症例を示している。JMは深刻な反社会的行動を呈すると記述されている。彼の神経心理学的査定は，一般的な神経心理学的機能および遂行機能は無傷だが，心の理論を含む課題上の遂行機能は極端に貧弱であることを示していた。

　共感の神経解剖学的基盤が，FTLD，アルツハイマー病，大脳皮質基底核変性症，進行性核上性麻痺を患う患者達の大規模サンプルにおいて，認知的共感の自己報告測度（IRIの下位尺度）を用いてさらに調査された。主に右前頭側頭の神経ネットワークの関与を示す先行研究と一致して，前頭側頭認知症患者の共感得点は，右側頭構造の体積と相関した（Rankin et al., 2006）。

　統合失調症患者もまた，社会的場面の誤解，共感の欠如，心の理論の欠如といった情動的・社会的行動の障害を示す。統合失調症患者の社会的認知の障害の神経解剖学的な基礎には，前頭側頭部の機能不全が含まれることが示唆されている（Lee et al., 2004）。こうした概念と一致するように，我々は最近，統合失調症における感情的な心の理論（Shamay-Tsoory, Aharon-Peretz, & Levkovitz, 2007）と認知的共感の障害とが，眼窩前頭部および（背外側部ではなく）腹内側部の機能の測度と相関することを示した。さらに，統合失調症と前頭前皮質損傷患者との間で，感情的な心の理論と認知的な心の理論との異なる障害のパターンを比較することで，統合失調症（特に陰性症状）の患者と腹内側部損傷の患者では，感情的な心の理論課題である「視線課題（the eye gaze task）」には障害があるものの，認知的な心の理論条件では障害のないことが示された。統合失調症に見られる心内化の障害パターンは，前頭葉損傷の患者，特に腹内側部損傷患者に見られるパターンと類似しており，統合失調症には前頭－辺縁回路に機能不全があるという概念を支持するものであると結論づけられた（Shamay-Tsoory, Aharon-Peretz, & Levkovitz, 2007）。

　認知的心の理論と感情的心の理論との間の解離をさらに検討するために，

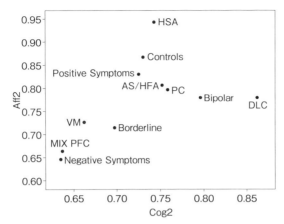

図 16.2 社交不安高者（HSA），統制群（Controls），陰性症状を主とする統合失調症患者（Negative Symptom），陽性症状を主とする統合失調症患者（Positive Symptom），双極性障害の患者（Bipolar），境界性人格障害の患者（Borderline），アスペルガー症候群または高機能自閉の患者（AS/HFA），頭頂皮質損傷患者（PC），腹内側前頭前損傷患者（VM），背外側前頭前皮質損傷患者（DLC），腹内側および背外側損傷患者（MIX PFC）における，二次的感情的心の理論（Aff2）と二次的認知的心の理論視線課題（Cog2）の成績。

我々は，社交不安傾向の高い参加者（HSA）13 名，境界性人格障害の患者 20 名，アスペルガー症候群の患者およびその他の高機能自閉の成人 17 名，双極性障害の患者 20 名を対象に「視線課題」を実施した。これらの患者達の遂行成績が，統合失調症（主に陰性症状，または陽性症状）の患者および局在化された損傷をもつ患者の遂行成績と比較された。図 16.2 に示したように，全ての群にわたる認知的心の理論と感情的心の理論との間の相関は，有意ではないものの高い値である（$r=.539$）。しかしながら，社交不安高群と背外側前頭前皮質損傷群では，認知的心の理論と感情的心の理論との間の解離が明らかであった。最も高い感情的心の理論を示す群は社交不安高群（HSA）である。実際，この群では，認知的共感の評定が最も高かった（Tibi-Elhanany & Shamay-Tsuoory, 未公刊）。興味深いことに，これらの知見では，社交不安の高い個人での前頭－辺縁系ネットワークの過剰賦活が示されており（Tillfors et al., 2002），この神経ネットワークの過剰賦活が感情的な心の理論の高さと関連している可能性が示唆される。

このように，上述の症例報告，損傷患者を対象とした実験，神経変性および

神経精神医学的障害患者を対象とした研究は明らかに，感情的な心の理論や認知的共感における欠損が，他の部位への損傷ではなく，腹内側部の損傷と関連していることを示している。しかしながら，このような関連性は，認知的共感が腹内側前頭前皮質に局在していることを意味すると解釈するべきではない。むしろ，我々は，共感を仲介する神経ネットワークのなかで，腹内側部が主要な役割を果たしているのだと考えている。同じように，Brothers（1990）も，眼窩前頭皮質・扁桃体・前帯状回・側頭極を含む神経回路について記述しており，この神経回路が一体となって，社会的な相互作用において他者に関する処理を行うために特殊化された，社会的な「エディタ」として機能することを示唆している訳注9。

6. 認知的および感情的な共感反応のための神経ネットワーク

　共感の多面的な性質を考えると，共感というものが心内化の処理だけでなくシミュレーションを含めた複雑な神経ネットワークによって仲介されていると考えざるを得ない。心の理論（または心内化）の処理については，神経画像研究と損傷研究の両方において広範に検討されているものの，シミュレーションの処理については，一部の画像研究で検討されているにすぎない。シミュレーションの理論に沿うように，Wickerら（2003）は，嫌悪（表情）の知覚や生起に関与すると以前から同定されているのと同じ部位（特に島皮質）が，嫌悪的な臭気を嗅いでいるときに賦活することを報告している。これらの結果は，嫌悪のような情動体験に関連した部位が，同じ情動の表情を見ることによって賦活される，つまり，情動感染として記述されるような情動的共感現象を示している可能性がある。同じように，Singerら（2004）は，健康なボランティアが痛みを経験している間の脳活動と，自分達のパートナーが痛刺激を受けることを示す信号を見ているときの脳活動とを比較した。いずれの条件でも前島皮質と前帯状皮質が賦活し，その賦活量は自己報告による共感得点と相関した。しかしながら，体性感覚皮質の賦活が見られたのは，参加者自身が痛み刺激を受けたときだけであった。Singerらは，他者の痛みを知覚するときに，観察者達が不随意的に情動的共感プロセスに従事しているのだと提案している。この考えに一致するように，Jackson, Rainville, and Decety（2006）もまた，痛みのある刺激を見る視点が自己視点であっても他者視点であっても，頭頂弁

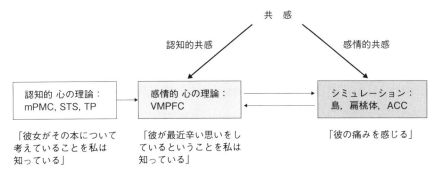

図16.3 共感に関する仮説的な神経モデル。一般に，共感体験は，認知および感情的な神経ネットワークの双方が賦活されるときに生じる。心の理論は認知的共感の基盤をなし，シミュレーション処理は感情的共感の基盤となる。心の理論の神経ネットワークには，mPFC（内側前頭前皮質）・STS（上側頭溝）・TP（側頭極）・VM（腹内側前頭前皮質）が含まれる。シミュレーション神経ネットワークには，ACC（前帯状皮質）・扁桃体・島皮質が含まれる。この神経ネットワークには，ミラー・ニューロン・システム（下前頭回）も含まれている。

蓋・前帯状皮質・島皮質を含む，痛みの処理に含まれる神経ネットワークが賦活することを示した。しかしながら自己視点のほうが，痛みの評定はより高く，二次体性感覚皮質・前帯状皮質・島皮質といった部位にまで痛みのマトリックスは広がっていた。他者の視点を採用した場合には，後帯状皮質と前楔部および右の側頭頭頂接合部の賦活の増大が見られた。Jacksonら（2006）はさらに，痛み刺激が自己に適用される場合には，他者に適用される場合と比べて，前帯状皮質と島皮質における痛みに関連した賦活がより後部になることを示唆している。このように，Wickerら（2003），Jacksonら（2006），Singerら（2004）によって報告された一連の結果から，感情的共感のプロセスにおいて，観察者は自分達のパートナーの体験をいくらか自動的に再現しており，それによって共通の神経ネットワーク（島皮質や前帯状皮質）が賦活する，ということがうかがえる。

まとめると，シミュレーションの視点が情動的共感の処理を説明するのに対して，心の理論のプロセスは認知的共感の基盤となっているようである。したがって，共感的反応が減退する場合には，心内化（認知的および感情的な心の理論），またはシミュレーション（感情的共感）という，それぞれ異なる神経系（図16.3に表示）によって仲介される処理のうち，いずれかの欠損が原因であ

る可能性がある。認知的な心の理論に含まれているのは思考の心内化ではあるが，感情的な心の理論には情動状態に関する心内化が必要である。したがって，共感的処理と直接的には関係していないかもしれないが，感情的な心の理論にとっても認知的共感にとっても，認知的な心の理論は欠かせないものである。

　これまで記述してきた様々な知見から，一般的な心の理論の場合には，内側前頭前皮質・上側頭溝・側頭極が関与しているのに対して，感情的な心の理論のネットワークには腹内側前頭前皮質が関与していることが示唆される。この後者のネットワークは，他者の視点を採用する能力（認知的共感）を仲介しているように思われる。感情的共感（あるいは情動感染）は，ミラー・ニューロン・システムと関連しているようである。シミュレーションの視点（Gallese & Goldman, 1999）は，共鳴させた自分自身の状態を他者の状態に一致させ，対象となる心的活動を潜在的に模倣しようとすることによって，他者の心的状態を表象することを意味している。認知的共感は腹内側前頭前皮質への損傷によって減退するが，情動的共感の反応は，島皮質や前部帯状皮質など，直接的な情動体験に関わる脳部位への損傷によって最も深刻な障害を受けるようである。

　脳内のその他の部位もまた，情動的共感ネットワークに関与している可能性がある。特に，扁桃体は，情動体験の仲介において重要な役割を果たしていることが示されている。興味深いことに，神経解剖学的データから，前頭前皮質の腹内側部が，強化および報酬動機づけのプロセスに関与し，中脳皮質辺縁系ドーパミン入力からの強い影響下にある広範な神経回路（腹側線条体と扁桃体を含む）の中の1つの中継点であることが示唆されている（Koob & Bloom, 1988）。さらに，眼窩前頭皮質は，扁桃体からの強い入力を受け，側頭葉の複数の部位に投射していることが知られている（Price, Carmichael, & Drevets, 1996）。したがって，扁桃体の損傷によって，認知的共感と感情的共感が両方とも障害を受ける可能性がある。さらに，最近の証拠から，下前頭回もまた情動的共感に関与しており，ミラー・ニューロン・システムの賦活が運動認知に限らず，情動的共感にも関与していることが示唆される（Schulte-Rüther et al., 2007）。

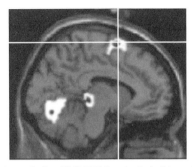
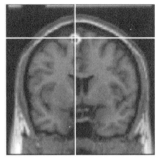

図16.4 これらの画像が示しているように，中立的なテーマの面接中と比較して，共感的な反応の最中には，補足運動野と小脳において代謝の増大が見られた。このことは，共感に，シミュレーションと心内化の両方が含まれることを示している。付加的に，眼窩前頭皮質と扁桃体の両方において，統計的に有意に高い代謝が見られたことを指摘するのは重要である（Shamay-Tsoory, Peretz, et al., 2005）。

7. 結 論

　要約すると，我々は，心の理論およびシミュレーションが，互いに異なる神経ネットワークだけでなく共通の神経ネットワークを利用していると考えている。この仮説に従って，我々は最近，他者の苦悩に対する反応の神経基盤を，F-18フルオロデオキシグルコース（FDG）によるPETを2度用いて調査を行った。第1は中立的な面接中に，第2は，共感的な反応を誘発するようにデザインされた物語に関する面接中に行われた。気分誘導パラダイムによく似たこのパラダイムでは，連続した物語によって共感の状態が誘発・維持され，その後に面接が続いた（Shamay-Tsoory, Peretz, et al., 2005）。撮像の結果は，共感が，認知的要素と感情的要素の両方から構成されており（図16.4を見よ），したがって情動処理のシミュレーションを仲介する皮質部位（扁桃体・前頭頭頂皮質）と心の理論を仲介する皮質部位（内側前頭前皮質）とを含んでいることを示唆していた。

　したがって，認知的共感反応と感情的共感反応とは，互いに排他的なプロセスというわけではないようである。観察者と被観察者が類似している状況や，情動的な負荷がもっと強力な場合，観察者と被観察者が情動状態や情動体験を共有している場合に，シミュレーションや感情的共感のプロセスが同じように

関与するのかどうか，といったことについて推測するのは興味深い。それに対して，認知的共感の方は，観察者が主人公と似ていない場合，情動的関係をもたない場合，情動的な心の状態を共有していない場合でも同じように適用されるのであろう。

　脳損傷によって生じる共感的行動の障害に関する，本章でとりあげてきた中心的な仮説は，情動的共感の根底にはシミュレーションの処理があり，認知的共感の根底には心の理論の処理がある，というものである。これらのプロセスは，相互作用してはいるが基本的には独立した脳内ネットワークによって支えられている。認知的共感反応が生じている場合には，典型的に見られる「心の理論のネットワーク」（つまり，内側前頭前皮質，上側頭溝，側頭極）や感情的な心の理論のネットワーク（主に腹内側前頭前皮質が含まれる）が関与している。それに対して，感情的共感反応の方は，主にシミュレーションによって駆動され，情動体験を仲介する部位（つまり，扁桃体，島皮質，下前頭回）が関与している。適切な社会的行動のためには，これら2つのネットワークがバランスよく賦活することが必要なのであろう。

引用文献

Anderson, S. W., Bechara, A., Damasio, H., Tranel, D., & Damasio, A. R. (1999). Impairment of social and moral behavior related to early damage in human prefrontal cortex. *Nature Neuroscience*, **2**, 1032–1037.

Baron-Cohen, S. (1995). *Mindblindness: An essay on autism and theory of mind*. Cambridge, MA: MIT Press.［サイモン・バロン＝コーエン（著）長野敬・長畑正道・今野義孝（訳）(1997). 自閉症とマインド・ブラインドネス．青土社．］

Baron-Cohen, S., Ring, H., Moriarty, J., Schmitz, B., Costa, D., & Ell, P. (1994). Recognition of mental state terms: Clinical findings in children with autism and functional neuroimaging study of mental adults. *British Journal of Psychiatry*, **165**, 640–649.

Bird, C. M., Castelli, F., Malik, O., Frith, U., & Husain, M. (2004). The impact of extensive medial frontal lobe damage on "Theory of Mind" and cognition. *Brain*, **127**, 914–28.

Brothers, L. (1990). The neural basis of primate social communication. *Motivation & Emotion*, **14**, 81–91.

Brothers, L., & Ring, B. A. (1992). Neuroethological framework for the representation of minds. *Journal of Cognitive Neuroscience*, **4**, 107–118.

Damasio, A. R., Tranel, D., & Damasio, H. C. (1991). Somatic markers and guidance of

behavior: Theory and preliminary testing. In Levin, H. S., Eisenberg, H. M., & Benton, A. L. (Eds). *Frontal lobe function and dysfunction* (pp. 217–229). New York: Oxford University Press.
Davis, M. H. (1994). Empathy. Madison, WI: Brown & Benchmark. Decety, J., & Jackson, P. L. (2004). The functional architecture of human empathy. *Behavioral and Cognitive Neuroscience Reviews*, 3, 71–100.
DeKosky, S. T., Kochanek, P. M., Clark, R. S., Ciallella, J. R., & Dixon, C. E. (1998). Secondary injury after head trauma: Subacute and long-term mechanisms. *Seminars in Clinical Neuropsychiatry*, 3, 176–185.
Eslinger, P. J. (1998). Neurological and neuropsychological bases of empathy. *European Neurology*, 39, 193–199.
Eslinger, P. J., & Damasio, A. R. (1985). Sever disturbance of higher cognition after bilateral frontal lobe ablations: Patient EVR. *Neurology*, 35, 1731–1741.
Fletcher, P. C., Happe, F., Frith, U., Baker, S. C., Dolan, R. J., Frackowiak, R. S., & Frith, C. D. (1995). Other minds in the brain: A functional imaging study of "theory of mind" in story comprehension. *Cognition*, 57, 109–128.
Gallagher, H. L., & Frith, C. D. (2003). Functional imaging of "theory of mind." *Trends in Cognitive Sciences*, 7, 77–83.
Gallagher, H. L., Happe, F., Brunswick, N., Fletcher, P. C., Frith, U., & Frith, C. D. (2000). Reading the mind in cartoons and stories: An fMRI study of "theory of mind" in verbal and nonverbal tasks. *Neuropsychologia*, 38, 11–21.
Gallese, V., & Goldman, A. (1999). Mirror neurons and the simulation theory of mindreading. *Trends in Cognitive Sciences*, 12, 493–501.
Goel, V., Grafman, J., Sadato, N., & Hallett, M. (1995). Modeling other minds. *Neuroreport*, 6, 1741–1746.
Gopnik, A., & Meltzoff, A. N. (1998). *Words, thoughts, and theories*. Cambridge, MA: MIT Press.
Grattan, L. M., Bloomer, R. H., Archambault, F. X., & Eslinger, P. J. (1994). Cognitive flexibility and empathy after frontal lobe lesion. *Neuropsychiatry, Neuropsychology, and Behavioral Neurology*, 7, 251–257.
Grattan L. M., & Eslinger, P. J. (1989). Higher cognition and social behavior: Changes in cognitive flexibility and empathy after cerebral lesions. *Neuropsychology*, 3, 175–185.
Harlow, J. M. (1868). Recovery from the passage of an iron bar through the head. *Publications of the Massachusetts Medical Society*, 2, 327–347.
Hoffman, M. L. (1978). Toward a theory of empathic arousal and development. In M. Lewis & L. Rosenblum (Eds.), *The development of affect* (pp. 227–256). New York, Plenum.
Hynes, C. A., Baird, A. A., & Grafton, S. T. (2006). Differential role of the orbital frontal lobe in emotional versus cognitive perspective-taking. *Neuropsychologia*, 44, 374–483.
Jackson, P. L., Brunet, E., Meltzoff, A. N., & Decety, J. (2006). Empathy examined

through the neural mechanisms involved in imagining how I feel versus how you feel pain. *Neuropsychologia*, 44, 752–761.

Jackson, P. L., Rainville, P., & Decety, J. (2006). To what extent do we share the pain of others? Insight from the neural bases of pain empathy. *Pain*, 125, 5–9.

Koob, G. F., Bloom, F. E. (1988). Cellular and molecular mechanisms of drug dependence. *Science*, 242, 715–723.

Lee, K. H., Farrow, T. F., Spence, S. A., & Woodruff, P. W. (2004). Social cognition, brain networks and schizophrenia. *Psychological medicine*, 34, 391–400.

Lev-Ran, S., Shamay-Tsoory, S. G., Zangen, A., & Levkovitz, M. Transcranial magnetic stimulation of the ventromedial prefrontal cortex impairs affective theory of mind processing (submitted, 2008). [Lev-Ran, S., Shamay-Tsoory, S. G., Zangen, A., & Levkovitz, M. (2012). Transcranial magnetic stimulation of the ventromedial prefrontal cortex impairs affective theory of mind processing. *European Psychiatry*, 27 (4), 285–289.]

Lough, S., Gregory, C., Hodges, J. R. (2001). Dissociation of social cognition and executive function in frontal variant frontotemporal dementia. *Neurocase*, 7, 123–130.

Mehrabian, A., & Epstein, N. (1972). A measure of emotional empathy. *Journal of Personality*, 40, 523–543.

Mitchell, J. P., Banaji, M.R., & Macrae, C.N. (2005). The link between social cognition and self-referential thought in the medial prefrontal cortex. *Journal of cognitive neuroscience*, 17, 1306–1315.

Premack, D., & Woodruff, G. (1978). Chimpanzee problem-solving: A test for comprehension. *Science*, 202, 532–535.

Preston, S. D., & de Waal, F. B. (2002). Empathy: Its ultimate and proximate bases. *Behavioral and Brain Sciences*, 25, 1–20.

Price, J. L., Carmichael, S. T., & Drevets, W. C. (1996). Networks related to the orbital and medial prefrontal cortex: A substrate for emotional behavior? *Progress in Brain Research*, 107, 523–536.

Price, B. H., Daffner, K. R., Stowe, R. M., Mesulam, M. M. (1990). The comportmental learning disabilities of early frontal lobe damage. *Brain*, 113, 1383–1393.

Rankin, K. P., Gorno-Tempini, M. L., Allison, S. C., Stanley, C. M., Glenn, S., Weiner, M. W., & Miller, B. L. (2006). Structural anatomy of empathy in neurodegenerative disease. *Brain*, 129, 2945–2956.

Rolls, E. T. (1996). The orbitofrontal cortex. *Philosophical Transactions of the Royal Society, London, B*, 351, 1433–1443.

Rowe, A. D., Bullock, P. R., Polkey, C. E., & Morris, R. G. (2001). "Theory of mind" impairments and their relationship to executive functioning following frontal lobe excisions. *Brain*, 124, 600–616.

Samson, D., Apperly, I. A., Kathirgamanathan, U., & Humphreys, G. W. (2005). Seeing it my way: A case of a selective deficit in inhibiting self-perspective. *Brain*, 128, 1102–1111.

Shamay-Tsoory, S. G., & Aharon-Peretz, J. (2007). Dissociable prefrontal networks for cognitive and affective theory of mind: A lesion study. *Neuropsychologia*, **5**, 21–32.

Shamay-Tsoory, S. G., Aharon-Peretz, J., & Levkovitz, Y. (2007). The neuroanatomical basis of affective mentalizing in schizophrenia: Comparison of patients with schizophrenia and patients with localized prefrontal lesions. *Schizophrenia Research*, **90**, 274–283.

Shamay-Tsoory, S. G., Peretz, A., Lester, H. Chisin, R., Israel, O., Bar-Shalom, R., Tomer, R., Tsitrinbaum, Z., & Aharon-Peretz, J. (2005). The neural correlates of understanding the other: A positron emission tomography investigation of empathic accuracy. *NeuroImage*, **27**, 468–472.

Shamay-Tsoory, S. G., Tibi-Elhanany, Y., & Aharon-Peretz, J. (2006). The ventromedial prefrontal cortex is involved in understanding affective but not cognitive theory of mind stories. *Journal of Social Neuroscience*, **1** (3–4), 149–166.

Shamay-Tsoory, S. G., Tomer, R., Berger, B. D., & Aharon-Peretz, J. (2003). Characterization of empathy deficits following prefrontal brain damage: The role of the right ventromedial prefrontal cortex. *Journal of Cognitive Neuroscience*, **15**, 324–337.

Shamay-Tsoory, S. G., Tomer, R., Berger, B. D., & Aharon-Peretz, J. (2005). Impaired affective "theory of mind" is associated with right ventromedial prefrontal damage. *Cognitive and Behavioral Neurology*, **18**, 55–67.

Shamay-Tsoory, S. G., Tomer, R., Goldsher, D., Berger, B. D., & Aharon-Peretz, J. (2004). Impairment in cognitive and affective empathy in patients with brain lesions: Anatomical and cognitive correlates. *Journal of Clinical and Experimental Neuropsychology*, **26**, 1113–1127.

Schulte-Rüther, M., Markowitsch, H. J., Fink, G. R., & Piefke, M. (2007). Mirror neuron and theory of mind mechanisms involved in face-to-face interactions: A functional magnetic resonance imaging approach to empathy. *Journal of Cognitive Neuroscience*, **19**, 54–72.

Singer, T., Seymour, B., O'Doherty, J., Kaube, H., Dolan, R. J., & Frith, C. D. (2004). Empathy for pain involves the affective but not sensory components of pain. *Science*, **303**, 1157–1162.

Stone, V. E., Baron-Cohen, S., & Knight, R. T. (1998). Frontal lobe contributions to theory of mind. *Journal of Cognitive Neuroscience*, **10**, 640–656.

Stuss, D. T., & Benson, D. F. (1986). *The frontal lobes*. New York: Raven Press. ［融道男・本橋伸高（訳）(1990). 前頭葉．共立出版．］

Stuss, D. T., Gallup, G. G., & Alexander, M. P. (2001). The frontal lobes are necessary for "theory of mind." *Brain*, **124**, 279–286.

Tibi-Elhanani, Y., & Shamay-Tsoory, S. G. Enhanced social cognition in social phobia. (Submitted, 2008).

Tillfors, M., Furmark, T., Marteinsdottir, I., & Fredrikson, M. (2002). Cerebral blood flow during anticipation of public speaking in social phobia: A PET study. *Biological Psychiatry*, **52**, 1113–1119.

Vollm, B. A., Taylor, A. N., Richardson, P., Corcoran, R., Stirling, J., McKie, S., Deakin,

J. F., & Elliott, R. (2006). Neuronal correlates of theory of mind and empathy: A functional magnetic resonance imaging study in a nonverbal task. *NeuroImage*, 29, 90-98.

Wellman, H. M., & Woolley, J. D. (1990). From simple desires to ordinary beliefs: The early development of everyday psychology. *Cognition*, 35, 245-275.

Wicker, B., Keysers, C., Plailly, J., Royet, J. P., Gallese, V., & Rizzolatti, G. (2003). Both of us disgusted in my insula: The common neural basis of seeing and feeling disgust. *Neuron*, 40, 655-664.

■訳注■

1 社会的失言課題（Faux Pas Test）は，複数の人物が登場して，その内の誰かが，その場を気まずくするようなこと（Faux Pas）を言ってしまうような物語を提示して，気まずくなるようなことを言ったのは誰か，なぜ気まずくなるのかを尋ねる課題である。

Stone V.E., Baron-Cohen S., Knight R. T. (1998). "Frontal Lobe Contributions to Theory of Mind". *Journal of Medical Investigation*, 10, 640-656.

2 この視点取得課題では，5つのカップのうち，どのカップにターゲットが入っているのかをあてさせる。被験者は，小さなカーテンで遮られていてターゲットが隠されているところを直接見ることはできないが，隠すところを見ていた実験助手の反応を手がかりに判断することが求められる。助手は2人いて，1人の助手はターゲットを隠すところを見ることができるが，もう1人の助手は見ることができない。2人の助手はそれぞれ別のカップを指さすので，正解するためには，どちらの助手が正解を知っているのか（隠すところを見ることができたのか）という助手の視点を理解することが必要となる。

3 この欺き課題は，上記の視点取得課題と同様の課題であるが，カップは2つのみで，被験者は正解すると25セント硬貨をもらうことができる（被験者が間違えると助手のものになる）。助手は1人のみで，常に隠すところを見ているが，常に間違ったカップを指さす。正解するためには，助手が騙そうとしていることに気づき，助手が指さしたのとは反対のカップを選択する必要がある。

4 Baron-Cohen ら（1986）が開発したテスト。ウェクスラー式知能検査の下位検査である「絵画配列（picture arrangement）」と同様の課題で，意味の通る物語ができあがるように，マンガのような絵の描かれたカードを正しく並べ替えることが要求される。Baron-Cohen らの課題では，正しく並べ替えるために，それぞれ，(1)機械的な因果関係（人と物の相互作用），(2)行動的な因果関係（人と人との相互作用），(3)人物の意図，のいずれかの理解を必要とする試行から構成されている。自閉症児では，健常児と比べて人物の意図の理解を必要とする試行に困難があることが報告されている。

　Bird らは，人物の心的状態の理解を必要とする課題と必要としない課題の2種類の課題を用いている。

Baron-Cohen S, Leslie AM, Frith U. (1986). Mechanical, behavioural and intentional understanding of picture stories in autistic children. *British Journal of Developmental Psychology*, 4, 113-125.

5 ストレンジ・ストーリー課題（strange story）は，登場する人物の話す言葉の表面的な意味とその人物の本当の意図とが一致しないような物語を提示して，その人物がなぜそのようなことを言ったのかを問う課題。

    Happé, F. G. (1994). An advanced test of theory of mind: understanding of story characters' thoughts and feelings by able autistic, mentally handicapped, and normal children and adults. *Journal of Autism and Developmental Disorders*, **24** (2), 129–154.

6 2つの幾何学図形（三角形）が動きまわるアニメーションを見て，その2つの図形が何をしているところかを尋ねる課題。健常な被験者の場合には，幾何学図形を擬人化し，それぞれの図形が意図をもって行動しているかのような表現をする傾向がある（Heider & Simmel, 1944）。自閉症者の場合には，その言語能力にかかわらず，それらの図形に対して適切な意図を帰属させることに困難を示す。

7 社会的規範の違反課題（violation of (social) norms）は，社会的なやりとりを描写した短い文章を読んで，その場面で主人公が恥ずかしい思いをするかどうか，主人公の振るまいが適切だったかどうかを判断する課題。

8 Mitchell らは，腹内側前頭前皮質が，自分自身と類似した相手の心的状態を理解するためのシミュレーションのプロセスに関与しているのに対して，背側前頭前皮質は，（相手が自分自身に似ていないなど）シミュレーションが適さないような場合でも適用可能な，より一般的な社会認知的プロセスの実行に関与している，と推定している。

9 Leslie Brothers (1997) は，特定の機能のために特殊化された神経ネットワークを「エディタ」と呼んでおり，特に社会的機能に特化した「社会的エディタ」について，扁桃体（および，眼窩前頭皮質，前帯状皮質，側頭極などの関連した部位）および，扁桃体と相互に結合した感覚皮質から構成されるとしている。

    Brothers, L. (1997). *Friday's footprint: How society shapes the human mind*. Oxford: Oxford University Press.

訳者あとがき

　本書は，社会心理学・認知心理学・発達心理学・教育心理学・臨床心理学・神経科学など，さまざまな分野で行われてきた共感に関する研究を社会神経科学という枠組みで集約したものである。本書のなかでも繰り返し書かれているように，共感というのは，心理学において極めて重要な構成概念であるにもかかわらず，その研究の歴史は混沌としたものだった。そのような状況が，社会神経科学という新たな研究領域の発展によって打開されつつある。社会神経科学というのは，簡単にいってしまえば，認知神経科学の社会心理版といったところである。人間の認知メカニズムを解明するためには，その神経基盤を理解することが欠かせない。神経基盤も含めた心的機能の解明という方法論が，知覚や記憶といった基本的な認知機能だけでなく，様々な感情や対人関係の問題にまで，拡張されてきているということだ。

共感概念の整理

　本書の中でも特に重要になってくるのが，第1章のダニエル・バトソンによる共感の概念整理である。もしこのような概念整理が十分になされていなかったとしたら，神経科学的アプローチも意味をなさなかったに違いない。バトソンは，共感とよばれる心理学的現象を大きく2つに分けている。1つは，人の内的状態（心の状態）を理解するプロセスであり，もう1つは，他者に対する思いやりのある行動の原動力となる感情状態としての共感である。そして，それらに関わる8種類の現象を区別して整理している（バトソンによる共感概念の整理を図式化したものを図1に示す）。その中で，人の内的状態の理解に至るためのメカニズムとして，「心の理論説」と「シミュレーション説」がこれまでに提案されている。大切なことは，どちらかの説だけが正しいというものではなくて，「他者の内的状態を知る」という状態に至るには，様々なプロセスを経て到達する可能性があるということだ。

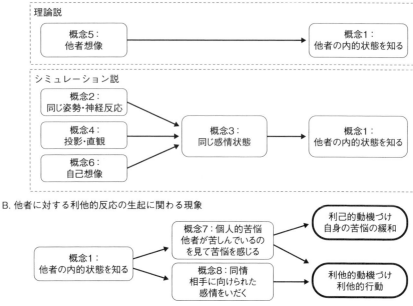

図1 ダニエル・バトソンによる8つの共感概念の相互の関係を図式化したもの。

　第5章で紹介されている「共感精度」は、「相手の内的状態について知覚した内容（概念1）」の正確さを（推定された人物自身の内省を基準にして）測定するものである。第4章の「投影」は他者に関する認知的推論（概念5）と、第3章の「模倣」は、姿勢や神経反応の一致（概念2）と関連しており、第2章の「情動感染」は、感情状態の共有（概念3）と対応している。

　また、共感プロセスの結果生じる反応としての「個人的苦悩（概念7）」と「同情（概念8）」との間に重要な区別がある。相手との感情の共有（情動感染）は、共感的理解のためには欠かせないものだと思われるが、それだけでは必ずしも利他行動や向社会的行動にはつながらない。その共有された感情が、誰に由来するものであるのかという自他の区別が明確にされている必要がある。そのような個人的苦悩と同情との区別に関する議論が、第6章、第12章、第15章などで展開されている。

　以上のような共感に含まれる諸々のプロセスを機能的に分類しているのが第11章や第16章である。これらの著者によれば、他者の内的状態に関する認知

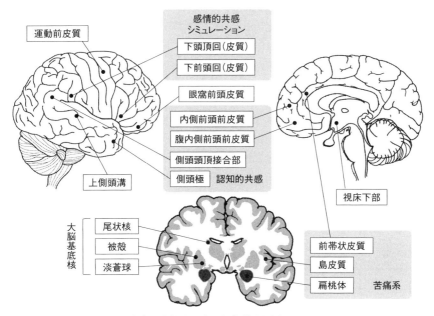

図2 本書に登場する主な脳部位を図示したもの。

的推論を含む「認知的共感」と,情動感染を通した他者との感情の共有を含む「感情的共感」は,互いに異なる神経回路網によって処理されていることが示唆されている。さらに,自他の区別に関しては,下頭頂皮質や側頭頭頂接合部などの部位の関与が示唆されている(本書に登場する主な脳部位を図2に示しておいた)。

心理臨床における共感

本書の最大の特長は,共感のメカニズムの問題と並んで,心理臨床場面におけるセラピストの共感プロセスについて,専門家による論が展開されている点である(第8~10章)。従来であれば,カール・ロジャーズによるセラピストの「共感的理解」は,社会心理学や認知心理学が対象とする日常的な共感プロセスとは別なものとして扱われることが多かった。しかしながら,共感に関する神経科学的なモデル(Decety & Jackson, 2004)のなかで挙げられている共感の要素と,ロジャーズの主張する共感の内容との間には多くの類似点がある。

ロジャーズは共感について,「クライエントの私的な世界を,あたかも自分

自身の世界であるかのように感じとるが,『あたかも…』という性質を決して失わないこと…(中略)…クライエントの怒り・恐怖・混乱をあたかも自分のものであるかのように感じとるが,決して自分の感情と混同しないこと(Rogers, 1957)」と述べている。「自分自身の世界であるように感じること」というのは,心的柔軟性や視点取得によって実現されるものであり,「クライエントの怒り・恐怖・混乱を自分のものであるかのように感じること」はまさに感情の共有である。そして,「『あたかも…』という性質を失わない/自分の感情と混同しない」という条件は,自他の区別そのものである。

　主に認知的推論を扱っている第4章の内容は,一見すると心理臨床における共感とは縁遠いもののようにも思える。しかしながら,投影的推論には誤りの可能性があり,共有知識に関する仮定は直接たずねることで修正することができる,という第4章の内容は,セラピストが感じとった内容を「繰り返しクライエントに確認する」ことを強調するロジャーズの見解と相通ずるものがある。また,第13章で展開されている進化生物学的な内容も,心理臨床とは直接結びつかないように思えるかもしれない。しかしながら,「ポリヴェーガル理論」において,第II段階(闘争/逃走反応)に陥らずに,第III段階(自己沈静化)を維持することが社会的絆の形成のために必要である,ということと,ロジャーズの主張する無条件の肯定的配慮がなぜ必要なのかということとは,密接に関連しているように思われる。

共感研究の可能性

　以上のように,共感の社会神経科学は,非常に幅広い分野の研究から成り立っており,今まさに発展している段階だといえる。本書も,各章が別々の分野の専門家によって執筆されており,全体としての整合性やまとまりに欠けているところもある。しかしながら,そのおかげで,新たな研究への意欲を刺激するような豊富なアイディアに満ちあふれているように思われる。この邦訳書が日本の共感研究の裾野を拡げていくことに少しでも貢献できれば幸いである。

あとがき

　職業柄,英語の論文を読んだり,日本語に訳したりという作業自体は慣れてはいるものの,訳本として出版するのは初めての体験だった。

　訳者自身の持論ではあるが,「翻訳するというのは,ある言語(英語)を別

の言語（日本語）にただ変換するという作業ではない。英語で表現されているものを理解して，それを日本語で表現し直すことなのだ」（と学生達にはいつも話している）。したがって，翻訳するためには，まず，英語で表現されているものをしっかりと特定することが前提になってくる。たとえば，it や they などの指示代名詞が何を指しているか，多義的な（複数の解釈が可能な）表現で書かれている文章が何を指し示しているか，といったことを特定していく必要がある。そうなると，原文を見ているだけでは解決できないことが多々あるのだ。「they」が「彼ら」なのか「彼女ら」なのかを決めるためには，引用されている文献の著者の性別を調べなければならないし，先行研究の手続きなどがぼんやりとしか表現されていない場合には，元の論文をたどっていかなければ，理解可能な日本語として表現できないこともある。こうした作業はふだん論文を読むときから行っていることではあるが，一冊の本として世間に出すということになると，自分の興味のある部分だけ，という訳にはいかないので，なかなか気の抜けない作業だった。

　英文を見て，原著者が何を表現しようとしているのかを読み解いていく作業をしているうちに感じるようになっていったのだが，翻訳というのもひとつのコミュニケーションであり，原著者の意図を理解しようとするこの作業は，まさに共感的なプロセスに従事することなのだと思う。さらに，どのような日本語で表現すればよいか，どの程度の訳注をつけたらよいか，といったことを考えている時には，読者の理解度に関する訳者の無意識的な投影があったに違いない（「投影の失敗」は最小限であってほしいものだ）。

　第3章第1節の見出し「empathy lost in translation」は，映画「ロスト・イン・トランスレーション（ソフィア・コッポラ監督）」に由来すると思われるが，今回の翻訳作業のなかで，肝心の「共感」が失われることなく，読者に伝わることを強く望む。

　最後に，本書の出版にあたって，多くの方々にお世話になった。私を共感研究へと導いてくれた修了生の方々にまずは感謝を申し上げたい。共感をテーマにした修士論文の指導をしてきたことが，本書を訳出する直接の動機づけとなった。また，校正前の原稿に目を通してくれた学部生・大学院生の皆さん，校正の際に貴重なコメントをくれた妻の美恵子，そして，出版にあたってご尽力いただいた勁草書房の永田様に心からお礼を申し上げる。

執筆者一覧

C. Daniel Batson（第 1 章）
University of Kansas

R. J. R. Blair（第 11 章）
National Institute of Mental Health

Karina S. Blair（第 11 章）
National Institute of Mental Health

Jerold D. Bozarth（第 8 章）
The University of Georgia

Susan F. Butler（第 4 章）
Tufts University

Ann Buysse（第 12 章）
Ghent University, Belgium

Michael Carlin（第 4 章）
Rider University

C. Sue Carter（第 13 章）
The University of Illinois at Chicago

Kenneth D. Craig（第 12 章）
University of British Columbia

Mirella Dapretto（第 14 章）
University of California, Los Angeles

Jean Decety（編者　第 3 章，第 15 章）
The University of Chicago

Mathias Dekeyser（第 9 章）
Catholic University of Leuven

Ap Dijksterhuis（第 3 章）
Radboud University Nijmegen

Robert Elliott（第 9 章）
University of Strathclyde

Natalie D. Eggum（第 6 章）
Arizona State University

Nancy Eisenberg（第 6 章）
Arizona State University

Norma Deitch Feshbach（第 7 章）
University of California, Los Angeles

Seymour Feshbach（第 7 章）
University of California, Los Angeles

Liesbet Goubert（第 12 章）
Ghent University, Belgium

Leslie S. Greenberg（第 10 章）
York University, Canada

Elaine Hatfield（第 2 章）
University of Hawaii

James Harris（第 13 章）
Johns Hopkins University

William Ickes（編者　第5章）
University of Texas at Arlington

Claus Lamm（第15章）
The University of Chicago

Yen-Chi Le（第2章）
University of Hawaii

Mia Leijssen（第9章）
Catholic University of Leuven

Raymond S. Nickerson（第4章）
Tufts University

Jennifer H. Pfeifer（第14章）
University of Oregon, Eugene

Stephen W. Porges（第13章）
The University of Illinois at Chicago

Richard L. Rapson（第2章）
University of Hawaii

Simone G. Shamay-Tsoory（第16章）
University of Haifa, Israel

Rick B. van Baaren（第3章）
Radboud University Nijmegen

Matthijs L. van Leeuwen（第3章）
Radboud University Nijmegen

Andries van der Leij（第3章）
Radboud University Nijmegen

Jeanne C. Watson（第10章）
University of Toronto, Canada

人名索引

Ackerman, B. P.　65
Adamatzky, A.　34
Adams, C.　159, 171
Adams, R. B.　199
Adelmann, P. K.　28, 31
Adolphs, R.　10, 192, 201, 234, 236
Aharon-Peretz, J.　295, 297, 298
Alfred, C.　159, 171
Allport, F.　62
Allport, G. W.　42
Amaral, D. G.　198
Amodio, D. M.　253
Andersen, H. B.　60
Andersen, H. H. K.　60
Anderson, S. W.　290
Aragona, B. J.　240
Aronson, E.　124
Ashton-James, C.　48
Aspy, D. N.　121, 122
Augustine, J. R.　255
Avenanti, A.　108, 273
Averill, J. R.　193, 199
Aziz-Zadeh, L.　175, 176, 257
Baddeley, A.　63
Bailenson, J.　46
Baldwin, M.　149
Bandura, A.　61, 106, 219
Bänninger-Huber, E.　158
Barak, A.　124
Bargh, J. A.　43-46, 157, 162, 250
Barnett, M. A.　124

Baron-Cohen, S.　83, 84, 241, 253, 257, 259, 293-295, 297, 308
Barone, D. F.　83
Barrett-Lennard, G. T.　10, 162, 166, 173, 174
Bartels, M.　31, 32
Basch, M. F.　270
Bates, J. E.　103, 104, 115
Batson, C. D.　9-11, 13, 15, 17, 100, 101, 118, 210, 215, 219, 229, 250, 251, 253, 254, 257, 269, 274, 276, 279
Baumeister, R. F.　270
Bavelas, J. B.　7, 44, 250
Becker, H.　3
Beese, A.　215, 217
Bennett, M.　62
Berenson, B. G.　117, 122
Bernieri, F. J.　26, 30, 44
Berthoz, S.　200, 203
Beutler, L. E.　165, 166
Birbaumer, N.　197, 198
Bird, C. M.　293, 308
Björkqvist, K.　119
Black, H.　122
Blair, K. S.　198
Blair, R. J. R.　101, 159, 191-193, 197-201
Blair, S.　26
Blakemore, S. J.　31, 271
Bogduk, N.　211
Bohart, A. C.　135, 142, 156, 165, 166, 171, 173, 180

Bonner, D.　121
Botvinick, M.　108, 217, 254
Bozarth, J. D.　139, 141-143, 145-147, 164, 173
Bratslavsky, E.　270
Brehm, S. S.　124
Bresler, C.　28, 38
Brocki, K. C.　107
Brodley, B. T.　136, 148, 149
Brothers, L.　32, 287, 295, 300, 309
Brunet, E.　211, 275, 277, 280
Buccino, G.　261
Budhani, S.　193
Budin, M. L.　120, 123
Buswell, B. N.　202
Cacioppo, J. T.　7, 8, 24, 26, 29, 30, 32, 42, 237, 250
Cairns, R. B.　258
Calogero, M.　61
Cannon-Bowers, J. A.　60
Cappella, J. N.　26
Carkhuff, R. R.　117, 122
Carmichael, S. T.　302
Carr, L.　255, 256, 258, 271
Carter, C. S.　238-241, 243
Castelli, F.　201
Castonguay, L.　164
Cattell, R. B.　62
Chakrabarti, B.　241

人名索引

Chalfonte, B. L.　50
Chambers, C. T.　212, 217
Chaminade, T.　7, 43
Champion, C.　101, 106
Chang, A. F.　122
Chang, B.　122
Chang, L.　122
Chapple, E. D.　26
Charbonneau, D.　211
Chartrand, T. L.　43-46, 157, 162, 250
Chater, N.　26, 32, 34
Cheng, Y.　43
Cialdini, R. B.　281
Cialdini, R. D.　213
Cipolotti, L.　200
Clark, H. H.　65
Clements, K.　85
Coke, J. S.　15
Collingwood, R. G.　60
Condon, W. S.　26
Cooper, M.　163
Corona, C.　201
Coyne, J. C.　32
Craig, K. D.　210, 215, 217-219, 221
Craighero, L.　255, 258, 271
Cress, S.　120
Critchley, H. D.　243, 277
Crosby, L.　87
Damasio, A. R.　7, 289
Damasio, H. C.　289
Danziger, N.　174, 176, 177, 182, 218, 225
Dapretto, M.　44, 255, 256, 258, 259
Darwall, S.　7, 11
Darwin, C.　42
Davies, S.　34
Davis, E. P.　104, 107, 115
Davis, M.　241
Davis, M. H.　91, 97, 116, 209, 210, 256, 257, 274, 280, 287, 288
Davis, M. K.　166
Davis, M. R.　26
Davis, O. L., Jr.　123
Dawes, R. M.　60
Dawkins, R.　220
De Corte, K.　220
de Vignemont, F.　177, 182, 183, 250
de Waal, F. B. M.　5-7, 11, 16, 42, 43, 45, 99, 102, 155, 176, 177, 209, 218, 229, 249, 251, 261, 269, 271, 288
Decety, J.　7, 10, 17, 23, 34, 42-44, 51, 101-103, 108, 135, 140, 148, 149, 157-159, 165, 171, 175-178, 181, 182, 190, 211, 214, 215, 217-219, 229, 250, 251, 253, 254, 257, 269, 273-280, 282, 288, 300
DeKosky, S. T.　287
Del Barrio, V.　106
Derryberry, D.　108-110
Desimone, R.　194
Deutsch, F.　250
Deutsch, W.　65
Diamond, N.　156, 159
Dietzen, L. L.　122-124
Dijksterhuis, A.　46, 52
Dimberg, U.　6, 25
Dodds, P.　159
Doherty, R. W.　24, 257
Domes, G.　240, 243
Doyle, A. B.　120
Doyle, K.　215, 217
Drevets, W. C.　302
Driver, J.　157, 160
Duclos, S. E.　29, 30
Dugosh, J. W.　81, 90

Duncan, J.　194
Early, S.　10, 15, 274
Eisenberg, N.　7, 11, 97, 99-103, 105-107, 110, 115, 119, 214, 250, 251, 258, 269, 278
Ekman, P.　29
Elliott, R.　156, 161, 164, 166, 173, 179, 180
Emde, R. N.　5, 8
Epstein, N.　257, 288
Erb, M.　31, 32
Eslinger, P. J.　5, 7, 287, 289, 290
Fabes, R. A.　99, 100, 105, 106, 115, 250, 251
Fadiga, L.　255
Fan, J.　104
Farrer, C.　253
Farrow, T.　269
Ferrari, P. F.　103, 174, 176, 178
Ferrario, V. F.　261
Feshbach, N. D.　118, 119, 121, 124-126, 200
Feshbach, S.　119, 121, 124, 125
Findlay, L.　118
Finger, E. C.　202, 203
Fischer, A. H.　34
Fiske, S. T.　212
Fitzgerald, D. A.　192, 193
Fitzgibbons, D.　50
Flavell, J. H.　68
Fletcher, B. I.　124
Fletcher, G. J. O.　89
Fletcher, P. C.　292, 297
Flor, H.　197
Flury, J. M.　84, 96
Fogassi, L.　43, 103
Frey, K. S.　125
Friesen, W. V.　29

Frith, C. D.   31, 108, 194, 253, 293, 297
Frith, U.   194, 201, 308
Fussell, S. R.   59, 65
Fuster, J. M.   107
Galinsky, A. D.   16
Gallagher, H. L.   293, 297
Gallese, V.   43, 103, 178, 212, 254, 256, 258, 259, 288, 302
Gallup, G. C.   103
Gallup, G. G., Jr.   250, 289
Gazzola, V.   175, 176, 182, 254, 257
Geller, J. D.   163
Gelso, C. J.   165, 184
Gendlin, E. T.   163
Gerena, D.   240–242
Gergely, G.   160
Gerrans, P.   79
Gesn, P. R.   84, 86, 89, 92, 97, 166, 219
Giles, H.   47
Gist, M. E.   61
Gleason, K. A.   87, 91, 96, 97
Goel, V.   292, 297
Goldings, H. J.   62
Goldman, A. I.   254, 288, 302
Goldman, R. N.   181
Gopnik, A.   253, 288
Gordon, R. M.   6, 61
Gordon, T.   136
Gorrindo, T.   200
Goubert, L.   209, 211–216, 218, 219
Grafton, S. T.   255, 256, 258, 295
Graham, T.   84, 88, 89, 97, 219
Granberg, D.   67

Grandy, R.   61
Grattan, L. M.   287, 290, 291
Gray, N. S.   197
Green, J.   67, 159, 171
Greenberg, L. S.   135, 142, 161, 164, 166, 173, 177, 181
Greenberg, S.   60
Greene, D.   62
Greene, J. D.   198
Gregory, S. W.   47
Grèzes, J.   103, 253, 254, 274
Grippo, A. J.   240–242
Grosbras, M. H.   272
Gross, J. J.   257, 278
Gul, F.   50
Gutwin, C.   60
Hadjistavropoulos, T.   215
Hall, J. A.   86
Hamilton, A. F.   258
Hammond, A.   126
Harbach, R. L.   122
Hare, R. D.   196, 197
Harlan, E. T.   105, 107
Harlow, J. M.   289
Harpur, T. J.   197
Harris, J. C.   230
Harris, P. L.   107
Hatfield, E.   7, 8, 24, 26, 29, 30, 32, 34, 38, 42, 96, 229, 250
Hauk, O.   157
Hauser, M. D.   99
Hayes, J. A.   165, 184
Hayes, J. R.   67
Heimann, P.   165
Henle, M.   69
Heppner, P. P.   141
Herbette, G.   213, 215
Hermann, C.   219

Hermans, D.   159
Hess, U.   26
Hietolahti-Ansten, M.   124
Higgins, E.   115, 122
Hill, E. L.   201
Hill, M. L.   218
Hobson, P.   201
Hoch, S. J.   60
Hodges, J. R.   298
Hodges, S. D.   8, 59, 89, 213, 219, 269
Hoffman, M. L.   6–8, 11, 100, 118, 139, 191, 196, 250–252, 288
Holland, R. W.   46–48
Hood, B. M.   157, 160
Horgan, T. G.   43, 44, 50
Horton, W. S.   65
Horvath, A. O.   158, 166
House, P.   62, 67
Hsee, C. K.   34
Hume, D.   8, 11
Humphreys, K.   201
Hurley, S.   26, 32, 34
Hynes, C. A.   295
Iacoboni, M.   31, 43, 157, 179, 180, 255–258
Ickes, W.   5, 7, 14, 44, 50, 79–82, 84–92, 96, 97, 139, 157, 166, 211, 212, 219, 220, 280
Jackson, P. L.   17, 23, 34, 42, 101–103, 108, 135, 140, 148, 149, 157–159, 165, 171, 175–178, 181, 182, 190, 211, 214, 217, 218, 229, 254, 269, 272, 273, 275, 277, 280, 288, 300, 301
Jacob, S.   243
Jacoby, L. L.   62, 68
Jahoda, G.   41, 42, 51

Jensen-Campbell, L. 87, 91, 97
Johnson, M. K. 47, 50
Johnson-Frey, S. H. 255, 256, 258
Johnson-Laird, P. N. 60
Johnston, L. 47
Jussim, L. 213
Kagan, J. 199
Kalliopuska, M. 124
Kaplan, J. T. 257
Karniol, R. 59
Kassin, S. M. 62, 67
Katz, D. 62
Keenan, J. P. 103, 269
Kelley, C. M. 62, 68
Kelly, E. 122
Keltner, D. 202
Kennedy-Moore, E. 179
Kerns, J. G. 51, 57
Keverne, E. B. 238, 240
Keysar, B. 65
Keysers, C. 175, 176, 212, 254, 256–259
Kiehl, K. A. 198
Killick, J. 160
Kim, S. Y. 195
Kimonis, E. R. 197
Kinsbourne, M. 107
Kirsch, P. 241
Klawans, H. L. 32
Klein, K. J. K. 89, 213, 219
Knight, R. T. 293, 294, 308
Knoblich, G. 176, 178, 179
Kochanska, G. 105, 107, 115
Kohn, A. 121, 124
Konrad, R. 121, 124–126
Koob, G. F. 302
Kosfeld, M. 240, 243

Kraus, L. A. 59, 65, 91
Krause, R. 159
Krebs, D. L. 11
Kremer, J. F. 122–124
Kropotkin, P. I. 230
Krueger, J. 46, 59, 60, 62
Kühnen, U. 50, 56
Ladisich, W. 159
LaFrance, M. 7, 44
Laird, J. D. 28, 38
Lakin, J. L. 44–46, 52
Lamb, D. G. 240
Lamb, S. 199
Lambert, M. J. 158, 165
Lamm, C. 17, 215, 219, 229, 250, 253, 254, 257, 267, 269, 276–280
Lange, C. 89, 96
Langford, D. J. 209
Lanzetta, J. T. 25, 281
Larochette, A. C. 217
Larson, E. B. 214
Lawrence, E. J. 259, 280
Le Bon, G. 32
LeDoux, J. E. 193, 197
Lee, K. H. 298
Lee, L. A. 141
Leibenluft, E. 200
Leijssen, M. 162, 163
Leonard, A. 198
Leonard, M. T. 219
Leslie, A. 253
Leslie, K. R. 255, 256, 258
Levenson, R. W. 8, 29, 90, 157, 213, 274
Levkovitz, Y. 298
Lev-Ran, S. 296
Lewis, M. 251
Lietaer, G. 164, 166
Lipps, T. 6, 9, 25, 51, 249
Litvack-Miller, W. 252, 256

Lizarraga, L. S. 125
Lord, C. 259
Lough, S. 298
Lovett, B. 119
Lundqvist, L. O. 25, 26
Luo, Q. 192, 198
Luu, P. 108–110
Maccoby, E. E. 261
Machado, P. P. 166
MacLean, P. D. 17, 230
Macrae, C. N. 47, 297
Maddux, W. W. 43, 44, 51
Mahoney, M. J. 67
Mahrer, A. 162
Manstead, A. S. R. 31
Marangoni, C. 81–83, 88, 92, 164
Marks, G. 62
Marsh, A. A. 198, 199
Martin, D. J. 166
Matsumoto, D. 28
Maurer, R. 44, 45
McCabe, R. 159
McClure, E. B. 200
McDougall, D. 252, 256
McWhirter, B. T. 106
Mead, G. H. 10
Mehrabian, A. 257, 267, 288
Meltzoff, A. M. 26
Meltzoff, A. N. 6, 7, 42–44, 108, 176, 181, 182, 190, 251, 253, 254, 273, 280, 288
Merskey, H. 211
Miller, P. A. 119, 251, 269
Miller, R. E. 32
Milner, J. S. 14
Mineka, S. 193
Mitchell, J. P. 297, 309
Mitchell, T. E. 61

Mogil, J.　32
Moore, B.　124
Moore, M. K.　6, 7, 42, 251
Moore, S.　30
Moriguchi, Y.　218, 269
Morland, T.　194
Morley, S.　215, 217
Morrison, I.　176, 254, 272
Morton, L.　159
Mullen, B.　62
Murphy, B.　105–107
Murphy, S. T.　29
Murray, K. T.　105, 107
Nadel, J.　45
Nagels, A.　162, 163
Nelson, T. O.　61
Newton, L.　69
Nichols, S.　198
Nickerson, R. S.　16, 59, 60, 63
Niedenthal, P. M.　250, 280, 282
Nisbett, R. E.　61
Nowak, M. A.　230
Nucci, L. P.　195, 196
Oberlander, T. F.　217
Oberman, L. M.　255, 259
Ochsner, K. N.　104, 278
Ogles, B. M.　158, 165
Ogston, W. D.　26
Okun, M. A.　106, 115
O'Mahoney, J. F.　60
Oriña, M. M.　81, 90, 220
Osier, J. L.　124
Österman, K.　119
Oyserman, D.　50, 56
Padmala, S.　194
Paivio, S. C.　164
Palm, K. M.　213
Patnoe, S.　124
Pavuluri, M. N.　280

Pecukonis, E. V.　124
Peretz, A.　303
Perry, D. G.　124
Pessoa, L.　194, 196
Peters, H.　155, 160
Pfeifer, J. H.　256, 259
Phan, K. L.　51
Piaget, J.　68, 201
Pidada, S.　106, 110
Pillai Riddell, R. R.　219
Porges, S. W.　230, 233, 235, 239, 241, 243, 246, 247
Pörtner, M.　159, 160
Posner, M. I.　104, 107, 115
Povinelli, D. J.　10
Premack, D.　194, 252, 292
Preston, S. D.　5–7, 11, 16, 42, 43, 45, 99, 102, 155, 176, 177, 209, 218, 229, 249, 251, 261, 271, 288
Price, B. H.　290
Price, J. L.　302
Prinz, W.　26
Prkachin, K. M.　174, 176, 218, 221
Prouty, G.　159
Pufall, P. B.　67
Radke-Yarrow, M.　99
Rainville, P.　211, 214, 217, 273, 300
Rajecki, D.　50
Ramachandran, V. S.　255, 259
Rankin, K. P.　174, 175, 184, 298
Rapson, R. L.　7, 8, 24, 26, 29, 30, 32, 34, 42, 229, 250
Redinbaugh, E. M.　212, 219
Redman, G. L.　122

Reik, T.　3, 135
Rhodes, R. H.　155
Rice, L. N.　181
Richards, J.　184
Rimé, B.　213, 215
Ring, B. A.　295
Rizzolatti, G.　31, 43, 103, 178, 212, 254–256, 258, 259, 271
Robinson, J. L.　5, 8
Roeyers, H.　83
Rogers, C. R.　80, 135–141, 147, 149, 152, 159, 166, 172, 173, 190, 314
Rogers, M. E.　141
Rolls, E. T.　192, 289
Romney, D. M.　252, 256
Ronen, R.　124
Ross, L.　62, 67
Ross, M.　159, 163
Rothbart, M. K.　103, 104, 106, 107, 115
Rouse, W. B.　60
Rowe, A. D.　293
Royzman, E. B.　59
Ruble, D. N.　261
Ruby, P.　10, 253, 275
Rueda, M. R.　107
Ruef, A. M.　8, 90, 157, 213, 274
Ruff, C.　261
Rushanski-Rosenberg, R.　178
Saarela, M. V.　254, 257, 267
Safran, J. D.　159
Sagi, A.　8, 251
Salovey, P.　121
Salvarani, G.　10, 15, 16, 274
Samson, D.　293, 294
Saxe, R.　253, 260
Schaller, M.　213

Scheler, M.　3
Scherer, K. R.　273
Schmid Mast, M. S.　86, 92
Schorr, A.　273
Schulte-Rüther, M.　302
Schweinle, W. E.　84, 85
Sears, L.　201
Shamay-Tsoory, S. G.　277, 287, 291, 292, 294, 295, 298, 303
Shaw, R.　155
Shaw, R. E.　67
Shepard, S. A.　106, 107
Simon, D.　215, 217
Simpson, J. A.　81, 90, 220
Sinclair, B. B.　122
Singer, T.　7, 17, 108, 176, 177, 182, 183, 211, 215, 217, 250, 254, 257, 272, 273, 280, 281, 300, 301
Smetana, J. G.　195
Smith, A.　8, 10, 11, 25
Smith, C. L.　105, 110
Sober, E.　7, 11, 230
Sommerville, J. A.　43, 282
Song, M.　195
Sonnby-Borgström, M.　162
Spinella, M.　106, 116
Spinrad, T. L.　99, 106
Stanislavski, K.　30
Stanovich, K. E.　61
Steedman, M. J.　60
Steele, S.　201
Stein, M. B.　280
Stephan, W. G.　120
Stern, D. N.　160
Stinson, L.　81, 88
Stone, V. E.　79, 293, 294, 308
Stotland, E.　9, 10, 16, 190
Stout, C.　123
Strayer, J.　7, 11, 100
Stuss, D. T.　289, 293
Sullivan, M. J. L.　217, 219
Symons, F. J.　217
Taylor, S. E.　242
Thomas, G.　89
Thompson, E.　269
Thompson, R. A.　110
Thompson, R. R.　243
Tibi-Elhanany, Y.　297, 299
Tice, D. M.　270
Tillfors, M.　299
Tindall, J.　44, 45
Titchener, E. B.　6
Todes, D. P.　230
Tomasello, M.　7
Tomer, R.　292, 294
Tranel, D.　289
Tseng, W.S.　32
Tucker, D. M.　108–110, 116
Turiel, E.　195, 196, 199
Tyzio, R.　238
Underwood, B.　124
Valiente, C.　101, 106
Valins, S.　61
van Baaren, R. B.　43, 44, 46–48, 50, 51, 250
Van Essen, D. C.　276
Van Wagoner, S.　165
Van Werde, D.　159, 160
Vanaerschot, G.　156, 159, 161, 163
Vaughan, J.　105
Vaughan, K. B.　25
Vervoort, T.　217, 219
Vollm, B. A.　297
Vuilleumier, P.　192–194
Wallen, R.　62
Wampold, R. E.　166
Warden, D.　118
Warner, M. S.　173
Warner, R. E.　122
Watson, J. C.　156, 160, 161, 164, 173, 179–181, 190
Wegner, D. M.　8, 59
Weiner, B.　61
Wellman, H. M.　252, 288
Wentura, D.　155
Wertz, F. J.　162
West, R. F.　61
West, V.　124
Wheelwright, S.　257, 259
Wicker, B.　254, 271, 300, 301
Wild, B.　25, 31, 32
Willen, J. D.　157, 160
Willer, J. C.　174, 176, 218
Williams, A. C. deC.　210
Wilson, D. S.　7, 11, 230
Wilson, M.　176, 178, 179
Winston, J. S.　192, 193
Wispé, L.　5, 9, 11
Witkin, H. A.　49
Woodruff, G.　194, 252, 292
Woodruff, P. W.　269
Wootton, J. M.　197
Wynn, M.　156, 158
Wynn, R.　156, 158
Yogev, A.　124
Zahn-Waxler, C.　5, 8, 99, 118, 251
Zajonc, R. B.　28, 29, 31
Zeidner, M.　121
Zeman, J.　217

用語（和文）索引

あ 行

愛着プロセス　109
あからさまでない模倣　44, 46, 51
アスペルガー症候群　84, 293, 299
「あたかも（as if）」という条件　139, 173, 175
アレキシサイミア　218
怒りによる攻撃行動　119
怒りの表出　96, 193, 199, 203
意識的な模倣　27, 34, 179, 267
いじめ（関係性のいじめ）　87, 96
いたわりの気持ち　209
一元的実現傾向　138
心理療法における一致性　138
一般常識　65, 73
運動的模倣　25, 42, 44, 45
運動前皮質　32, 43, 254, 255, 271
エフォートフル・コントロール　99, 104-107, 109, 110, 116
延髄　231, 246
オーディエンス・デザイン　65, 73
オキシトシン　237-243
思いやり　4, 11, 13, 14, 16, 17, 23, 100, 110, 118, 162, 209, 210, 214, 219, 220, 251

思いやりのある養育　110
音楽の教育訓練　124
音声フィードバック仮説　29, 30

か 行

外側眼窩前頭皮質　193
外的参照枠　49, 136
学業成績　117, 120-122, 125
隠し絵テスト　49
覚醒／ビジランス　239, 241
拡張扁桃体　241, 242, 247
過剰投影　67-70
下前頭回　254, 256, 257, 259, 276, 301, 302, 304
可動化　232, 246
下頭頂小葉　253, 254
下頭頂皮質　101
下頭頂葉　176, 255
カノニカル・ニューロン　31, 38, 39
カフカの『変身』　71
カメレオン効果　250
カリキュラム変換プロジェクト　126, 127
眼窩前頭皮質　108, 193, 198, 279, 289, 291-293, 300, 302, 303, 309
関係性のいじめ　87, 96
監視・調節仮説　73
間主観性　44, 282
間主観的推論　109
感情移入　9, 10, 23, 33, 42, 51, 152, 162, 179, 249, 250

感情的共感　8, 100, 124, 287, 289, 292, 294, 301-304
感情的共鳴　99, 108, 250
感情的反応性　119
感情の共有　59, 101, 120, 148, 250-253, 257, 260
顔面表情の模倣　25
顔面フィードバック　27-29
既知感　61, 62
機能的磁気共鳴断層撮影法（fMRI）　25, 51, 104, 108, 194, 211, 255, 256, 259, 261, 271, 275, 281, 293
気恥ずかしさ　191, 202-204, 208
逆転移　165, 184
境界性人格障害　84, 96, 299
共感訓練　121
共感指数　257, 259
共感精度　5, 14, 79-93, 96, 97, 166, 212, 213, 277
　　　の測度　91-93, 166
　　　のモデル　90
共感的共鳴　155-161, 163, 173, 174, 181, 186
共感的苦悩　8, 11
共感的コミュニケーション　136
共感的処理　287, 291, 302
共感的推定　79, 81-83, 88, 96, 146-148
共感的対話　160

共感的調律 157, 160, 161, 164-166
共感的傾聴 158
共感的配慮 11, 97, 115, 116, 182, 256, 257, 270, 273-276, 278, 281
共感的没入 162
共感的理解 136-141, 148, 149, 152, 153, 165, 174, 178, 185, 186
共感的理解の反応 148, 149
共感に関する知覚-行為モデル 6, 43, 271
共感に関する認知と感情の3要素モデル 119
共感能力 59, 83, 84, 89, 91, 97, 173, 177, 178, 183, 184, 209, 218, 219, 242, 243, 256, 281, 289-292, 297
　脳損傷と____ 290
共感の感情的要素 260, 261
共感の機能 118, 173
共感の欠損によって特徴づけられる精神病理 269
共感のサイクル 155, 156
共感の失敗 159
共感の神経解剖学的基礎 289
共感の神経基盤 252, 255
共感の測度 91, 166
共感の定義／用語の使用 6, 41, 99, 100, 140, 191, 249, 252
共感の認知的要素 107, 184, 252, 253
共感の要素／次元 120, 243
共感への発達的アプローチ 251
共感を導出する技法 196
教師の共感性 117, 122, 127
共通基盤 65, 73
共有された感情／感情の共有 59, 101, 117, 120, 148, 250-253, 257, 260
協力行動 118, 119, 124, 125, 230, 234, 239
協力行動学習カリキュラム 124
筋電図 25, 26
苦痛の処理 270, 272, 275
苦痛の定義 210
クライエント中心療法 121, 135, 137-139, 142, 148, 149, 190
クライエント中心療法における共感 138
クロスエイジ・チュータリング 124, 132
「ケアについて学ぶカリキュラム」 125
形成傾向 137
傾聴 122
　共感的な____ 158
経頭蓋磁気刺激法（TMS） 255, 271, 273, 295-297
「ケンカを今すぐ解決」 124
言語的な共感的理解の反応 148, 149
効果的な援助行動 212, 213
交感神経系 232, 235, 241
攻撃行動 119, 125, 132
　怒りによる____ 119
攻撃性 118-120, 125, 126
攻撃性の制御 119
向社会的行動 50, 100, 101, 118-120, 124, 126, 211, 238, 261, 275, 278, 281
後帯状皮質 272, 301
後頭側頭頭頂接合部 177
声のフィードバック 29
声の模倣 26, 29
心の理論 4, 79, 83, 93, 175, 176, 184, 191, 194, 200, 201, 252, 287-289, 291-304
　____の「熱い」側面と「冷たい」側面 295
個人的苦悩 11, 13, 99-102, 105, 106, 110, 182, 256, 257, 269, 270, 273-276, 279-281
　罪悪感と____ 100
　____対同情 99-102
　____の定義と性質 100, 256, 269
誤信念テスト 293
誇大化 217, 219
孤立 229, 237, 240-242
コンスタンチン・スタニラフスキー 30
コンフリクト・モニタリング 51, 56, 57, 109
コンタクト・リフレクション 160

さ 行

罪悪感 100, 191, 196, 202, 204
サディスティックな反応 210
三角部 257, 259
視覚化の技法 178
視覚情報 86
「ジグソー学級」 120
自己志向的な感情反応 210
自己実現傾向 138
自己視点 253, 275-278, 300, 301
自己主体性 164, 277, 278
自己受容性プロセス 42, 56
自己制御 99, 101, 103-110,

116, 125
「自己想像」視点　10, 15
自己中心性　68, 274
自己内省　184, 185
自己認識　251
自己の気づき　103, 158, 165, 177, 185, 277
視床　176
視床下部　177, 235, 239, 241, 272
視床下部‒脳下垂体‒副腎（HPA）軸　233
姿勢のフィードバック　30
姿勢の模倣　14
視線　160, 295, 298
自他の区別　52, 101‒103, 252, 253, 274, 277
実現傾向　137, 138, 151
　一元的＿＿＿　138
実行機能　101, 106, 275, 290
実行プロセス　104
視点取得　9, 10, 92, 93, 97, 99‒102, 106, 107, 124, 182, 184, 185, 218, 252, 253, 257, 260, 270, 274‒276, 287, 291, 293, 295, 308
　＿＿＿の訓練　124
　＿＿＿の神経生物学　257, 260, 275‒277, 293
視点調節モデル　65
自動的注意　155
自動的模倣　7
自発的柔軟性　184
自発的な社会的模倣　250
自閉症　34, 83, 84, 160, 171, 200, 201, 243, 249, 251, 259‒261, 308, 309
シミュレーション　10, 175, 254, 277, 288, 289, 297, 300‒304, 309
市民カリキュラム　125

社会的規則の違反　194
社会従事システム　231
社会神経科学　17, 42, 51, 149, 249, 261, 269, 270, 282
社会的絆の形成　238
社会的コミュニケーション　200, 230‒232, 234, 236, 237
社会的スキル　249, 258, 259, 261
社会的知能　121
社会的認知　200, 256, 259, 260, 270, 289, 290, 298
社会的偏見　120, 125, 126
社会的理解　118, 122
社交不安　299
シャーデンフロイデ　210
柔軟性　91‒93, 138, 214, 236
皺眉筋　26
熟慮的／意図的な共感反応　214, 215
上側頭溝　235, 271, 293, 297, 301, 302, 304
情動感染　8, 23‒25, 31‒35, 38, 42, 43, 85, 96, 99, 102, 109, 155, 182, 185, 211, 229, 250, 252, 278, 300, 302
情動感染尺度（情動伝染尺度）　24, 38, 257
情動感染の定義　24
情動制御　102, 103, 105, 158, 165, 218, 257, 261, 289
情動制御尺度　257
情動知能　92, 93, 97, 120, 121
情動の喚起　16
情動的共感　8, 116, 185, 191, 192, 194, 196, 199‒201, 203, 287, 300‒302,

304
情動的共感尺度　257
初期の共感的苦悩反応　8
「女性の直感」に関するステレオタイプ　88
自律神経系の活動　24, 29
神経反応の一致　6, 7
神経表象の一致　14
神経表象の模倣　6
進行性核上性麻痺　298
身体化された共感　155, 157
身体化された認知　282
心的イメージ　178, 274
心的柔軟性　101, 102, 158, 165
心的状態の帰属　194, 289, 297
心的表象の共有　254
心内化（mentalizing）　79, 252‒254, 257, 293, 294, 297, 298, 300‒303
信念推論のエラー　294
心理学的共感　9
心理学的接触　159
心理療法　82, 88, 135, 148, 155‒159, 164‒167, 171, 173‒175, 180, 182, 185, 186, 269
　＿＿＿における一致性　138
　＿＿＿における共感　135, 155, 156, 182
　＿＿＿における変化のための条件　136‒137
親和性連続体　219, 220
正確な共感　79, 211, 213
性差（gender/sex difference）　89, 241‒243, 260
　共感精度における＿＿＿　84, 89, 242
　＿＿＿と扁桃体　242

用語（和文）索引

誠実性　103, 106
精神医学的疾患　298
精神病質　197, 198, 251
精神分析における共感　174
「整理する」のメタファー　163
生理的喚起　8, 106
セカンド・ステップ　125
接近回避反応　239
前側頭皮質　177
前帯状皮質　51, 52, 57, 108, 109, 116, 176, 254, 272, 273, 276, 300, 301, 309
先天性無痛症　218
前頭前皮質　101, 106, 107, 272, 289-294, 297, 298, 302
前頭側頭葉変性症　298
前島皮質　51, 108, 254, 255, 257, 259, 271-273, 297, 300
全般性社交恐怖　280
前部注意システム　104, 115
前傍帯状皮質　194
双極性障害　200, 280, 299
側坐核　247, 280
側頭極　194, 201, 253, 293, 297, 300-302, 304, 309
側頭溝　235, 271, 293, 297, 301
側頭頭頂接合部　52, 194, 201, 253, 276, 277, 293, 294, 301

た　行

大頬骨筋　26
体験過程療法のセラピスト　180, 183, 185, 190
帯状皮質　273, 280
対人関係スキルトレーニング　136

対人的プライミング　158
対人的理解　260
対人能力　249, 251, 256, 258, 259
対人反応性指標（IRI）　115, 116, 256, 280, 291
体性感覚皮質　176, 271-273, 276, 277, 300, 301
大脳化　109, 116
大脳基底核　104, 277
大脳皮質基底核変性症　298
代理的な個人的苦悩　13
代理的な情動喚起　102
代理的な心的外傷　213
代理的に生じる情動　103
他者志向的感情／他者志向的情動　11, 14-17, 214, 274
他者志向的な配慮　250
他者視点　253, 275, 278, 300
「他者想像」視点　9
脱中心化　10, 181, 182, 185
知覚-行為の連結メカニズム　271
知識の投影　59
注意のための処理資源　193
注意の解除　85
中隔外側部　241, 242
抽象的推論　184
中帯状皮質　272-274, 276, 277, 279
聴覚的コミュニケーション　232, 233
聴覚ミラー・ニューロン・システム　182
治療過程の諸条件　136, 137
「つかまえる」のメタファー　163
償い行動　203

「手放す」のメタファー　161
転移　158
同一化　対　共感　173
投影　9, 10, 12, 13, 15, 46, 59-62, 64, 67, 69, 70, 276
　過剰____　67-70
投影的共感　10
統合失調症　298, 299
同情　4, 8, 11, 12, 14, 42, 43, 99-103, 105, 106, 109, 110, 115, 116, 162, 209, 210, 214, 256, 269
　____対 個人的苦悩　99
同情的共鳴　109
同情の苦悩　11
同情の定義　100, 269
闘争／逃走　232, 235, 236, 246
頭頂皮質　32, 43, 292
頭頂弁蓋　300, 301
道徳性　198, 199, 203
　____の神経画像研究　198
道徳的行動　118
道徳的社会化　196, 197
道徳的推論　191, 198, 200, 201, 274, 290
認知的共感と道徳的推論　198
「道徳的直観」　198
道徳的発達　191, 269
島皮質　108, 109, 176, 193, 243, 255, 272-274, 276, 277, 279, 280, 300, 301, 304

な　行

内受容性刺激のモニタリング　277
内側前頭前皮質　177, 194, 198, 201, 253, 292, 293, 297, 301-304

内側前頭皮質　198, 289
内的参照枠　136, 137, 139, 141, 148, 153, 162
ニューロセプション　235, 246, 247
人間関係トレーニング　136
人間性心理学のセラピスト　173, 180
人間性の原理　60, 61
認知行動療法　166, 171
認知スタイル　48, 49
認知的共感　5, 10, 43, 124, 177, 182, 185, 191, 192, 194, 198, 218, 287, 289, 292, 294, 298–302, 304
認知的柔軟性　184, 290–292
認知的な心内化　297
脳磁図（MEG）　192

は 行

パーソン・センタード・アプローチ　137
バーンアウト　213, 214
背外側前頭前皮質　293, 299
場依存性と場独立性　49
恥　191, 202, 204, 208
バソプレシン　237–243
反作用的情動感染　85, 96
反射（逆方向の投影）　61
反社会的行動　197, 251, 298
反社会的行動の制御　118
美学的共感　9
非言語手がかり　34
非言語的な行動　160, 166
非構造化二者間相互作用パラダイム　80, 81, 88, 91
微小同調　26
評価理論　273
標準刺激パラダイム　81,

83, 91, 92
標準面接パラダイム　81, 91
表情／表情表出　6, 24–26, 28, 29, 32, 38, 42, 52, 108, 140, 158, 177, 192–194, 197, 215–217, 225, 234, 250, 251, 255, 257, 271, 280, 292, 295, 296, 300
表象的競合　194
ファンタジー　182, 256, 257, 291
フィードバック　27, 29–32, 83, 164, 179
フィードバック訓練　83
フィニアス・ゲイジ　289
腹外側前頭前皮質　193, 199, 200, 203
腹側運動前皮質　43, 254, 255
腹側線条体　302
腹側前頭前皮質　289
腹内側前頭前皮質　290–292, 300–302, 304, 309
不動化　232, 236, 239, 243, 247
フランツ・カフカ　71
プレーリーハタネズミ　238, 240–242
フロイトの理論における共感　135
プロソディ　96, 235
文脈／関係性の要因　221
辺縁系　214, 255, 259, 297, 299, 302
弁蓋部　255–259
偏見　120, 126, 128, 129
扁桃体　108, 177, 192–194, 197, 198, 236, 241, 255, 256, 258, 271, 272, 276, 280, 297, 300–304, 309
拡張＿＿　241, 242, 247
性差と＿＿　242

紡錘状回　235
母性的行動　237
没入　162, 182, 275, 277
ポリヴェーガル理論　232, 246

ま 行

マインド・ブラインドネス　83
マインド・リーディング　23, 79, 80, 92, 294
ミラー・ニューロン　31, 38, 39, 43, 103, 108, 127, 174–176, 178–180, 182, 185, 212, 255–258, 261, 271
ミラー・ニューロン・システム　43, 182, 249, 254, 256, 258, 301, 302
民族的偏見　126
無意識的な模倣　51, 250
無条件の肯定的配慮　135, 137–141, 148, 152, 153
瞑想療法　144
面識度効果　88, 89, 96
モデリング　124, 219, 260
模倣　6, 7, 14, 25–28, 31–33, 41–45
　あからさまでない＿＿　44, 46
　意識的な＿＿　27, 34, 179, 267
　運動的＿＿　6, 25, 42, 44, 45
　自動的＿＿　7, 24, 26, 27, 33, 42, 43, 178, 179, 271
　無意識的な＿＿　51, 251

や 行

役割取得　10, 120, 124, 274
宥和表示　202
陽電子断層撮像法（PET）　277, 292

ヨークト被験者実験計画
　　82, 84, 96
抑制制御　275

ら　行

ラポール　44

利他的行動　118, 281
利他的な配慮　220
リフレクション　146, 147, 160
理論説　4, 9, 13, 288
類推　251, 282

霊長類　31, 116, 202, 229, 236-238
ロールプレイング　122, 124
ロジャーズ派の共感　135, 139, 148, 149

用語（欧文）索引

Anterior attention system　前部注意システム　104, 115

Anterior cingulate cortex（ACC）　前帯状皮質　51, 52, 57, 108, 109, 116, 176, 254, 257, 272, 273, 276, 300, 301, 309

Anterior insula　前島皮質　51, 108, 254, 255, 257, 259, 271-273, 297, 300

Antisocial behavior　反社会的行動　197, 251, 298

Appraisal theory　評価理論　273

"As if" condition　「あたかも」という条件　139, 173, 175

Asperger syndrome（AS）　アスペルガー症候群　84, 293, 299

Attentional resources　注意の処理資源　193

Autism　自閉症　34, 83, 84, 160, 171, 200, 201, 243, 249, 251, 259-261, 308, 309

Automatic vigilance　自動的注意　155

Autonomic nervous system（ANS）　自律神経系　24, 29

Balanced Emotional Empathy Scale（BEES）　情動的共感尺度　257, 267

Basal ganglia　大脳基底核　104, 277

Bipolar disorder　双極性障害　200, 280, 299

Borderline personality disorder（BPD）　境界性人格障害　84, 96, 299

Canonical neurons　カノニカル・ニューロン　31, 38, 39

"Chameleon effect"　「カメレオン効果」　250

Cingulate cortex　帯状皮質　273, 280

Client-centered therapy　クライエント中心療法　121, 135, 137-139, 142, 148, 149, 190

Cognitive empathy　認知的共感　5, 10, 43, 124, 177, 182, 185, 191, 192, 194, 198, 218, 287, 289, 292, 294, 298-302

Cognitive flexibility　認知的柔軟性　184, 290-292

Common ground　共通基盤　65, 73

Compassion　思いやり　11

Conflict monitoring　コンフリクト・モニタリング　51, 56, 57, 109

Conscientiousness　誠実性　103, 106

Contact reflections　コンタクト・リフレクション　160

Countertransference（psychotherapy）　逆転移　165, 171, 184

Decentering　脱中心化　10, 181, 182, 185

Dorsolateral prefrontal cortex（DLC）　背外側前頭前皮質　293, 299

Effortful control　エフォートフル・コントロール　99, 104-107, 109, 110, 116

Egocentrism　自己中心性　68, 274

Einfühlung　感情移入　9, 42, 51, 249

Electromyography（EMG）　筋電図　25, 26

Embarrassment　気恥ずかしさ　191, 202, 203

Embodied empathy　身体化された共感　155, 157

Emotional contagion　情動感染　8, 23-25, 31-35, 38, 42, 43, 85, 96, 99, 102, 109, 155, 182, 185, 211, 229, 250, 252, 278, 300, 302

Emotional Contagion Scale　情動感染尺度　24, 38, 257

Emotional empathy（Affective empathy）　情動的共感（感情的共感）　8, 116, 185, 191, 192, 194, 196, 199-201, 203, 287, 300-

302
Emotional intelligence　情動知能　92, 93, 97, 120, 121
Emotion regulation　情動制御　102, 103, 105, 158, 165, 218, 257, 261, 289
Empathic accuracy　共感精度　5, 14, 79–93, 96, 97, 166, 212, 213, 277
"Empathic guesses"　共感的推定　146
Empathic inference　共感的推定　79
Empathic resonance　共感的共鳴　157–161, 163, 173, 174, 181
Empathy cycle (EC)　共感のサイクル　155, 156
Empathy Quotient　共感指数　257, 259
Facial expressions　顔の表情　6, 24–26, 28, 29, 32, 42, 52, 108, 140, 158, 177, 192–194, 197, 215–217, 225, 234, 250, 251, 255, 257, 296, 300
Facial mimicry　表情の模倣　25
Flexibility　柔軟性　91–93, 138, 214, 236
fMRI (functional magnetic resonnance imaging)　機能的磁気共鳴断層撮像法　25, 51, 104, 108, 194, 211, 255, 256, 259, 261, 271, 275, 281, 293
Formative tendency　形成傾向　137
Frontotemporal lobar degeneration (FTLD)　前頭側頭葉変性症　298
Fusiform gyrus　紡錘状回　235
Gender differences (Sex differences)　性差　84, 89, 241–243, 260
Guilt　罪悪感　100
Hidden Figures Test　隠し絵テスト　49
Hypothalamic-pituitary-adrenal (HPA) axis　視床下部 - 下垂体 - 副腎軸　233, 235
Imitation　模倣　6, 7, 41–46, 250
Immobilization　不動化　232, 236, 239, 243, 247
Inferior frontal gyrus　下前頭回　254, 256, 257, 259, 276, 301, 302
Inferior parietal lobe　下頭頂葉　176, 255
Inferior parietal lobule　下頭頂小葉　253, 254
Inhibitory control　抑制制御　275
Insula　島皮質　51, 108, 254, 255, 272, 273, 300
Internal frame of reference　内的参照枠　136, 137, 139, 141, 148, 153, 162
Interoceptive monitoring　内受容性刺激のモニタリング　277
Interpersonal competence　対人能力　249, 251, 256, 258, 259
Interpersonal Reactivity Index (IRI)　対人反応性指標　115, 116, 256, 280, 291
Intersubjectivity　間主観性　44, 282
"Jigsaw classroom"　ジグソー学級　120
"Letting go" metaphor　手放すのメタファー　161
Magnetoencephalography (MEG)　脳磁図　192
Medial frontal cortex　内側前頭皮質　198, 289
Medial prefrontal cortex (mPFC)　内側前頭前皮質　177, 194, 198, 201, 253, 292, 293, 297, 301–303
Medulla　延髄　231, 246
Mentalizing　心内化　79, 252–254, 257, 293, 294, 297, 298, 300–303
Mimicry　模倣　6, 7, 25, 26, 178, 179, 250, 251, 271
Mindblindness　マインド・ブラインドネス　83, 93
Mind reading　マインド・リーディング　23, 79, 294
Mirror neurons　ミラー・ニューロン　31, 38, 39, 43, 103, 108, 127, 174–176, 178–180, 182, 185, 212, 255–258, 261, 271
Mirror neuron system (MNS)　ミラー・ニューロン・システム　43, 182, 249, 254, 256, 258, 301, 302
Moral behavior　道徳的行動　118
Moral development　道徳的発達　191, 269
Morality　道徳性　198, 199, 203
Motor mimicry　運動模倣　25, 42, 44, 45

用語（欧文）索引

Neuroception　ニューロセプション　235, 246, 247
Nonverbal behavior　非言語的な行動　160, 166
Nucleus accumbens　側坐核　247, 280
Orbitofrontal cortex（OFC）　眼窩前頭皮質　108, 198, 279, 289, 291–293, 300, 302, 303, 309
Oxytocin　オキシトシン　237, 238–243
Parietal operculum　頭頂弁蓋　300, 301
Pars opercularis　弁蓋部　255–259
Pars triangularis　三角部　257, 259
Perception-action coupling mechanism　知覚と行為の結合メカニズム　271
Perception-action model of empathy　共感に関する知覚-行為モデル　6, 43, 271
Person-centered approach　パーソン・センタード・アプローチ　137
Perspective taking　視点取得　9, 10, 92, 93, 97, 99–102, 106, 107, 124, 182, 184, 185, 218, 252, 253, 257, 260, 270, 274–276, 287, 291, 293, 295
PET（Positron emission tomography）陽電子断層撮像法　277, 292
Prairie voles　プレーリーハタネズミ　238, 240–242
Prefrontal cortex（PFC）　前頭前皮質　101, 106, 107, 272, 289–294, 297, 298, 302
Premotor cortex　運動前皮質　32, 43, 254, 255, 271
Primates　霊長類　31, 116, 202, 229, 236–238
Projection　投影　9, 10, 12, 13, 15, 46, 59–62, 64, 67, 69, 70, 276
Prosocial behavior　向社会的な行動　50, 100, 101, 118–120, 124, 126, 211, 238, 261, 275, 278, 281
Psychological contact　心理学的接触　159
Psychopathy　精神病質　197, 198, 251
Psychotherapy　心理療法　82, 88, 135, 148, 155–159, 164–167, 171, 173–175, 180, 182, 185, 269

Rapport　ラポール　44
Reflection（projection in reverse）　反射　61
Reflection（psychotherapy）　リフレクション　146, 147, 160
Schizophrenia　統合失調症　298, 299
Self-regulation　自己制御　99–110
Sex differences（Gender differences）　性差　84, 89, 241–243, 260
Shame　恥　191, 202
Simulation　シミュレーション　10, 175, 254, 277, 288, 297, 300–303, 309
Social cognition　社会的認知　200, 256, 259, 260, 270, 289, 290, 298
Social communication　社会的コミュニケーション　200, 230–232, 234, 236, 237
Social intelligence　社会的知能　121
Social neuroscience　社会神経科学　17, 42, 51, 149, 249, 261, 269, 270, 282
Social skills　社会的スキル　249, 258, 259, 261
"Sorting through" metaphor　「整理する」のメタファー　163
Superior temporal sulcus　上側頭溝　235, 271, 293, 297, 301, 302
Sympathy　同情　4, 8, 11, 12, 14, 42, 43, 99–103, 105, 106, 109, 110, 115, 116, 162, 209, 210, 214, 256, 269
Temporal cortex, anterior　前側頭皮質　177
Temporal poles（TP）　側頭極　194, 201, 253, 293, 297, 300–302, 309
Temporoparietal junction（TPJ）　側頭頂接合部　52, 194, 201, 253, 276, 277, 293, 294, 301
Theory of mind（ToM）　心の理論　4, 79, 83, 93, 175, 176, 184, 191, 194, 200, 201, 252, 287–289, 291–303
TMS（Transcranial magnetic stimulation）　経頭蓋磁気刺激法　255, 271, 273, 295–297
Transference（psychotherapy）　転移　158

Unconditional positive regard　無条件の肯定的配慮　135, 137-141, 148, 152, 153
Vasopressin　バソプレシン　237-243
Ventral prefrontal cortex（PFC）　腹側前頭前皮質　289
Ventral premotor cortex　腹側運動前皮質　43, 254, 255
Ventral striatum　腹側線条体　302
Ventrolateral prefrontal cortex　腹外側前頭前皮質　193, 199, 200, 203
Ventromedial prefrontal cortex（VM）　腹内側前頭前皮質　292, 300-302, 309
Vigilance　覚醒（ビジランス）　241
Yoked-subjects design　ヨークト被験者実験計画　82, 84, 96
Zygomaticus major（cheek）muscle　大頬骨筋　26

訳者略歴
岡田顕宏（おかだ あきひろ）
1970年生まれ。北海道大学大学院文学研究科博士後期課程修了。博士（行動科学）。札幌国際大学人文学部心理学科教授。専門は認知心理学，感情心理学，臨床心理学。

共感の社会神経科学

2016年7月20日　第1版第1刷発行

編著者	ジャン・デセティ
	ウィリアム・アイクス
訳者	岡田　顕宏
発行者	井村　寿人

発行所　株式会社　勁草書房
112-0005　東京都文京区水道2-1-1　振替 00150-2-175253
（編集）電話 03-3815-5277／FAX 03-3814-6968
（営業）電話 03-3814-6861／FAX 03-3814-6854
理想社・松岳社

ⓒOKADA Akihiro　2016

ISBN978-4-326-25117-9　Printed in Japan

JCOPY 〈㈳出版者著作権管理機構　委託出版物〉
本書の無断複写は著作権法上での例外を除き禁じられています。複写される場合は、そのつど事前に、㈳出版者著作権管理機構（電話 03-3513-6969、FAX 03-3513-6979、e-mail: info@jcopy.or.jp）の許諾を得てください。

＊落丁本・乱丁本はお取替いたします。
http://www.keisoshobo.co.jp

子安増生編著
アカデミックナビ　心理学
2700 円

実吉綾子・前原吾朗
はじめよう実験心理学
　　MATLAB と Psychtoolbox を使って
2600 円

岡本安晴
心理学データ分析と測定
　　データの見方と心の測り方
2800 円

熊田孝恒編著
商品開発のための心理学
2500 円

森島泰則
なぜ外国語を身につけるのは難しいのか
　　「バイリンガルを科学する」言語心理学
2500 円

坂野　登
不安の力
　　不確かさに立ち向かうこころ
2700 円

マイケル・トマセロ 著／橋彌和秀 訳
ヒトはなぜ協力するのか
2700 円

河原純一郎・横澤一彦
シリーズ統合的認知　注　意
　　　　　　　　　　　選択と統合
3500 円

新美亮輔・上田彩子・横澤一彦
シリーズ統合的認知　オブジェクト認知
　　　　　　　　　　　統合された表象と理解
3500 円

全国赤十字臨床心理技術者の会 編
総合病院の心理臨床
　　赤十字の実践
2800 円

―――勁草書房刊

＊表示価格は 2016 年 7 月現在。消費税は含まれておりません。